L'ASSASSINAT D'HENRI IV

Roland Mousnier

L'ASSASSINAT D'HENRI IV

14 mai 1610

Préface par Arlette Jouanna

ÉDITIONS FRANCE LOISIRS

Éditions du Club France Loisirs,
avec l'autorisation des Éditions Gallimard

Éditions France Loisirs,
123, boulevard de Grenelle, Paris.
www.franceloisirs.com

ISBN : 978-2-298-03044-0

PRÉFACE

Quand Roland Mousnier (1907-1993) entreprit d'écrire *L'Assassinat d'Henri IV*, l'actualité bruissait encore des débats passionnés suscités par un événement exceptionnel : le lieutenant-colonel Bastien-Thiry venait, le 22 août 1962, de perpétrer un attentat contre le général de Gaulle, au Petit-Clamart. Cette agression, dans une France déchirée par les antagonismes liés à la perte de l'Algérie, avait soulevé bien des interrogations, notamment sur le passage mystérieux des intentions à l'acte meurtrier. Comment un homme, se disant de surcroît chrétien convaincu, peut-il se sentir autorisé à tuer un dirigeant politique ?

La parenté de ces questions avec celles que se posait alors Roland Mousnier au sujet de Ravaillac avait frappé son esprit[1]. Car ce qu'il découvrait, en analysant la personnalité de l'assassin, c'était un catholique fervent, précisément, et même, par certains côtés, exemplaire. Et il a su communiquer sa surprise au lecteur. Ravaillac, un déséquilibré, un obsédé, un demi-fou ? Assurément. Mais aussi un homme qui, au cours de son interrogatoire, révèle une « foi parfaite », une sincère repentance, une confiance « irréprochable et touchante » en l'efficacité de la communion des saints, une attente émouvante du pardon de Dieu. Bref, n'hésite pas à dire le chrétien qu'était Roland Mousnier, Ravaillac est « un frère dans la foi ». Ce qui n'empêche pas

1. Je dois à Marc Perrichet de m'avoir informée du retentissement qu'a provoqué l'attentat du Petit-Clamart dans l'esprit de Roland Mousnier au moment où il rédigeait son livre.

l'historien de souligner la fragilité nerveuse du tueur, sa propension à l'hystérie, ses hallucinations morbides ; mais, somme toute, rien qui n'aurait pu être soigné par une nourriture plus consistante et plus régulière : ces symptômes alarmants auraient sans doute disparu si Ravaillac avait, selon le conseil d'un confesseur jésuite, mangé de bonnes soupes !

Dès lors que Ravaillac apparaît comme un croyant ardent, certes « détraqué » et malade, mais habité par une piété parfaitement orthodoxe, se présente cette énigme : sous l'empire de quelles pulsions a-t-il pu envisager d'enfreindre le cinquième commandement, « Tu ne tueras point » ? Peut-on être à la fois « dévot et assassin » ? Tel est le problème psychologique qui s'offre, d'emblée, à l'historien.

Une hypothèse explicative pourrait rendre compte du paradoxe : l'esprit faible et naïf du meurtrier d'Henri IV aurait été manipulé par des grands agissant dans l'ombre. Cette conjecture a guidé les questions des juges qui ont interrogé Ravaillac : il était en effet essentiel de savoir si son acte était l'aboutissement d'un complot visant à déstabiliser la monarchie. Mais l'assassin, même sous les pires tortures, a toujours nié avoir obéi à des ordres supérieurs : il avait agi seul. Faut-il le croire ? Roland Mousnier note que Ravaillac, après son crime, fut enfermé deux jours à l'hôtel de Retz, mais sans être mis au secret, si bien qu'il reçut assez librement des visites. Des pressions auraient pu ainsi s'exercer sur lui pour qu'il taise les noms de commanditaires éventuels. Certains éléments suggèrent effectivement l'existence d'une conspiration. Il est troublant, en effet, de constater que beaucoup de gens, notamment aux Pays-Bas espagnols et dans les pays rhénans, propageaient la nouvelle de la mort du roi quelques jours *avant* l'événement. En France, une demoiselle de compagnie, Mlle d'Escoman, dénonça une conjuration fomentée avec l'aide du duc d'Épernon, puissant personnage lié avec l'Espagne, pour mettre sur le trône Henri Gaston, le fils bâtard du roi et de la marquise de Verneuil — accusation à laquelle prête une certaine vraisemblance le fait que Ravaillac était originaire d'Angoulême, ville dont d'Épernon était le gouverneur. L'objectif évoqué manque pourtant de crédibilité : la marquise de Verneuil ne songeait plus, en 1610, à faire couronner son fils ; mais une collusion de l'Espagne avec le duc d'Épernon, pour mettre en échec la guerre qu'Henri IV s'apprêtait à lancer contre Philippe III, n'est pas impossible. Ravaillac aurait simplement devancé — mais sans le connaître — le projet homicide en agissant seul. Toujours est-il que le témoignage de la délatrice fut rejeté et que le Parlement la condamna à la prison perpétuelle. Un autre témoin, le capitaine La Garde, gendarme de la compagnie du maréchal de Biron, ce comploteur exécuté sur ordre du roi en 1602, affirma que d'anciens ligueurs et d'anciens partisans du maréchal avaient ourdi une machination dans laquelle aurait trempé, là encore, le duc d'Épernon : ce capitaine fut également emprisonné.

D'autres éléments ajoutent également au mystère : ainsi la mort suspecte d'un prévôt de Pithiviers qui, à l'heure même de l'assassinat, annonça à ses compagnons que le roi venait d'être tué : soupçonné aussitôt de complicité et enfermé à la Conciergerie, il sera retrouvé peu après étranglé dans sa prison avec les cordons de son caleçon. Quant au premier président du Parlement de Paris, Achille de Harlay, qui avait dit trop haut son horreur de constater, après avoir interrogé Mlle d'Escoman, l'abondance des preuves qu'elle fournissait, il fut presque aussitôt autorisé à prendre sa retraite et remplacé par un homme plus discret… Jean-Pierre Babelon, en rapportant ces faits dans sa monumentale biographie d'Henri IV, conclut que « l'affaire Ravaillac reste l'une des grandes énigmes de l'Histoire de France[1] ». Mais c'est peut-être le propre de toute mort violente d'un grand personnage que de susciter immanquablement des scénarios de conspirations occultes.

✧

1. Jean-Pierre Babelon, *Henri IV*, Paris, Fayard, 1982, pp. 992-1002.

Faute de preuves permettant de rattacher clairement Ravaillac à de possibles conjurés, les historiens doivent donc s'en tenir à la version du tueur isolé. Toutefois, cette hypothèse est pour Roland Mousnier l'occasion de mieux mettre en évidence un paradoxe : tueur isolé certes, mais aussi instrument inconscient d'un puissant vouloir collectif. Dans le royaume de France, martèle l'historien, il y avait de nombreux « Ravaillac de cœur ». C'est là un des aspects les plus originaux et novateurs de son livre, aujourd'hui encore, tant la légende du « bon roi Henri IV », aimé de tous les Français, a la vie dure. Aux yeux de beaucoup de ses sujets, le monarque passait pour un « tyran ».

Le mot est fort; mais son emploi est parfaitement justifié par Roland Mousnier. La quinzaine de tentatives d'assassinat dont le roi a été victime auparavant témoigne de la violence des ressentiments qu'il avait inspirés. Tout d'abord, sa légitimité pouvait être contestée. Henri IV n'était cousin du roi précédent, Henri III, qu'au vingt-deuxième degré : or les juristes n'admettaient le droit de consanguinité que jusqu'au dixième degré. Beaucoup mettaient aussi en doute la sincérité de sa conversion au catholicisme : n'avait-il pas imposé l'édit de Nantes en 1598, qui donnait à l'« hérésie » une existence officielle dans le royaume ? Ne s'était-il pas rapproché des puissances protestantes — princes allemands, Hollande, Angleterre ? Ne s'apprêtait-il pas à entrer en guerre avec le roi d'Espagne, ce défenseur de la foi catholique en Europe ? Il y avait là, aux yeux des catholiques ardents, les preuves d'une bienveillance suspecte envers son ancienne confession, qui disqualifiait sa présence sur le trône royal, siège du lieutenant de Dieu sur terre; le roi apparaissait ainsi comme un « tyran d'usurpation » n'ayant aucun titre légal à régner. C'était du reste à la pointe de l'épée, donc par la violence, qu'il avait conquis le royaume. Ravaillac partageait en la matière les sentiments d'hostilité viscérale aux protestants qui continuaient à animer les anciens ligueurs, malgré leur défaite. Sur ces points, des études ultérieures ont prolongé et confirmé l'analyse de

Roland Mousnier ; l'intense sentiment de culpabilité ressenti par les catholiques dévots, déchirés par leur impuissance à éradiquer la « souillure » hérétique, nourrissait leur refus de la coexistence avec les réformés et leur profonde rancœur envers celui qui avait réussi à l'imposer dans le royaume[1]. Il est certain que beaucoup parmi eux souhaitaient la mort d'Henri IV, attitude partagée par « les ligueurs de l'exil », même si l'hypothèse d'une conspiration fomentée en leur sein demeure improbable[2].

Mais la légitimité d'Henri IV n'était pas la seule en cause ; par l'exercice de son pouvoir, le monarque prêtait le flanc à l'accusation de tyrannie. Sa politique fiscale et monétaire lésait beaucoup de gens. Si les efforts de Sully avaient permis dans un premier temps une diminution de l'impôt direct, la taille, cet allégement fut de courte durée, bientôt suivi de nouvelles hausses. Surtout, les impôts indirects subirent de considérables augmentations. Une taxe sur les marchandises entrant dans les villes closes, appelée la « pancarte », établie en 1597, souleva de violentes oppositions urbaines et fut finalement remplacée par une crue de la gabelle, impôt sur le sel. En 1602, un édit sur les espèces monétaires entraîna une dévaluation de 7,65 %, à la grande colère des créanciers ; en 1609, un autre édit sur le rapport entre l'or et l'argent déchaîna une telle tempête de protestations que le Parlement de Paris refusa de l'enregistrer et il resta lettre morte. Quant aux rentes sur l'Hôtel de Ville de Paris dues aux nombreux rentiers qui croyaient avoir fait un placement sûr en prêtant à l'État, elles étaient payées très irrégulièrement.

On pouvait aussi accuser Henri IV, dans ses rapports avec les villes et avec les provinces, de violer leurs franchises et leurs privilèges pour mieux asseoir son autorité — donc de bouleverser l'ordre social traditionnel. Bien des grands le soupçonnaient de vouloir rabaisser leur prestige ; ils étaient nombreux à conserver

1. Denis Crouzet a analysé la « psychose du régicide » qui animait certains milieux ligueurs (*Les Guerriers de Dieu*, Seyssel, Champ Vallon, 1990, 2 vol., t. II, pp. 586-589).

2. Robert Descimon, José Ruiz Ibañez, *Les Ligueurs de l'exil. Le refuge catholique français après 1594*, Seyssel, Champ Vallon, 2005.

un souvenir amer de l'exécution du maréchal de Biron, envers qui le roi aurait dû, à leur sens, faire preuve de clémence, malgré la gravité de sa trahison, puisqu'il s'agissait d'un ancien compagnon de lutte, issu d'une puissante et ancienne famille. Beaucoup de gentilshommes se sentaient frustrés : l'édit sur les tailles de 1600, par exemple, tenta de définir justement le statut nobiliaire, qui procurait l'exemption de la taille personnelle ; or de nombreux nobles se virent dans l'incapacité de prouver leur qualité, faute de retrouver les papiers nécessaires dans leurs archives. Par ailleurs, la consolidation de l'hérédité des offices par la création de la « paulette » en 1604, taxe permettant de les transmettre librement aux descendants, en augmenta fortement le prix et en interdit l'accès aux hobereaux trop pauvres pour les acheter.

Bref, Roland Mousnier ne manque pas d'arguments pour expliquer en quoi Henri IV pouvait offrir l'image d'un tyran ; à cet égard, son analyse demeure toujours un modèle de rigueur et de précision, qu'on n'a fait depuis que commenter et enrichir. Non qu'il porte sur l'ensemble de la politique d'Henri IV le regard entièrement négatif décelé chez les « Ravaillac de cœur » ; il juge plutôt que l'autoritarisme du roi, sa quête éperdue de ressources financières, son réalisme opportuniste étaient imposés par les nécessités du temps, après presque un demi-siècle de guerres civiles. Il reste que les mesures royales coûtaient cher en popularité. La réputation de tyran d'Henri IV aurait sans doute progressé encore s'il avait pu s'engager dans l'entreprise « bien dangereuse et bien incertaine » qu'il programmait, à savoir la guerre contre l'Espagne ; le coup de couteau de Ravaillac mit un coup d'arrêt à cette évolution prévisible et, par l'émotion qu'il souleva, favorisa au contraire la cristallisation de l'image flatteuse du roi que la propagande officielle cherchait à accréditer. Si bien qu'Henri IV, finalement, pour citer Roland Mousnier, « a peut-être eu la chance de mourir à point » ! Et l'historien d'avancer, en forme de paradoxe ironique, ce jugement : « C'est un grand art chez un homme d'État soucieux de sa gloire que de savoir être assassiné à propos. » Boutade évidemment, mais qui a le mérite d'attirer l'attention sur le caractère construit, fabriqué de toutes pièces, de la légende du bon roi Henri, cette création idéologique qui répondait au besoin de susciter chez les Français une obéissance révérencieuse. Les passages consacrés à l'élaboration de l'image royale constituent dans l'ouvrage un apport historiographique novateur, largement repris et étoffé par les historiens postérieurs[1].

Une fois posée l'existence des « Ravaillac de cœur », le problème de « psychologie individuelle » qui se présentait à Roland Mousnier au début de son ouvrage se transforme en « un beau problème de psychologie collective ». Son analyse de ce que nous appellerions aujourd'hui l'imaginaire catholique de l'époque était en son temps pionnière. L'historien s'est donné l'élégance de recourir, pour ce faire, à l'instrument intellectuel utilisé par la scolastique médiévale, le syllogisme, mode de raisonnement qui structurait encore la pensée théologique, composé d'une « majeure » (proposition générale), d'une « mineure » (proposition particulière) et d'une conclusion découlant de la conjonction entre la majeure et la mineure. La majeure, en l'occurrence, consistait à soutenir : *N'importe qui peut tuer un tyran d'usurpation.* L'examen de cette assertion offre à Roland Mousnier l'occasion d'un exposé lumineux sur les théories du tyrannicide depuis l'Antiquité jusqu'aux temps de Ravaillac, notamment sur la distinction entre « tyran d'usurpation » et « tyran d'exercice » et sur la permission accordée, dans certains cas, à un simple sujet de porter la main sur son roi s'il le juge tyrannique. Ces doctrines faisaient l'objet de débats passionnés et de publications nombreuses à la fin du XVIe siècle et au début du siècle suivant. Elles étaient aussi répercutées par les sermons que prononçaient des prédicateurs ; les homélies de certains jésuites, fascinés par les idées du théologien Mariana, contenaient, sinon des incita-

5. Voir notamment *La Légende d'Henri IV. Actes du colloque de Paris, 25 novembre 1994*, Pau, Société Henri IV, 1995.

tions directes, du moins des « allusions dangereuses » qui pouvaient troubler les esprits. Sur tous ces aspects, la démonstration de Roland Mousnier a été complétée, enrichie, mais jamais dépassée[1].

Ravaillac connaissait les idées sur le tyrannicide par les sermons qu'il avait pu écouter, même s'il est probable que les confesseurs jésuites auxquels il s'était adressé ne l'ont pas directement poussé au crime. La majeure du syllogisme pouvait donc lui sembler évidente. Quant à la « mineure » (*Henri IV est à la fois un tyran d'usurpation et d'exercice*), on a vu en quoi elle lui paraissait une certitude. La conclusion (*Il faut tuer Henri IV*) s'imposait donc d'elle-même. Ainsi se résout l'énigme initiale : peut-on être à la fois dévot et assassin ? Oui, puisque la théologie catholique d'alors prévoyait expressément des exceptions au cinquième commandement, l'une d'elles étant précisément la possibilité ouverte à tout particulier de tuer le tyran.

✧

Reste la question de savoir en quoi ce geste assassin peut être considéré comme ayant « fait la France ». Dans sa troisième partie, intitulée sobrement « Quelques conséquences de l'assassinat d'Henri IV », Roland Mousnier se demande si Ravaillac aurait été satisfait de l'évolution monarchique après la mort du roi. La réponse, dans le long terme, est à l'évidence négative. Sans doute, la guerre contre l'Espagne, telle du moins qu'elle était projetée, fut-elle évitée ; aussitôt après la mort du roi, la régente Marie de Médicis imprima une nouvelle direction à la politique française, qui se traduisit par les « mariages espagnols » : Louis XIII et sa sœur Élisabeth épousèrent respectivement la fille et le fils de Philippe III, Anne d'Autriche et le futur Philippe IV. Mais l'orientation pro-espagnole fut assez vite aban-

1. Mario Turchetti, *Tyrannie et tyrannicide de l'Antiquité à nos jours*, Paris, PUF, 2001, 1 044 p.

donnée ; bientôt Richelieu allait reprendre la lutte contre le puissant voisin Habsbourg et rechercher à son tour des alliances protestantes.

Ravaillac croyait avoir porté un coup fatal à la coexistence pacifique avec les réformés, instaurée par l'édit de Nantes ; or elle durera, certes avec bien des vicissitudes, jusqu'en 1685, date de la révocation de l'édit. En ce sens, le geste meurtrier du régicide, par sa violence et sa folie, souligne l'impuissance des catholiques intransigeants à anéantir le choix monarchique d'une tolérance civile imposée d'en haut ; il démontre ainsi — par l'absurde — la nécessité d'une distinction entre le politique et le religieux, une distinction capable de dessiner les contours d'un espace public où puissent voisiner paisiblement les deux confessions. L'assassinat a en quelque sorte libéré le camp catholique de l'ontologie ligueuse et permis le regroupement des dévots au sein d'un catholicisme d'État ; de ce point de vue, il représente un jalon important dans la lente émancipation de la monarchie vis-à-vis de l'utopie mystique d'union de tous en Dieu.

Surtout, Ravaillac croyait avoir abattu en la personne du roi l'évolution absolutiste du pouvoir. C'est le contraire qui devait se produire. Au terme d'une analyse pénétrante des États généraux de 1614, qui fait encore aujourd'hui autorité, Roland Mousnier montre comment les délégués des trois ordres ont « affirmé unanimement l'autorité absolue du Roi ». Il faut rappeler que le régicide perpétré par Ravaillac était le second qui survenait en moins d'un quart de siècle, après l'assassinat d'Henri III en 1589[1]. Bien qu'il n'ait pas plongé le royaume dans l'anarchie, il a ressuscité la hantise des troubles et notamment des révoltes nobiliaires ; on pouvait craindre le retour des guerres civiles qui avaient déchiré la France au siècle précédent. Effrayés par cette perspective, les députés des États ont donné un incontestable crédit aux idées favorables au pouvoir absolu, déjà largement

1. Nicolas Le Roux, *Un régicide au nom de Dieu. L'assassinat d'Henri III*, Paris, Gallimard, coll. « Les Journées qui ont fait la France », 2006.

répandues du vivant d'Henri IV. En attisant l'horreur du désordre, commente Roland Mousnier, « le coup de couteau de Ravaillac a aidé, probablement contre l'intention de son auteur, au succès de l'absolutisme en France. Ravaillac a contribué ainsi, sans l'avoir voulu de cette façon, à sauver la France ».

« Sauver la France » ? On mesure, en lisant cette affirmation paradoxale, toute l'admiration de Roland Mousnier pour la monarchie absolue. Il était convaincu qu'un tel régime était nécessaire au XVIIe siècle, ce « siècle dur » marqué par les luttes incessantes de la France contre les puissances voisines pour éviter de leur être asservie et préserver son indépendance. Cet effort de guerre quasi permanent exigeait inévitablement la hausse des impôts et la violation des privilèges locaux, mesures impopulaires qui allaient provoquer de nombreuses révoltes ; mais c'était, pour la France, une question de vie ou de mort. Et, de surcroît, une politique bénéfique pour le pays, comme le laisse clairement entendre l'historien. La mise en cause des libertés traditionnelles entraînait sans doute une « révolution », lourde de sacrifices imposés ; d'un autre côté, elle tendait aussi « à réduire le royaume à l'uniformité, les sujets du roi à l'égalité dans le service de l'État » ; en Europe, elle faisait du royaume une grande puissance. Implicitement, Roland Mousnier suggère que cette évolution allait dans le sens de l'histoire et donnait tout son éclat au destin monarchique. Au XVIIe siècle, répète-t-il, « c'était le Roi en son Conseil qui était le véritable révolutionnaire » ; les résistances suscitées par son action s'expliquent par le bouleversement de l'ordre traditionnel qu'elle opérait, mais ne présentent « jamais une idée neuve ». La monarchie dont rêvait le régicide appartenait au passé, et son échec dans le long terme en est la preuve éclatante. La phrase qui clôt le livre est éloquente : la France que, sans le vouloir, Ravaillac a concouru à maintenir et à développer, c'est « la France absolutiste et gallicane, la France patriote et nationale, dressée dans sa souveraineté contre le Pape et l'Empereur ».

Il est certain que l'assassinat d'Henri IV, en réveillant les souvenirs de la Ligue et des désordres qu'elle avait causés, a contribué à affermir l'aspiration des esprits à un renforcement de l'autorité royale et à discréditer l'opposition à la monarchie absolue. Le constat selon lequel seul un pouvoir fort était capable de permettre au roi d'affronter les périls de la guerre reste également pertinent. À cet égard, le 14 mai 1610 est assurément une journée qui a fait la France — mais à rebours de ce que souhaitait Ravaillac. La tenue d'un lit de justice par le jeune Louis XIII dès le lendemain du drame, avant même le déploiement des pompes funèbres, en est un signe révélateur : ce bouleversement sans précédent de l'ordre habituel des obsèques royales étaya l'idée d'une transmission instantanée de l'autorité monarchique[1]. Le meurtre a accéléré la prise de conscience de la nocivité des thèses qui prônaient le tyrannicide ; il a rendu plus évidente l'urgence d'une réconciliation des Français autour d'un souverain sacralisé ; il a précipité, malgré les derniers échos des guerres de Religion qui se font encore entendre jusqu'en 1629, l'acceptation d'une coexistence pacifique entre catholiques et protestants. Pendant près d'un siècle, la France devait offrir à l'Europe le visage inédit d'une monarchie biconfessionnelle dans laquelle la volonté absolue du monarque imposait aux sujets une soumission parfaite et réprimait fermement toute contestation.

Mais le sens à donner à cette conséquence du régicide apparaît aujourd'hui moins clair qu'il ne l'était pour Roland Mousnier. En premier lieu, l'emploi du mot « absolutisme » a fait l'objet de controverses dans l'historiographie ultérieure ; il n'apparaît en effet dans le vocabulaire politique qu'à la fin du XVIIIe siècle ; comme tous les mots en « -isme », il présuppose un système là où, plus vraisemblablement, il y a eu adaptation empirique des rois de France à des circonstances mouvantes, sans orientation préétablie. L'expression même de « monarchie absolue » a été remise en question ; les révoltes et les rébellions ne sont pas les

1. Ralph E. Giesey, *Le Roi ne meurt jamais. Les obsèques royales dans la France de la Renaissance* [1960], trad. fr. Paris, Flammarion, 1987.

symptômes d'une opposition archaïque mais témoignent de la vitalité d'un modèle alternatif que les rois ont été obligés de prendre en compte, notamment dans les provinces où subsistaient des États provinciaux[1].

L'œuvre de Roland Mousnier est le dernier fleuron d'une tradition historiographique qui voyait dans l'absolutisme un accomplissement de la monarchie française ; il en est aussi le plus brillant. Sa lecture du XVIIe siècle reste précieuse dans la mesure où elle sait admirablement dépeindre l'espèce de grandeur tragique du royaume de France en lutte, dans une tension héroïque pour imposer sa suprématie en Europe et pour plier les sujets rebelles à l'obéissance. On perçoit, dans les pages qu'il consacre à cet effort prodigieux, son profond attachement pour une patrie qu'il avait connue, au cours de son existence, deux fois éprouvée par l'invasion étrangère ; mais on y sent aussi la nostalgie empreinte de tristesse d'un homme déchiré de constater l'écart entre son idéal et la réalité qu'il croyait percevoir autour de lui. Quelle ironie mordante n'y a-t-il pas dans la note qui accompagne le rappel des louanges que Jérôme Bignon adressait au royaume ! Ce juriste érudit avait publié en 1610 un ouvrage intitulé *De l'excellence des rois et du royaume de France*, dans lequel il dépeignait la France comme « le petit œil et la perle du monde » et les Français comme des hommes qui « ont excellé en tout ce à quoy ils ont voulu appliquer leur esprit ». Voici le commentaire que donne l'historien en bas de page : « Il est évident que les Français du milieu du XXe siècle auraient tort de s'appliquer à eux-mêmes les jugements de Jérôme Bignon. Il s'agit d'une réalité disparue[2]. »

Dès sa parution, l'ouvrage de Roland Mousnier a été salué comme un chef-d'œuvre. La parfaite connaissance qu'avait son

1. Ces débats sont notamment présentés dans Fanny Cosandey et Robert Descimon, *L'Absolutisme en France. Histoire et historiographie*, Paris, Éd. du Seuil, 2002.

2. p. 263.

auteur des institutions et de la société françaises des XVIe et XVIIe siècles en font, aujourd'hui encore, un instrument irremplaçable pour la compréhension de cet événement majeur qu'a été l'assassinat d'Henri IV et de son importance dans l'histoire du royaume. Sa lecture procure de surcroît un rare plaisir, grâce à la vivacité de l'écriture, à la limpidité de la construction, à une manière allègre de manier les paradoxes comme autant d'outils pédagogiques. L'érudition éblouissante qui le nourrit n'est jamais pesante. Autant de traits qui justifient éminemment la réédition de ce maître-livre dans la collection des « Journées qui ont fait la France ».

ARLETTE JOUANNA

L'ASSASSINAT D'HENRI IV

Le problème du tyrannicide
et l'affermissement de la monarchie absolue

AVANT-PROPOS

Ce n'est qu'un événement que l'assassinat d'Henri IV, et, de nos jours, bien des milieux d'historiens affectent de mépriser les événements. Ils traitent avec négligence ce qu'ils appellent d'un vocable affreux « l'histoire événementielle ». Le liseur se contente de remarquer l'importance des événements dans la vie des peuples. Événements que la nomination d'Hitler au poste de chancelier, que les accords de Munich, que la campagne de France en juin 1940. Dira-t-on que le sort de dizaines de millions d'hommes n'en a pas été modifié ? Événement encore que l'attentat de Sarajevo, le 28 juin 1914, prétexte au déclenchement de la Première Guerre mondiale. Soutiendra-t-on que la face du monde n'en a pas été changée ? Pour savoir s'il doit ou non s'intéresser à un événement, l'historien doit se demander seulement ce que celui-là révèle au grand jour et les conséquences qu'il semble avoir eues. Il est des événements d'importance capitale parce qu'ils sont la manifestation extérieure de mouvements profonds, durables : courants d'idées, changements psychologiques, conflits sociaux, troubles économiques, modifications des structures ; parce qu'ils ont eu des répercussions étendues dans l'espace, pénétrantes dans les profondeurs de la société, prolongées dans le temps. Dans ce cas, il vaut la peine de décrire et d'analyser l'événement, par cette analyse de faire ressortir les éléments sociaux divers, les tendances sociales variées, qui y sont impliqués, de faire de ceux-ci le point de départ d'une enquête, d'en tirer des positions de problèmes à résoudre ou à préciser. Nous pensons que le directeur de la collection a eu raison de considérer l'assassinat d'Henri IV comme un de ces événements. C'est un de ceux qui permettent de jeter des lumières sur la vie de la France et sur son devenir.

LIVRE 1

L'ÉVÉNEMENT
L'ASSASSINAT D'HENRI IV

1

LE MEURTRE DU ROI

Le vendredi 14 mai de l'an de grâce de Notre-Seigneur 1610, le Parlement de Paris, première cour de justice du royaume et fragment de l'ancienne Cour le Roi, siégeait, non comme d'habitude au palais de l'Île de la Cité, mais dans une salle du couvent des Augustins, sur la rive gauche, dans « l'Université », sur le petit bras de la Seine, quai des Augustins, non loin du Pont-Neuf et de la rue Dauphine. C'était la coutume lorsque le palais devait être mis en état pour les entrées solennelles des Rois et des Reines à Paris. Or, précisément, l'on préparait le palais, car la Reine Marie de Médicis devait faire son entrée le dimanche 16 mai. Henri IV était sur le point de partir avec son armée, que l'on disait forte de plus de trente mille hommes, pour la basse région rhénane, pour le duché de Juliers, entre Aix-la-Chapelle et Cologne, pour le duché de Clèves, près des Provinces-Unies, pour le comté de la Mark, sur la Ruhr. Il s'agissait d'un héritage disputé. Son attribution pouvait modifier l'équilibre des forces dans l'empire : l'empereur, chef de la Maison d'Autriche, avait prononcé le séquestre des territoires contestés, pour trancher entre les prétendants. L'on pouvait craindre qu'il n'en disposât en faveur de ses amis ou qu'il ne les usurpât pour lui-même. Henri IV, dénonçant les prétentions de la Maison d'Autriche à la monarchie universelle, soutenait contre l'empereur les droits de deux princes protestants, l'Électeur de Brandebourg et le comte palatin de Neubourg. Avant d'entrer en campagne, le Roi de France avait déclaré la Reine Marie de Médicis régente en son absence, car son fils, Louis, le futur Louis XIII, n'avait pas neuf ans, et il avait fait couronner et sacrer sa femme, la veille, le jeudi 13 mai, à Saint-Denis, pour fortifier son prestige et son autorité. D'où la nécessité d'une entrée solennelle dans la capitale et les préparatifs qui exilaient le Parlement.

Aux Augustins, l'audience de l'après-midi allait son train de sénateur. M. le premier président de Harlay était chez lui, au lit, souffrant de la goutte, et c'était M. Pottier qui présidait. « Sur les 4 heures et demie, M. le Bret, advocat du Roy, plaidant en une cause pour Mme de Givry, l'on apperceut que les advocats et les procureurs parlaient l'un à l'autre à l'aureille. On oiait un murmure et voioit-on tous ceux qui estoient en la salle se lever, sortir, rentrer et venir comme estonnez de quelque nouveau bruit, dont M. l'advocat du Roy se sentait fort interrompu[1]. » L'autre avocat du Roi, M. Servin, « admonesta chacun de se baisser et faire silence. M. le Bret continua et ayant conclu, M. le président ayant recueilli les opinions de Messieurs les conseillers assistant à l'audience, prononça que la Cour appointait les parties au Conseil », c'est-à-dire soumettait le litige au jugement du Conseil du Roi. « M. Servin, incontinent, fit advertir M. le président de faire frapper par l'huissier de la baguette, comme l'on a accoustumé quand l'heure est sonnée. La compagnie levée se retira en une petite chambre basse proche du lieu où l'audience se tenait. M. Servin rapporta qu'un de ses gents lui avait dit qu'un gentilhomme l'avait chargé de lui dire que le Roy avait esté présentement blessé dans son carrozze. Cependant ce bruit croist et desja voioit-on par les rues toute la noblesse courir à cheval, l'espée en la main, et, en un moment, les gardes du Roy sur le Pont-Neuf, avec un grand estonnement par toute la ville. » Voilà « Messieurs du Parlement incertains de la vérité ». Quelques-uns se retirèrent chez eux. Les demeurants furent d'avis de consulter M. le premier président « lequel envoia dire à M. le président Potier qu'il le priait de ne bouger des Augustins et de

1. BNF, ms. Dupuy 90, Relation Gillot, f° 30.

retenir tous Messieurs les conseillers qui y estoient. Qu'il serait aussi tost à eux que l'huissier, qu'il se faisait habiller pour s'y faire porter ». Comme le premier président se préparait, arrive maître Louis Dolé, avocat au Parlement et procureur général de la Reine, qui, de la part de celle-ci, « lui dit qu'en cet infortuné et misérable accident, il estoit nécessaire qu'il allast au Parlement pour assembler la compagnie et qu'il n'en bougeast jusques à ce qu'il eust de ses nouvelles, qu'elle désirait et attendait cela de lui. Lors ledit sieur premier président pria un conseiller du Parlement qui estoit avec luy et qui s'en retournait aux Augustins de dire à M. le président Potier qu'il commandast aux huissiers d'aller par toutes les maisons advertir Messieurs de la compagnie de venir présentement aux Augustins, ce qui fut exécuté.

« Aucuns de la compagnie, bien advertis, tenaient la mort du Roy toute asseurée, sans pourtant la publier plus ouvertement. Une grande partie ne croioit encore que blesseure, disants que ce n'estoit rien.

« M. le premier président arrivé et assis en sa place, le sieur de Beaumont, son fils, fist dire par un huissier qu'il estoit commandé de la Roine de parler à la Cour ; on le fait entrer. Il dit que la Roine lui avait commandé de venir au Parlement de sa part dire qu'elle priait la Cour d'adviser ensemble tous ce qui estoit besoin de faire en ceste grande nécessité, en prendre bonne résolution et le plus promptement qu'il se pourrait et lui faire savoir. Auquel M. le premier président dit : "Vous pouvez rapporter à la Roine que vous avez veu la compagnie assemblée pour l'effet qu'elle désire et bien délibérée de servir le Roy et l'Estat." » Le Parlement était très décidé, mais il fallait savoir à quoi. Qu'en était-il au juste du Roi ? La Cour décida d'envoyer les gens du Roi au Louvre pour savoir la vérité sur la prétendue mort du souverain. En l'absence du procureur de Sa Majesté, les deux avocats du Roi s'y rendirent et contemplèrent un piteux spectacle. « Il est impossible d'exprimer par escript l'estonnement et le deuil qui se lisaient au visage de tous ceux qui estoient là assemblez, représentez au vif par les gestes, la face triste et un incroiable silence, entrerompu de soupirs. » De retour, les avocats du Roi trouvèrent la compagnie fort augmentée. Ils lui dirent avoir trouvé la Reine « fort éplorée », assistée du Roy son fils, de M. le chancellier, de quelques princes et seigneurs, et, « avec grandes larmes », ils confessèrent avoir vu le cadavre du défunt Roi sur un lit. Ce fut alors dans cette assemblée d'hommes graves, austères, contenus, une explosion de « cris et soupirs merveilleux et tant de larmes jettées du profond du cœur que l'on pouvait juger que chacun pleurait son Père et son Roy[1] ».

Dehors, la nouvelle se répand, semant dans le peuple parisien « l'effroy et l'estonnement ». « Les boutiques se ferment ; chacun crie, pleure et se lamente, grands et petits, jeunes et vieux ; les femmes et filles s'en prennent aux cheveux[2]... »

Henri IV était mort. Divers récits permirent rapidement de savoir ce qui s'était passé. Sur les 2 ou 3 heures de l'après-midi, le Roi avait demandé son carrosse pour aller à l'Arsenal conférer avec le duc de Sully, le surintendant de ses finances. Il sortit du Louvre, accompagné du duc de Montbazon, du duc d'Épernon, du maréchal de Lavardin, de Roquelaure, de La Force, du marquis de Mirebeau, de son premier écuyer Liancourt. Vitry, le capitaine de ses gardes en quartier, « lui demanda s'il plairait pas à Sa Majesté qu'il l'accompagnast. — Non, allès seulement où je vous ai commandé et m'en rapportès réponse. — Pour le moins, Sire, que je vous laisse mes gardes. — Non, je ne veux ni de vous, ni de vos gardes ; je ne veux personne autour de moy. » Vitry alla donc au palais presser les apprêts pour l'entrée de la Reine et fit demeurer les gardes au Louvre. Le Roi ne fut accompagné que d'un petit nombre de gentilshommes, les uns dans son carrosse, les autres à cheval, et de quelques valets de pied. Henri IV monta dans un carrosse ouvert de chaque portière. Il faisait beau temps et le Roi voulait voir les préparatifs pour l'en-

1. Tout ce qui précède d'après la relation de Gillot, *op. cit.*
2. Pierre de Lestoile, *Registres-journaux*, éd. Michaud-Poujoulat, 2e série, I, 1837, p. 578.

trée de la Reine. Henri IV prit la gauche, donna la droite à d'Épernon. Montbazon et Lavardin étaient en face d'eux. L'on partit. Le carrosse prit le chemin de la Croix-du-Tiroir, suivit la rue Saint-Honoré, entra dans la rue de la Ferronnerie, le long du grand cimetière Saint-Innocent, rue étroite et embarrassée, et là se trouva immobilisé par un encombrement : d'un côté une charrette chargée de vin, de l'autre une chargée de foin. Des lettres patentes d'Henri II, données à Compiègne le 14 mai 1554, avaient ordonné la démolition des loges, boutiques et échoppes, construites le long de la rue de La Ferronnerie, et qui provoquaient des obstructions, mais comme la plupart des lois et règlements en France, au dire des contemporains, elles n'avaient pas été exécutées. Le carrosse royal s'arrêta en face de chez un notaire nommé Poutrain. La plus grande partie des valets de pied passa par le cimetière des Innocents pour devancer le carrosse du Roi au bout de la rue. Deux seulement restèrent, mais l'un s'avança pour détourner l'embarras, un autre s'arrêta et se pencha pour renouer sa jarretière. Dans le carrosse, l'attention du Roi et des seigneurs était absorbée. L'on écoutait la lecture d'une lettre que le Roi avait remise à d'Épernon, car il n'avait pas ses lunettes. Il s'agissait probablement d'un mémoire du comte de Soissons, mécontent, et qui venait de se retirer de la Cour.

Pour essayer de se croiser, le carrosse avait tiré sur la gauche ; les charrettes sur la droite. Les roues du côté d'Épernon, dans le ruisseau qui tenait le milieu de la rue, s'étaient abaissées ; celles du côté du Roi s'étaient haussées. Soudain, un homme bondit sur la roue et frappa le Roi d'un coup de couteau à la poitrine. Le Roi dit : « Je suis blessé. » L'agresseur redoubla. Le Roi « oncques puis n'en parla ». L'agresseur frappa une troisième fois : le coup s'égara dans la manche du duc de Montbazon. Tout s'était fait si vite que « nul des seigneurs qui étaient dans le carrosse n'a vu frapper le Roy ; et si ce monstre d'enfer eût jeté son couteau, on n'eût su à qui s'en prendre ». Mais l'assassin, comme si ses réserves nerveuses eussent été épuisées, restait là debout, un homme grand, fort, roux, le couteau à la main. Saint-Michel, un des gentilshommes ordinaires, courut sur lui, l'épée nue, pour le tuer. Mais le duc d'Épernon lui cria : « Ne le tuez pas, il y va de vostre teste. » On arrêta le meurtrier. Le sang sortait à flots de la bouche du Roi ; d'Épernon jeta sur lui un manteau, cria au peuple, « fort ému », que le Roi n'était que légèrement blessé et tira droit au Louvre. Le Roi fut apporté mort[1]. Jérôme Luillier, procureur général du Roi en sa Chambre des comptes, conseiller du Roy en ses conseils d'État et privé, nous rapporte ce que furent les premiers instants au Louvre : « J'estois au conseil du Roy qui se tenait en une chambre au-dessous de l'antichambre de la Royne. M. le chancelier et Messieurs du Conseil, tous esmeuz et effrayés, sortent. Le dit sieur chancelier monte en hault avec Messieurs les présidents Jeannin et de Vic. Je les suivys. Les dits sieurs chancelier et Jeannin entrèrent chez la Royne. M. de Vic et moi passasmes outre et entrasmes au petit cabinet où le Roy se retirait quand il couchait tout seul, que nous trouvasmes mort, estendu sur son lit, tout vestu, son pourpoint ouvert et desboutonné, sa chemise sanglante. Et néanmoins, M. le cardinal de Sourdis estoit là à ses oreilles et Boulongne, l'aumosnier, d'un côté, M. de Vic de l'autre, et le sieur de Lorme, premier médecin de la Royne, qui faisoyent les prières d'exortations, telles que l'on a accoustumé de faire à une personne qui est à l'agonie de la mort. Mais le pauvre prince estoit desia passé[2]. » Le procès-verbal d'autopsie, signé de dix-huit médecins du Roi et de treize chirurgiens du Roi, daté du samedi 15 mai, 4 heures du soir, porte constatation d'une plaie au côté gauche, entre aisselle et mamelle, sur la deuxième et la troisième côte, de quatre doigts de long, sans pénétrer, le long du muscle pectoral ; d'une autre, plus bas, entre la cinquième et la sixième côte, deux travers de doigt d'entrée, pénétrant la poitrine, per-

1. D'après la lettre de Nicolas Pasquier, maître des requêtes, dans *Œuvres* d'Estienne Pasquier, II, 1723, col. 1060-1061, et Pierre de Lestoile, *Registres-journaux*.
2. Procès-verbal authentique, BNF, ms. Dupuy, f°s 33 et suiv.

çant le lobe du poumon, coupant le tronc de « l'artère véneuse », un demi-doigt au-dessus de l'oreille gauche du cœur, d'où le poumon avait tiré le sang jeté à flots par la bouche. La poitrine était pleine de sang. « Tous ont jugé que ceste playe estoit seule et nécessaire cause de la mort. » Le reste du corps était en bon état[1].

1. BNF, ms. Dupuy, 90, f°s 4-5.

2

RAVAILLAC

Le problème psychologique : un chrétien dévot et assassin

Quels étaient les motifs de l'assassin ? Ils ressortent de ses interrogatoires[1]. Mais il nous faut connaître les juges d'instruction, leur esprit et leur but, car les questions posées peuvent laisser dans l'ombre bien des aspects de la réalité. L'assassin avait été mené à l'hôtel de Retz, tout proche, de peur que le peuple ne se ruât sur lui et ne le mît en pièces. Il y fut torturé sur l'ordre du maréchal de La Force et y subit un premier interrogatoire, par les présidents Jeannin et Bullion, conseillers d'État, dès le jour même du parricide. Conduit à la conciergerie du palais, dans l'Île de la Cité, le dimanche 16 mai, il y fut interrogé par messire Achille de Harlay, chevalier, premier président du Parlement de Paris, MM. Nicolas Potier, président, Jean Courtin et Prosper Bavin, conseillers du Roi en sa cour de Parlement, tous commissaires du Parlement, à la requête du procureur général du Roi, aux fins d'interrogatoire. L'assassin subit un deuxième interrogatoire le lundi 17 mai 1610, de relevée ; un troisième le mardi 18, au matin ; un quatrième, le mercredi 19, au matin. Enfin, le 25 mai, il fut soumis à la torture.

1. Nombreuses copies dans les archives. Les meilleures à la Bibliothèque nationale de France, ms. Dupuy 90, ms. Brienne 192 (nouv. acquis. franç. 7163), Vc Colbert 12. La meilleure publication dans le recueil intitulé : « Mémoires de Condé servant d'éclaircissement et de preuves à l'histoire de M. de Thou », à La Haye, chez Pierre de Hondt, 1743, in-4°, t. VI, p. 217-244. Publications contemporaines, mais sans les questions des juges, dans le *Mercure français* ou la suite de l'histoire de la paix, 1619, in-8°, chez Jean Richer, BNF, Lb 35-7, f°s 440-462, et dans l'opuscule intitulé « Procès, examen... de Ravaillac », Paris, 1611, in-8°, BNF in-8° Lb 35-890.

Le principal but des juges était moins de connaître la psychologie du meurtrier lui-même que de découvrir ses complices. C'est là qu'ils reviennent sans cesse. Ils l'interrogent sur tous les gens qu'il a connus ; ils lui demandent s'il est allé en territoire espagnol : « Enquis en quel temps il a esté à Bruxelles — A dit qu'il ne sortit jamais du royaume et ne sçayt où est Bruxelles. » L'assassin soutint toujours qu'il avait conçu seul son projet et l'avait résolu seul. Or, à ses juges, nobles de fonction, et mus par des préjugés aristocratiques, une telle affirmation paraissait invraisemblable. « Remonstré que sa qualité et condition est trop basse pour avoir eu cette volonté, qu'il n'y aist esté conseillé et fortifié — A dit qu'il n'y a eu personne. » Les juges s'acharnèrent à découvrir le grand personnage qui, selon eux, était nécessairement le cerveau de l'entreprise, et s'occupèrent beaucoup moins de connaître les idées, les images, les signes, les symboles, qui éveillaient et déclenchaient chez l'assassin la passion du meurtre. C'est grand dommage pour nous.

Les juges, en un temps où l'on croyait aux sorciers et où chacun les voyait pulluler, cherchèrent à savoir s'il n'avait pas été inspiré ou aidé par des sorciers. L'archer des gardes du corps, Baugé, qui l'avait fouillé aussitôt après son arrestation, avait trouvé sur lui ce qu'il crut « quelques charactères et instrumens de sorcellerie, entre autres un cœur navré de trois coups[1] ». Des « charactères », ce sont « de certains billets que donnent les charlatans ou sorciers, qui sont marquez de quelques figures talismaniques ou de simples cachets. Ils font accroire au sot peuple qu'ils ont la vertu de faire faire des choses merveilleuses et incroyables, comme de faire cent lieues en trois heures, d'être invulnérable à l'armée, etc.[2] », d'où la question : « S'il a eu des caractères et qui lui a baillé » — inspirée par cette idée qu'un homme d'aussi basse condition n'aurait pas osé s'attaquer au Roi sans croire en un secours surnaturel, celui du diable. La

1. Lestoile, *Registres-journaux*, 2e série, I, p. 578.
2. *Dictionnaire* de Furetière, éd. de 1727.

réponse fut négative : « A dit qu'il croirait faire mal. » Les Juges, qui croyaient eux-mêmes au diable et à la possibilité d'un secours diabolique, insistèrent : « De longtemps il estoit faict enfant du diable, invoquait les démons, qu'il a fait venir devant luy, estant logé en cette ville, il y a plus de quatre ans — A dit que non. » Mais les juges étaient renseignés par un dénonciateur, un nommé Dubois, originaire de Limoges. Celui-ci prétendait que, couché dans la même chambre que l'assassin, il l'avait entendu faire des conjurations et qu'il avait vu le diable apparaître sous la forme d'un énorme et redoutable chien noir, que, dès le jour, il s'était précipité pour se confesser et communier. Les juges demandèrent donc à l'assassin : « Si estant couché avec ledit Dubois, il ne fist pas une conjuration, invoquans les démons, et en quelle forme — A dit que tant s'en faut que ce qu'on lui demandait fût véritable, qu'au contraire ils n'estoient couchez en mesme chambre que ledit Dubois : Ains en un grenier au-dessus, dans lequel estant, environ l'heure de minuit, fut prié et requis plusieurs et diverses fois par iceluy Dubois descendre en sa chambre, criant ledit Dubois par trois fois "*Credo in Deum*; mon amy, descends en bas", en s'exclamant "Mon Dieu, ayez pitié de moi". Alors l'accusé voulut descendre pour voir qui le mouvait à implorer son secours de la façon et avec telles exclamations ; mais les personnes couchées où estoit l'accusé ne luy voulaient permettre pour la crainte et frayeur qu'ils eurent (l'hôtesse de la maison, Marie Moineau, et une sienne cousine nommée Jeanne Le Blond) ; de sorte qu'il ne descendit point parler audit Dubois que longtemps après ; que ledit Dubois luy dit qu'en la chambre au-dessous de l'accusé, il avait veu un chien noir d'excessive grandeur et fort effroyable, qui s'estoit mis les deux premiers pieds sur le lit seul où il estoit couché, dont eut telle peur de cette vision qui l'avait meu à faire telles exclamations et d'appeler l'accusé pour luy tenir compagnie en sa peur ; ce qu'ayant entendu, l'accusé aurait le lendemain matin donné advis audit Dubois que, pour renverser ses horribles visions, il devait avoir recours à la Sainte-Communion ou à la célébration de la Sainte Messe, ce qu'il fist » : L'assassin niait donc tout pacte avec le démon et se proclamait bon catholique. Tout ce monde était fort tourmenté.

Alors que les juges étaient tellement hantés par le souci des complicités, l'on peut s'étonner de certaines lacunes de l'instruction. L'accusé avait cité dans ses réponses plusieurs personnes, un nommé Belliard, d'Angoulême, sa propre mère. Les juges ne se soucièrent pas de les faire venir pour interrogatoires et confrontations.

Plus grave, l'accusé passa deux jours à l'hôtel de Retz, sans être mis au secret. Pendant deux jours, il reçut des visites, assez librement. L'on dit que le Père Coton, un jésuite, confesseur du Roi défunt, vint le trouver et l'invita à ne pas compromettre les gens de bien. D'autres ont pu intervenir pour obtenir de lui le silence. Tout ceci met en défiance.

Mais les lacunes les plus graves viennent certainement d'une certaine négligence des juges à pousser l'accusé sur ses opinions politiques et sur l'origine de ces opinions.

Néanmoins, les interrogatoires nous apprennent beaucoup. L'accusé déclara se nommer François Ravaillac, être natif d'Angoulême, y demeurer, être âgé de trente et un à trente-deux ans, n'avoir jamais été marié. Sa profession ? « Il dit qu'il s'est employé à solliciter des procès en la Cour » depuis quatorze ans. Il avait d'abord été formé à Paris, logé chez un savetier, rue de La Harpe, puis rue Callandre. Revenu à Angoulême, il avait été clerc et valet de chambre de défunt Rozier, conseiller au Présidial d'Angoulême. Puis il avait fait de la prison pour dettes. De présent, il vivait à Angoulême, il instruisait la jeunesse, il lui apprenait à prier. Il avait quatre-vingts écoliers, dont les pères et mères le payaient et lui faisaient des dons, l'un lui donnant du lard, l'autre de la chair, du blé, du vin. Il épargnait, et de temps en temps il venait à Paris pour solliciter des procès. Pour venir tuer le Roi, il avait mis huit jours de Paris à Angoulême, voyageant à pied. L'objet avoué du voyage était de faire taxer les dépens d'un procès jugé au Parlement.

Son père avait été, comme lui, praticien. Il était séparé de sa mère depuis six ans. Ses sœurs avaient abandonné leur mère. Ravaillac était resté seul avec elle. Ses père et mère « vivaient d'aumosne, la plupart du temps ».

Voilà donc un homme qui vit dans l'atmosphère morale d'un double échec. Un échec familial : des parents séparés, une mère abandonnée, des enfants dispersés, oublieux, hostiles entre eux. Un échec professionnel : ni son père, ni lui, n'ont réussi. Leur état est toujours celui de la mendicité et de la misère pour les parents, pour le fils toujours proche de la misère et de la mendicité. Ravaillac apparaît comme un homme « qui a eu des malheurs », comme un homme qui, demeuré volontairement avec sa mère sans ressources, n'était sans doute pas dépourvu de piété filiale, de bonté, de sensibilité, comme un homme donc qui a dû souffrir de ces circonstances, dont les nerfs ont dû être ébranlés et dont l'équilibre affectif devait être précaire.

Élevé par une mère pieuse et qu'il respecte profondément, Ravaillac apparaît comme un très bon catholique, assez catholique pour vouloir devenir un religieux. « Qui aime son père ou sa mère plus que Moi n'est pas digne de Moi[1]. » Ravaillac était entré comme frère convers aux Feuillants, où il avait été reçu par le provincial, dom François Marie-Madeleine. Les feuillants étaient une congrégation de l'Ordre de Cîteaux. Ils se rattachaient donc à la grande famille bénédictine. Leur fondateur, Jean de La Barrière, avait créé en 1573 leur abbaye de Cîteaux, dans le diocèse de Rieux, près de Muret, dans l'actuel département de la Haute-Garonne. En 1588, ils s'étaient installés à Paris, dans un monastère de la rue Neuve-Saint-Honoré, non loin des Tuileries.

Ils suivaient la règle de saint Benoît et de saint Bernard. Ils allaient déchaussés, portant des sandales et vêtus d'une robe blanche. Ils étaient appelés feuillants parce qu'ils portaient dans leurs armes une branche pleine de feuilles. Quelques feuillants

1. Évangile selon saint Matthieu, x, 37.

avaient pris une part active à la Ligue. Dom Bernard Percin de Montgaillard avait mérité le surnom de « laquais de la Ligue ». Il avait été obligé de se réfugier aux Pays-Bas après la victoire d'Henri IV et y était devenu abbé d'Orval. Les feuillants exerçaient une grande influence sur la Cour et sur la société parisienne et éveillaient des vocations nombreuses.

Mais les feuillants causèrent à Ravaillac une nouvelle déception. « Enquis combien il a eu l'habit de feuillant et pourquoi l'a laissé. — A dit qu'il l'a eu environ six semaines et que on luy a osté, pour ce qu'il avait eu en sa méditation des visions. » Pour les feuillants, ces visions ne témoignaient pas d'un esprit sain. L'Église se méfie des visionnaires, qui ne sont souvent que des déséquilibrés. Ravaillac se sentait une véritable vocation. Il avait redemandé plusieurs fois son habit de religieux. Il en fut toujours refusé. Et cet homme, qui venait de tuer et qui ne pouvait se dissimuler qu'il allait lui-même mourir dans des tourments atroces, à ce souvenir pleura.

Alors, repoussé par les feuillants, Ravaillac avait songé à devenir jésuite. Il se rendit chez les jésuites, qui jouissaient d'une grande maison et de l'église Saint-Louis, rue Saint-Antoine, non loin de la rue de la Cousture Sainte-Catherine[1]. Il s'adressa à un frère convers. Mais les convers lui dirent « que l'on ne recevait en leur maison ceux qui avaient été d'autre religion », c'est-à-dire d'un autre ordre religieux. Il dut renoncer.

L'on comprend que la déception lui ait été cruelle car Ravaillac est un très bon chrétien, d'une piété fervente. Après l'assassinat, l'obsession tombée, il se montre un excellent catholique, d'une foi parfaite. Il se repent de son acte, qu'il voit maintenant dans sa vraie nature :

« Enquis ce qu'il pense avoir fait par cet acte — A dit qu'il pense avoir fait une grande faute, dont il demande pardon à Dieu, à la Royne, à M. le Dauphin, à la Cour et à tout le monde qui en peut recevoir préjudice. »

1. Près de ce qui est aujourd'hui l'église Saint-Paul et la rue de Sévigné.

« S'il n'a pas horreur d'un coup si abominable et préjudiciable à toute la France — A dit qu'il a desplaisir de l'avoir commis, mais, parce qu'il est fait pour Dieu, *luy fera la grâce de pouvoir demeurer jusques à la mort d'une bonne foy, une espérance et une parfaite charité et qu'il espère que Dieu est plus miséricordieux et sa Passion plus grande pour le sauver, que l'acte qu'il a commis pour le damner.* »

« Remonstré qu'il ne peut estre en la grâce de Dieu après un acte si misérable — A dit qu'il espère que Notre Seigneur tout-puissant fera qu'il n'en arrivera aucun inconvénient. »

« A dit... qu'il a esté si imbécile et tellement aveuglé du péché, que le diable l'a fait tomber en cette tentation. »

« Remonstré qu'il ne peut espérer la grâce de Dieu sans descharger sa conscience — A dit qu'il a la crainte, mais aussy l'espérance en la grâce de Dieu. »

Ainsi Ravaillac reconnaît son acte comme intrinsèquement mauvais, mais, s'il craint Dieu, il espère qu'à cause de sa bonne intention, comme il voulait n'agir que pour Dieu, même s'il a été trompé par le démon, à cause surtout de l'infinie bonté divine, à cause des mérites acquis sur la croix par Jésus-Christ, mort pour racheter les péchés de tous les hommes, Dieu lui fera la grâce de lui donner jusqu'à sa fin le Saint-Esprit et de le sauver de l'Enfer. Il n'y a pas de foi plus totale ni de plus parfait abandon à la bonté de Dieu.

« Enquis si le jour de Pasques et jour de son partement, il fist la sainte communion — A dit que non, et qu'il l'avaist faiste le premier dimanche de Caresme, mais néantmoins qu'il fist célébrer le saint sacrifice de la sainte messe en l'église Saint-Paul d'Angoulême, sa paroisse, comme se reconnaissant indigne d'approcher de ce très saint et très auguste sacrement, plein de mistère et incompréhensible vertu, parce qu'il se sentait encore vexé de cette tentation de tuer le Roy ; en tel estat ne voulait s'approcher du précieux corps de son Dieu... », mais il « espérait que sa mère, allant recevoir son Dieu en ce sacrifice qu'il faisait faire, il serait participant de sa communion, la croyant, depuis qu'il est au monde, estre portée d'une plus religieuse affection envers son Dieu que luy, accusé... » « Et aussy requist à Dieu lors et requiert maintenant et jusques à sa mort qu'il soit participant de toutes les saintes communions qui se font par les religieux, religieuses, sœurs et bons séculiers et autres qui sont de l'Église catholique, apostolique et romaine, communians en la foy de notre mère Sainte-Église, le précieux Corps de Notre Seigneur et rédempteur, que la réception qu'ils en font luy soit attribuée, comme croyant estre l'un des membres avec eux, en un seul Jésus-Christ... » Cette foi en la communion des saints est irréprochable et touchante.

« ... A dit qu'il ne fait pas de difficulté qu'il n'y ait esté porté (au meurtre) d'un propre mouvement et particulier, contraire à la volonté de Dieu, autheur de tout bien et vérité, contraire au diable, père de mensonge ; mais que maintenant à la remontrance que luy faisons, il reconnait qu'il n'a peu résister ou n'a voulu résister à cette tentation, estant hors du pouvoir des hommes de s'empescher du mal et qu'à présent qu'il a déclaré la vérité entière, sans rien retenir et cacher, il espérait que Dieu tout bénin et miséricordieux, luy ferait pardon et rémission de ses péchéz, estant plus puissant pour dissoudre le péché, moyennant la confession et absolution sacerdotale, que les hommes pour l'offenser ; priant la sacrée Vierge, M. Saint-Pierre, M. Saint-Paul, M. Saint-François, en pleurant, M. Saint-Bernard, et toute la cour céleste de Paradis, requérir et estre ses advocats et intercesseurs envers Sa Sacrée Majesté, afin qu'il impose sa croix entre sa mort et jugement de son âme et l'Enfer ; par ainsy requiert et espère estre participant des mérites de la passion de Nostre Seigneur Jésus-Christ, le suppliant bien humblement luy faire la grâce qu'il demeure associé aux mérites de tous les trésors qu'il a infus en la puissance apostolique, lorsqu'il a dit : Tu es Petrus... »

Quel catholique ne reconnaîtra son frère dans ce pêcheur repentant, qui confesse humblement sa faute, implore l'intercession de la Vierge et des saints, et attend tout des mérites de Jésus-Christ et de la miséricorde de Dieu ? Oui, Ravaillac est un homme de foi profonde, de piété fervente, très instruit de sa religion, de charité ardente, un excellent catholique.

Malheureusement, ce dévot est aussi un visionnaire et un obsédé. Ses visions, il les décrit complaisamment. « Estant en prison pour dettes, à Angoulême, faisant ses méditations,... avait senty des puanteurs de souffre et feu aux pieds qui desmontraient le Purgatoire, contre l'erreur des hérétiques... » Ravaillac n'était pas exigeant en matière de démonstration. Et puis, il posait mal la question. Ce n'était pas sur le terrain de l'expérience que se situait le problème. « Estant hors de la prison, le samedy d'après Noël, de nuit, ayant faict sa méditation, a continué, les mains jointes et pieds croisez, dans son lit, avait senty sur sa face couverte et sa bouche d'une chose qu'il ne peut discerner parce que c'estoit à l'heure de minuit; et, estant en cet estat, eut volonté de chanter les cantiques de David, commenceans : Dixit Dominus, etc., jusques à la fin du cantique avec le Miserere et De Profundis tout au long et luy semble que le chantans, il avait à la bouche une trompette, faisant pareille son que la trompette à la guerre. Le lendemain matin, s'estant levé et fait sa méditation à genoux, recolligé en Dieu à la manière accoustumée, se lève, s'assit en une petite chaise devant le foier, puis s'estant passé un peigne par la teste, voyant que le jour n'estoit encore venu, apperceut du feu à un tison, s'achève d'habiller, prend un morceau de sarment de vigne, lequel ayant allié avecq le tison où estoit le feu, mit ses deux genoux en terre et se prist à souffler, vist incontinent aux deux costez de sa face, à destre et à senestre, à la lueur du feu qui sortait par le soufflement, des hosties semblables à celles dont l'on a accoustumé faire la communion aux catholiques de l'Église de Dieu, et audessous de sa face, au droist de sa bouche, voyait par le côté un rouleau de la même grandeur que celle que lève le prestre à la célébration du service divin, à la messe... » Dieu multipliait autour de lui les images d'hosties pour lui confirmer la vérité de la Sainte Eucharistie, la présence réelle, et la transsubstantiation, contre les hérétiques, et lui rappeler ses devoirs de vrai chrétien.

Un homme aux nerfs malades, à l'esprit mal formé, qui marche trop, médite trop, ne dort pas assez, chez qui l'imagination l'emporte, voilà pour une part notre Ravaillac. Aussi comme l'on comprend la réponse du jésuite d'Aubigny, à qui il était allé se confesser : « Que c'estoit imaginations plus que visions, qui procédaient d'avoir le cerveau troublé comme sa face desmontrait, devait manger de bons potages, retourner en son pays, dire son chapelet et prier Dieu. » Une vie calme, une bonne nourriture, des exercices spirituels sédatifs, c'était le bon sens même.

Ce détraqué, victime d'un flot d'images tumultueuses, en a laissé grandir une, qui l'obsède, celle du meurtre. Il était bien venu pour faire taxer les dépens d'un procès, mais aussi dans l'intention de tuer le Roi. Cette tentation le poursuivait depuis longtemps. « Ces tentations, quand elles luy estoient faites, quelquefois il y adhérait, quelquefois non. » Aussi, il était déjà venu, à la Pentecôte et à Noël précédents, pour parler au Roi et le porter à changer de politique. Probablement s'était-il cru investi directement d'une mission divine, comme Moïse, Aod ou Judith, car, au cours de son premier interrogatoire, à la question « Qui luy avait donné ce conseil — A dit que c'est chose qui passe nostre cognaissance, celle des juges, et qu'il en dira la vérité au prestre en confession et non ailleurs... ». Pour obtenir audience du Roi, vers la Pentecôte de 1609, trois fois il alla au Louvre. Chaque fois, il fut repoussé par La Force, capitaine des Gardes. Il se rendit chez Mme d'Angoulême. Mais il ne put voir qu'un secrétaire. Il parla à un écuyer de la Reine Marguerite nommé Ferrare, sans recevoir autre chose qu'une réponse évasive. Il alla demander au cardinal du Perron de lui donner un introducteur, mais ne put franchir le barrage des aumôniers et le cardinal lui fit dire de se retirer en sa maison.

Alors, ne pouvant parler au Roi au nom de Dieu, prophète malheureux, il résolut de le tuer. Il vint à la Noël de 1609 pour accomplir sa tâche. Mais il fut refoulé par les archers du grand prévôt et par le grand prévôt lui-même. Deux jours après Noël, il vit passer le Roi en carrosse auprès du cimetière des Innocents. Il courut après lui. Les valets l'empêchèrent de l'atteindre. Il retourna à Angoulême. Il se confessa de son intention de tuer, et après avoir reçu le sacrement de pénitence, il se trouva délivré pour un temps de son obsession. Mais, à Pâques 1610, au moment de partir pour Paris, l'obsession revint. Il vola un couteau dans une hôtellerie. Mais, au moment d'agir, il hésita. Il repartit. À Étampes, il rompit même son couteau. Mais, dans un faubourg d'Étampes, il aperçut tout d'un coup un « Ecce homo », le Christ, la peau marbrée de coups de la flagellation, couronné d'épines, déchiré, sanglant, offert aux clameurs, aux insultes, aux cris de mort de la foule. Toute cette souffrance pour lui, Ravaillac, et lui, il reculait. Il revint vers Paris. Il refit la pointe de son couteau sur une pierre. À Paris, il suivit le Roi à la messe aux Feuillants. L'arrivée du duc de Vendôme l'empêcha d'agir. Il chercha le Roi, pour le frapper dans le couloir sombre qui menait, entre les deux tours, dans la Cour du Louvre. Il ne le put, à cause du groupe des gentilshommes. Mais, rue de la Ferronnerie, il atteignit le Roi et le tua.

Ainsi ce dévot de Jésus-Christ, de celui qui a commandé « Aimez-vous les uns les autres comme je vous ai aimés », jusqu'à la mort, qui a refusé d'attirer le feu du ciel sur ceux qui le repoussaient parce que le Fils de l'Homme est venu non pour faire périr le pécheur, mais pour qu'il se convertisse et qu'il vive, ce dévot était devenu un meurtrier. Lui, simple particulier sans mandat, il avait assassiné le chef de l'État. C'était un détraqué, soit. Mais ce fait n'explique rien. Il était voué aux excès ? Soit. Mais pourquoi l'image obsessionnelle n'a-t-elle pas été alors celle de l'aumône ? Pourquoi Ravaillac ne s'est-il pas entièrement dépouillé pour les pauvres, pourquoi n'a-t-il pas prêché à tous le dépouillement total, pourquoi n'a-t-il pas passé tout son temps à mendier pour les misérables ? « La seule mesure pour aimer Dieu est d'aimer Dieu sans mesure. » Ravaillac a aimé sans mesure, mais pourquoi a-t-il mal aimé, pourquoi a-t-il dévié, d'où lui vient cette image de meurtre qui a fini par s'imposer à lui et le mener à un acte qui aurait dû lui faire horreur ?

Ses juges étaient préoccupés surtout de trouver ses complices, ils ne pouvaient cependant se dispenser de lui demander les raisons pour lesquelles il avait voulu tuer le Roi. « A dit plusieurs, entre autres, pour ce qu'il (Henri IV) n'avait voulu, comme il en avait le pouvoir, réduire la religion prétendue réformée (le protestantisme calviniste) à l'Église catholique, apostolique et romaine. » Il revint d'Étampes, décidé à tuer Henri IV, « parce qu'il ne convertissait pas ceux de la R. P. R. et qu'il avait entendu qu'il voulait faire la guerre au pape, transférer le Saint-Siège à Paris ». Et encore, « il a esté induit à son entreprise, d'autant que le Roy n'avait voulu que la justice fût faite des Huguenots, pour raison de l'entreprise par eux faite de tuer tous les catholiques le jour de Noël dernier, dont aucuns ont esté prisonniers, amenez en cette ville, sans qu'il en ait esté fait justice, comme il a ouy dire à plusieurs personnes... »

Par conséquent, Ravaillac est persuadé que l'édit de Nantes est mauvais, qu'il est du devoir du Roi de convertir les protestants hérétiques, qu'il a la possibilité de le faire, que puisqu'il ne le fait pas, le Roi est grandement coupable envers Dieu.

Et d'autre part Ravaillac est persuadé que les protestants veulent massacrer les catholiques, prendre une sorte de revanche de la Saint-Barthélemy, qu'il y a eu commencement d'exécution, que le Roi refuse de châtier les coupables, qu'ainsi il se fait leur complice et met les catholiques en danger.

La conclusion logique serait l'état de légitime défense des catholiques s'ils essaient de se débarrasser du Roi.

Ravaillac a encore d'autres raisons. Il invoque « le commun bruit des soldats qui disaient que si le Roy... voulait faire la guerre contre le Saint-Père, qu'ils lui assisteraient et mourraient pour cela, à laquelle raison s'est laissé persuader à la tentation qui l'a porté de tuer le Roy, parce que faisant la guerre contre le pape, c'est la faire contre Dieu, d'autant que le pape est Dieu et Dieu est le pape »... À Angoulême, « estant en la maison d'un nommé Belliart, il dit avoir entendu que l'ambassadeur du pape avait dit de sa part au Roy, que s'il faisait la guerre au pape, il l'excommunierait, dit que Sa Majesté avait fait réponse : que ses prédécesseurs avaient mis les papes en leur trône, et que s'il l'excommuniait, l'en déposséderait : ce qu'ayant entendu, se résolut du tout de le tuer »... Affirme avoir entendu dire la même chose « non seulement à cet homme, mais aussi à des soldats à Paris, entre autres au sieur de Saint-George, qui disait que si le Roy voulait faire la guerre contre le Saint-Père, luy obéirait y estant tenu ; et que s'il la faisait mal à propos, cela tournerait sur luy ». Ravaillac a donc « creu qu'il fallait préférer l'honneur de Dieu à toutes choses ».

Autrement dit, Ravaillac est persuadé que le Roi veut faire la guerre au pape, le déposséder de ses États, et comme le pape, vicaire de Jésus-Christ, c'est comme Dieu présent sur la terre, il y a dans cette guerre une impiété, un blasphème, un outrage à Dieu, que notre dévot ne peut supporter. Il se croirait coupable envers Dieu, s'il ne vengeait sur la personne de l'impie l'honneur de Dieu.

Voilà qui va bien, et voilà de jolis ragots dont il nous faudrait chercher l'origine et les agents de diffusion. Mais notons bien qu'ils n'expliquent pas tout. Car, si Ravaillac avait été persuadé qu'en aucun cas il ne faut tuer, que ce commandement de Dieu « Tu ne tueras point » est infrangible, il n'aurait pas tué le Roi. Où a-t-il trouvé qu'il y a des moments où le cinquième commandement n'oblige plus, qu'il y a des circonstances où un particulier peut tuer un chef d'État ? Autrement dit, si nous construisions un syllogisme catégorique, nous aurions une majeure, universelle affirmative : dans certaines circonstances, il est permis de tuer un Roi ; une mineure particulière affirmative : Henri IV se trouve dans ces circonstances ; et la conclusion serait une particulière affirmative : il est permis de tuer Henri IV. L'interrogatoire nous donne bien la mineure et la conclusion, mais non pas la majeure. Il faudrait savoir d'où Ravaillac l'a tirée.

Mais vaut-il la peine de nous donner tout ce mal, si Ravaillac est un être singulier, une exception malheureuse dans le royaume de France ? Non, certes. Mais si, au contraire, beaucoup de Français, et même des étrangers, ont pensé comme Ravaillac, s'ils se sont dit que ce serait vraiment heureux si quelqu'un accomplissait la même action, s'ils ont songé à accomplir cette action, s'ils l'ont louée, et son auteur, après qu'elle a été accomplie, alors, étant donné que le royaume de France, que l'Europe, sont chrétiens, nous voilà devant un beau problème de psychologie collective : comment ces adeptes d'une religion d'amour étaient-ils tous des meurtriers possibles, des meurtriers en pensée, des assassins en puissance, à qui il n'a manqué peut-être que l'occasion ou une dernière impulsion pour passer à l'acte ? Voilà un problème de nature à tenter un historien. Il nous faut donc chercher d'abord s'il y a eu beaucoup de « Ravaillac en puissance ».

3

LES RAVAILLAC DE CŒUR

Le problème de psychologie collective

Après le coup de Ravaillac, bien des gens manifestèrent des intentions régicides. « Plusieurs fanatiques qui ne parlaient que de tuer Roys furent mis prisonniers, on en amena de divers endroits en la Conciergerie de Paris ; un jeune enfant, même, âgé environ de douze ans, fut mis prisonnier et condamné à la mort pour avoir dit qu'il voudrait tuer le Roy à présent régnant (Louis XIII). Il en appella. Les longues prisons leur doivent avoir servy à tous de médecine pour guarir leur pituite. Toutefois, un gentilhomme, à Étampes, pour avoir mal parlé, ne fut que deux jours prisonnier et eust la teste tranchée : celuy là fut puny pour ce que sa bouche avait parlé de ce que son cœur désirait[1]. »

Toutefois, il peut s'agir ici de ces sortes d'épidémie par suggestion qui suivent les crimes et les suicides « sensationnels ».

Par contre, des textes nous montrent l'existence de nombreux Ravaillac en pensée. Mais ici nous rencontrons une difficulté, la formation classique des écrivains, qui les portait à voir la mort d'un prince sur le modèle de celle des grands hommes de l'Antiquité, Alexandre, César, telle que l'ont vue les Anciens, prédite par la nature entière, annoncée par une suite de prodiges, de miracles, d'interventions surnaturelles. Significative sur ce point est la lettre d'un conseiller d'État, du Perron, publiée en 1610 : « par tout on ne trouve de l'abysme et de l'effroy, par tout on recognait qu'il n'y a que sujet d'estonnement et de merveille…

1. *Mercure français*, I, f° 461 v°.

De raconter aussy comme en mesme temps que ce fait exécrable se commettait, il a esté ressenty et annoncé par des personnes absentes, voire qu'il y a eu plusieurs et diverses prophéties qui l'ont prédit; c'est chose que vous pourrez apprendre d'autres que de moy. En somme, tout ce qui pouvait en rendre l'acte remarquable et déplorable, *ainsi qu'il a accoustumé d'arriver à la mort des grands et insignes princes*, y est intervenu; desquels, comme la vie et les actions sont par-dessus la portée ordinaire des hommes et semble avoir quelque chose de prodigieux et hors du commun, ainsi leur mort est ordinairement accompagnée de conditions et de circonstances non ordinaires et non communes, et qui semblent plutost tenir du miracle ou du prodige que non pas de l'événement humain[1]... »

Nous voilà prévenus. Si l'on nous dit que vingt personnes ont connu la mort d'Henri IV, à deux cents lieues de lui, la veille ou le jour de l'attentat, regardons de près pour distinguer s'il s'agit d'une information précise et fondée ou si, dans l'esprit de l'auteur, c'est un prodige répandu par la renommée aux cent bouches, c'est-à-dire un vulgaire racontar forgé après coup.

La critique n'est pas toujours aisée, parce que les contemporains vivent par la pensée dans un univers peuplé d'êtres surnaturels, de fantômes, de démons, troublé par des forces invisibles, sortes de volontés analogues à celle de l'homme mais bien plus puissantes. Voici Nicolas Pasquier, un magistrat, un maître des Requêtes, le fils du célèbre Étienne Pasquier. Il nous a laissé une précieuse lettre écrite immédiatement après le supplice de Ravaillac, à M. d'Ambleville, conseiller du Roi en ses Conseils d'État et privé, capitaine de cinquante hommes d'armes, lieutenant général pour le Roy et pays d'Angoumois, Saintonge, Aunis, ville et gouvernement de La Rochelle[2]. Notre magistrat nous raconte gravement toute une suite de prodiges et de prédictions. Ainsi l'histoire du capitaine de Gascogne qui voit un jour entrer

1. BNF, in-8° Lb 35-879, p. 3-5.
2. *Œuvres* d'Étienne Pasquier, éd. de 1723, t. II, col. 1053 et suiv. BNF, Z 2224.

deux fantômes : ceux-ci lui commandent « qu'il allast annoncer au Roy qu'il eust à conserver sa vie, autrement qu'il ne pouvait empescher un malheur qui lui estoit préparé », puis ils disparaissent. Le capitaine consulte des théologiens « qui lui remonstrèrent que ce pouvait être quelque illusion diabolique ». Donc, il ne bouge pas. Les deux fantômes réapparaissent et le menacent de mort s'il ne va pas prévenir le Roi, alors qu'ils avaient toute facilité pour le faire eux-mêmes. Le capitaine cette fois va à Paris et au Louvre. Mais l'intrépide Henri IV se moque de lui.

Voici les prédictions des astrologues, Liberati, Perrier, médecin de Toulouse, qui aurait écrit au Roi peu de temps avant sa mort, que « les Astres conspiraient en sa personne » ; Janet de Besançon, Turcar, écossais, Rodolphus Camerarius, allemand, Coeffier, conseiller au présidial de Moulins, qui tous avaient vu sa mort au moins deux ans à l'avance et en avaient indiqué la date.

Voici les inspirés, La Font, prévôt de Bayonne, averti par « son esprit », dès 1608, et, encore deux ou trois jours avant la mort du Roi, mais qui fut considéré comme « dévoyé du cerveau ». Et le prévôt de Pluviers qui, jouant à la boule, dit à ses partenaires à la même heure que le Roi fut tué que le Roi venait d'être tué. Preuve que cette connaissance lui était venue par la voie du diable, c'est qu'emprisonné pour cette parole, alors que le suicide est en horreur à Dieu, il se pendit avec le cordon de ses caleçons.

Voici, bien entendu, Nostradamus, cinquième centurie, prophétie première :

Avant venue de ruine Celtique
Dans le temple deux parlementeront,
Poignard cœur, d'un monté au coursier et pique
Sans faire bruit, le Grand enterreront.

Notre bon Nicolas n'a pas de peine à montrer qu'il ne peut s'agir que du pourparler que fit Ravaillac dans l'église Saint-Louis avec le Père d'Aubigny, jésuite, lorsqu'il lui montra le couteau sur lequel était gravé un cœur, et ensuite, lorsque, sans être vu et sans bruit, étant monté sur la roue du carrosse et attaché au coursier, il piqua et tua le grand Henri. Faites comme Nicolas, choisissez un événement quelconque, parcourez les prédictions de Nostradamus, vous aurez bien de la malchance si, dans cette collection de formules vagues, vous n'en trouvez pas une qui s'applique à votre événement. Et à bien d'autres.

Tout de même, au milieu de tout ce fatras, nous trouvons des affirmations qui paraissent bien correspondre à des faits réels, connus par constatation personnelle ou par information sûre. Ces affirmations nous suggèrent que beaucoup de gens s'attendaient à ce qu'il arrive malheur à Henri IV, les uns craignant sa mort, les autres la souhaitant, ceux-ci « Ravaillac en puissance ». « Il y a un an que j'estois à Fontainebleau pour l'exercice de ma charge de Maistre des Requestes, où nous fusmes en un instant saisis d'une peur soudaine, disant sourdement en nos communs devis… que de brief la France courait fortune d'estre privée de son Roy si utile et nécessaire à sa conservation et que le Ciel le répéterait[1] comme à luy deu par propriété naturelle. Chascun disait : il ne se garde point, le malheur portera qu'il sera tué. Nous tremblotions tous de crainte et estions de telle façon saisis par l'appréhension du mal que nous imaginions, que nous nous regardions les uns les autres sans pouvoir proférer aucune parole, prévoyants et pensants aux grandes, douloureuses et calamiteuses misères qui nous tallonnaient à la suite d'un si énorme et horrible forfaict. » Vous voyez ces gens de Cour, causant entre eux du Roi, estimant qu'il a de grandes chances d'être assassiné : « Il ne se garde point. » Donc, pour eux, beaucoup de gens souhaitaient la mort d'Henri, beaucoup cherchaient l'occasion de frapper.

Nicolas Pasquier rappelle des avertissements qui avaient été donnés au Roi sur sa politique religieuse et sur son administration. Le capitaine Milhade, de Moncrabeau-en-Albret, en 1607,

1. Le redemanderait.

le Vendredi Saint, vint trouver le Roi à Fontainebleau. Henri ordonna au Père Coton de l'entendre et de lui en faire le rapport. Le Père Coton détourna le Roi de croire le capitaine. Milhade, alors, écrivit au Roi pour lui rappeler les bienfaits de Dieu, « et qu'à présent il l'appellait à la réformation de son Église et à bien policer et régler son royaume, ce qu'il devait faire, d'autant que ce mesme Dieu avait toujours favorisé les bons Roys et *ruyné les meschants*; qu'à l'heure qu'il lui parlait, c'estoit à luy de s'éveiller de son sommeil pour penser en quoy il pouvait récompenser tant de bienfaicts »... Milhade réécrivit au Roi, en 1609, que « s'il voulait fuir l'ire[1] de Dieu, il se devait de tout poinct réconcilier avec luy et conformer sa volonté à la sienne, en suivant le beau chemin qu'il luy montrait pour exécuter ses commandements... que c'estoit à luy d'y meurement penser pour ce que Dieu avait entendu la voix, clameur et oppression de son peuple mangé comme pain ». Il écrivit au Père Coton « à cause que l'Ange du Seigneur avait desgainé son espée pour frapper ceux qui suivaient le train vicieux maudit par les prophètes et les apôtres ». Milhade croyait avoir eu des « révélations » de la mort prochaine du Roi. Mais ce qu'il nous révèle, ce sont des mécontentements positifs de gens accablés d'impôts, blessés en leur cœur par la politique religieuse royale, persuadés que le Roi ne respecte pas la volonté divine, et en qui gronde comme une sourde menace.

En territoire espagnol, dans les Pays-Bas, en territoire germanique, sur le Rhin, donc dans les pays exposés à l'invasion par les projets d'Henri IV, dans ces jours qui précédaient la mise en branle des armées françaises, bien des gens attendaient, espéraient, souhaitaient la mort du Roi. « Quinze jours avant ce piteux spectacle, un marchand de Douay escrivit à un sien amy de Rouen et le pria de luy mander s'il estoit vray que le Roy eust esté tué. La lettre a été représentée au procez. En ceste même

1. Colère.

saison, courut un semblable bruict à Lille, en Flandres, ainsy que j'ay appris d'un marchand du mesme lieu. Un autre marchand d'Anvers escrivit à un certain marchand flamand, mien amy, demeurant à Paris, qui m'a aydé de l'extraict de sa lettre que je vous représente : Voicy les mots : "C'est grand cas qu'il a esté parlé icy de la mort du Roy douze jours auparavant qu'elle fust survenue. Il n'en estoit pour l'heure rien, mais enfin elle s'est trouvée véritable. Nous sommes tous estonnez que telle nouvelle ait couru en ce lieu. Il semble que quelques-uns ayent seu que telle chose devoit estre." Nicolas Pasquier ajoute : « Boissise, conseiller d'Estat, et lors ambassadeur près le marquis de Brandebourg et le duc de Nieubourg, m'a dict que le bruict courut à Anvers, Bois-le-Duc et Mastric[1] que le Roy avait esté tué dix jours avant qu'il le fust, et qu'à Coulongne[2], au mesme temps furent leues lettres en pleine place, qui venaient d'Anvers, par lesquelles on mandait la mort du Roy, quoy qu'elle ne fust. Gallandins, principal du collège de Boncour, à son retour d'Arras, m'a dict que l'on tenait la mort du Roy en la ville d'Arras huit jours premier qu'elle advint… »

Dans le même sens que les affirmations de Nicolas Pasquier, va l'enquête officielle d'Hotman Villiers, entreprise pour le compte du gouvernement après le meurtre d'Henri IV[3]. Hotman Villiers rapporte trente-trois points, dont un certain nombre paraissent à éliminer. Voici ceux qui semblent solides. Un secrétaire du comte de Tollern, de retour de sa légation de France, déclara, à propos de l'assistance promise par Henri IV aux princes protestants d'Allemagne : « Il n'oserait. Ses sujets catholiques le feraient mourir. » Ce secrétaire d'ambassade estimait donc, après avoir vécu en France, que si le Roi osait intervenir en faveur des princes protestants dans l'affaire de Clèves et de Juliers, beaucoup d'assassins pourraient sortir des rangs des

1. Maestricht.
2. Cologne.
3. BNF, ms. Dupuy 90, f°s 18-20.

catholiques français, qu'il y avait parmi eux beaucoup de ce que nous pourrions appeler des « Ravaillac en puissance ».

En ce qui concerne l'étranger, nombre de gens prévoyaient, désiraient, escomptaient le meurtre du Roi, car Hotman Villiers rapporte que, huit à dix jours avant la nouvelle de la mort d'Henri IV, le bruit en courait à Cologne et à Juliers, et qu'il était répandu par ceux qui venaient ou écrivaient de Bruxelles, Anvers et Malines. « Le sieur de Sonffeld de Wittenhorst, des pays de Clèves, assura Monsieur de Boissise, en pleine table, à Clèves, que le bruit en estoit tout constant à Bois-le-Duc quelques jours auparavant. » Le sieur de Wylern, gentilhomme allemand, natif de Berlin, étant à Paris lors de l'assassinat du Roi, dit avoir vu et lu aux mains de Monsieur le vice-amiral de Hollande, alors à Paris, une lettre d'Anvers du 13 mai, portant : « Nous avons icy advis que le Roy aurait esté tué d'un coup de couteau. » Cette lettre fut montrée au jeune marquis d'Anspach, à son maître d'hôtel, et à son hôte à Paris, au logis où pend pour enseigne la ville d'Anvers, rue Saint-Martin. Le sieur Venturin, banquier de Cologne, affirme à Hotman Villiers avoir vu les lettres d'un bourgeois d'Anvers, nommé Gaspard Charles Norden, au bourgmestre Roland, de Cologne, du 12 mai, que le Roi avait été tué d'un coup de couteau. D'autres lettres du 13 mai, veille de la mort du Roi, de Bruxelles, de Launenbourg, de Cologne, disent la même chose. Le fils d'Henry Smyd, marchand de Cologne, écrivait à son père le 12 mai, de Malines, que le bruit en courait à Malines. Le sieur Reffeteau, « maréchal flamen », demeurant à Cologne, assure que, le 14 mai, un maçon travaillant en son logis affirmait avoir entendu dire au Dôme (la cathédrale), par des prêtres, que le Roi avait reçu un coup de couteau dans la gorge. « Un escolier[1] de Cologne, qui enseigne le latin à un jeune banquier, nommé Thomas Genvini, dit audict et à la femme du sieur Venturin, chez lequel il était logé, que l'on tenait pour asseuré parmy les prestres et escoliers de Cologne,

1. Étudiant.

que le Roi estoit ou seroit tué ou empoisonné et ce plusieurs jours auparavant. » Il y avait évidemment un très vif désir de la mort d'Henri IV dans les Pays-Bas espagnols et dans les pays rhénans. Certains historiens en ont conclu à la probabilité d'un complot, ourdi par la Cour de Bruxelles, avec l'approbation de Madrid et de Vienne, pour se débarrasser d'Henri IV. Ravaillac, qui ne semble pas en avoir été l'instrument, l'aurait devancé. Ce n'est pas impossible.

En tout cas, il y a trace d'autres complots, aux fins d'assassiner Henri IV. L'on ne peut écarter purement et simplement le témoignage du Rouennais Pierre du Jardin, sieur et capitaine de La Garde. Emprisonné à cause de ses révélations, La Garde réclama d'être jugé ou d'être libéré, et, pour l'obtenir, publia un mémoire en 1619[1].

Il met en cause les Espagnols, les jésuites, les anciens Ligueurs français réfugiés à l'étranger. La Garde était un soldat de fortune, qui avait servi au régiment des Gardes, puis dans les troupes royales en Provence sous le duc de Guise, en Savoie, sous le maréchal de Lesdiguières, puis sous le maréchal de Biron, ce compagnon d'Henri IV, son ami, qui, devenu maréchal de France, gouverneur de Bourgogne, duc et pair, s'était jugé insuffisamment récompensé, avait comploté contre le Roi de France avec le Roi d'Espagne et le duc de Savoie, en 1601, et avait été condamné et décapité en 1602. Ensuite, La Garde alla servir la seigneurie de Venise, puis, dans les armées de l'empereur, contre les Turcs et contre les Barbaresques d'Afrique du Nord.

La Garde affirma qu'étant de séjour à Naples, il avait fait la connaissance d'un « nommé La Bruyère, réfugié audit Naples depuis la Ligue, lequel luy en fist cognaistre plusieurs autres », et du père Alagon, jésuite, oncle du duc de Lerme, le favori du Roi d'Espagne, Philippe III. Le Père Alagon lui demanda s'il avait connu le maréchal de Biron. La Garde répondit oui et confessa « un extrême regret de la mort dudit feu maréchal de

1. BNF, Lb 35-894, in-8°.

Biron, pour avoir attaché ses espérances à luy». Le Père lui dit alors que «Dieu l'avait conservé pour servir la Chrestienté et que, s'il le voulait croire, il le rendrait le plus heureux homme de sa condition dans le royaume du plus puissant Roy de la terre, où il luy ferait donner une grande pension». La Garde avoua qu'il en serait bien aise. Alors le jésuite : «Je vous ay parlé cy-devant du Roy de France, touchant les mescontentements qu'en reçoivent les catholiques et la mauvaise estime que l'on en fait. Si vous vouliez entreprendre de le tuer, chose qui vous serait facile, je vous ferais un des plus riches gentilshommes qui soit en la Cour du Roi d'Espagne, où vous recevriez autant d'honneur que vous sçauriez désirer.» La Garde demanda à réfléchir. Cependant, il était sans cesse surveillé par quelques-uns de la faction. «On le traite par festins et banquets diverses fois, entre autres un nommé Charles Hébert, secrétaire du feu maréchal de Biron, un Louys d'Aix, gouverneur de Marseille lors de la mort de Cazau[1] et le susdit de La Bruyère, tous réfugiés audit Naples. Au dernier repas qu'il y prist, qui fut chez cet Hébert, se trouvèrent avec les susdits, un nommé Roux, provençal, et, pendant qu'ils estoient à table, survint un certain homme, à luy incognu, vestu d'escarlatte violette, qui fut receu de la Compagnie avec grandes caresses et prié de manger avec eux. Il s'assit à table et enquis par quelqu'un des susnommez quelles affaires l'amenaient à Naples, respond qu'il apportait des lettres au vice-roy de Naples[2] de la part d'un seigneur français, lequel il nomma et dont le sieur de La Garde a déclaré le nom devant nos seigneurs du Parlement lorsqu'il a été interrogé ; desquelles lettres il voulait retirer responce après disner pour s'en retourner en France, où estant il fallait qu'aux despens de sa vie il tuast le Roy et qu'il s'asseurait de faire le coup.» Le lendemain, La Bruyère emmena La Garde chez le Père Alagon, qui lui reparla du parricide. La Garde demanda la façon de procéder. «Alagon respond

1. Chef des Ligueurs marseillais révoltés contre le Roi.
2. Le royaume de Naples était possession espagnole.

que cela pourrait se faire d'un coup de pistolet à la chasse au cerf. La Garde alors s'enfuit, va trouver l'ambassadeur de France, M. de Brèves, à Rome, puis gagne Fontainebleau dans la suite de M. de Nevers. Il est présenté au Roy. Celui-ci lui dit : « qu'il gardast bien ces lettres afin de les trouver lorsque Sa Majesté les lui redemanderait. Disent aussi qu'il rendrait ses ennemis si petits qu'ils ne luy feraient point de mal ». La Garde accompagna alors le maréchal de Pologne en divers pays d'Europe. Étant en mission à Francfort, il apprit la mort d'Henri IV. Revenu en France, il reçut du Roy Louis XIII, en 1615, un office de contrôleur général des Bières. Mais, soudain, il fut embastillé, puis au bout de neuf mois conduit à la Conciergerie, où lui et les siens étaient toujours en 1619.

Ainsi, d'après ce capitaine d'aventures, des Français, anciens ligueurs et anciens « bironiens », réfugiés à Naples, y complotaient après 1602 l'assassinat d'Henri IV, en liaison avec des Français restés en France et avec des émissaires du gouvernement espagnol. Un factum manuscrit du capitaine La Garde, conservé à la Bibliothèque nationale, précise que le convive inconnu, chez le ligueur Hébert, était Ravaillac, et le seigneur français dont il portait les lettres, le duc d'Épernon[1]. Mais, en 1619, d'Épernon, allié à Marie de Médicis, était en révolte contre le favori, le duc de Luynes, et contre le Roi, et La Garde a pu juger habile de le charger. Nous ne sommes donc pas obligés de croire La Garde sur ce dernier point.

Une certaine « demoiselle d'Écoman » met, elle aussi, en cause le duc d'Épernon et la maîtresse du Roi, Henriette d'Entragues, marquise de Verneuil, déçue dans ses espérances d'être Reine. Jouant auprès de la marquise le rôle d'une demoiselle de compagnie et lui ayant inspiré confiance, Mlle d'Escoman prétendait avoir assisté, après l'échec de la conspiration du duc de Bouillon et la prise de Sedan par le Roi en avril 1606, « à plusieurs autres assemblées et entrevues secrètes de quelques per-

1. BNF, ms. fr. 4151 (25).

sonnes de qualité, vrays Français en apparence, mais d'âme tous contraires... au dit lieu où tousiours estait parlé du mareschal de Biron et que les rejettons en reverdissaient tous les iours dans le cœur de ceux qui estoient de cette menée ». Après les pourparlers que mena le duc de Sully pour conclure le mariage du duc de Guise avec la marquise de Verneuil « auparavant de Noël, comme la marquize allait au sermon du Père Gontier à Saint-Jean, une fois entre les autres où elle allait et monta droit au pupitre où estoit M. d'Épernon, où alors la marquise me fait passer derrière leurs deux chaires, de peur qu'ils ne fussent entendus de personne et alors conclurent la mort du Roy »... La marquise, quelques jours après Noël, lui aurait envoyé Ravaillac par Étienne, le valet de chambre de son père. Mlle d'Escoman le logea en ville « chez un nommé La Rivière et un autre, tous confidens de la marquise et desquels elle se servait en tels usages qu'elle les cognaissait propres et expérimentez ». Ravaillac serait venu manger chez Mlle d'Escoman tous les jours pendant plusieurs semaines. Elle lui aurait demandé pourquoi la marquise prenait soin de lui : « me répondit alors qu'il sollicitait les affaires de M. d'Épernon ». Mlle d'Escoman, quittant la marquise, alla loger chez la damoiselle du Tillet. Le jour de l'Ascension 1609, sortant du logis elle aurait rencontré Ravaillac « et pour lors, il me déclara toutes ses pernicieuses intentions et desseins ». Mlle d'Escoman aurait alors fait de grands efforts pour prévenir la Reine, mais toujours échoué, par des concours de circonstances extraordinaires. Les autres personnes, à qui elle en aurait parlé, l'auraient tenue pour folle ou n'auraient voulu s'en mêler. Mise en prison pour ses affaires particulières, elle avertit la justice dès janvier 1611[1].

Y a-t-il quelque chose à retenir de toute cette histoire ? Le gouvernement a laissé publier ce récit de noirs complots en 1616, dans une période de difficulté avec les princes révoltés, comme pour rappeler aux Français que les conspirations menaient à la

1. BNF, Lb 35-892.

pire des catastrophes, le meurtre du Roi, et pour réveiller contre les princes l'indignation soulevée par l'assassinat d'Henri IV. Plus tard, la d'Escoman a été condamnée par le Parlement à l'emprisonnement perpétuel pour faux témoignage, ce qui n'est pas une preuve absolue qu'elle n'ait pas dit des vérités, car la sanction prévue dans ce cas, c'était la mort.

Même si l'on écarte le témoignage suspect de la d'Escoman, il reste qu'il existait en France, en Belgique, en Allemagne, en Italie, en Espagne, nombre de gens, français ou non, qui s'attendaient à une tentative d'assassinat sur le Roi. Les uns la craignaient, les autres la désiraient, l'espéraient, la souhaitaient, de tout leur cœur. Quelques-uns y travaillaient. Le seul fait d'ailleurs de juger le meurtre possible et de le craindre, aurait suggéré à certains de le tenter. En cette matière, la peur crée son objet. Mais nous voyons ainsi qu'un nombre de gens que nous ne pouvons évaluer avec précision, mais qui a dû être très grand, peut-être des populations entières dans les Pays-Bas et en Rhénanie menacés, qu'une multitude a désiré la mort du Roi, l'a tué en pensée, si très peu ont essayé de passer aux actes, qu'il y a donc une multitude de meurtriers d'intention, de « Ravaillac en puissance ». Et nous retrouvons notre problème psychologique, à l'échelle cette fois de masses. Ces gens faisaient partie d'une civilisation officiellement chrétienne. Ils se disaient, se croyaient, se voulaient chrétiens. Or, ils avaient reçu des commandements de Dieu, et le cinquième portait : « Tu ne tueras point. » Ils faisaient profession d'aimer Jésus-Christ, seconde personne de la Trinité, Dieu lui-même et celui qui l'aime, c'est celui qui garde ses commandements. Or le grand commandement de Jésus-Christ, c'est « Aimez-vous les uns les autres, comme je vous ai aimés ». Comment alors ces gens ont-ils pu vouloir la mort du Roi ? Nous voyons bien qu'ils avaient des griefs contre lui, politique religieuse, impôts trop lourds, agressivité. Mais étaient-ce des raisons suffisantes pour rêver de meurtre ? Si nous reprenons notre syllogisme, majeure : en certaines circonstances, il est permis de tuer les Rois; mineure : or, Henri IV se trouve dans ces circonstances; conclusion : donc il est permis de tuer Henri IV, nous voyons bien la mineure, mais la majeure, qui seule pouvait permettre à un chrétien de passer outre aux commandements impératifs de Dieu, où ces gens l'avaient-ils trouvée et comment pouvait-elle avoir à leurs yeux une autorité suffisante pour leur paraître les dispenser d'observer à la lettre les grands commandements?

Le Parlement de Paris va nous donner quelques lumières sur ces questions.

4

LE PARLEMENT DE PARIS ET LES ORIGINES DU RÉGICIDE

Le Parlement de Paris commença par faire un exemple de l'assassin. Mis à la question le 25 mai, admonesté par le greffier du Parlement de dire la vérité, car son salut dans l'autre monde dépendait de sa véracité, Ravaillac protesta toujours que son acte n'avait pas eu de complice ni d'instigateur, que lui seul l'avait conçu et exécuté.

Le 27 mai, le Parlement de Paris rendit arrêt contre lui. Il le déclara « atteint et convaincu du crime de lèze-majesté divine et humaine, au premier chef, pour le très meschant, très abominable et très détestable parricide commis en la personne du feu Roy Henry quatriesme ». Il le condamna à une « amende honorable devant la principale porte de l'église de Paris (Notre-Dame) où il sera mené et conduit dans un tombereau. Là, nu, en chemise, tenant une torche ardente du poids de deux livres, dire et déclarer que malheureusement et proditoirement, il a commis ledit très meschant, très abominable et très détestable parricide et tué ledit Seigneur Roy de deux coups de cousteau dans le corps, dont se repent, demande pardon à Dieu, au Roy et à justice ». Ensuite, Ravaillac serait conduit en place de Grève, sur un échafaud dressé, et là torturé, tiré et démembré à quatre chevaux, son corps, brûlé, réduit en cendres, jeté au vent. Tous ses biens étaient confisqués et acquis au Roy. La maison où il était né serait démolie, le propriétaire préalablement indemnisé et l'on ne rebâtirait jamais sur son emplacement. Dans les quinze jours suivant la publication de l'arrêt à Angoulême, son père et sa mère videraient le royaume et ne reviendraient pas, sous peine d'être pendus sans forme de procès. Il était interdit à ses frères, sœurs, oncles et autres de porter le nom de Ravaillac[1]. Ainsi l'acte semblait si horrible que les juges ressuscitaient l'antique responsabilité familiale.

Immédiatement, Ravaillac fut mis à nouveau à la question pour connaître ses complices. Il fut soumis au supplice des brodequins. Trois coins furent successivement enfoncés. Malgré l'horrible douleur des articulations broyées, il protesta toujours qu'il avait agi seul. Au troisième coin, il s'évanouit. Il fut alors détaché et porté sur un matelas où il resta jusqu'à midi.

Transporté dans la chapelle et attaché, les docteurs de Sorbonne Filsac et Gamaches entendirent sa confession. Il les autorisa à la révéler. Devant le greffier du Parlement, il persista : il n'avait été induit, prié, sollicité par personne ; il n'avait été aidé par personne. Deux heures sonnèrent.

À 3 heures, il fut tiré de la chapelle et dirigé vers la porte de la prison. Sur son chemin, les prisonniers l'injuriaient : « meschant, traître » et voulaient le frapper. Les archers et les officiers durent le protéger.

Lorsqu'il sortit de la Conciergerie pour monter sur le tombereau, du peuple qui se pressait une effroyable clameur jaillit : « Meschant, parricide, traître, meurtrier. » Chacun s'efforçait de lui donner un coup de poing, de lui tirer la barbe. Des pierres furent lancées. Les cris couvrirent la lecture de l'arrêt du Parlement. Les cris l'accompagnèrent jusqu'à Notre-Dame. Il fit amende honorable au milieu des hurlements et des injures. L'indignation populaire ne se démentit pas sur le trajet vers la Grève et sur la place de Grève.

Avant de monter sur l'échafaud, il fut admonesté de dire toute la vérité. Il réitéra ses négations. Il demanda pardon au Roi, à la Reine « et à tout le monde ». Le supplice commença. Le bras qui

1. BNF, ms. Dupuy 90, f° 17 ; Brienne 192 (N. a. 7163), f°s 101-102.

avait commis le meurtre fut brûlé au soufre enflammé. Le malheureux appela Dieu, cria « Jésus Maria ». Tenaillé aux mamelles, aux bras, aux cuisses, aux jambes, du plomb fondu, de l'huile bouillante, de la résine bouillante, un mélange de cire et de soufre fondus, jetés sur les plaies, il renouvela ses cris et ses prières. Les docteurs de Sorbonne le consolaient, le greffier l'admonestait d'avouer ses complices. Il réitéra ses dénégations. Le peuple le couvrait d'injures, criait qu'il fallait le laisser languir. « On lui donnait du relasche pour se sentir mourir. » On le laissait « distiller son âme goutte à goutte ».

Sur l'invitation du greffier, les docteurs voulurent réciter les prières accoutumées. Debout, découverts, ils commencèrent. Mais le peuple s'emporta contre eux : il ne fallait pas prier pour ce « meschant », ce « damné ». Les docteurs durent cesser. Le greffier admonesta encore Ravaillac. Il persista : « Il n'y a que moi qui l'ayt fait. » Combien dura cette première partie : une heure, deux heures ?

Il fut alors tiré à quatre chevaux. Le peuple continuait ses clameurs. Plusieurs se mirent à tirer les cordes pour aider les chevaux. Un cheval se fatiguait : un cavalier le fit remplacer par le sien propre, le monta, tira en biaisant et rompit la cuisse du malheureux.

Ravaillac demanda à parler à son confesseur. Le prêtre accourut, croyant qu'il allait dénoncer des complices. Le condamné demanda un « Salve Regina », la plus belle prière à la Sainte Vierge. Mais le peuple cria qu'il ne lui en fallait pas, qu'il était damné.

Les chevaux recommencèrent à tirer. Au bout d'une heure et demie de ce supplice, Ravaillac rendit l'esprit. Alors, il fut démembré. « Le peuple, de toutes quallitez, se sont jectés avec espées, couteaux, bastons et aultres choses qu'ils tenoyent à frapper, coupper, deschirer les membres, ardemment mis en diverses pièces, ravys à l'exécuteur, les traisnant qui çà, qui là, par les rues. » Une femme, selon Nicolas Pasquier, mangea de sa chair. D'autres la piétinèrent. D'autres en brûlèrent en divers endroits de la ville. Les cendres furent jetées au vent[1].

Mais tout de suite, beaucoup pensèrent qu'il y avait plus coupable ou tout au moins plus dangereux que Ravaillac : ceux qui répandaient qu'il est parfois permis de tuer un chef d'État. Il n'y eut qu'un cri : c'est la faute des jésuites. Notez bien que, dans l'interrogatoire de Ravaillac, il n'est pas dit un mot des doctrines des jésuites. Notez bien qu'il avait fréquenté les feuillants plus que les jésuites, et qu'il y avait d'anciens ligueurs parmi les feuillants; qu'à Angoulême, il se confessait aux cordeliers, aux frères mineurs, religieux mendiants de l'ordre de Saint-François. N'importe : c'était les jésuites. Et ceci seul suffirait à nous avertir de ce qu'il y avait une querelle entre certains groupes de la population et les jésuites, un fort préjugé contre eux. « Le dimanche 16 de mai (le troisième jour après le meurtre)... d'autres disaient hautement qu'il fallait retrancher de la société certains prêcheurs et défenseurs qui, par ci-devant, ont dit et écrit qu'il est loisible de tuer un tyran, et que cette erreur avait été la cause des attentats commis tant sur le Roy Henry III que sur nostre bon Roy[2]... » « Le dimanche 23, le Père Portugais, cordelier, avec quelques curés de Paris, entre autres celui de Saint-Barthélémi et Saint-Pol, prosnèrent les jésuites et en paroles couvertes... les traitèrent comme fauteurs et complices de l'assassinat du feu Roy, les arguans et convaincants par leurs propres escrits et livres nommement de Mariana et Bécanus. Par la lecture desquels il semble qu'on puisse justement colliger qu'une des principales charités de ces gens soit d'envoier de bonne heure en paradis les rois et les princes qui ne les favorizent pas assès à leur gré, ou qui ne soient pas bons catholiques à la Mariane[3]... » Le mardi 25, le secrétaire d'État de Loménie

1. D'après le procès-verbal officiel, BNF, Cinq-Cents de Colbert 12, f°s 94-96, et la lettre de Nicolas Pasquier, *Œuvres* d'Étienne Pasquier, II, col. 1063-1064.

2. P. de Lestoile, *Registres-journaux*, éd. Michaud-Poujoulat, 2e série, I, 1837, p. 603, d'après l'édition de 1736.

3. *Ibid.*, p. 597, d'après le manuscrit utilisé pour l'édition.

aurait pris à partie le Père Coton en plein conseil du Roi, et lui aurait dit « que c'était lui voirement qui avait tué le Roy, et la Société de ses jésuites ». Il y aurait eu d'autres altercations au conseil entre adversaires et partisans des jésuites. Mais ces faits ne sont pas avérés[1]. « Le dimanche 6 (juin 1610), Anselme Cocher, jacobin, à Saint-Gervais, le matin, et après disner l'abbé du Bois, de l'ordre de Cisteaus, à Saint-Eustache, donnèrent fort sur les jésuites, preschèrent contre eux, arguèrent la doctrine erronée contenue en leurs escrits et livres, alléguans entre les autres ceux de Mariana et de Bécanus. L'abbé du Bois prescha violemment contre, jusqu'à dire qu'ils estoient cause en partie du malheureux assassinat commis en la personne sacrée du feu Roy et que les jésuites l'avaient tué[2]... »

Dans l'année 1610, après le meurtre du Roi, mais à une date inconnue de moi, parurent des pamphlets destinés, soit à exciter le Parlement contre les jésuites, soit à justifier ses arrêts contre eux. Un des plus remarquables est la « Remontrance à messieurs de la Cour de Parlement sur le parricide commis sur la personne du Roy Henry le Grand[3] ». Pour l'auteur, anonyme, « le couteau n'a esté que l'instrument de Ravaillac ; Ravaillac, d'autres qui l'ont induict, poussé, instruict, luy ont mis en la main le ferrement, en l'esprit ce parricide... ne s'en sont trouvez coupables que les seuls jésuites ou leurs disciples... » L'auteur accuse nommément le Père Emmanuel Sâ, et son *Institution des Confesseurs*, manuel de confession, où le Père « décerne qu'il est licite de tuer son Roy, exempte quelconque clerc de la subjection du prince naturel ; déclare en conséquence qu'il ne peut estre rebelle, quoy qu'il fasse ». Le pamphlétaire s'en prend au Père Jean Mariana, et à son livre, *De institutione Regis*, livre I, chapitres VI et VII. Selon lui, le jésuite soutient : « qu'on peut, ains[4] qu'on doit attenter sur son prince, pourveu que le conseil de quelque petit

1. *Ibid.*, p. 603, d'après l'édition de 1732.
2. *Ibid.*, p. 604, d'après le manuscrit.
3. BNF, Lb 35-887, in-8°, 40 pages.
4. Mais.

nombre de personnes graves et lettrés, en un besoin pris de la Société ou pour le moins de la main du visitateur, y entrevienne ; par dol, par trahison, par poison, jusques à leur désigner les genres de poison ; prompts, lents, au boire, au manger, au toucher, sous ombre de quelque beau présent, à la façon, dit-il, des rois Maures ; en frottant une robe, une chaire, des linceuls, les armes, les selles, les bottes. Et que qui vient à perdre sa vie en cet exploit, *grata superis, grata hominibus hostia cadit*[1]... »

Le pamphlétaire écarte l'objection qu'il pourrait s'agir d'individus isolés, aux opinions toutes personnelles, de chrétiens dévoyés, reniés par les autres membres de la Société de Jésus. Le Père Emmanuel Sâ a digéré son livre pendant quarante ans. Son ouvrage est devenu le manuel ordinaire des jésuites confesseurs. Sâ est considéré dans la Société comme un saint, favorisé d'apparitions de la Vierge et de saint Ignace. Quant à Mariana, le Père Ribadeneira, dans son *Catalogue des Livres de la Société*, édité en 1608, en fait l'éloge, page 141 : « d'un excellent jugement, d'une admirable doctrine, d'une profonde théologie ». Les œuvres de Mariana et de Sâ ont été imprimées, avec l'approbation solennelle de leurs supérieurs, Sâ à Anvers, Mariana à Tolède et à Mayence, avec approbation de Frère Pierre de Onna, provincial, permis d'imprimer de Stéphane Hojeda, visitateur de la Société de Jésus en la province de Tolède, « après avoir iceluy esté approuvé par personnages doctes et graves de notre Ordre ».

Le pamphlétaire impute aux jésuites le Complot des Poudres, en Angleterre, contre Jacques Ier, en 1605. Le Père Garnet, provincial de l'Ordre en Angleterre, en a été selon lui l'auteur, le directeur, l'exécuteur. Or le Père Garnet a été déclaré saint par les jésuites, mis entre leurs martyrs, et son portrait est vendu en taille-douce.

Le pamphlétaire impute aux jésuites le meurtre d'Henri III, exalté par Bellarmin, par Mariana qui le dit « procéder de la force de l'Esprit de Dieu, agissant en la faiblesse de son corps »

1. Il tombe victime agréable aux dieux, agréable aux hommes.

(de l'assassin). Ribadeneira, Becanus, Vasquès, Bonarius, et autres jésuites, font chorus. Les jésuites de Paris ont composé un livre : *De la juste expulsion de Henri III*[1]. En préface, il est dit « qu'en cause commune, on peut de droict exclure et fracasser le Roy Henry IV ».

Le pamphlétaire impute aux jésuites l'attentat de Jean Chastel contre Henri IV, en 1597. Jean Chastel avait été instruit par eux, en leçons et confessions, par le Père Jean Guéret, par les thèses du Père Jean Guignard. Le Parlement rendit contre eux un arrêt. Or, ils ont fait tailler à Rome un tableau de leurs martyrs où les Pères Guèret et Guignard ont chacun leur niche.

Le pamphlétaire impute aux jésuites le crime de Ravaillac car il a « recognu que les sermons, ceux particulièrement de l'Advent et du Caresme dernier, l'avaient porté là. Et quels ? sinon des jésuites qui emplissaient toutes nos chaires de sédition... » D'ailleurs, Ravaillac s'était « ouvert à ce Père d'Aubigny d'un grand coup à faire, luy avait mesme montré son couteau, allégorisé un cœur qui y estoit gravé, la croix au bout »... Le Père ne l'a pas dénoncé. Ne peut-on dire « les jésuites, l'esprit de Ravaillac, Ravaillac, le bras des jésuites » ?

Les jésuites, monstres d'ingratitude, sont, pour notre auteur, tout acquis à l'Espagne. Le bien qu'Henri IV leur a fait ne compte pas pour eux. « Le but de leur Société, sous un fondateur Hespagnol, un Navarrais traistre et renié[2], fust la grandeur, la monarchie d'Hespagne... » Les jésuites de Bordeaux, s'adressant aux capitaines levant des recrues pour la guerre de Clèves, leur disaient « qu'ils allaient contre les catholiques, ne le pouvaient en conscience ; que tous les coups qu'ils tireraient donneraient dans le cœur de Notre-Seigneur... » De même, deux jésuites dirent au maréchal de La Châtre que, s'il menait l'armée contre Clèves, il serait damné. Les jésuites « nous preschent d'exterminer les huguenots... Ils nous importunent qu'il ne

1. L'auteur de ce livre n'était pas un jésuite.
2. Le Roi de France avait des droits sur la Navarre, devenue espagnole.

faut qu'une religion en France. Qui trouvent bon cependant que l'Espagnol face la paix avec les États[1], aux despens de la messe, de nostre église, du pape mesme ».

Ne nous laissons pas tromper, nous avertit notre pamphlétaire, par les mensonges des jésuites. Le Père Coton déclare le livre de Jean Mariana « un mauvais livre » et rappelle que « en nostre Congrégation provinciale », à Paris, en 1606, « nous désavouasmes cette plume mal taillée » et requismes le général de l'Ordre « que ceux qui avaient escrit au préjudice de la couronne de France fussent réprimez et leurs livres supprimez ». Mais les idées du Père Sâ et du Père Mariana sont celles de Petrus Ribadeneira, Gabriel Vasquès, Martin Becanus et Nicolas Bonarius, ces deux-ci jésuites allemands, Jean Guignard et les auteurs de l'Apologie pour Jean Chastel, Français, Robert Bellarmin, Italien, Joseph Creusuvel, Anglais, etc. D'ailleurs, il est impossible de se fier à la parole et au serment d'un jésuite. Le cardinal Toletus, un des leurs, nous enseigne (*Instit. Sacerdotale*, livre IV, chapitre XXI) : « interrogé de son supérieur, après avoir faict serment, il (le jésuite) peut nier d'équivocation et ne doit respondre selon la volonté du juge mais selon la sienne propre ». Et en particulier, sur un crime qu'il a commis ou dont il a eu connaissance, il peut respondre « je ne sçay » ou « je ne l'ay poinct fait », entendant « rien que je vous puisse dire », ou « faict maintenant ». Leur Sylvanus (*In Philippica*, p. 5) proclame : « Il est licite d'user d'équivoques et mots ambigus, pour tromper les escoutans, quand celuy qui vous interroge n'est point votre supérieur ny vostre juge. » Leur Grégoire de Valence de même, et leur Martin de Navarre.

C'est donc à bon droit, affirme notre homme, qu'« Allemands, Hongrois, Vénitiens, les ont retranchez de leurs terres ». Que le Parlement de France chasse cette Société. Sous prétexte d'enseigner un bon latin, ils font de nos enfants « en leurs collèges autant de colonies d'Espagne ». « Et quant aux confessions, le

1. Les Provinces-Unies protestantes révoltées contre le Roi d'Espagne.

nerf principal de leur Société, ains de leur conspiration, qui ne sçait que ce n'est autre chose que la cabale par eux rebouillie de ce Mahumetain, le Vieil de la Montagne ? » Leurs pénitents, ils « les enfoncent dans l'horreur des peines éternelles, leur en donnent mesme des sentiments en leur chambre des méditations puis, creux de cerveau et estonnez qu'ils sont, leur en proposent le seul remède, en quelque célèbre meurtre... ». N'est-ce pas bien avoir enrichi l'invention du Sarrazin ?

Il n'est pas utile d'analyser d'autres pamphlets. Tous reprennent les mêmes thèmes. Ceux-ci montrent le bouillonnement des esprits. C'est dans cette atmosphère morale que délibérait le Parlement. Avant sa sentence sur Ravaillac, le président de Thou proposa de rappeler l'article du Concile de Constance contre le tyrannicide, car, disait-il, on enseigne trop librement cette doctrine condamnée et on écrit trop librement sur elle. Il demanda que le Parlement envoyât quérir ceux de la Faculté de théologie pour qu'elle renouvelât son ancien décret contre les partisans du tyrannicide. Sa proposition fut reçue « assez froidement ».

Le jour de la condamnation de Ravaillac, le 27 mai, de Thou reprit sa motion, et, cette fois-ci, il fut bien accueilli. Le premier président fit décider que, le lendemain, le Parlement convoquerait le « sindic de la Faculté de théologie, nommé Richer, homme de doctrine, courageux serviteur des Roys et du royaume, amateur de sa patrie » et le doyen de la Faculté, le « senieur et grand maître » du collège de Navarre.

Le 28, à 7 heures du matin, les gens du Roi avertirent la Cour que huit personnes envoyées par la Faculté de théologie, dont son doyen, étaient venues entendre la volonté de la Cour. On les introduisit. Le premier président leur dit : « La Cour vous a mandez pour vous faire entendre que procédant au procès criminel fait à la requeste du procureur général, sur le très meschant, très cruel, très détestable parricide, commis en la personne du Roy Henry IV, elle avait recongneu que l'esprit de ce traître abominable qui avait commis cet acte déloial et infidèle, estait imbu d'une meschante et damnable superstition esloignée de toute piété et religion, ayant veu par une faulse impression qu'il estoit loisible d'attenter à la personne sacrée du Roi, s'il faisait quelque chose qu'il creust estre illicite, comme s'il estoit permys à ung subject donner la loy à son prince naturel au lieu de la recevoir de luy et sur telle faulse imagination entreprendre sur sa vie. » Harlay leur rappela le décret de la Faculté de théologie du 4 septembre 1413, qui avait été confirmé par arrêt du Parlement, et il insista sur la nécessité de le reprendre.

Les émissaires de la Faculté retournèrent au collège de Sorbonne, et là s'assemblèrent les professeurs de la Faculté, avec ceux des membres de la Compagnie des docteurs de Sorbonne qui étaient présents à Paris, l'ensemble constituant ce qu'on appelait « la Sorbonne », la plus haute autorité spirituelle du siècle, après le pape. Le 4 juin, considérant « qu'il n'appartient qu'au prince seul ou au magistrat politique d'user du glaive et que, d'abondant, depuis peu d'années en ça, il y avait quelques maximes étranges, céditieuses et impies, qui avaient pris force : par le moyen desquelles plusieurs hommes particuliers avaient esté aliénez de leur bon sens, fouaillant les Roys (qui sont sacrez) et les princes du nom exécrable de tyrans ; et que, sous ce prétexte, comme aussi sous ombre de religion, de piété ou d'aider et procurer le bien public, ils conspiraient contre les personnes sacrées des Roys et ensanglantaient leurs mains parricides de leur sang », qu'ainsi ils ouvraient la voie aux guerres civiles, à la ruine des villes, royaumes et provinces, à la perfidie, aux fraudes, aux embûches, aux trahisons, aux meurtres, la « sacrée Faculté de théologie » renouvela son décret du 13 décembre 1413, approuvé au Concile de Constance, session 15, le 6 juillet 1415, et condamna la proposition suivante : « Tout tyran peut et doit licitement et méritoirement être occis par quelconque sien vassal ou subject et par quelque manière que ce soit, par embusche ou par artifice de flatterie, nonobstant quelque serment ou considération faicte entre ses mains, sans attendre sentence ou mandement de juge quelconque. » La Faculté proclama cette proposition « erreur en nostre foy et en la doctrine des mœurs et est contre le commandement de Dieu : Tu ne tueras point », déclara quiconque la professait « hérétique » et affirma séditieux, impie et hérétique, sous quelque prétexte que ce soit, d'attenter contre la personne sacrée des Rois. La Faculté ordonna à tous les docteurs et bacheliers en Théologie de prêter serment d'enseigner sa doctrine sur ce point ou de l'exposer dans leurs sermons et ordonna de la faire publier en latin et en français.

Le 8 juin, une délégation de la Faculté se rendit au Parlement. Introduits dans la grand'chambre ses membres présentèrent à la Cour le décret. Les gens du Roi en requirent l'enregistrement aux registres du Parlement, ce qui lui donnerait force contraignante, l'équivalent de notre promulgation au *Journal officiel*, l'obligation de le lire tous les ans en Sorbonne, l'obligation de prêter serment de l'observer. Ils requirent aussi que les livres d'Emmanuel de Sâ, de Mariana, et l'*Amphitheatrum honoris* de Bonarscius, fussent condamnés à être brûlés, qu'il fût défendu d'en posséder et d'en vendre des exemplaires. Sur ces dernières requêtes, il se produisit une grande diversité d'opinions. Parmi les conseillers du Parlement, les uns louèrent fort les jésuites comme une compagnie nécessaire pour l'instruction de la jeunesse, d'autres éprouvèrent des scrupules : la Sorbonne avait-elle pu prendre son décret sans consulter l'évêque de Paris ? Mais le président Séguier fit observer qu'un arrêt du Parlement représente l'opinion des évêques. La plupart approuvèrent le décret, car pour eux la doctrine contraire, celle qui soutenait la légitimité du tyrannicide, venait d'Espagne, et ses premiers fruits avaient été l'assassinat du prince d'Orange, Guillaume le Taciturne. Finalement, à l'unanimité, la Cour arrêta, en vertu de cette « censure doctrinale », que le décret de la sacrée Faculté de théologie serait enregistré, qu'il serait lu chaque année, le 4 juin, en Faculté et publié le dimanche au prône des paroisses de cette ville et faubourgs de Paris et des paroisses du ressort du Parlement ; que le livre de Mariana, *De Rege et Regis institutione*, serait brûlé par l'exécuteur de la haute justice devant l'église de

Paris ; que personne, sous peine d'être convaincu du crime de lèse-majesté, ne devait écrire ou imprimer rien qui contreviendrait à son présent arrêt et au décret de la Faculté ; que des copies collationnées du décret et de l'arrêt seraient envoyées à tous les bailliages et sénéchaussées du ressort pour y être lus et publiés et pour être lus et publiée au prône des paroisses des autres villes et faubourgs, le premier dimanche de juin suivant.

Le même jour, après dîner, le livre de Mariana fut brûlé[1].

Ainsi, pour les contemporains, la doctrine qui fournissait la majeure du syllogisme et levait les scrupules des chrétiens, c'était une opinion de théologiens, une théorie soutenant la légitimité du tyrannicide. Notre syllogisme se précise de la façon suivante :

Majeure : Il est permis de tuer le tyran ;

Mineure : Or Henri IV est un tyran ;

Conclusion : Donc il est permis de tuer Henri IV.

Les contemporains eux-mêmes nous fixent maintenant notre tâche. D'abord, il nous faut vérifier leur opinion, voir quelles étaient au juste les théories sur le tyrannicide, si elles pouvaient être vraiment nocives et, dans ce cas, comment elles s'étaient répandues dans le public et si, réellement, elles avaient eu de l'influence, si elles avaient changé les idées, inspiré des projets et des actes. Nous aurons ainsi contrôlé la majeure. Ensuite, il nous faudra éprouver la mineure, examiner quels griefs avait soulevés le gouvernement d'Henri IV, et s'ils étaient vraiment estimés assez graves pour que des Français et des étrangers pussent considérer Henri IV comme un tyran. Il nous faut donc chercher des éléments de réponse dans sa politique étrangère, dans son attitude à l'égard du pape, de l'empereur, du roi d'Espagne et des puissances protestantes, ensuite, à l'intérieur du royaume, dans sa façon de traiter les protestants, dans sa gestion

1. Sur tout ce qui concerne le Parlement, Relation Gillot, Dupuy 90, f°s 41 v° 44 v°. *Mémoires de Condé*, VI, pp. 240-244.

des finances publiques ; enfin, dans son comportement à l'égard des différents ordres, corps et groupes sociaux dont se composait le royaume et dont certains, peut-être, pouvaient éprouver le sentiment d'être défavorisés ou même opprimés. C'est à ces vérifications que sera consacrée notre seconde partie.

LIVRE II

QUELQUES CONDITIONS DE L'ASSASSINAT D'HENRI IV

5

IL EST PERMIS DE TUER LE TYRAN

Emmanuel de Sâ, l'un des théoriciens du tyrannicide incriminés au temps de Henri IV, nous cite ses autorités, où nous trouvons saint Thomas d'Aquin et des commentaires de divers auteurs sur la *Somme*. Les jésuites prenaient d'ailleurs comme base de leurs études théologiques les écrits de saint Thomas d'Aquin. Il nous faut donc y aller voir. Mais saint Thomas d'Aquin lui-même a repensé, sous l'influence du Saint-Esprit, les auteurs de son temps et le legs des trois antiquités, hébraïque, païenne, chrétienne. D'autre part, les hommes instruits au temps d'Henri IV étaient imprégnés des auteurs anciens. Le mieux est donc pour nous de prendre une vue à vol d'oiseau des doctrines sur le tyrannicide depuis l'Antiquité.

L'apport de l'Antiquité

Dans le Décalogue, Dieu interdit le meurtre : « Tu ne tueras point » (*Exode*, XX, 13) et le châtiment de l'homicide est réglé (*Exode*, XXI, 12 et suiv., *Deutéronome*, XIX, 3 et suiv.). Toutefois, l'Ancien Testament nous montre des circonstances où le meurtre est louable. Moïse tue un Égyptien qui avait outragé un Israélite (*Exode*, II, 11) et la Bible ne nous dit pas que Dieu a été fâché, comme elle le souligne lorsque David cause la mort d'Urie, en le faisant exposer au point le plus dangereux du combat, pour prendre sa femme Bethsabée. Au contraire, le récit du meurtre commis par Moïse est inséré dans celui des hauts faits de Moïse pour l'affranchissement d'Israël. Moïse, lorsqu'il tue, est, comme dans toute son œuvre, poussé par l'esprit de Dieu.

L'Ancien Testament est riche en cas de tyrannicides. Aod tue l'usurpateur Eglon, roi de Moab, qui avait asservi les Israélites (*Juges*, III, 14-23). Joab tue Absalon qui avait détrôné son père David (*Samuel*, II, XVIII, 14). Il n'est jamais châtié, malgré la douleur de David, qui ne pouvait s'empêcher d'aimer son fils Absalon. Plus tard, Joab fut mis à mort par Salomon en vertu du testament de David. Seulement ce ne fut pas pour avoir expédié Absalon mais pour avoir tué injustement Amasa et Abner (*Rois*, I, 2). Jéhu perce d'une flèche le tyran Joram, roi d'Israël, et fait exécuter le tyran Ochozias, roi de Juda, et la reine Jézabel, mère de Joram (*Rois*, II, 9). Le grand-prêtre Yahoyada fait mettre à mort la sanguinaire Athalie, mère d'Ochozias (*Rois*, II, 11). Judith, pour sauver les Israélites établis en Judée, feint de consentir à se prostituer à Holopherne, général en chef de Nabuchodonosor, roi des Assyriens, envoyé par son maître pour conquérir la Judée, et lui coupe la tête pendant son sommeil d'ivrogne (*Judith*, 12).

Des explications contradictoires ont été données de ces récits. Les uns y ont vu la justification du tyrannicide lorsqu'un fidèle en a reçu mission particulière de Dieu ; les autres, l'imperfection d'un peuple que Dieu relève peu à peu de la chute après le péché originel, par la pédagogie de la Loi, et ils ont pensé que ce qui était toléré par Dieu à l'époque de l'Ancien Testament était devenu intolérable après la Nouvelle Alliance.

Dans l'antiquité païenne, le tyrannicide est généralement approuvé et loué. Tenons-nous-en aux théoriciens, connus et utilisés au Moyen Âge et au XVIe siècle. Dans l'*Éthique à Nicomaque*, Aristote définit le tyran, montre la genèse de la tyrannie et la condamne : « La corruption de la royauté, c'est la tyrannie. Toutes deux sont des gouvernements monarchiques, mais qui diffèrent profondément. Car le tyran n'envisage que son intérêt personnel, tandis que le Roi a égard à celui de ses sujets… Le tyran ne recherche que son propre bien. Il est donc hors de doute que la tyrannie est le pire des gouvernements… De la royauté, on glisse à la tyrannie, corruption de la monarchie, et un mauvais Roi devient un tyran. » (Éthique, VIII, 10.)

Aristote traite la question plus complètement dans la *Politique*. La royauté est fondée sur le consentement des sujets et sur la loi. La tyrannie en est une déviation. Mais il faut distinguer les tyrannies fondées sur le consentement des sujets, qui ont quelque chose de royal, mais qui sont tyranniques, en ce que le pouvoir est absolu et tout à fait arbitraire, et les tyrannies marquées par la ruse et la violence. La « tyrannie est la monarchie absolue qui, sans aucune responsabilité et dans l'intérêt seul du tyran, gouverne des hommes qui valent autant et mieux que lui, cette monarchie qui ne s'occupe jamais des intérêts particuliers des sujets. Aussi existe-t-elle malgré eux, car il n'y a pas un seul homme libre qui supporte volontairement un pareil pouvoir ». « La tyrannie… est le pire des gouvernements… » (*Politique*, VI, 3, VI, 2).

« La tyrannie est un mélange de l'oligarchie et de la démocratie portées à leur dernier degré… elle réunit les écarts et les vices de l'un et de l'autre… Le tyran… est pris dans le sein du peuple et de la multitude. La plupart des tyrans sont sortis, on peut le dire, de la classe des démagogues. Ils s'étaient attiré la confiance du peuple, à force de calomnier les hommes puissants… » Ce sont ou des Rois qui ont violé les lois de leur patrie, ou des particuliers appelés par leurs concitoyens aux magistratures suprêmes, et qui, détenant le pouvoir, n'ont pas eu de mal à devenir tyrans. La tyrannie est l'opposé de la royauté. « Le Roi veut et doit être le protecteur de ses sujets… Au contraire,… la tyrannie n'a jamais en vue le bien général, si ce n'est pour son utilité particulière. Le but que se propose le tyran, c'est le plaisir… la grandeur des richesses, et l'éclat des honneurs. » Le tyran se défie du peuple, il le désarme, il chasse les citoyens de la ville, il les disperse de tous côtés ; il moleste la multitude et il fait en même temps une guerre continuelle aux riches, leur nuit par toutes sortes de moyens, secrets ou déclarés, et les condamne à l'exil comme ennemis du pouvoir. « Ce sont eux, en effet, qui trament incessamment des complots, les uns voulant exercer eux-mêmes l'autorité et les autres ne voulant pas être asservis... » (*Politique*, VIII, 8).

Les moyens du tyran pour conserver sa puissance sont « de réprimer ceux qui ont quelque supériorité, de faire mourir les hommes qui ont des sentiments généreux, de ne permettre ni les repas en commun, ni les associations d'amis, ni l'instruction ni rien de pareil, d'éviter toutes ces habitudes qui sont propres ordinairement à faire naître la grandeur d'âme et la confiance, de ne tolérer ni assemblées, ni aucune des réunions où les hommes occupent leurs loisirs, et de tout faire au contraire pour que les citoyens soient autant que possible inconnus les uns aux autres, car ce sont principalement les relations habituelles qui amènent la confiance réciproque... Il faut aussi tâcher de savoir tout ce qui se dit et se fait parmi les sujets, avoir des espions,... envoyer... des gens pour tout écouter dans les réunions et dans les assemblées... Il faut encore pousser les citoyens à se calomnier mutuellement, mettre aux prises les amis avec les amis, irriter le peuple contre les hommes puissants et exciter les riches les uns contre les autres. Une autre ressource de la tyrannie, c'est d'appauvrir les sujets afin... que les citoyens obligés de travailler et de vivre au jour le jour n'aient pas le loisir de conspirer... Les contributions sont encore un nouveau moyen... Le tyran est aussi disposé à faire la guerre afin que les sujets n'aient point de loisirs et qu'ils sentent incessamment le besoin qu'ils ont d'un chef militaire ». « Il entre aussi dans le caractère du tyran de ne pas se plaire dans la société des hommes qui ont de la gravité et qui tiennent à la liberté, car le tyran a la prétention d'être le seul qui possède ces avantages. Celui donc qui affecte de montrer des sentiments de dignité et de liberté enlève au tyran sa supériorité et sa puissance et dès lors il en est haï comme un rival qui le dépouille de son prestige. » Le tyran se propose « l'avilissement des sujets ; celui qui a une âme basse et pusillanime ne sera jamais tenté de conspirer». Le tyran doit feindre d'imiter le bon gouvernement, le gouvernement royal : «il doit paraître s'intéresser au bien public», «se montrer comme le gardien et le trésorier de la richesse publique», «avoir en public un air plutôt grave que sévère», pour «inspirer le respect», «cacher ses plaisirs», «s'appliquer à orner et embellir la ville», se montrer «sans cesse pénétré de respect pour les dieux», «paraître, aux yeux de ses sujets, non point un tyran, mais un administrateur» (*Politique*, VIII, 9).

Néanmoins, la tyrannie n'est pas durable, bien que l'on ait vu des tyrannies persister de dix-huit à soixante-treize ans. «En général, les tyrannies ont duré peu de temps.» La crainte, les injustices, le mépris, l'outrage, les spoliations, déterminent souvent les sujets à conspirer contre les tyrans. La fin normale du tyran, c'est d'être tué par des conspirateurs, et Aristote dresse une longue liste de tyrannicides, depuis Harmodius et Aristogiton, libérateurs d'Athènes. (*Politique*, VIII, 8 et 9.)

Cicéron touche au problème du tyrannicide dans le *De Officiis*, livre qui jouit d'un immense crédit au Moyen Âge, apprécié comme une autorité à côté des Pères de l'Église. Cicéron constate que le tyran engendre la haine et qu'il finit toujours de mort violente. Il cite, comme exemples, César, Denys, Alexandre de Phères, Phalaris, Démétrius. Cette mort est un châtiment mérité. «Souvent les circonstances font que ce qu'on a l'habitude de considérer comme contraire à l'honnêteté ne l'est plus. Quel plus grand crime que de tuer un homme, que dis-je? ton ami? Et cependant, s'est-il fait un vrai criminel celui qui a tué un tyran, même ami? Tel n'est pas l'avis du peuple romain, qui, parmi toutes les actions d'éclat, estime que c'est la plus belle.» En effet le tyran est comme un pestiféré, un impie, une bête féroce, à retrancher de la Communauté humaine[1].

Sénèque va dans le même sens : «Et si sa guérison (celle du tyran) est absolument désespérée, je ferai d'un seul geste un

1. *De Officiis*, II, 7, 23-26; III, 4, 19; 6, 32; etc.

acte de bienfaisance envers tous, de restitution envers lui. Car, pour des natures comme la sienne, sortir de la vie est le seul remède, et le meilleur parti est de s'en aller, lorsqu'on ne doit jamais revenir à Soi[1]. »

Au Moyen Âge, Boccace, Gerson, ont attribué à Sénèque la formule : aucune victime n'est plus agréable à Dieu que le sang d'un tyran.

L'antiquité chrétienne, d'accord avec les païens pour condamner la tyrannie, prit le contrepied de leurs théories sur le tyrannicide, comme elle prenait le contrepied de toute la vie païenne. Les auteurs chrétiens s'en tiennent fermement au « Non occides », « tu ne tueras point », de l'*Exode*, à la parole de l'Évangile « Rendez donc à César ce qui est à César et à Dieu ce qui est à Dieu[2] » et à l'*Épître aux Romains* de saint Paul : « Que chacun se soumette aux autorités en charge. Car il n'y a point d'autorité qui ne vienne de Dieu et celles qui existent sont constituées par Dieu. Si bien que celui qui résiste à l'autorité se rebelle contre l'ordre établi par Dieu[3]. » Donc, les chrétiens sont absolument opposés au tyrannicide. Le chrétien doit se résigner et subir la tyrannie au besoin jusqu'au martyre. La vengeance appartient à Dieu.

Lactance, dans le *De Mortibus persecutorum*, expose que l'empereur, lorsqu'il persécute les chrétiens, est un tyran exécrable et criminel, *execrabilis ac nocens tyrannus* (chap. II). La mort violente, il la mérite. Elle arrivera fatalement. Mais quand elle arrivera, ce sera le châtiment envoyé par Dieu, vengeur de son peuple et de la religion, *Deus religionis ac populi sui vindex* (chap. XXXI).

Tertullien, dans son *Apologétique*, concède que bien des empereurs, Néron, Domitien, Commode, Dioclétien, ont été des persécuteurs et donc d'affreux tyrans. Mais le chrétien ne doit pas

1. Sénèque, *De Beneficiis*, VII, 19.
2. Matthieu, XXII, 21.
3. *Romains*, XIII, 1, 2.

résister à l'autorité qui le persécute car le Christ a souffert sans se plaindre. La persécution est encore divine, car elle est permise par Dieu. Aussi lorsqu'il obéit à la loi de Dieu, lorsqu'il se laisse tuer, c'est alors que le chrétien est victorieux, puisque sa volonté est alors conforme à celle de Dieu et qu'il gagne la vie éternelle et la vision béatifique. « Vincimus, cum occidimur » (L, 3). Le chrétien doit savoir mourir, non savoir tuer. Il lui faut non combattre ses persécuteurs, mais prier pour eux, car le Christ a dit : « Priez pour les rois et pour les princes et pour les puissants afin que tout soit paix pour vous. » (*Apologétique*, XXXI, XXXII.)

Saint Augustin, dans *La Cité de Dieu*, exprime la même opinion mais il introduit deux distinctions qui par la suite permirent de tourner la rigoureuse interdiction du tyrannicide. D'abord, le méchant peut être licitement mis à mort pour le bien commun par ceux qui sont revêtus de l'autorité publique, s'il ne convient pas que celui à qui nulle loi n'a concédé permission de tuer, tue un homme, même coupable, de son autorité privée (*De Civitate Dei*, I, 17). Donc, les magistrats, ou les députés du peuple, pourraient, sans pécher, condamner à mort, faire arrêter et exécuter le tyran. Mais, de plus, un simple particulier peut en tranquillité de conscience tuer le tyran, sans mandat de magistrat ou du peuple, *s'il en a reçu l'ordre directement de Dieu.*

Voilà qui pouvait aller loin, voilà qui est allé loin. Comme il faut être sûr que Dieu a parlé, que Dieu l'a ordonné, pour tuer un homme[1] !

L'apport du Moyen Âge

Les grandes théories sur le tyrannicide reparurent au Moyen Âge, au XIIe siècle, le siècle de la première Renaissance, qui fut toute française. Dans les écoles cathédrales de Reims, de Chartres,

1. Il y aurait une étude à faire sur les écrits de Lucifer, évêque de Cagliari, qui ont été édités en 1568 et ont été utilisés par les monarchomaques ligueurs, comme Boucher.

d'Orléans et de Paris, les clercs connaissent au XIIe siècle presque tous les textes latins qu'a connus ensuite la Renaissante italienne, qui prétendit les découvrir ; ils en font des traductions exactes que les humanistes italiens n'ont plus eu ensuite qu'à mettre au goût du jour ; ils écrivent un latin aussi pur, aussi élégant, qu'au XVIe siècle celui d'Érasme ou de Bembo, ils professent la même admiration éperdue, le même culte pour les anciens, et c'est saint Bernard qui donne l'exemple. En philosophie, ils utilisent les Anciens, Platon, et surtout Aristote, qu'ils platonisent quelque peu. Pour eux la connaissance des Anciens est la base de toute civilisation, car si la nature est viciée par le péché originel, elle n'en est pas moins œuvre de Dieu, et Dieu, par sa grâce, guérit cette nature blessée, qui redevient grande et belle, amie de Dieu, auxiliaire de Dieu. Comment donc laisser de côté les textes anciens, si beaux, si raisonnables, qui montrent l'action de la grâce divine, et enseignent des doctrines qui sont comme une préfigure du christianisme ? Comment laisser de côté les textes sur le tyrannicide ? Et puis, il y a saint Augustin, interprète divinement inspiré des Écritures sacrées. Et, au-dessus de tout, pour ces hommes imprégnés de la Bible, il y a la parole du Christ : « N'allez pas croire que je sois venu abolir la Loi ou les Prophètes ; je ne suis pas venu abolir, mais accomplir. Car, je vous le dis en vérité : avant que ne passent le ciel et la terre, pas un *i*, pas un point sur l'*i* ne passera de la Loi, que tout ne soit réalisé[1]. » L'histoire sacrée devait-elle être exclue de la Loi ? Devait-on négliger les exemples de tyrannicides de l'Ancien Testament ?

Aussi trouvons-nous au XIIe siècle des partisans du tyrannicide, dont le plus notable est Jean de Salisbury. D'origine anglaise, formé aux écoles de Paris et de Chartres, attaché ensuite à Thomas Becket, primat de Cantorbéry et chancelier d'Angleterre, Jean acheva en 1159 le *Policraticus*, livre qui eut un grand succès pendant tout le Moyen Âge, à l'époque moderne, et qui fut réédité encore au temps de Henri IV. Plus tard, Jean devint évêque de

1. Évangile selon saint Matthieu, V, 17-18.

Chartres. Il s'agit donc d'un ecclésiastique éminent, dont l'opinion est de poids.

Dans le livre III, chapitre xv, du *Policraticus*[1], Jean de Salisbury s'occupe du tyran d'usurpation, c'est-à-dire du chef d'État qui s'est emparé du pouvoir par la ruse et par la violence. Dans ce cas, Jean est partisan du tyrannicide. « On doit vivre d'une façon avec un ami, d'une autre avec un tyran. De quelque manière que ce soit il ne convient pas d'aduler un ami, mais il est licite de caresser les oreilles du tyran. Car il est permis de flatter qui il est permis d'occire. En outre, non seulement il est licite de tuer le tyran, mais c'est équitable et juste. Qui en effet prend le glaive, est digne de tuer par le glaive. Mais prendre s'entend, celui qui l'usurpe par sa propre témérité, (ou) qui reçoit de son maître le pouvoir d'en user. De toute manière, qui reçoit le pouvoir de Dieu, conserve les lois et est serviteur de la justice et du droit. Qui, en vérité, l'usurpe, rabaisse les droits, et soumet les lois à sa volonté... » (fait le contraire[2]).

Mais, plus loin, au livre VIII, chapitre xvii, il semble bien que Jean de Salisbury veuille traiter de la même façon le tyran d'usurpation et le tyran d'exercice, c'est-à-dire le chef d'État qui a obtenu le pouvoir d'une façon légale et légitime, mais qui en use mal, en violant lois, droits, intérêt public, dans son intérêt personnel.

Jean définit le tyran en l'opposant au premier dans l'État, au prince. « Donc est tyran... qui opprime le peuple par une domination violente, de même que celui qui gouverne par les lois est prince. En outre, la loi est don de Dieu, forme d'équité, norme

1. Je me sers de l'édition sortie des presses de Plantin, à Anvers, en 1595, in-12, 560 pages. Le passage qui nous intéresse, pp. 174-175. Mariana et Emmanuel de Sâ ont pu lire cette édition.

2. « Aliter cum amico, aliter vivendum est cum tyranno. Amico utique adulari non licet, sed aures tyranni mulcere licitum est. Ei namque licet adulari, quem licet occidere. Porro tyrannum occidere non modo licitum est, sed aequum et justum. Qui enim gladium accipit, gladio dignus est interire. Sed accipere intelligitur, qui eum propria temeritate usurpat, qui utendi eo a domino accepit potestatem. Utique qui a Deo potestatem accipit, legibus servit et justitiae et juris famulus est. Qui vero eam usurpat, jura deprimit et voluntate suae leges submittit... ».

de justice, image de la volonté divine, gardienne du salut, union et affermissement des peuples, règle des magistratures, exclusion et terme des vices, peine de la violence et de toute injustice… Le prince combat pour les lois et pour la liberté du peuple, le tyran estime que rien n'est fait s'il ne rejette les lois et ne voue le peuple à la servitude. C'est une image d'une divinité que le prince et le tyran est l'image de la force contraire et de la perversité diabolique…[1].

Voilà une description qui s'applique parfaitement aux deux types de tyrans, tyran d'usurpation et tyran d'exercice. Donc, il s'agit des deux ici. Et donc Jean de Salisbury a étendu dans la seconde partie de son livre au tyran d'exercice ce qu'il pensait dans la première du tyran d'usurpation seulement. Ce qui achève de le prouver, c'est qu'il invoque l'exemple des rois de la Bible qui détenaient légitimement le pouvoir et qui sont devenus des tyrans, comme Saül, Roi élu, Roi de droit, oint du Seigneur, bien que, pour ce motif, David n'ait point voulu porter la main sur lui[2]. C'est que, dans son chapitre XX, au titre caractéristique « Que par l'autorité du recueil divin, il est licite et glorieux d'occire des tyrans publics[3] », il énumère les tyrannicides de la Bible, et inclut dans sa liste des rois légitimes, Joram, Ochozias[4]. Il faut donc penser que les idées de Jean de Salisbury ont évolué en rédigeant son livre et qu'après avoir considéré d'abord qu'il n'était légitime que de tuer le tyran d'usurpation, il a fini par croire qu'il était permis aussi de tuer le tyran d'exercice. Donc le tyran, qu'il soit d'usurpation ou d'exercice, il faut le tuer.

1. *Policraticus*, pp. 538-539 : « Est ergo tyrannus… qui violenta dominatione populum premit, sicut qui legibus regit princeps est. Porro lex donum Dei est, aequitatis forma, norma justitiae, divinae voluntatis imago, salutis custodia, unio et consolidatio populorum, regula officiorum, exclusio et terminatio vitiorum, violentiae et totius injuriae poena… Princeps pugnat pro legibus et populi libertate, tyrannus nil actum putat nisi leges evacuet et populum devocet in servitutem. Imago quaedam divinitatis est princeps et tyrannus est adversariae fortitudinis et luciferianae pravitatis imago… »

2. P. 548.

3. P. 559 : « Quod autoritate divinae paginae, licitum et gloriosum est publicos tyrannos occidere. »

4. Il donne d'ailleurs aussi en exemple César et de nombreux empereurs romains.

« L'image de Dieu, le prince, doit être aimé, vénéré, fréquenté, le tyran, image de dépravation, le plus souvent sans doute doit être occis. L'origine du tyran est l'iniquité, et c'est d'une racine toxique, mauvaise et pestifère que germe et pousse cet arbre, qui doit être coupé par quelque hache que ce soit[1]. » D'ailleurs, le sort du tyran est d'être tué.

Et Jean a pour conclure à la mort une raison très forte : c'est que le tyran, violant les lois voulues par Dieu, se rend coupable du pire des crimes : la lèse-majesté divine. « Et comme nombreux sont les crimes de lèse-majesté, aucun n'est plus grave que celui qui est commis contre le corps même de la justice. La tyrannie, donc, non seulement est un crime public, mais, s'il se pouvait, plus que public. Si en effet le crime de lèse-majesté accueille tous les persécuteurs, combien plus celui qui ravale les lois, impératives aux empereurs eux-mêmes[2]… », les lois, ce don de Dieu, le tyran, cette image de la dépravation de Lucifer[3]. Les humains doivent à Dieu de punir le crime de lèse-majesté divine.

Nous devons nous arrêter un peu plus longuement sur saint Thomas d'Aquin. En ce qui concerne le tyrannicide, tous les auteurs catholiques ensuite se situent par rapport à lui, qu'ils adoptent sa doctrine, qu'ils s'en inspirent ou qu'ils la tournent. Nos gens du temps d'Henri IV ont pu le lire commodément, car, outre les nombreux commentaires qui reproduisent son texte, une édition de ses œuvres complètes fut donnée sous les auspices du pape saint Pie V en 1570, et une autre à Venise en 1592.

Tout se passe comme si le Docteur Angélique avait eu des

1. P. 539. « Imago deitatis princeps, amandus, venerandus est et colendus, tyrannus pravitatis imago, plerumque etiam occidendus. Origo tyranni iniquitas est et de radice toxiexta, mala et pestifera germinat et pullulat arbor, securi qualibet succidenda… »

2. P. 175 : « Et cum multa sint crimina majestatis nullum gravius est eo, quod adversus ipsum corpus justitiae exercetur. Tyrannis ergo nonmodo publicum crimen, sed si fieri posset, plus quam publicum est. Si enim crimen majestatis omnes persecutores admittit, quanto magis illud quod leges premit, quae ipsis debent imperatoribus imperare… »

3. P. 538 : « Lex domun Dei est… ; Tyrannus… Luciferianae pravitatis imago… »

hésitations sur le tyrannicide. Il y touche d'abord dans le second livre de son *Commentum in IV Libros Sententiarum magistri Petri Lombardi*, composé de 1254 à 1256, dans un article intitulé : « Si les chrétiens sont tenus d'obéir aux puissances séculières et surtout aux tyrans[1] ». Saint Thomas d'Aquin pose les règles suivantes : le tyran d'usurpation, on a le droit de le tuer ; le tyran d'exercice, on n'est pas tenu de lui obéir, parfois on est tenu de lui désobéir. Mais a-t-on le droit de le déposer ? de le tuer ? Saint Thomas d'Aquin ne se prononce pas.

Il semble d'abord qu'il va traiter seulement du tyran d'usurpation. Voici les propositions qu'il va examiner : « 4. En outre, chacun peut licitement recouvrer, quand il en a la faculté, ce qui lui a été enlevé injustement. Mais de nombreux princes séculiers se sont approprié tyranniquement les pouvoirs sur leurs terres. Donc, lorsque la faculté de se rebeller contre eux est donnée, on n'est pas tenu de leur obéir[2]. 5. En outre, nul n'est tenu d'obéir à celui qu'il peut tuer licitement, bien plus avec louange. Mais Tullius, dans le livre premier *De Officiis*, paragraphe 26, sauve ceux qui ont tué Jules César, bien qu'il fût leur ami et leur parent, lui qui, comme un tyran, avait usurpé les droits du commandement. Donc, nul n'est tenu d'obéir à de tels tyrans[3]. »

À ces propositions, se présentent des objections, tirées du Nouveau Testament. Saint Pierre nous dit : « Serviteurs, soyez soumis à vos maîtres » et saint Paul : « Qui résiste au pouvoir, résiste à l'ordre de Dieu. »

1. « Commentum in secundum librum sententiarum Magistri Petri Lombardi », éd. S. E. Fretté et P. Mari, *Œuvres complètes*, t. VIII, Paris, 1873. Distinct. XLIV, quaestio II, articulus 2 : « Utrum Christiani teneantur obedire potestatibus saecularibus et maxime tyrannis. »

2. « Praeterea, quilibet potest licite resumere, cum facultas adest, quod sibi injuste ablatum est. Sed multi saeculares principes tyrannice terrarum dominia invaserunt. Ergo cum facultas rebellandi illis conceditur, non tenentur illis obedire. »

3. « Praeterea, nullus tenentur ei obedire quem licite, immo laudabiliter potest interficere. Sed Tullius, in libro I, *De Officiis*, § 26, salvat eos qui Julium Caesarem interfecerunt, quamvis amicum et familiarem, qui quasi tyrannus jura imperii usurpaverat. Ergo talibus nullus tenetur obedire. »

Saint Thomas d'Aquin résout le problème : en général, le chrétien doit obéir aux puissances séculières, rois, seigneurs, officiers : « Or ce devoir est causé par l'ordre de la commission, qui a une vertu contraignante, non seulement au temporel mais aussi au spirituel, en conscience, comme le dit l'Apôtre (*Romains*, XIII), selon que l'ordre de la commission descend de Dieu… Et donc selon ce qui est de Dieu, obéir à de tels préposés le chrétien y est tenu, bien que la commission elle-même ne soit pas de Dieu[1]. »

Donc, l'obéissance aux puissances séculières est due, parce que la fonction publique, y compris celle de Roi, constitue un ordre établi par Dieu, et que si le Roi seul est commis ou préposé par Dieu dans ses fonctions, tous les autres commis à des fonctions publiques sont dans cet ordre qui est descendu de Dieu.

« Mais… celui qui ravit la supériorité par la violence ne devient pas vraiment commis ou seigneur ; et donc lorsqu'il y a moyen quelqu'un peut rejeter une telle domination ; si ce n'est qu'il soit devenu ensuite vrai seigneur soit par consentement des sujets, ou par autorité du supérieur… » Tullius traite du cas d'un usurpateur, quand les sujets ont été contraints de consentir et qu'il n'y a pas de recours à un supérieur. « Alors en effet qui occit le tyran pour la libération de la patrie, est loué et reçoit une récompense[2]. »

1. « Sed contra, *I Petri*, XI, 18 : Servi, subditi estote dominis vestris. Praeterea, *Rom.*, XIII, 2 : qui resistit potestati, Dei ordinatione resistit. Sed non est licitum Dei ordinatione resistere, ergo nec saeculari potestati resistere licet. Respondeo dicendum quod… Obedientia respicit in praecepto quod servat, debitum observandi. Hoc autem debitum causatur ex ordine praelationis, quae virtutem coactivam habet, non etiam temporaliter sec apostolus dicit *Rom.*, XIII, secundum quod ordo praelationis a Deo descendit… Et ideo secundum hoc quod a Deo est, obedire talibus christianus tenetur, non autem secundum quod a Deo praelatio non est… »

2. « Sed… qui enim per violentiam dominium surripit non efficitur vere praelatus vel dominus ; et ideo eum facultas adest, potest aliquis tale dominium repellere : nisi forte post modum dominus verus effectus sit vel per consensum subditorum, vel per auctoritatem superioris… Ad quintum dicendum, quod Tullius loquitur in casu illo quando aliquis dominium sibi per violentiam surripit, nolentibus subditis, vel etiam ad consensum coactis, et quando non est recursus ad superiorem, per quem judicium de invasore possit fieri : tunc enim qui ad deliberationem patriae tyrannum occidit, laudatur et praemium accipit… »

Donc, le tyran d'usurpation, qui a pris le pouvoir par la violence, peut être chassé par une révolte, et même être tué par quiconque, même s'il y a eu ensuite consentement du peuple, si ce consentement a été forcé, et s'il n'y a pas de recours à un supérieur.

Quant au tyran d'exercice, saint Thomas d'Aquin en traite aussi dans le corps de sa solution. Le préposé peut abuser de sa commission de deux façons : il peut faire le contraire de ce à quoi sa commission est ordonnée, comme de commander un péché, contraire à la vertu, qu'il a charge de préserver et à laquelle il doit inciter ; dans ce cas le chrétien est tenu de désobéir aux tyrans. Ou bien le tyran peut contraindre à ce qui est hors de la sphère de sa commission, comme d'exiger des impôts indus ; dans ce cas le chrétien n'est tenu ni d'obéir ni de désobéir. Mais si le tyran insiste ? Saint Thomas ne dit pas que faire. Il rappelle simplement les saints martyrs qui ont souffert la mort plutôt que d'obéir aux ordres impies des tyrans. D'où on peut inférer qu'il n'admettait ni la rébellion contre le tyran d'exercice, ni le meurtre de ce tyran[1].

Dans le *De Regimine principum*, saint Thomas d'Aquin se montre très en retrait sur la doctrine du *Commentaire* de Pierre Lombard. Le *De Regimine principum ad regem Cypri*, composé de 1265 à 1266, n'est que pour partie l'œuvre du Docteur Angélique. Celui-ci a composé seulement le livre premier et le livre II jusqu'au chapitre IV inclus. Le reste est de Ptolémée de Lucques. Mais la doctrine sur le tyrannicide est développée au livre premier et elle est donc bien du « divin Thomas ». La distinction entre « tyran d'usurpation » et « tyran d'exercice » y disparaît ; et

1. « Abusus autem praelationis potest esse dupliciter : vel ex eo quod est praeceptum a praelato, contrarium ejus ad quod praelatio ordinata est, ut si praecipiat actum peccati contrarium virtuti ad quam inducendam et conservandam praelatio ordinatur : et tunc aliquis praelato non solum non tenetur obedire sed etiam tenetur non obedire, sicut et sancti martyres mortem passi sunt, ne impiis jussis tyrannorum obedirent ; vel quia cogunt ad hoc ad quo ordo praelationis non se extendit ut si dominus exigat tributa quae servus non tenetur dare, vel aliquid hujusmodi ; et tunc subditus non tenetur obedire, nec etiam tenetur non obedire. »

peut-être, écrivant pour un roi légitime, Hugues, roi de Chypre, saint Thomas ne traite-t-il que du tyran d'exercice, ce qui expliquerait un recul apparent.

Saint Thomas d'Aquin commence par définir et juger la tyrannie, qu'il oppose à la royauté : « De même que le régime du roi est le meilleur, ainsi le régime du tyran est le pire... Un régime devient injuste qui, méprisant le bien commun de la multitude, cherche le bien privé du régent. C'est pourquoi plus un régime s'écarte du bien commun, plus il est injuste... On s'écarte plus du bien commun dans la tyrannie, où on ne cherche que le bien d'un seul... Donc le régime du tyran est le plus injuste[1]... » Saint Thomas complète cette définition par une description des actes du tyran, inspirée d'Aristote : agité par ses passions, le tyran vole ses sujets, verse leur sang comme un loup, ne leur laisse aucune sécurité, poursuit les bons citoyens, favorise les méchants, empêche les amitiés entre eux et sème la discorde, de peur que les bons ne s'unissent contre lui, veille à ce qu'ils ne deviennent pas riches et puissants, de peur que ce soit contre lui, les fait vivre sous la terreur pour qu'ils deviennent craintifs. Et saint Thomas conclut : « Il n'est pas étonnant qu'un homme hors de raison, gouvernant selon la convoitise de son âme, ne diffère en rien de la bête[2]. »

Mais quand il en arrive à la conduite à tenir envers le tyran, saint Thomas d'Aquin se montre très réservé[3]. S'il est possible, il vaut mieux tolérer le tyran, pour éviter un plus grand mal. En effet, si les révoltés échouent, le tyran peut devenir plus féroce. De graves troubles peuvent naître dans le peuple, soit pendant que les insurgés chassent le tyran, soit après, pour élire un roi, des

1. Chap. III, p. 339 : « Sicut autem regimen regis est optimum, ita regimen tyranni est pessimum... Per hoc regimen fit injustum quod spreto bono communi multitudinis, quaeritur bonum privatum regentis quanto igitur magis receditur a bono communi, tanto est regimen magis injustum... plus receditur a bono communi in tyrannide, in qua quaeritur bonum tantum unius... Regimen igitur tyranni est injustissimum ... »

2. P. 340 : « Nec est mirum, quia homo absque ratione, secundum animae suae libidinem praesidens, nihil differt a bestia. »

3. Chap. VI, pp. 342-344.

luttes de partis, dont le résultat peut être de faire retomber les citoyens sous le despotisme d'un tyran pire que le premier. À quoi bon se révolter, si c'est pour choir dans de plus grands maux.

Même si la tyrannie est insupportable, saint Thomas d'Aquin est résolument contre le tyrannicide. « Quoiqu'il y ait intolérable excès de la tyrannie et qu'il semble à certains qu'il appartienne à la vertu d'hommes vaillants de faire périr le tyran, et pour la libération de la multitude de s'exposer aux périls de la mort : dont il y a exemple même dans le Vieux Testament » (et saint Thomas d'Aquin cite Aioth, ou Aod, meurtrier d'Eglon, roi de Moab). « Ceci ne correspond pas à la doctrine apostolique. Pierre nous enseigne, en effet, d'être soumis avec révérence, non seulement aux maîtres bons et aimables, mais encore aux difficiles (*II Patr.*, II). En effet, c'est une grâce si, à cause de la connaissance de Dieu, quelqu'un soutient patiemment les tristesses injustes. » Saint Thomas rappelle que les empereurs romains ont été tyrans et que les chrétiens persécutés n'ont pas résisté et ont souffert la mort pour le Christ.

Toutefois saint Thomas d'Aquin admet la révolte réglée, par représentants qualifiés du peuple. « Il semble d'autre part qu'on doive procéder contre la sauvagerie des tyrans, non par la présomption privée de quelques-uns, mais par autorité publique », telle qu'une assemblée du peuple, un corps comme le Sénat romain, qui destituera le tyran[1].

Mais si aucun secours humain n'apparaît, le chrétien doit s'en remettre à Dieu tout-puissant : « Que si pour tout dire on ne peut avoir un secours humain contre le tyran, on doit recourir

1. « Etsi sit intolerabilis excessus tyrannidis, quibusdam visum fuit ut ad fortium virorum virtutem pertineat tyrannum interimere, seque pro liberatione multitudinis exponere periculis mortis : cujus rei exemplum etiam in veteri testamento habetur... » « ... Sed hoc apostolicae doctrinae non congruit. Docet enim nos Petrus non bonis tantum et modestis, verum etiam dyscolis dominis reverenter subditos esse. *II Petr.*, II. Haec est enim gratia, si propter conscientiam Dei sustineat quis tristitias patiens injuste... Videtur autem magis contra tyrannorum saevitiam non privata presumptione aliquorum, sed auctoritate publica procedendum... »

au roi de toutes choses, Dieu, qui est le soutien dans les occasions favorables (et) dans la tribulation. Il suit en effet de sa puissance qu'il convertisse le cœur cruel du tyran à la mansuétude... Quant aux tyrans qu'il estime indignes de conversion, il peut les anéantir ou les réduire à un état infime[1]... »

Dans la *Somme théologique*, saint Thomas d'Aquin ne traite nulle part en eux-mêmes les problèmes du tyran et du tyrannicide. Mais plusieurs articles de la *Secunda Secundae*, composée en 1271 et 1272, peuvent s'appliquer aux tyrans et permettent de dépasser nettement le *De Regimine principum* et même le *Commentaire sur les Sentences* de Pierre Lombard.

Dans la question CIV, sur l'obéissance, nous trouvons un article 6, intitulé « Si les Chrétiens sont tenus d'obéir aux puissances séculières ». Oui, répond le Docteur Angélique, car la foi du Christ est principe et cause de justice ; la foi du Christ affermit l'ordre de la justice ; or, cet ordre requiert que les inférieurs obéissent à leurs supérieurs ; autrement il ne serait pas possible de conserver l'état des choses humaines[2].

Mais saint Thomas d'Aquin rappelle que l'on ne doit obéir aux princes séculiers qu'autant que l'ordre de la justice le requiert. « Et donc, s'ils n'ont pas un principat juste mais usurpé, ou s'ils ordonnent des actes injustes, les sujets ne sont pas tenus de leur obéir, si ce n'est par accident, pour éviter le scandale ou le danger[3]. » Nous retrouvons la distinction du tyran d'usurpation et du tyran d'exercice, et le refus d'obéissance.

1. P. 344 : « Quod si omnino contra tyrannum auxilium humanum haberi non potest, recurrendum est ad regem omnium Deum, qui est adjutor in opportunitatibus in tribulatione. Ejus enim potentiae subest ut cor tyranni crudele convertat in mansuetudinem... tyrannos vero quos reputat conversione indignos, potest auferre de medio, vel ad infimum statum reducere... »

2. « Fides Christi est justitiae principium et causa... secundum illud *Rom.*, III, 22, Justitia Dei per fidem Jesus Christi ; et ideo per fidem Jesus Christi non tollitur ordo justitiae, sed magis firmatur. Ordo autem justitiae requirit ut inferiores suis superioribus obediant : aliter enim non posset humanarum rerum status conversari. »

3. « Ad tertium dicendum, quod principibus saecularibus in tantum homo obedire tenetur, in quantum ordo justitiae requirit. Et ideo si non habet justum principatum sed usurpatum, vel si injusta praecipiant, non tenentur eis subditi obedire ; nisi forte per accidens, propter vitandum scandalum vel periculum. »

Mais le simple refus d'obéissance peut-il être dépassé ? Y a-t-il un droit de révolte ? Le « divin Thomas » touche à cette question à propos de la sédition : « La sédition est-elle toujours un péché mortel ? » Se référant à Aristote, il donne la plus concise et la plus belle définition de la tyrannie : « Voici en effet ce qui est tyrannique : ce qui est ordonné au bien propre du gouvernant, avec préjudice pour la multitude[1]... » Pour saint Thomas d'Aquin, la sédition est opposée à la justice et au bien commun. Et donc, de sa nature, elle est péché mortel. Mais « le régime tyrannique n'est pas juste : parce qu'il n'est pas ordonné au bien commun, mais au bien privé du régent... et donc le renversement de ce régime n'a pas caractère de sédition[2] ». Donc, pour le saint, la révolte est permise contre le tyran. Et ici, il ne limite pas le droit de révolte à qui détient une autorité publique.

Mais de ce que se révolter contre le tyran n'est pas péché mortel, s'ensuit-il qu'il soit permis de tuer le tyran ? Saint Thomas d'Aquin nous enseigne qu'il y a des exceptions au « Non occides », au « tu ne tueras point ». Dans la question 64, sur l'homicide, article 2, il s'agit de savoir s'il est licite de tuer les pécheurs. Appuyé sur Exode 22 : « Tu ne souffriras pas que les malfaisants vivent », et sur le Psaume 100 : « Au matin, je tuais tous les pécheurs de la terre », saint Thomas d'Aquin tient que « Toute partie est ordonnée au tout, comme l'imparfait au parfait ». Donc « si quelque homme est dangereux pour la communauté et son corrupteur à cause de quelque péché, qu'il soit tué louablement et avec avantage, pour que le bien commun soit conservé. En effet un petit ferment corrompt toute la masse[3]. »

1. *Somme théologique, Secunda Secundae*, quaestio 42, de Seditione, articulus. 3. « Hoc enim tyrannicum est : cum sit ordinatum ad bonum proprium praesidentis cum multitudinis nocumento. »

2. « Seditio opponitur et justitiae et communi bono et ideo ex suo genere est peccatum mortale... Ad tertium dicendum quod regimen tyrannicum non est justum : quia non ordinatur ad bonum commune, sed ad bonum privatum regentis, ut patet per Philosophum, in tertia *Polit.* et in VIII. *Ethic.* et ideo perturbatio hujus regiminis non habet rationem seditionis... »

3. « Omnis autem pars ordinatur ad totum, ut imperfectum ad perfectum,... si aliquis homo sit periculosus communitati et corruptivus ipsius propter aliquod peccatum,

À l'article 3, la question est ainsi posée : Occire un pécheur est-il permis à une personne privée ? Elle peut donc s'appliquer au tyran puisque le tyran a été reconnu un grand pécheur. En faveur de l'affirmative, il y a plusieurs arguments : selon la Bible, Exode 32, Moïse prescrit : « que chacun tue son proche, son frère et son ami, pour le péché du veau (d'or) fondu ». En outre, occire une bête sauvage, surtout nuisible, est permis à n'importe quelle personne privée. Donc, par la même raison, occire un homme pécheur. De plus, il est louable qu'un homme, même s'il est personne privée, fasse ce qui est utile au bien commun. Mais le meurtre des malfaisants est utile au bien commun. Donc, c'est louable si des personnes privées tuent les malfaiteurs[1].

Mais, riposte saint Thomas d'Aquin : « Contre, il y a ce qu'Augustin dit dans la première partie de *La Cité de Dieu* : Celui qui, sans administration publique, tue un méchant sera jugé comme homicide ; et d'autant plus qu'il n'a pas craint d'usurper un pouvoir que Dieu ne lui a pas concédé.

« Je réponds que l'on doit dire que, comme il est dit, il est licite d'occire un malfaiteur, autant que cela est ordonné au salut de toute communauté, et donc cet acte appartient à celui-là seul à qui est commis le soin de conserver la communauté ; comme il appartient au médecin de retrancher le membre pourri quand lui aura été confié le soin du salut de tout le corps. Le soin du bien commun est confié aux notables ayant autorité publique. Et donc à eux seulement est permis d'occire les malfaiteurs, non aux personnes privées[2]. »

---

laudabiliter et salubriter occiditur, ut bonum commune conservetur. Modicum enim fermentum totam massam corrumpit. »

1. *Secunda Secundae*, quaestio 64, de Homicidio, articulus 3, « Utrum occidere hominem peccatorem liceat privatae personae. 1. Exod. 32 praecepit Moyses : occidat unus quisque proximum suum, fratrem et amicum suum, pro peccato vituli conflatilis. 2. Occidere bestiam sylvestrem, maxime nocentem, cuilibet privatae personae licet. Ergo, pari ratione, occidere hominem peccatorem. 3. Praeterea, laudabile est quod homo, etiam si sit privata persona, operetur quod est utile bono, communi. Sed occisio maleficorum est utilis bono communi, ut dictum est. Ergo laudabile est si etiam privatae personae malefactores occidant. »

2. *Ibid.* « Sed contra est quod Augustinus dicit in I *De Civit, Dei* : Qui sine aliqua publica

« Au premier argument donc, on doit répondre que… ceux-là qui tuèrent leurs proches et leurs amis sur l'ordre du Seigneur, ne semblent pas l'avoir fait eux-mêmes, mais plutôt l'a fait celui dont ils firent la volonté…

« Au second, on doit dire que la bête est de nature distincte de l'homme… Mais l'homme pécheur n'est pas de nature distinct des hommes justes. Et c'est pourquoi il est besoin d'un jugement public pour discerner s'il doit être tué pour le salut commun.

« Au troisième, on doit dire que faire pour l'utilité commune quelque chose qui ne nuit à personne, ceci est permis à n'importe quelle personne privée. Mais si c'est au préjudice d'un autre, cela ne doit pas se faire sans jugement de celui à qui appartient d'estimer ce qui doit être soustrait aux particuliers pour le salut du tout[1]. »

Ainsi, bien que saint Thomas d'Aquin ici semble ne songer qu'à des particuliers et non plus du tout au tyran, l'on peut assimiler le tyran au pécheur, puisque le tyran est bien un des plus grands pécheurs, un malfaiteur. Or regardons l'article dans tout l'appareil de la thèse posée, des réponses aux arguments à réfuter. Saint Thomas d'Aquin reconnaît : que les personnes

---

administratione maleficum interfecerit velut homicida judicabitur ; et tanto amplius quanto sibi potestatem adeo non concessum usurpare non timuit.

« Respondeo, dicendum quod, sicut dictum est occidere malefactorem licitum est in quantum ordinatur ad salutem totius communitatis. Et ideo ad illum solum pertinet cui committitur cura communitatis conservandae ; sicut ad medicum pertinet praecidere membrum putridum quando ei commissa fuerit cura salutis totius corporis. Cura autem communis boni commissa est principibus habentibus publicam auctoritatem, et ideo eis solum licet malefactores occidere non autem privatis personis. »

1. *Ibid.* : « Ad primum ergo dicendum quod… illi qui occiderunt proximos et amicos ex mandato domini, non hoc fecisse ipsi videntur sed potius ille cujus auctoritate fecerunt…

« Ad secundum dicendum quod bestia naturaliter est distincta ab homine… sed homo peccator non est naturaliter distinctus ab hominibus justis. Et ideo indiget publico judicio, ut discernatur an sit occidendus propter communem salutem.

« Ad tertium dicendum quod facere aliquid ad utilitatem communem quod nulli nolet, hoc est licitum cuilibet privatae personae, sed si sit cum nocumento alterius, hoc non debet fieri nisi secundum judicium eius ad quem pertinet existimare quid sit subtraendum partibus pro salute totius. »

munies d'autorité publique et chargées du bien commun et du salut public (donc magistrats, seigneurs, gouverneurs) ont le droit de juger et de condamner à mort les malfaiteurs et les méchants, et donc, peut-on penser, le tyran, malfaiteur et méchant ; que Dieu confie le soin de tuer, même des proches et des amis, à des personnes, qui ne sont plus alors que des instruments de sa volonté ; ici saint Thomas d'Aquin rejoint l'enseignement de saint Augustin, et il est peut-être permis de penser que Dieu peut parfaitement confier à qui il veut le soin de dépêcher un tyran, même à un moissonneur au dépiquage du blé, comme Gédéon, même à un berger pris derrière ses brebis comme David.

Ce n'était sans doute pas la pensée de saint Thomas d'Aquin, car l'on ne voit pas dans la *Somme* qu'il ait jamais trouvé légitime une mise à mort autrement qu'après un jugement régulier par un magistrat qualifié. Mais il faut reconnaître que l'on peut tirer de son texte le droit pour une personne privée de tuer sans jugement, pourvu qu'elle en ait reçu mission de Dieu, ce qui est affaire de conscience.

Le plus célèbre jurisconsulte des temps modernes, Bartole, professeur de droit à Pise, de 1339 à 1350, puis à Pérouse, a traité aussi du tyran. Bartole est important parce que son nom était vénéré par tous ceux qui passaient par les écoles de droit, parce que ses écrits sur la tyrannie figurent dans toutes les éditions de ses œuvres, et parce que celles-ci ont été rééditées du vivant même d'Henri IV, à Turin en 1573 et 1574, à Venise de 1590 à 1595[1]. L'attention de Bartole était attirée sur le problème du tyran et du tyrannicide par l'essor des « Signorie » dans l'Italie du XIVe siècle. Les cités tombaient facilement du gouvernement démocratique ou du gouvernement aristocratique, gouvernements de méchants, et du gouvernement aristocratique dans la tyrannie, par permission divine, pour les châtier. « Hodie Italia est tota plena tyrannis. » « Aujourd'hui, l'Italie est toute pleine de tyrans[2]. » La distinction

1. Je me sers de l'édition de 1573-74, Turin, in-folio, BNF, F. 268-270.
2. *De Regimine Civitatis*, in *Œuvres*, fos 155-157.

du tyran d'usurpation et du tyran d'exercice avait déjà été posée par saint Thomas d'Aquin. Mais c'est Bartole qui l'a introduite dans le droit. Il remarque deux sortes de tyrans dans la Cité : « Defectu tituli », par défaut de titre ; « Ex parte exercitii », par exercice[1]. Même là où les citoyens ont le droit d'élire le chef de la cité, il peut y avoir un tyran « ex defectu tituli », si les citoyens ont voté pour lui « metus causa », « par peur », ou après une attaque à main armée, ou à cause de « rumore et seditione », rumeur et sédition, ou lorsque le tyran a chassé ou tué les modérés[2].

Bartole énumère les signes du tyran, selon l'opuscule de l'écrivain grec Plutarque, *Du gouvernement des Princes.* Le tyran, c'est celui qui tue les meilleurs hommes de la Cité, et même ses frères et ses proches parents ; celui qui marque les sages d'un signe ; qui détruit les études et toute discipline pour ne pas former des sages qui lui feraient remontrance ; qui ne permet pas les réunions particulières, même légitimes ; qui sème de nombreux espions au milieu des citoyens, pour lui faire rapport de tout ce qui se dit et empêcher ainsi les ententes ; qui maintient la Cité en état de division ; qui appauvrit les citoyens, afin qu'ils soient obsédés par les soucis ; qui mène la guerre contre l'étranger, parce qu'elle appauvrit les citoyens et qu'elle les détourne de l'étude ; qui se fait garder par des étrangers ; qui adhère à un parti, et, avec l'aide de celui-ci, chasse les autres. Tout cela c'est le contraire de ce que doit être un bon gouvernement[3].

Mais la part importante de l'œuvre de Bartole c'est de montrer que le tyran tombe sous le coup des lois impériales, qu'il est passible des peines prévues par le droit romain, ce droit vénéré, qui passait pour la raison écrite, que chaque jurisconsulte cherchait à introduire dans le droit ou les coutumes de son pays, pour compléter, redresser, coordonner leurs dispositions. Qui

1. *De Tyrannia,* in *Œuvres,* f°s 120-122.
2. *De Tyrannia,* chap. VI.
3. *De Tyrannia,* chap. VIII.

tient la cité divisée et qui afflige les citoyens dans leur corps, tombe sous le coup de la « lex julia majestatis », s'il est « absque titulo », sans titre, tyran d'usurpation, et sous le coup de la « lex julia de vi publica », s'il est tyran d'exercice, « ex parte exercitii ». Qui impose de nouvelles contributions ou de nouvelles taxes, de même. La peine prévue par la loi, c'est la « deportatio », l'exil à perpétuité. Qui viole tout ce qui est de droit civil, il tombe sous le coup de la « lex julia de vi privata » et de la « lex julia de ambitu », peut-être même mérite-t-il la peine capitale, comme rebelle à l'empereur[1].

Ce que Bartole ne dit pas, mais ce qui découle logiquement de sa consultation juridique, c'est que, s'il n'y a pas d'intervention de l'empereur, supérieur naturel de tous les princes, alors les magistrats de la Cité ont le droit de mettre le tyran en accusation, de le juger, de le condamner, à l'exil ou à la mort. Et comme il est peu probable que le tyran se laisse faire benoîtement, c'est le recours à la révolte, au besoin à main armée, qui est justifié.

Bartole d'ailleurs va expressément jusque-là. Si quelqu'un essaie de déposer le tyran en vue de l'utilité publique, il en a le droit. Et s'il en résulte rumeur ou tumulte, eh bien ! l'auteur ne peut être taxé de sédition. Bartole précise qu'il s'appuie ici sur saint Thomas d'Aquin, *Secunda Secundae*, quaestio 42, articulus 2[2].

Mais l'on voit que nulle part Bartole ne prévoit l'action d'une personne privée qui tuerait le tyran de sa propre main. Donc, il est contre le tyrannicide.

Au XVe siècle, le Concile de Constance condamna le meurtre d'un tyran par un particulier. L'occasion fut fournie par l'assassinat du duc d'Orléans et par l'affaire Jean Petit[3].

Le 23 novembre 1407, vers 8 heures du soir, à sa sortie de

1. *De Tyrannia*, chap. IX.
2. *De Guelphis et Gebellinis*, in *Œuvres*, fos 154-155.
3. Alfred Coville, *Jean Petit. La Question du tyrannicide au commencement du XVe siècle*, Paris, 1932.

l'hôtel Barbette, où résidait la reine Isabeau de Bavière, le duc d'Orléans, frère du roi dément Charles VI, le premier prince du Conseil et le membre le plus influent du gouvernement, fut assassiné par dix-huit hommes armés et masqués. Le 25 novembre, le duc de Bourgogne, Jean sans Peur, cousin du Roi et du duc, avoua être l'instigateur du crime. Il avait voulu se débarrasser d'un rival au Conseil du Roi. Les autres princes, membres du Conseil, le roi de Sicile, le duc de Berri, le duc de Bourbon, le laissèrent s'enfuir.

Jean sans Peur, pour sa défense, fit appel à maître Jean Petit, un Normand cauchois d'une famille dont une branche était devenue bourguignonne. Lui-même était, depuis 1406, conseiller du duc et pensionné par lui. Il était probablement maître en théologie. Lorsque le duc vint se justifier à Paris, devant une grande assemblée et devant le Conseil du Roi, Jean Petit porta la parole pour lui, le jeudi 8 mars 1408. Son plaidoyer est fondé sur un syllogisme, où il utilise tous les théoriciens antérieurs, et même saint Thomas d'Aquin. Majeure : « Il est licite à un chascun subject, sans quelconque mandement ou commandement, selon les loys moral, naturel et divine, de occire ou faire occire ycellui traître et desloial tirant, non pas tant seulement licite, mes honorables et méritoire, maismement quand il est en si grande puissance que justice ne peut bonnement estre faicte par le souverain[1]. » Mineure : Le duc d'Orléans était vrai tyran. Ennemi du peuple de Dieu, comme Holopherne, ennemi de Dieu, ami du diable, sorcier ; la diablesse Vénus lui avait donné un talisman pour se faire aimer ; traître, vassal félon ; exploiteur du peuple. Conclusion : le duc de Bourgogne a fait œuvre licite et méritoire en faisant tuer le duc d'Orléans ; le duc de Bourgogne a fait comme Judith.

Les circonstances, plus encore que le plaidoyer, assurèrent le succès. Le 9 mars, des lettres royales de grâce furent expédiées

1. *Ibid.*, p. 220.

pour le duc de Bourgogne. La pension de Jean Petit fut doublée. Il mourut obscurément en 1411.

Les Armagnacs, partisans des Orléans, ne s'en tinrent pas là. Ils poursuivirent la mémoire de Jean Petit et cherchèrent à obtenir la condamnation de sa thèse sur le tyrannicide. Lorsqu'en 1413, les Bourguignons eurent été chassés de Paris, lorsque Jean sans Peur eut été contraint de s'enfuir le 23 août, lorsque le nouveau duc d'Orléans, le fils de la victime, eut fait son entrée à Paris, le 1er septembre, le chancelier de Notre-Dame, Jean Gerson, dénonça les erreurs de Jean Petit. Dès le lundi 4 septembre, il énumérait sept assertions qu'il attribuait à Jean Petit et qu'il tenait pour fausses. Sur lettres du Roi, du 7 octobre, l'évêque de Paris réunit le « Concile de la Foi ». Ce n'était pas un vrai concile, mais une commission de docteurs et de maîtres de l'Université qui était chargée de donner son avis au tribunal de l'officialité. Le « Concile » siégea du 30 novembre 1413 au 23 février 1414. Il tira de la « justification du meurtre du duc d'Orléans » de Jean Petit neuf propositions jugées erronées. Finalement, le tribunal de l'officialité condamna l'apologie pour le tyrannicide de Jean Petit, au nom de l'évêque de Paris et de l'inquisiteur de la Foi.

Jean sans Peur appela de cette sentence en Cour de Rome, au pape Jean XXIII. Celui-ci confia l'examen de l'affaire à une commission de trois cardinaux, puis il la soumit au Concile œcuménique de Constance, qui s'était ouvert en novembre 1414. L'affaire du tyrannicide fut confiée à une commission conciliaire de la foi, avec d'autres hérésies, celle de Wyclif, celle de Jean Huss. Le 6 juillet 1415, le Concile, dans sa XVe session, condamna la première des sept assertions présentées par Gerson, comme exprimant bien le sens de Jean Petit, tout en ne reproduisant pas littéralement ses propres paroles, et comme hérétique : « N'importe quel tyran peut et doit licitement et méritoirement être occis par un quelconque sien vassal ou sujet, même par manœuvres secrètes, embûches et subtiles flatteries ou adulations, nonobstant un quelconque serment à lui prêté ou une alliance contractée avec lui, sans attendre une sentence ou un mandat d'un juge quelconque[1]. »

Le 16 septembre 1416, le Parlement de Paris défendit par arrêt de publier, affirmer, enseigner que le tyrannicide est licite sans jugement de juge compétent. Il ordonna de lui remettre tous les écrits qui soutenaient la proposition condamnée.

Par désir de ménager le duc de Bourgogne, le Concile de Constance ne condamna pas expressément Jean Petit, ni aucun extrait authentique de sa « Justification du meurtre du duc d'Orléans », ni aucune des neuf propositions que le « Concile de la Foi » en avait tirées. Mais le tyrannicide commis par un particulier sans jugement préalable, ni mandat du juge, était bien formellement condamné. Les termes employés par le Concile ne tranchaient cependant pas le problème du mandat confié immédiatement par Dieu à un homme d'exécuter le tyran. Naturellement ils laissaient entier le droit des représentants du peuple, autorités constituées ou députés, de se rebeller contre le tyran, de le déposer, de le juger, de le condamner.

Plus tard, il se produisit des confusions. La consultation du « Concile de la Foi » fut prise pour un décret de la sacrée Faculté de théologie de Paris et la première des sept assertions de Gerson pour ce décret. C'est l'erreur que commit encore en 1610 le Parlement de Paris.

Le Moyen Âge léguait ainsi au XVIe siècle toutes les solutions que l'on pouvait donner au problème du tyrannicide. Il lui transmettait même un corps de doctrine, fondé sur les autorités de saint Thomas d'Aquin et du Concile de Constance.

On peut, semble-t-il, le condenser ainsi. Aucun particulier ne peut de son propre mouvement et sans jugement préalable par magistrat compétent tuer ni le tyran d'exercice ni même le tyran d'usurpation. Mais Dieu peut toujours à son gré confier à un

1. P. 557 : « Quilibet tyrannus potest et debet licite et meritorie occidi per quemcumque vassallum suum vel subditum, etiam per clanculas, insidias et subtiles blanditias vel adulationes, nonobstante quocumque praestito juramento seu confoederatione factis cum eo, non expectata sententia vel mandato judicis cujuscumque. »

simple homme privé la mission d'exécuter le tyran, et ce mandat l'élu de Dieu a le devoir de le remplir sans qu'il y ait eu jugement et sans être pour cela un assassin. Contre l'un et l'autre tyran, la révolte est permise, sans que l'on puisse la qualifier de sédition. Mais contre le tyran d'exercice seuls les magistrats ou dépositaires légitimes de l'autorité publique, princes, seigneurs, gouvernements, représentants des peuples consultés, peuvent se rebeller, refuser l'obéissance, prendre les armes, arrêter le tyran, le juger, le déposer, l'exiler, au besoin le condamner à mort. Contre le tyran d'usurpation, fauteur de guerre civile, tout citoyen peut se lever et mener une juste guerre.

Les temps modernes. Le XVIe siècle

Au XVIe siècle, les humanistes, imprégnés d'Antiquité, montrent en général de la sympathie pour les meurtriers des tyrans[1] : Machiavel[2] ; Érasme, qui, après avoir flétri les tyrans, invoque leurs grands meurtriers : « Ô race des Brutus, depuis longtemps éteinte[3] ! » ; La Boétie, l'ami très cher de Montaigne, dans son pamphlet : *De la servitude volontaire ou Contr'un*, rédigé en 1549, contre le tyran Henri II, où il loue les grands tyrannicides de l'Antiquité ; Jacques Grévin, qui chante Brutus, dans sa tragédie de *César*, représentée le 16 février 1560, et imprimée en 1562 ; Montaigne lui-même qui admire la vertu, la générosité, le courage des tyrannicides, mais n'approuve peut-être pas sans réserves leur action en tant que telle[4].

Plus importante pour notre propos est la pensée des protes-

1. Sur la question du tyrannicide au XVIe siècle, Aristide Douarche, « De tyrannicidio apud scriptores XVI saeculi », thèse de lettres, Paris, 1888.

2. En particulier, *Discours sur la première décade de Tite-Live*, liv. III, chap. VI.

3. Adages, chiliadis primae, centuria secunda : « O Brutorum genus jam olim extinctum. » Voir la diatribe contre le tyran, Adages, chiliadis tertiae, centuria septima, 1.

4. *Essais*, édition H. Motheau et D. Jouaust, liv. II, chap. X, t. III, pp. 130, 133 ; liv. II, chap. XXIX, t. V, pp. 29-30.

tants sur le sujet. Luther, l'ennemi acharné des thomistes, ces « cochons[1] », assure qu'il ne convient à aucun particulier de tuer le tyran, car Dieu a dit : « Tu ne tueras point. » Il est même contre toute révolte et exhorte les rebelles de Germanie à supporter leurs maux, au nom de l'Évangile selon Matthieu : « Heureux ceux qui souffrent persécution pour la justice… Et moi, je vous dis de ne pas résister au mal : mais si quelqu'un te frappe sur la joue droite, présente-lui la gauche[2]. » La position de Luther se rapproche de celle des chrétiens de l'Antiquité, de Lactance et de Tertullien.

Il convient sans doute d'insister davantage sur la pensée de Calvin, puisque les protestants français du temps d'Henri IV sont, dans leur grande majorité, des calvinistes. Calvin s'explique sur la tyrannie, notamment dans son *Institution chrétienne.* Sa pensée n'a pas varié entre la première édition française, celle de 1541, et celle de 1560, qui est considérée comme renfermant sa doctrine définitive et qui reprend sur cette matière les mêmes termes[3].

Pour Calvin, toute puissance vient de Dieu, c'est Dieu qui crée les Rois. Donc, il faut obéir aux Rois, même tyrans. Calvin ne distingue pas le tyran d'usurpation du tyran d'exercice. « Je admoneste les lecteurs de diligemment considérer et observer la providence de Dieu, et l'opération spéciale de laquelle il use à distinguer les royaumes et establir tels Roys que bon luy semble : dont l'Escriture nous fait souvent mention. » Calvin prouve par Samuel (*Deutéronome,* 17, *Samuel,* I, 8), par Daniel, 5, par Jérémie, 27, qu'il faut obéir au Roi, même tyran d'usurpation : « Nous connaissons par ses paroles avec combien grande obéissance nostre Seigneur a voulu que ce tirand pervers et cruel (Nabu-

1. Voir son *Contra Henricum regem Angliae,* Bâle, 1522, in-4°.
2. Saint Matthieu, V, 10, 39-40.
3. *Institution de la religion chrétienne,* 1541, éd. A. Lefranc, N. Châtelain, A. Pannier, Bibliothèque de l'École des Hautes Études, Sciences historiques et philologiques, n. 177, chap. XVI, Du gouvernement civil ; pp. 777-783, 1560, éd. Jean-Daniel Benoît, t. IV, 1961, pp. 505-537, liv. IV, chap. XX, Du gouvernement civil.

chodonosor) fust honoré : non pour autre raison, sinon pourtant qu'il possédait le royaume. — Laquelle possession seule monstrait qu'il estoit coloqué sur le throsne par l'ordonnance de Dieu et que par icelle ordonnance il estoit eslevé en la majesté royale, laquelle il n'estoit licite de violer... Par celle mesme ordonnance de Dieu, par laquelle l'authorité de tous Roys est establye, aussi les Roys iniques viennent à occupper la puissance ; jamais ces folles et séditieuses cogitations ne nous viendront en l'esprit qu'un Roy doibt estre traicté selon qu'il mérite et qu'il n'est pas raisonnable que nous nous tenions pour subjectz de celuy qui ne se maintient point de sa part envers nous comme Roy... À quiconque donc viendra la supériorité, il n'y a point de doute qu'on ne luy doive subjection », et Calvin invoque Job, 28, et l'exemple de David refusant de mettre la main sur Saül, tyran, mais oint du Seigneur[1].

Que doit donc faire le chrétien persécuté par un tyran ? D'abord examiner sa conscience et ses actions, se repentir de ses fautes, accepter le châtiment envoyé par Dieu, invoquer Dieu et s'en remettre à lui pour convertir le Roi ou le détrôner : « Parquoy, si nous sommes cruellement vexez par un prince inhumain, ou pillez et robez par un avaricieux ou prodigue ; ou mesprisez et mal gardez par un nonchallant ; si mesmes nous sommes affligez pour le nom de Dieu par un sacrilège et incrédule ; premièrement, réduisons-nous en mémoire les offenses qu'avons commises contre Dieu : lesquelles sans doute sont corrigées par tels fléaux. Secondement, mettons-nous au-devant de ceste pensée qu'il n'est pas en nous de remédier à telz maux ; mais qu'il ne reste autre chose que d'implorer l'aide de Dieu ; en la main duquel sont les cours des Roys et les mutations des royaumes... »

Toutefois si le Roi ordonne un acte contre les commandements de Dieu, il faut refuser l'obéissance, jusqu'au martyre : si les Roys « viennent à commander quelque chose contre luy

1. *I Samuel*, 24-26.

(Dieu), il doibt estre de nulle estime. Et ne fault avoir en cela aucun esgard à toute la dignité de leur supériorité. » Saint Pierre nous enseigne qu'il « fault plus tost obéir à Dieu qu'aux hommes », même s'il y a risque de mort et jusqu'à la mort. « Nous rendons lors à Dieu telle obéissance qu'il la demande, quand nous souffrons plustost toutes choses que déclinions de sa saincte parolle. »

Bien plus, les États généraux ont le devoir, en raison de leur être, de résister au tyran. « Car, s'il y avait en ce temps icy magistrats constituez pour la deffense du peuple pour refréner la trop grande cupidité et licence des Roys... comme sont, possible, aujourd'huy, en chascun royaume, les trois Estatz, quand ils sont ensemblez ; à ceux qui seraient constituez en tel estat, tellement je ne deffendrais de s'opposer et résister à l'intempérance ou crédulité des Roys, selon le devoir de leur office... »

Quant aux personnes privées, elles ne doivent ni se révolter, ni tuer le tyran. Elles n'ont « autre mandement que d'obéir et de souffrir », sauf si elles reçoivent une mission spéciale de Dieu contre le tyran. « Aucune fois, il (Dieu) suscite manifestement quelques-uns de ses serviteurs et les arme de son mandement, pour faire punition d'une domination injuste et de délivrer de calamité le peuple iniquement affligé. Aucune fois, il convertist et tourne à cest ouvraige, la fureur de ceux qui pensent ailleurs et machinent autre chose... Les premiers, d'autant qu'ils estoient appellez de Dieu, par vocation légitime, à entreprendre telz affaires : en rebellant contre les Roys, ne violaient point la majesté royalle, qui leur estoit donnée de Dieu : mais ils corrigeaient une puissance inférieure par une plus grande ; tout ainsy qu'il est licite à un Roy de chastier ses lieutenants et officiers... » Le meurtrier est alors l'instrument de Dieu.

Cette théorie, reprise de saint Augustin, et inspirée par les exemples de l'Ancien Testament, risquait d'ouvrir la voie de l'assassinat à des illuminés.

Il y a donc coïncidence entre l'enseignement de Calvin sur le tyran et le tyrannicide et les textes de saint Thomas d'Aquin, dans le *De Regimine principum* et la *Somme théologique*, appliqués aux mêmes sujets.

Les calvinistes ont généralement suivi Calvin sur ce point. Nous en avons un témoignage dans la *Judith* du poète protestant Du Bartas, écrite, dit-on, à l'instigation de la reine Jeanne de Navarre, dédiée à la reine de Navarre, Marguerite, et publiée en 1579. Du Bartas y reprend la thèse de Calvin sur le tyrannicide, devoir de celui ou de celle qui a reçu un mouvement particulier du Seigneur[1].

Mais, par moments, sous l'influence des persécutions et des guerres civiles, des protestants prirent le contre-pied de Luther et dépassèrent la pensée de Calvin. Voici, par l'exemple, John Poynet, évêque de Winchester sous Édouard VI. Chassé d'Angleterre par l'Inquisition catholique de la reine Marie la Sanglante, il se réfugia à Strasbourg, où il publia en 1558, en anglais, un « court traité du pouvoir politique[2] ». Il déclare légitime de déposer et de tuer le tyran. En effet, Dieu a ordonné les magistrats dans l'intérêt des peuples pour juger les affaires privées des hommes et pour punir leurs vices. Les peuples transmettent la puissance de Dieu. Les rois, les princes, les gouverneurs, tiennent leur autorité des peuples. Ils doivent rendre compte devant tout le peuple, être corrigés et châtiés par lui. Le peuple, quand il le veut, peut révoquer les pouvoirs donnés à ces procureurs. En outre, il est légitime de tuer un tyran. En effet, les païens, s'ils ne possédaient pas la vraie connaissance de Dieu, étaient doués de la connaissance de la loi naturelle, ordonnée de Dieu, gravée dans le cœur des hommes. Or, Cicéron et tous les païens louent les anciens tyrannicides : « Ceux qui ont vengé et délivré les peuples des mains de leurs gouverneurs. » Enfin, Poynet ajoute les exemples de l'Ancien Testament. Mais il devient avec lui de droit naturel, pour tout homme, d'exécuter le tyran[3].

1. Voir le texte en appendice.
2. Charles Labitte, *Les Prédicateurs de la Ligue*, Paris, 1841, in-8°, p. XLIX.
3. Extraits de Poynet dans *Henry Hallam*, Introduction to the litterature of Europe in

En France, dès le début des guerres civiles, dès 1562, des calvinistes vont bien plus loin que Calvin. Mais c'est entre le massacre de la Saint-Barthélemy, en 1572, et, le 10 juin 1584, la mort du duc d'Anjou, frère d'Henri III, qui rendait le protestant Henri de Bourbon, roi de Navarre, le futur Henri IV, héritier présomptif du trône, que des calvinistes sont allés le plus loin. Nous allons nous contenter de deux exemples.

En 1573, parut un pamphlet intitulé « Du droit des magistrats sur leurs sujets. Traité... publié par ceux de Magdebourg l'an 1550, revu et augmenté[1] ». L'auteur pose tout d'abord le devoir de refuser l'obéissance et même de passer à une opposition active si le pouvoir se met en contradiction avec Dieu : « Il n'y a d'autre volonté que celle d'un seul Dieu qui soit perpétuelle et immuable, règle de toute justice. » Le chrétien n'est donc pas tenu d'obéir à un ordre contraire aux commandements de Dieu. Il est tenu d'exécuter ce que Dieu ordonne, contre l'ordre du magistrat.

Mais si le magistrat offense son sujet dans sa personne, s'il agit en tyran ? Alors il faut commencer par le supporter, se repentir des péchés commis contre Dieu qui envoie telle punition, se soumettre à la pénitence, car les séditions sont « monstres horribles ».

Si le tyran ne s'amende pas, alors il faut distinguer tyran d'usurpation et tyran d'exercice.

Si le tyran s'est emparé du pouvoir par sédition ou par conquête, et si les magistrats n'accomplissent pas leur devoir contre lui, « alors chacun particulier, de tout son pouvoir, s'efforce de maintenir l'estat légitime de sa patrie », et cela même si ensuite le peuple a consenti au pouvoir du tyran, mais par peur

---

the fifteenth, sixteenth and seventeenth centuries, 5e éd., 1855, t. II, 2e part., chap. IV, pp. 135-138.

1. Publié dans les *Mémoires de l'Estat de la France sous Charles IX,* 1re éd., 1577 ; BNF, Lb 33-5, in-8° ; 2e éd. 1578, Meidelbourg, H. Wolf, 1578, BNF, Lb 33-5 A ; dans celle-ci, t. II, fos 473 v° et suivants. Au tome II et au tome III de l'*Estat de la France sous Charles IX,* plusieurs pamphlets calvinistes.

ou sous la pression de la violence[1]. Ainsi tout particulier peut se révolter contre le tyran d'usurpation ou le tuer. Ceci dépasse manifestement la pensée de Calvin qui n'avait pas distingué entre tyran d'usurpation et tyran d'exercice.

Si les « magistrats souverains autrement légitimes deviennent tyrans tous manifestes », alors, il faut distinguer.

Quant aux personnes privées, « il n'est licite à aucun particulier d'opposer force à la force du tyran de son autorité privée ». Donc, ni révolte, ni attentat sur la personne. Mais l'auteur ajoute la terrible restriction chrétienne : à moins d'« extraordinaire vocation de Dieu ». C'est le pur calvinisme.

Quant aux personnes publiques, l'auteur insiste sur l'idée d'un contrat entre le roi et le peuple qui dispose de la souveraineté et sur les devoirs et les droits de contrôle et d'opposition qui en résultent pour les magistrats ordinaires. Les officiers de la Couronne, les magistrats de justice « ne despendent proprement du souverain, mais de la souveraineté ». Le souverain a prêté serment à la souveraineté. « Il appert qu'il y a une mutuelle obligation entre un Roy et les officiers d'un royaume, duquel royaume tout le gouvernement n'est pas mis entre les mains du Roy, ains seulement le souverain degré de ce gouvernement, comme aussi les officiers y ont chascun leur part selon leur degré. » Ainsi le peuple a comme partagé la souveraineté entre le « souverain » et les magistrats, le Roi étant une sorte de magistrat, plus élevé dans la hiérarchie que les autres, mais de la même nature que les autres. « Avenant... que celui qui est Roy par élection ou droit héréditaire se destourne manifestement des conditions sous lesquelles et non autrement il a été reconnu et advoué pour Roy, qui peut douter que l'inférieur magistrat du royaume et la ville et province de laquelle il a receu l'administration de par la souveraineté, ne soient quittes de leur serment, au moins jusques à ce point qu'il leur soit loisible de s'opposer à l'oppression manifeste du royaume, duquel ils ont juré la défense et pro-

1. *Ibid.*, f° 490.

tection selon leur charge et particulière administration... » Les magistrats sont tenus par serment à la maintenance des lois. « Ils sont tenus (mesmes par armes, si faire se peut) de pourvoir contre une tyrannie toute manifeste, à la salvation de ceux qu'ils ont en charge, jusques à ce que par commune délibération des Estats... il puisse estre pourveu au public plus avant...[1]. » Tout ceci aussi me semble nettement dépasser Calvin.

Mais ensuite notre auteur le rejoint, quand il examine le cas des magistrats spécialement institués pour empêcher le souverain d'abuser du pouvoir, ceux qui « sont establis protecteurs des droits de la souveraineté pour retenir le souverain en son devoir », les États généraux. Pour savoir ce qu'ils doivent, il suffit de considérer que les peuples ont créé les Rois dans l'intérêt des peuples eux-mêmes. Or, il n'y a pas de prescription aux droits des peuples. Donc, les États généraux peuvent déposer les Rois devenus tyrans, les punir même, et agissant ainsi ils « s'acquittent du devoir et serment qu'ils ont à Dieu et à leur Patrie[2] ».

Et ceci s'explique aisément : « En toutes conventions qui se contractent par le seul consentement des parties, ceux par lesquels l'obligation est contractée la peuvent aussi deffaire quand la raison y est ; et, par conséquent, ceux là ont la puissance de déposer un Roy, qui ont puissance de le créer. S'il y a aucune juste occasion de dissoudre un contract ou convention et par laquelle une obligation s'annulle d'elle-mesme, c'est quand les conditions essentielles sont notoirement violées, moyennant lesquelles et au respect desquelles proprement l'obligation avait esté contractée[3]... »

Mais même si aucune condition n'a été posée au Roi, il n'a pas le droit de tout faire à son caprice. « Qui est plus coulpable de ce crime (de lèse-majesté) que le tyran violant manifestement tous droits divins et humains ? » Un roi est tenu d'observer le

1. *Ibid.*, f°s 493-494.
2. *Ibid.*, f°s 496-507 v°.
3. *Ibid.*, f° 508.

droit public, le droit naturel, le droit divin, auxquels tous les hommes sont tenus[1].

Ainsi notre auteur anonyme a repris toutes les thèses du Moyen Âge sur le tyrannicide, même celles du *Policraticus*, livre III, chapitre xv, même celles de saint Thomas d'Aquin du *Commentaire sur les Sentences*, même celles de Bartole, sauf celles de Jean de Salisbury et de Jean Petit sur la légitimité du meurtre du tyran d'exercice par un particulier sans mandat. Mais il les a étayées par une insistance particulière sur des thèses, qui n'étaient d'ailleurs pas neuves, sur le peuple dispensateur de la souveraineté, les rois créés par les peuples, le contrat entre roi et peuple, le serment du roi au peuple, la responsabilité du roi devant le peuple ou ses représentants.

L'exposé des doctrines extrêmes des calvinistes sur la tyrannie et sur le tyrannicide atteignit sa forme la plus parfaite dans l'ouvrage intitulé *Vindiciae contra tyrannos*, paru en 1581[2]. L'auteur reste inconnu. Ce livre a été attribué tour à tour à Théodore de Bèze, à François Hotman, à Buchanan, à Philippe du Plessis-Mornay, à Hubert Languet, ami de Mélanchthon et de Guillaume d'Orange. C'est l'ouvrage qui, grâce à la rigueur de ses démonstrations, a eu le plus d'influence et la plus durable. Mais, s'il précise sur certains points le pamphlet que nous venons d'analyser, il apporte peu de nouveau sur le fond. La contribution la plus importante semble être la théorie du double contrat, tirée de l'Écriture Sainte : il y a d'abord un premier contrat entre peuple et Roi d'une part, Dieu de l'autre, pour que le peuple soit peuple de Dieu ; ensuite un second contrat entre le roi et le peuple pour que celui-ci obéisse bien s'il est bien commandé. D'où découlent les droits du peuple de demander des comptes au roi, de lui résister, de le déposer. Une seconde contribution, c'est, si je puis dire, la théorie de la résistance fractionnée. Car,

1. *Ibid.*, f° 510.

2. « Vindiciae contra tyrannos, sive, de principis in populum populique in principum legitima potestate, Stephane Junio Bruto Celta auctore. »

si la majorité approuve le prince qui viole la loi de Dieu, alors une seule ville, un seul des magistrats ou des premiers du royaume a le droit de se révolter. Donc, la majorité n'établit pas la vérité et le droit. Un seul peut avoir raison contre la multitude, lui seul être dans le droit et dans la vérité, et à lui seul défendre la liberté et la foi.

Pour le reste nous retrouvons toutes les propositions précédentes : si le Roi, vassal de Dieu même s'il est païen, donne un ordre contraire à la loi de Dieu, ses sujets ne doivent pas lui obéir, car ils seraient rebelles à Dieu. — Si les sujets ont affaire à un tyran d'usurpation, ils n'ont aucune obligation envers lui, même s'il a obtenu l'approbation du peuple, soit par force, soit par ruse : n'importe qui peut le chasser ou le tuer. — S'il s'agit d'un tyran d'exercice, il faut le tolérer le plus longtemps possible, mais s'il persiste alors, ses sujets peuvent se rebeller et le déposer. Toutefois, il n'appartient à aucune personne privée de le tuer, sauf si Dieu la suscite et la constitue ministre de sa vengeance. La multitude non plus n'a pas droit à la révolte. Il appartient aux officiers du Roi, aux princes, aux pairs, aux nobles, aux notables, aux députés des ordres du royaume, réunis en États généraux ou en États provinciaux, de veiller à ce qu'aucun dommage n'arrive au bien public, de résister au Roi, de le juger, de le déposer, de le condamner à mort.

Nombreux sont les écrits protestants où il est touché aux problèmes de la tyrannie et du tyrannicide. Encore en 1603, Jean Althusius suivait, dans sa *Politica methodice digesta,* l'enseignement des *Vindiciae contra tyrannos.* Mais avec Calvin d'une part, les *Vindiciae* de l'autre, nous tenons les deux aspects essentiels de la pensée protestante sur le sujet. Nous pouvons donc nous en tenir là.

Du côté catholique, le problème est maintes fois abordé par les théologiens. Rares sont ceux qui restent fidèles à la doctrine établie à la fin du Moyen Âge et qui dénient totalement aux particuliers le droit de tuer le tyran, en considérant comme infrangible par les personnes privées le « non occides ». C'est cependant le cas d'un frère mineur capucin de Zamora, en Espagne, Alphonsus a Castro, au quatorzième livre de son traité de 1556 contre les hérétiques[1], ouvrage utilisé à Paris à la fin du XVIe siècle par les prédicateurs de l'église Saint-Honoré. Pour lui, nombreux sont les tyrans, car non seulement les rois et les princes, mais un curé, un évêque, un juge, un mari, un père, peuvent être tyrans. Le tyran, c'est celui qui use d'un pouvoir usurpé on qui abuse de son pouvoir, quel que soit ce pouvoir. Mais il n'est permis à personne de tuer le tyran, qu'il soit tyran d'usurpation ou tyran d'exercice. Autrement, ce serait la confusion totale : ouailles, épouses, fils, pourraient se débarrasser du curé, du mari, du père, par des moyens violents. Seuls les magistrats ont le pouvoir de décider la mort du tyran.

Mais la plupart des théologiens ont dépassé cette position en utilisant habilement saint Thomas d'Aquin. D'une part, ils ont mis l'accent sur la doctrine de saint Thomas dans le *Commentaire sur les Sentences* de Maître Pierre Lombard. D'autre part, ils ont interprété à l'aide de saint Thomas la décision du Concile de Constance, et ils ont déclaré que le Concile, en condamnant le tyrannicide dans sa XVe session, n'avait en vue que le tyran d'exercice, mais non le tyran d'usurpation. Ils ont ainsi restreint la portée de la décision conciliaire. C'est ce que font le cardinal Cajetan, le dominicain Soto, l'Argentin Pedro d'Aragon, professeur à Salamanque, l'augustin Michel Barthélemy Salon, professeur de théologie à Valence, dans leurs commentaires sur la *Somme* de saint Thomas d'Aquin. Quoi qu'on en ait dit, les jésuites ne sont pas d'un autre avis, le cardinal François Tolet, dans son *Instruction des Prêtres*, ou Grégoire de Valence, professeur de théologie à Ingolstadt, dans ses *Commentaires sur la Somme*.

Tous ces livres sont édités et réédités, soit en France, soit dans des pays avec lesquels les libraires parisiens sont en relations habituelles : Cajetan à Lyon en 1541, Soto à Lyon en 1582,

1. « Adversus Haereses », dans ses *Œuvres*, Paris, chez Sébastien Nivelle, 1571, in-folio, article : Tyrannus, 1, 978-980.

Aragon à Lyon en 1596, Grégoire de Valence à Lyon en 1603, à Paris en 1609 ; Tolet à Rome en 1601, à Brigue en 1605 ; Salon à Venise en 1608. Tous s'accordent sur les points essentiels, bien que l'on ait attribué à Cajetan l'opinion qu'il était permis à une personne privée de tuer même le tyran d'exercice.

Le cinquième commandement de Dieu : « Tu ne tueras point », comporte des exceptions nombreuses. Il est permis de tuer en légitime défense. Il est permis de tuer un envahisseur. Il est permis de tuer un malfaiteur. Le tyran d'usurpation, il est permis à toute personne privée de le tuer, car il est légitime de repousser la force par la force, parce qu'un tel tyran mène en fait contre la république une injuste guerre et que donc tout citoyen, comme partie de l'autorité publique et soldat de la République, peut l'exécuter. Naturellement, il faut que les citoyens ne disposent d'aucun recours à une autorité supérieure, qu'ils ne voient aucun autre moyen de faire cesser la tyrannie, et qu'il n'en résulte pas un dommage pire pour la communauté. C'est ce que montrent les exemples d'Aiod et de Judith.

Le jésuite Tolet précise que toutefois un citoyen n'a pas le droit de trahir un tel tyran, de l'empoisonner en subornant son médecin et son cuisinier, de soudoyer un assassin à gages.

S'il s'agit du tyran d'exercice, puisqu'il jouit d'un véritable droit de régner, aucune personne privée n'a le droit de porter la main sur lui. Si le tyran a un supérieur, par exemple l'empereur, on peut y recourir. Mais s'il n'y a aucun recours, Aragon est d'avis qu'il ne reste plus qu'à invoquer Dieu et à souffrir. Les autres pensent qu'il appartient à la République d'assaillir le tyran et d'appeler les citoyens à son secours. C'est la République elle-même qui doit le déposer et le punir. Il faut entendre évidemment les magistrats de diverses sortes qui peuvent légitimement représenter le peuple et exercer la justice.

Tous ces auteurs ne disent rien d'une mission de tuer le tyran confiée par Dieu à un particulier[1].

1. Aragon, *Comm.*, II A, II AE, LXII, 3, LXIV ; éd. 1956, p. 243, pp. 248-259. Grégoire

Lorsqu'en 1584, un prince protestant, le futur Henri IV, devint l'héritier présomptif du trône de France, par la mort du frère d'Henri III, resté sans enfant, les pamphlétaires catholiques et les protestants échangèrent leurs doctrines. Les protestants se mirent à insister sur la majesté et l'inviolabilité des Rois, les catholiques, sur la souveraineté du peuple et les droits des peuples contre les Rois. Les pamphlétaires et les prédicateurs de la Ligue se déchaînèrent contre Henri III, contre Henri de Bourbon, roi de Navarre, puis, après la mort d'Henri III, en 1589, contre Henri de Bourbon devenu Henri IV. Les noms de Guillaume Rose, évêque de Senlis, de Vincestre, de Pigenat, de Genebrard, de Panigarola, du Père Comolet, de Jean Boucher, curé de Saint-Benoît, à Paris, sont restés célèbres. Mais, en fait, ils sont allés plus loin que la plupart des protestants et, naturellement, que les théologiens catholiques. Prenons l'exemple de celui qui fut peut-être le plus influent, Jean Boucher.

De lui, deux ouvrages sont particulièrement révélateurs, le *De justa Henrici tertii abdicatione e Francorum regno, libri quatuor*[1], qu'il terminait lorsque lui arriva la nouvelle de l'assassinat d'Henri III par Jacques Clément, le 2 août 1589, et *L'Apologie pour Jean Chastel*, mise sous le nom de François de Vérone Constantin, rédigée après la tentative d'assassinat d'Henri IV par l'étudiant Chastel en 1594, et publiée en 1595[2]. Boucher respecte les Rois. « Nul n'attende icy de moy, que je die cruement, comme calomnieusement l'a imputé l'arrest à l'innocence du deffunct (Chastel) qu'il est permis de tuer les Roys. Recognaissant avec les saincts l'honneur que l'on doibt rendre aux Roys. Pour estre les maiestez sacrées, images et représentations de Dieu et qu'il n'est loisible de violer[3]. » Et il invoque l'exemple de David, se

de Valence, *Comm.*, t. III, éd. 1603, D. V., Qu. VIII, Punc. III. Tolet, *Instruct. Sacerd.*, éd. 1605, p. 246, p. 1063. Salon, *Controv. de justitia et jure*, éd. 1608, Qu. LXIV, art. 3.

1. Chez Nicolas Nivelle, rue Saint-Jacques, à l'enseigne des Colonnes. Autre édition, Lyon, 1591.

2. BNF, Lb 35-588.

3. *Apologie*, p. 27.

refusant à porter la main sur Saül, les épîtres de saint Pierre, la décision du Concile de Constance sur le tyrannicide dans sa session 15. Mais si le Roi est un tyran ? Boucher reprend la vieille distinction entre tyran d'usurpation et tyran d'exercice. Le tyran d'usurpation, même un particulier peut le tuer, de sa simple et privée autorité. Boucher rappelle pêle-mêle Lucifer, l'évêque de Cagliari, au IVe siècle, saint Thomas d'Aquin, Lyranus, Cajetan, Soto, Sylvester, Fumus, le jurisconsulte Vasquez, Sénèque, le protestant Georges Buchanan, les *Vindiciae*, qu'il croit de Junius Brutus, qui « disent tous d'un mesme accord, qu'en matière de tyrans qui s'usurpent par armes ou aultres voyes iniques une seigneurie injuste et où ils n'ont droit et où il n'y a recours à aucun supérieur pour en avoir justice, ny aultre moyen d'oster la tyrannie, il est loysible à un chacun du peuple de les tuer... un chacun seul et pour le tout en estant fait juste et légitime exécuteur[1] ».

Pour le tyran d'exercice, il faut d'abord que la République se prononce, mais une fois que la République a proclamé le tyran ennemi public, insane et dépouvu de tout bon sens, même un simple particulier sans mandat peut abattre le tyran, comme une bête féroce. Si les magistrats sont empêchés d'agir régulièrement, comme les États de Blois, de 1588, par le meurtre des Guise, alors la révolte publique et la juste défection du peuple condamnent le tyran. Ce n'est plus qu'une personne privée, que chacun peut licitement exécuter.

Pourquoi d'ailleurs compliquer les procédures ? Si le tyran, même légitime, se rend coupable de violences contre l'État, contre la foi publique et contre la majesté des États généraux, juges du sceptre et du royaume ; s'il persécute l'Église, massacre ses prêtres, profane les sacrements, méprise les censures, favorise les hérétiques, alors il tombe sous le coup du droit civil, de la *lex Julia Majestatis*, et du droit canon, des canons du Concile de Lyon, sous Innocent IV, contre les assassins du pape Hono-

1. *Ibid.*, pp. 84-86.

rius, des canons du Concile de Latran contre les hérétiques, « qui tous déclarent telles gens diffidez et bannis et partant purs privez et exposez au premier qui en pourra vuider le monde[1] ». Donc, dans ce cas, le Roi perd son caractère, redevient un simple particulier, pis même, un proscrit, que chacun peut punir de ses crimes.

Mais si le tyran est hérétique, il ne peut être l'oint de Dieu. Alors, l'honneur de Dieu l'emporte sur le « tu ne tueras point ». L'homicide n'est point péché quand il s'exécute pour venger le peuple de Dieu. D'ailleurs, il y a une hiérarchie entre les commandements. Le premier : « Tu aimeras le Seigneur ton Dieu de tout ton cœur, de toute ton âme, de tout ton esprit », l'emporte sur tous les autres, et notamment sur le cinquième : *Non occides.* Les hérétiques sont « diffidez », c'est-à-dire, *ipso facto,* « condamnez et proscrits à la mort ». Point n'est besoin de magistrats, ni de procès. Point de souci d'obligation, de respect, de service, de sujétion, d'amitié, de parenté, de foi promise. Permis à chacun de tuer l'hérétique[2].

En tout état de cause, Dieu peut susciter un vengeur contre le tyran, comme en témoignent Aiod, Judith, Jahel, et Jacques Clément.

Avec moins d'outrance, le *De Justa reipublicae christianae in reges impios authoritate*[3] ne le cède que de peu sur le fond à Boucher. Paru en 1590, il fut attribué à Guillaume Rose, ce qui est douteux. L'auteur reste inconnu. Pour lui, c'est le peuple qui choisit à son gré la forme du gouvernement, monarchie, aristocratie, démocratie, et qui peut toujours la modifier. C'est lui qui choisit ou confirme le chef de l'État, même héréditaire. Le tyran d'usurpation, chacun peut le tuer. Le tyran d'exercice, s'il devient

1. *Ibid.*, pp. 29-30.
2. *Ibid.*, pp. 74-80, p. 30.
3. Première édition, Paris, chez Guillaume Bichon, 1590, in-8°; 2e éd., Anvers, chez Jean Keerberg, 1592, in-8°. Analyse par Ch. Labitte, *Les Prédicateurs de la Ligue,* pp. 295-304.

avéré et manifeste que la volonté de la République est de ne plus obéir à ce prince comme Roi, mais de lui résister comme tyran, cette autorité est suffisante. Les particuliers ont alors droit de tuer le tyran, comme ils tueraient un voleur. Ce qu'il faut attendre, c'est la sentence de l'Église. L'acte modèle, c'est celui de Jacques Clément.

L'on voit par ces exemples le danger des doctrines ligueuses. Les théoriciens ligueurs ont bien repris la plus grande partie de l'enseignement chrétien du Moyen Âge et du XVIe siècle sur le tyrannicide. Mais ils ont accru notablement le nombre des cas dans lesquels un particulier pouvait tuer le tyran sans jugement préalable. Non seulement le tyran d'usurpation, mais même le tyran d'exercice — s'il est hérétique, ou si les magistrats ne peuvent plus exercer leurs fonctions de contrôle du souverain, ou si des événements peuvent donner à penser que la République le rejette, et, comme toujours, si le particulier est convaincu d'avoir reçu de Dieu la mission d'abattre le tyran — peuvent être tués par un particulier sans mandat. Les ligueurs, et surtout Boucher, en laissaient dans la pratique vraiment beaucoup au jugement individuel.

Mais, alors, les jésuites qui avaient été mis en cause par le Parlement de Paris en 1610 ? Eh bien ! Ils paraissent influencés par les théoriciens de la Ligue. La doctrine d'Emmanuel de Sâ, jésuite portugais, semble presque conforme à celle de tous les théologiens catholiques du XVIe siècle, sauf Alphonsus de Castro. Son livre, les *Aphorismi confessoriorum*, muni du permis d'imprimer à Anvers, en décembre 1593, approuvé par les docteurs de la sacrée Faculté de théologie de Paris le 17 mars 1609, comme ne contenant rien de contraire à la foi catholique et romaine, a été maintes fois édité. Guide pour les cas de conscience, il se trouvait dans les mains de tous les confesseurs jésuites, et dans celles de beaucoup de non-jésuites. « Celui qui gouverne tyranniquement une seigneurie justement acquise ne peut en être dépouillé, si ce n'est par un jugement public : la sentence prononcée, chacun peut en devenir l'exécuteur. Il peut aussi être déposé par le peuple, même si celui-ci lui a juré l'obéissance perpétuelle, si, averti, il ne veut se corriger.

Mais tout membre du peuple peut tuer celui qui occupe tyranniquement le pouvoir, s'il n'y a pas d'autre remède : c'est en effet « l'ennemi public[1] ». Le seul point sur lequel Emmanuel de Sâ paraisse, à l'exemple des Ligueurs, dépasser les théologiens catholiques précédents, même les jésuites, c'est sur la légitimité, pour un particulier, d'exécuter la sentence portée contre un tyran d'exercice, c'est-à-dire, au besoin, de le tuer d'un coup de poignard dans la rue. Encore Emmanuel de Sâ affirme-t-il la nécessité d'un jugement préalable. C'est pourquoi, sans doute, bien que son nom ait été prononcé, le Parlement de Paris n'a pas condamné son livre.

Il en est autrement du jésuite espagnol Jean Mariana. Son ouvrage, *De rege et regis institutione*, dédié à Philippe III, roi d'Espagne, reçut en décembre 1598 le permis d'imprimer d'Étienne Hojeda, visiteur de la Société de Jésus dans la province de Tolède ; le 15 janvier 1599, un privilège de Philippe III pour dix ans. Publié en 1599, il fut réédité en 1605, et encore en 1611. L'édition de 1605 fut propagée en France par les jésuites depuis 1606. Dans son livre, Mariana aborde le problème du tyrannicide au sixième chapitre du livre premier, intitulé : *Est-il permis de tuer le tyran ?* Mariana s'étend sur la tyrannie d'Henri III, décrit complaisamment l'action de Jacques Clément, s'extasie sur le jeune homme qui mourut « considéré par le plus grand nombre comme une gloire éternelle de la France ». Mariana le considère comme l'instrument de Dieu : « Il était d'intelligence moyenne et pas d'une grande robusticité de corps ; mais, sans aucun doute,

1. Édition de Lyon, 1618, p. 709 : « Tyrannice gubernans juste acquisitum dominium non potest spoliari sine publico judicio : lata vero sententia, potest quisque fieri executor : potest autem deponi a populo, etiamsi qui juravit eo obedientiam perpetuam, si monitus non vult corrigi.

« At occupantera tyrannice potestatem quisque de populo potest occidere, si aliud non sit remedium : eut enim publicus hostis. »

une force supérieure augmentait la sienne et fortifiait son âme. » Bon ! Beau début !

Ensuite, Mariana expose soigneusement les raisons contre et pour le tyrannicide. Inutile de les rapporter. Nous les connaissons déjà. Enfin, il résout les difficultés et donne son propre sentiment. Le tyran d'usurpation, qui s'est emparé du pouvoir par la force des armes, permis à quiconque de le dépouiller de la couronne, du gouvernement, de la vie. C'est un ennemi public. Et l'inévitable exemple d'Aiod et d'Eglon, roi de Moab, arrive.

Le tyran d'exercice, roi héréditaire ou roi par la volonté du peuple, et qui a mal tourné, il faut le supporter tant qu'il ne viole pas les conditions qui lui ont été posées quand le pouvoir suprême lui a été confié. Mais quand il s'empare des richesses de ses sujets, quand il méprise les lois et la religion du royaume, quand il foule aux pieds le plus saint, alors il faut le détrôner. Si les assemblées publiques restent permises, les sujets doivent s'entendre sur la conduite à tenir. Ils doivent d'abord admonester le tyran pour le ramener à la raison et au respect du droit. S'il s'amende, qu'il ne soit plus question de rien. Mais s'il rejette les remontrances, s'il ne laisse aucun espoir, alors l'assemblée doit déclarer publiquement que ses sujets ne le reconnaissent plus comme Roi, que désormais tous ses actes seront considérés comme nuls. Naturellement, il va y avoir guerre civile, et l'assemblée doit pourvoir aux moyens de se procurer des armes, elle doit lever des contributions à cet effet.

Jusqu'ici Mariana n'excédait pas les bornes posées par les théologiens catholiques du XVIe siècle. Mais, ensuite, l'on dirait que l'esprit de la Ligue l'a saisi, à moins que l'esprit de la Ligue ne fût celui d'Espagne. Si l'assemblée ne voit pas d'autre possibilité, comme serait celle d'un jugement régulier et d'une exécution dans les formes, alors il ne faut pas hésiter à tuer le tyran par le fer, comme ennemi public par droit de défense et par autorité du peuple, qui est toujours plus légitime et meilleure que celle du tyran. Cette faculté de tuer ne réside pas seulement dans le peuple, mais en chaque particulier !

S'il n'est plus possible de se réunir, chaque citoyen a le droit de se révolter et de tuer le tyran d'exercice. « Il est toujours salutaire que les princes soient persuadés que s'ils oppriment la République, s'ils se rendent intolérables par leurs vices et leurs délits, ils sont sujets à être assassinés, non seulement avec droit, mais avec applaudissement et gloire des générations à venir. »

Mariana réfute ensuite quelques objections. David a épargné Saül. C'est vrai. Mais Saül avait été choisi par Dieu lui-même et, après tout, ses vices n'étaient pas tellement grands. Les premiers chrétiens ne se sont pas révoltés contre les empereurs romains persécuteurs. Oui, mais il était besoin à ce moment-là de martyrs pour répandre la foi, et ce n'est plus nécessaire. Il y a la décision du Concile de Constance. Certes, mais son décret n'a pas été approuvé par le pape Martin V, ni par Eugène, ni par aucun de leurs successeurs, et de l'assentiment des papes dépend la force législative des décisions conciliaires. D'ailleurs le décret du Concile de Constance est de circonstance. Il n'a pas une valeur universelle.

Dans un chapitre suivant, Mariana examine s'il est permis de tuer le tyran par le poison et il répond affirmativement[1]. Mariana, sans aller aussi loin que Boucher, semblait le renouveler sur certains points. Il s'écartait beaucoup de la vulgate des théologiens catholiques de son temps, à laquelle adhéraient la plupart des jésuites. Le Père Coton, confesseur jésuite d'Henri IV, était probablement sincère lorsqu'il désavouait « cette plume mal taillée ».

Très différent de celui de Mariana est le cas du jésuite Bellarmin. Son nom n'a pas été officiellement prononcé au Parlement au lendemain de la mort d'Henri IV. C'est seulement quelques mois plus tard qu'il devait en être question. Mais ses écrits étaient, depuis longtemps, l'objet de vives discussions. Chargé de la chaire de Controverses au Collège romain, de 1576

1. D'après l'édition de 1605, à Mayence, pp. 51-62.

à 1588, il avait publié en 1586 le premier volume des *Controversiae* où se trouvaient les traités du souverain pontife et de l'Église. La première édition complète des *Controversiae* a été donnée à Venise en 1596. La vente du premier tome avait été interdite en France pendant plusieurs années. Les *Controversiae* suscitèrent d'ardentes polémiques, qui n'avaient jamais cessé complètement, et qui venaient de reprendre de plus belle en 1608, à cause des insinuations malignes du Roi d'Angleterre Jacques Ier, dans son pamphlet *Triplici nodo, triplex cuneus.* Bellarmin n'avait jamais traité expressément du tyrannicide. Mais il soutenait que le pape détenait un pouvoir indirect sur les Rois. Si le bien spirituel des âmes était en jeu, alors le pape avait le droit d'intervenir dans le temporel des États, d'enlever les royaumes à leurs princes et de les conférer à d'autres, de faire et de défaire les lois[1]. La conséquence, c'est que si le Roi ne voulait pas s'incliner devant la décision pontificale, ses peuples ne lui devaient plus rien, pouvaient légitimement lui faire la guerre, et que le prince pouvait être tué en bataille rangée. Ceci Bellarmin l'admettait. Ses adversaires tiraient de sa doctrine la légitimité de l'assassinat du prince par des traîtres ou des sicaires, conséquence que Bellarmin dans ses réponses repoussait avec horreur. Mais il était grave que de son livre lu seul, sans ses réponses ultérieures, on pût tirer une conséquence aussi dangereuse et qui semblait suggérée par une aussi haute autorité[2].

Ainsi, à la veille de l'assassinat d'Henri IV, il circulait, sous la garantie des théologiens les plus sérieux, des idées très nocives. Le cinquième commandement de Dieu : « Tu ne tueras point », comporte des exceptions. Un particulier peut tuer son prince sans jugement si le prince est un tyran d'usurpation. Cela c'est la vulgate catholique du temps d'Henri IV. Les protestants et des théoriciens politiques ajoutaient : si Dieu pousse une per-

1. *Controversia de Summo Pontifice, Opera Omnia,* Cologne, 1617, in-folio, t. I, col. 899-901.

2. Voir Joseph de La Servière, « Des idées politiques du cardinal Bellarmin », *Revue des questions historiques,* 1902, II, p. 379. *Théologie de Bellarmin,* Paris, 1907, p. 142.

sonne privée à purger le monde du prince, tyran d'usurpation ou tyran d'exercice.

D'autres théologiens, ou des théoriciens politiques, soutenaient même le droit pour un particulier de tuer, sans mission spéciale de Dieu, le tyran d'exercice, si ses sujets n'ont pas la liberté de tenir des assemblées politiques, s'il est avéré que le peuple ne veut plus lui obéir, s'il est hérétique, s'il menace l'Église et le bien public.

Or ces théories ont été propagées par la prédication des ministres ou des curés, à une époque où la chaire joue dans l'ordre politique le rôle de la télévision en notre temps, par des pamphlets nombreux qui mettent en menue monnaie les théories des gros livres, par les confesseurs dont le rôle discret est immense. Des événements nous montrent l'influence profonde des doctrines. C'est, en 1562, le meurtre de François de Guise, que les calvinistes considéraient comme tyran, par le protestant Poltrot de Méré, acte célébré comme une grâce de Dieu par les ministres protestants ; ce sont les projets pour faire tuer la Reine Élisabeth Ire, alors que le pape l'avait déclarée hérétique, avait délié ses sujets de leur serment de fidélité, et excommunié ceux qui lui demeureraient fidèles, celui de 1571, où le duc de Norfolk et des conjurés anglais devaient provoquer un soulèvement, celui de 1583, où le duc Henri de Guise et le duc de Mayence se préparaient à utiliser les services d'un gentilhomme anglais, et de tels projets, dont la préparation fut poussée très loin, ne semblèrent anormaux ni aux papes, ni aux ducs français, ni au roi d'Espagne, Philippe II, car, après la publication de la Bulle du Pape Pie V, Élisabeth Ire n'était plus qu'un tyran d'usurpation[1]. Ce sont les tentatives d'assassinat contre le chef de la révolte des Pays-Bas, Guillaume le Taciturne, dont la dernière fut couronnée de succès, celle de Balthazar Gérard, un Franc-Comtois fanatique, à Delft, le 10 juillet 1584, et tous ces agresseurs sont forte-

1. Dr Fr. Henrich Reusch, *Beiträge zur Geschichte des Jesuiten Ordens*, Munich, 1894, pp. 255-262.

ment influencés par les doctrines sur le tyrannicide ; c'est l'assassinat d'Henri III, roi de France, par le moine Jacques Clément, à Saint-Cloud, le 2 août 1589 ; c'est le complot des poudres des catholiques Catesby, Guido Fawkes, pour faire sauter Jacques Ier d'Angleterre avec son Parlement, le 5 novembre 1605 ; ce sont les attentats contre la vie d'Henri IV, une vingtaine, dont le plus notable fut, après les tentatives de Barrière et du dominicain flamand Ridicauwe en 1593, celui de l'étudiant Jean Chastel, le 27 décembre 1594, suivi de nombreux autres, le second de Ridicauwe en 1595, ceux de l'avocat Jean Guédon, en 1596, d'un tapissier de Paris en 1597, du chartreux Pierre Ouin en 1598, du capucin anglais François Langlet en 1599, de Nicole Mignon en 1600, de Julien Guédon, le frère de Jean, en 1602, avant que Ravaillac ne réussît.

Dans tous ces attentats, nous retrouvons l'influence des doctrines du tyrannicide. La théorie a donc parfaitement levé les scrupules nés du cinquième commandement de Dieu. Nous voyons bien toute la nécessité de la majeure du syllogisme. Mais pour penser à l'acte, il était aussi nécessaire d'examiner la conduite de l'homme à abattre, de bien s'assurer qu'il était tyran et quel était son type de tyran. Après la majeure : il est permis de tuer le tyran, il fallait établir la mineure : Henri IV est un tyran. Nous devons donc chercher maintenant dans le gouvernement et dans l'administration d'Henri IV ce qui pouvait y être considéré comme caractéristique de la tyrannie.

6

HENRI IV EST UN TYRAN

Le problème de la légitimité d'Henri IV

Le grave, c'est qu'Henri IV pouvait être considéré par certains comme un tyran d'usurpation. En effet, il y avait doute sur ses droits à la succession royale. C'est une loi fondamentale du royaume que la couronne passe de mâle en mâle par ordre de progéniture, et que sont exclus les parents par les filles, coutume que les juristes ont justifiée depuis 1328 par la loi salique, titre LIX, *De Alodis,* qui exclut la femme de la *terra salica,* rapprochement arbitraire d'ailleurs car la loi ne concerne que les particuliers et non la dévolution de la couronne. Ce principe de masculinité avait toujours eu son effet. Il avait joué à la mort de Charles VIII pour appeler au trône Louis XII, son cousin au septième degré, parent par les mâles le plus proche dans l'ordre de progéniture. François Ier avait succédé à Louis XII, comme son cousin au cinquième degré par les mâles. Il n'y avait pas de difficulté juridique, puisque les juristes admettaient que le droit de consanguinité ne cesse qu'au dixième degré. Mais la succession d'Henri III était plus compliquée. Le Roi ne laissait que des filles. Il fallait un héritier par les mâles. Les généalogistes trouvèrent Henri de Bourbon, roi de Navarre, descendant du sixième fils de Saint Louis, Robert de Clermont, qui avait pris, après son mariage, le titre de sire de Bourbon. Malheureusement, Henri de Navarre n'était cousin d'Henri III qu'au vingt-deuxième degré ! Boucher, et d'autres, prétendirent que ses droits à la succession royale étaient éteints, et qu'il aurait fallu l'élection d'un nouveau roi par les États généraux.

La réponse avait été donnée, dès 1419, par Jean de Terre-Rouge. Selon lui, le droit privé ne réglait pas la succession à la couronne. C'était la coutume ancienne du royaume qui la réglait. La couronne n'était pas absolument héréditaire, mais dévolue selon un statut voulu par la nation. Et donc les Français pouvaient reconnaître les droits d'un héritier par les mâles au besoin jusqu'au millième degré !

Mais bien des gens restèrent persuadés qu'Henri IV avait conquis par les armes un royaume auquel il n'avait aucun droit.

D'autres pensaient que les Guise, et en général la maison de Lorraine, détenaient des droits supérieurs à ceux des Bourbons. En effet, les Lorrains prétendaient descendre de Charlemagne, tandis que les Bourbons descendaient d'Hugues Capet. Mais Hugues Capet n'était qu'un usurpateur. Il avait été élu et proclamé à Noyon, le mercredi 1er juin 987, au mépris des droits que Charles de Lorraine, oncle du dernier carolingien Louis V, tenait de sa naissance. Or, beaucoup d'habitants du royaume gardèrent le sentiment de la légitimité des Carolingiens. En 993, les scribes du midi de la France dataient leurs actes : *Deo regnante, regeque sperante — Regnante Domino nostro Jesu Christo, Francia vero contra jus regnum usurpante Ugone rege.* « Dieu régnant, et dans l'espérance d'un Roi — Notre Seigneur Jésus-Christ régnant, et contre le droit royal Hugues Roi usurpateur. » L'*Historia francorum Senonensis* traitait ouvertement Hugues Capet d'usurpateur. Et ce sentiment était si profond et si général qu'il y eut un soupir de soulagement lorsque Louis VII, ayant épousé Adèle de Champagne, une descendante de Charlemagne, il lui naquit en 1265 un fils, qui devint Philippe-Auguste et qui put être salué du nom de « Carolide ». Guillaume le Breton, dans sa « Philippide », commente le qualificatif : « Et bien sachant tuit que cestui Philippes fu du lignage le Grant Roi Kallemaine. » Philippe-Auguste, à son tour, épousa une descendante de Charlemagne, issue d'Ermengarde, fille de Charles de Lorraine, l'héritier légitime des Carolingiens et le concurrent malheureux d'Hugues Capet. Un scribe remarquait : *Regnum in ipso redactum ad progeniem Caroli magni.* « La royauté en lui est ramenée à la race de Charlemagne. » Les Capétiens devenaient par leurs mariages les héritiers légitimes des Carolingiens[1]. Voilà qui allait bien à une époque où l'on ne songeait pas encore à invoquer la loi salique pour régler la succession au trône. Mais, pour les gens du XVIe siècle et du XVIIe, les droits à la couronne que les Capétiens tenaient des femmes pouvaient sembler contestables. Or, il restait des Lorraine, que certains pouvaient considérer comme les véritables héritiers des Carolingiens.

Les Guise avaient laissé poser une manière de candidature. En novembre 1576, l'avocat au Parlement de Paris Jean David, tué à son retour de Rome, rapportait dans ses papiers un mémoire où était établi un plan de transmission de la couronne qui fut publié : « Combien que la race de Capet ait succédé à l'administration temporelle du royaume de Charlemagne, elle n'a point toutefois succédé à la bénédiction apostolique affectée à la postérité dudit Charlemagne tant seulement ; mais au contraire, que comme ledit Capet, usurpant la couronne, a violé par outrecuidance téméraire la bénédiction de Charles, aussi a-t-elle acquis sur soi et sur les siens une malédiction perpétuelle, qui a rendu ses successeurs réfractaires et désobéissants, à la dite Église, et pour la ruiner introduit l'erreur damnable que les Français appellent « libertés de l'Église gallicane »... À cause de quoi, il ne se faut point ébahir si les victoires des Rois qui ont combattu depuis seize ans en çà pour la défense de l'Église catholique, n'ont aucunement succédé et ne succéderont jamais pendant que la couronne sera en cette lignée. Mais il semble que Dieu ait préparé et disposé par l'enfantement de cette dernière paix[2] les par-

1. Paul Viollet, *La Question de la légitimité à l'avènement de Hugues Capet*, Mémoires de l'Académie des Inscriptions et Belles-Lettres, nouvelle série, 34, 1, 1892, pp. 257-289.

2. Édit de pacification de Beaulieu ou Paix de Monsieur, 6 mai 1576.

ties, les juges et l'occasion pour réintégrer la couronne aux vrais successeurs de Charlemagne, lesquels, jusqu'au dernier de leur race, ayant acquiescé et obéi persévéremment aux commandements du Saint-Siège, se sont monctrés par effect héritiers légitimes de la bénédiction apostolique en la couronne de France : et par conséquent spoliés de l'héritage temporel par force et violence, qui les a défendus contre la prescription... » Donc les États généraux doivent se réunir, prêter serment de fidélité et obéissance au pape, introduire en France les canons du Concile de Trente, obliger le Roi à établir le duc de Guise lieutenant général du royaume. Guise vaincra les hérétiques et resplendira de gloire. Alors les États généraux pourront « finalement, par l'avis et permission de Sa Sainteté enfermer le Roi et la Reine dans un monastère comme Pépin son ancestre (du duc de Guise) fit à Childéric, et par ce moyen ayant rejoint et réuni l'héritage temporel de la couronne à ceux de la bénédiction apostolique qu'il possède maintenant pour tout le reste de la succession de Charles le Grand », Henri de Guise deviendra Roi de France et abolira les privilèges et libertés de l'Église gallicane[1].

Peut-être les princes lorrains n'ont-ils jamais songé sérieusement à la couronne de France. En tout cas, ralliés les uns après les autres depuis 1594, le duc de Lorraine d'abord, puis le jeune duc de Guise, fils du Balafré qu'Henri III avait fait exécuter à Blois en 1588, le duc de Mayenne, par la paix de Follembray en 1595, le duc de Mercœur en 1598, sauf le duc d'Aumale qui préféra l'exil et se réfugia à Bruxelles, les Lorrains s'étaient montrés depuis d'un parfait loyalisme. Leur attitude n'empêchait pas certains Français de penser qu'Henri IV avait dépouillé du royaume, par la force des armes, ses héritiers légitimes.

Plus graves étaient les doutes que des Français pouvaient former sur la sincérité de la conversion du Roi et donc sur la validité de l'absolution qui lui avait été donnée. Henri IV ne restait-il pas un hérétique ? En 1572, au moment de la Saint-

1. *Mémoires de La Ligue*, Amsterdam, 1758, in-4°, t. I, pp. 2-7.

Barthélemy, il avait été sommé de choisir entre la mort et la messe. Lui et le prince de Condé avaient choisi la messe, abjuré le calvinisme, et Henri avait écrit au pape Grégoire XIII pour le reconnaître comme souverain chef de toute l'Église catholique, le prier d'avoir pour agréable sa pénitence, sa conversion, sa profession d'obéissance, lui demander pardon et rémission de tout le passé, lui promettre de garder à jamais la foi catholique.

Naturellement, dès qu'ils eurent pu se retirer de la Cour et recouvrer leur liberté, Henri et Condé avaient révoqué publiquement leur abjuration, protestant vouloir persévérer en la religion calviniste. Depuis Henri avait vécu dans le calvinisme, soulevé et armé les protestants dont il était le chef, le guide, le protecteur en France et à l'étranger, et ses soldats s'étaient rendus coupables de boucheries de catholiques, d'avoir profané et ruiné des églises, massacré des religieux et des ecclésiastiques séculiers. Henri avait interdit l'exercice de la religion catholique dans les forteresses et les villes des catholiques qu'il occupait et contraint les catholiques d'aller aux prêches des ministres et de se faire instruire dans le protestantisme.

Aussi, lorsque Henri III eut paru se réconcilier avec la Ligue, union des catholiques intransigeants, par le traité de Nemours du 7 juillet 1585 et eut, par l'édit du 18 juillet, interdit l'exercice du culte prétendu réformé, ordonné aux protestants de se convertir ou de vider le royaume, et déchu le futur Henri IV de tous ses droits à la couronne, le pape Sixte-Quint, reprenant en consistoire une bulle préparée sous Grégoire XIII, déclara, le 21 septembre 1585, Henri de Bourbon, roi de Navarre, et Henri de Bourbon, prince de Condé, retombés dans les erreurs qu'ils avaient abjurées, notoires hérétiques et relaps, ennemis de la vraie foi, coupables de lèse-majesté divine, privé le futur Henri IV du royaume de Navarre, de la principauté de Béarn, tous deux de toutes principautés, duchés, seigneuries, cités, incapables et inhabiles à succéder aux royaumes, principautés, duchés, seigneuries et spécialement au royaume de France. Tous leurs magistrats, gouverneurs, vassaux, sujets, étaient déliés de leur serment de fidélité et obéissance. Il leur était même interdit d'obéir aux deux excommuniés, sous peine d'encourir la même excommunication. Henri III était invité à exterminer les hérétiques[1].

Le déchaînement des Ligueurs révoltés, après l'exécution du rebelle Henri de Guise le 23 décembre 1588, et du cardinal de Guise, le 24 décembre, obligea Henri III à s'allier avec le roi de Navarre le 3 avril 1589. Frappé à mort par le dominicain Jacques Clément le 1er août 1589, Henri III, sur son lit de mort, reconnut Henri de Bourbon, roi de Navarre, comme son successeur. Mais à l'idée d'un Roi hérétique, la majorité des catholiques français, même des loyalistes fidèles à Henri III, même des modérés, avant tout bons Français, qu'on appelait les Politiques, avaient des sueurs froides, sentaient leur poil se hérisser et préféraient « mourir de mille morts ».

La guerre civile traîna, avec l'appui du pape. Sixte-Quint envoya comme légat à Paris le cardinal Cajetan pour soutenir la Ligue. À son instigation, la sacrée Faculté de théologie fulmina son décret du 7 mai 1590, contre Henri IV : « Les Français sont tenus et obligés en conscience d'empêcher de tout leur pouvoir Henri de Bourbon de parvenir au gouvernement du royaume très chrestien, au cas même où il rentrerait dans le sein de l'Église, parce qu'alors il y aurait danger de feintise et de perfidie. » L'université s'y rallia[2]. Le pape Grégoire XIV, successeur de Sixte-Quint, envoya à la Ligue de l'argent, une armée, le 1er mars 1591, par un monitoire, confirma la bulle de Sixte-Quint et déclara les membres du Clergé qui, dans les quatorze jours, n'abandonneraient pas le parti du roi de Navarre, excommuniés. Le pape insistait : les Français ne pouvaient avoir pour roi qu'un vrai catholique[3].

Henri IV, ne parvenant pas à prendre Paris, les grandes villes tenant presque toutes pour la Ligue, les succès et les revers des

1. La bulle du Pape dans Haag, *La France protestante*, Pièces justificatives, XLIX, p. 187. L. Pastor, *Geschichte der Päpste*, t. X, p. 208.
2. Aristide Douarche, *L'Université de Paris et les Jésuites*, Paris, 1888, p. 98.
3. *Pastor*, x, p. 545.

royaux et des Ligueurs, se balançant d'un bout à l'autre du royaume, se décida à abjurer le protestantisme. Le 25 juillet 1593, à Saint-Denis, devant une assemblée d'ecclésiastiques, où figuraient le cardinal de Bourbon, archevêque de Rouen, l'archevêque de Bourges, Renaud de Beaune, les évêques de Nantes, de Séez, de Maillezais, de Chartres, du Mans, de Bayeux, d'Évreux, Henri IV s'agenouilla devant le maître-autel, reconnut l'Église catholique, apostolique et romaine, comme la véritable Église de Dieu, l'infaillible maîtresse de vérité, déclara vouloir vivre et mourir en son sein, abjurer toute doctrine contraire à sa sainte doctrine et vouloir obéir au pape. L'archevêque de Bourges alors lui donna l'absolution et le releva de l'excommunication de Sixte-Quint.

L'effet de l'abjuration fut prodigieux. Les villes ligueuses, les chefs ligueurs, se ralliaient au Roi à l'envi. Puis, très vite, le mouvement se ralentit. Bon nombre de Français, en effet, se disaient qu'une excommunication lancée par le pape ne pouvait être levée que par le pape. Les évêques réunis à Saint-Denis conseillaient à Henri IV de poursuivre son absolution à Rome. D'ailleurs, en vertu du monitoire de Grégoire XIV, ces évêques eux-mêmes, restés fidèles à Henri IV, étaient excommuniés. Comment auraient-ils pu relever valablement d'une excommunication[1] ? Et, d'ailleurs, la conversion d'Henri IV était-elle une véritable conversion ? Il ne pouvait échapper à personne les impérieuses raisons politiques qui avaient déterminé Henri IV. D'autre part, le repentir se prouve par des actes. Or, le Roi restait fidèle à ses alliances avec les hérétiques étrangers. Il poussait les hérétiques aux charges et créait un protestant, le duc de Bouillon, maréchal de France. Son Conseil était plein de purs hérétiques, Bouillon, du Plessis-Mornay, Sancy, tous calvinistes, Schomberg, Luthérien, etc. Il autorisait le culte protestant. Il ne faisait rien pour rétablir en Béarn le libre exercice de la religion catholique. Il persécutait les catholiques en établissant en France, en 1594,

1. *Pastor*, XI, pp. 55-58.

une sorte de patriarche et d'antipape, l'archevêque de Bourges, qui nommait aux bénéfices ecclésiastiques. Nul doute : Henri IV était toujours hérétique. Donc, il n'était pas roi de France. C'était un usurpateur, un tyran[1]. De tels sentiments sont cause de l'attentat de Chastel, le 27 décembre 1594.

Dès le 20 août 1593, Henri IV avait écrit au nouveau pape, Clément VIII, et il lui envoya le duc de Nevers pour solliciter son absolution. Mais Clément VIII ne se montra nullement pressé. L'absolution comportait trois points : l'absolution sacramentelle *(in foro conscientiae)*, l'absolution canonique *(in foro exteriori)*, la réhabilitation comme successeur au trône. C'était évidemment le premier point le plus important mais aussi le plus difficile. Les canons de l'Église sur les hérétiques relaps réclamaient des témoignages indiscutables de leur sincérité pour les admettre à nouveau aux sacrements. Or, on avait le droit d'être encore plus exigeant pour Henri IV. Fuyant ce qui aurait été selon ses convictions le martyre, il avait abjuré une première fois pour sauver sa vie, puis avait agi comme le chien qui retourne à son vomissement. N'était-il pas à craindre qu'il eût abjuré une seconde fois uniquement pour devenir Roi de France ? Le pape réclamait des preuves de sa sincérité : qu'il fît le contraire de ce qu'il avait fait pendant qu'il était calviniste. Un signe de croix, une messe, ce n'était tout de même pas suffisant. Jusqu'alors, Henri IV n'avait rien tenté pour réparer tout le mal qu'il avait commis contre l'Église. Le danger étant grand qu'une fois maître du royaume, il ne revînt au calvinisme une seconde fois. À ceux qui insistaient auprès de lui sur le danger de schisme français, d'Église nationale, gallicane, sur le risque qu'Henri IV de France se conduisît comme Henri VIII d'Angleterre, le pape répondait : « L'Église de Dieu ne doit pas être dirigée d'un point de vue politique, mais selon les canons et les écrits de nos prédécesseurs. » Nevers dut quitter Rome le 14 janvier 1594, sans avoir rien obtenu[2].

1. Boucher, *Apologie pour Jean Chastel*, pp. 33-54.
2. *Pastor*, XI, pp. 60-73.

Cependant Henri IV progressait en France. Le 27 février 1594, dans la cathédrale de Chartres, le sacre était accompli, Henri IV était oint et couronné. De ses mains ointes du Saint-Chrême, il toucha des malades atteints des écrouelles, et Dieu renouvela en sa faveur le miracle accordé aux Rois de France : des scrofuleux guérirent. Comment douter que Dieu avait pardonné, qu'Henri IV était bien le roi légitime ? Des Parisiens complotèrent son retour. Par édit du 20 mars 1594, Henri IV déclara oublier tout ce qui s'était passé et affirma vouloir vivre et mourir dans la religion catholique. Alors, le 22 mars, une porte lui ayant été livrée, il prit par surprise sa capitale, qui ne demandait qu'à se donner : il parcourut les rues sous les acclamations et les cris de « Vive le Roi ».

Cependant l'échec des négociations avec le Saint-Siège ralentissait le mouvement vers la paix. Les traités partiels avec les chefs ligueurs diminuaient de nombre. Beaucoup de membres du clergé refusaient de prier pour le Roi. Le cardinal de Gondi, évêque de Paris, assembla en sa salle épiscopale, du 16 au 21 janvier 1595, les curés de Paris avec la Faculté de théologie. L'assemblée fut d'avis que tout Français pouvait « rendre entière obéissance au Roy notre sire Henry quatrième... », et « faire prières tant publiques... que particulières pour la conservation et prospérité de Sa Majesté », bien qu'il ne fût pas encore reconnu par le pape. Toutefois, elle supplia le Roi d'envoyer le plus tôt que faire se pourrait au pape, pour éviter un schisme « un très grand scandale et dommage de l'Église catholique, apostolique et romaine, au jugement de laquelle ladite Faculté s'est toujours soumise et soumet ». Elle affirma qu'« il n'est aucunement loisible à qui que ce soit d'attenter à la personne du Roy nostre Sire Henry quatrième... ny d'en donner conseil ou advis sous prétexte de religion, de péril de la foi, ny autre quelconque ». Affirmation très nécessaire, comme venait de le montrer l'attentat de Jean Chastel. Elle blâma et détesta le parricide commis en la personne de Henri III[1].

1. BNF, Lb 35-609, in-8°.

L'avis de la Sorbonne, cette grande autorité morale, le fait que le Roi entendait chaque jour la messe comme ses prédécesseurs, qu'il participait à toutes les cérémonies de l'Église, la résistance qu'il opposait à ceux de son conseil qui auraient voulu qu'il se déclarât chef de l'Église au spirituel en France comme Henry VIII en Angleterre, ébranlaient le pape. Les jésuites, le cardinal espagnol Tolet, le Père Possevin, le général de l'Ordre, le Père Acquaviva, d'autres comme Philippe Néri, qui mourut le 26 mai 1595, et le confesseur de Clément VIII, Baronius, insistaient auprès du pape pour l'absolution. Clément VIII accueillit à Rome, le 12 juillet 1595, les procureurs d'Henri IV, l'abbé d'Ossat et l'évêque d'Évreux, Jacques Davy du Perron. Après s'être mis d'accord avec eux sur les conditions de l'absolution, le pape la donna le dimanche 17 septembre 1595. Clément VIII prit place sur un trône élevé devant l'Église de Saint-Pierre. D'Ossat et du Perron, procureurs du Roi de France, s'agenouillèrent devant lui devant une foule dense, et lurent à haute voix la supplique d'Henri IV demandant l'absolution. Clément VIII fit donner lecture par l'assesseur du Saint-Office du décret : l'absolution de Saint-Denis était déclarée nulle ; les actes posés par le prince converti depuis cette absolution étaient cependant validés, car un coupable de bonne foi peut être absous des péchés sans avoir été relevé canoniquement des censures encourues ; enfin, l'absolution était accordée. Les procureurs du Roi alors, en son nom, prononcèrent l'abjuration de l'hérésie, firent profession de foi catholique, et, la main sur l'évangile, promirent d'observer toutes les clauses de l'absolution. La chapelle pontificale entonna le *Miserere*, psaume de la pénitence. À chaque verset, le pape, tenant la baguette de pénitencier, en touchait légèrement les épaules des procureurs agenouillés devant lui. Le psaume terminé, le pape prononça, la tiare en tête, les paroles de l'absolution. Alors, les trompettes et les tambours sonnent, l'artillerie du château Saint-Ange tonne, les cris et les exclamations de joie fusent, les portes de Saint-Pierre s'ouvrent pour le chant du *Te Deum*.

En France, les réjouissances furent grandes, des feux de joie furent allumés partout, la foule se pressa dans les églises pour rendre grâces à Dieu et appeler la bénédiction du Ciel sur le pape et sur le Roi, nommé pour la première fois par le pontife « Roi très chrestien de France et de Navarre ». Les ralliements se précipitèrent.

Mais le Roi devait satisfaire pour les offenses commises envers Dieu. Des conditions strictes étaient posées, à remplir pour que l'absolution fût valable. Henri IV devait établir une seule religion en France, la catholique, apostolique et romaine ; publier et appliquer les Canons du concile de Trente, à l'exception de ce qui pourrait troubler la paix du royaume ; appliquer strictement le Concordat de 1516, conclu entre François Ier et le pape Léon X ; protéger l'Ordre du Clergé et lui faire restituer ses biens ; renoncer à nommer des hérétiques ou des amis des hérétiques aux évêchés, aux abbayes et aux autres bénéfices ecclésiastiques ; rétablir le culte catholique dans la principauté de Béarn ; obtenir dans les deux ans la conversion du prince de Condé au catholicisme ; ériger dans chaque province du royaume et en Béarn un monastère ; au moins quatre fois par an se confesser et communier ; sauf impossibilité, dire tous les jours le chapelet, observer les jeûnes de l'Église. Enfin, il n'était pas nécessaire de préciser que le Roi devait respecter, comme tout chrétien, les commandements de Dieu, notamment le sixième et le neuvième, qui défendent la luxure et l'œuvre de chair en dehors du mariage[1].

Or, en 1610, un chrétien, comme Ravaillac, revoyant d'un coup d'œil le règne depuis l'absolution, devait bien s'avouer que presque aucune de ses conditions n'avait été remplie. Donc, la conversion du Roi n'était pas sincère. Donc, au fond du cœur, il était resté hérétique. Donc, l'absolution était nulle. Par conséquent, Henri IV, hérétique, n'était pas Roi de France. Ce n'était

1. *Pastor,* XI, pp. 82-104. Fouqueray, *Histoire de la Compagnie de Jésus en France*, II, pp. 450-453.

qu'un usurpateur, qui s'était emparé du royaume les armes à la main. Par conséquent, chaque particulier avait le droit, de sa propre autorité et sans attendre aucune sentence, de tuer ce tyran.

Il nous faut voir maintenant de plus près les actes d'Henri IV qui poussaient des Français à porter ce jugement.

La politique étrangère d'Henri IV

La politique étrangère d'Henri IV pouvait faire douter certains Français de la sincérité de sa conversion et donc de la valeur de l'absolution[1]. Cependant, en son fond, la politique d'Henri IV n'est pas différente de celle des Rois de France, ses prédécesseurs, depuis François Ier. Elle est tournée contre la famille des Habsbourg et contre les prétentions de celle-ci à la monarchie universelle. Les Habsbourg d'Autriche étaient la puissance prépondérante dans le monde germanique par leurs possessions héréditaires : Haute et Basse-Autriche, tenant le cours moyen du Danube en amont et en aval de Vienne, principautés de Styrie, Carinthie, Carniole, Tyrol, royaume de Bohême, royaume de Hongrie, biens et supériorités en Alsace. C'était le chef de la Maison d'Autriche qui était toujours élu empereur du Saint-Empire romain germanique. Comme tel il prétendait être l'héritier des empereurs romains, recevoir directement ses pouvoirs de Dieu, être chef suprême au temporel, avoir la supériorité sur toutes les couronnes. Les rois étaient ses vassaux et lui devaient le service féodal. Mais, en fait, les Habsbourg d'Espagne sont plus puissants que les Habsbourg d'Autriche. C'est leur or et leurs soldats qui soutiennent les prétentions de la famille. Le roi d'Espagne est aussi roi de Portugal depuis 1580. Il domine l'Italie comme roi de Naples et duc de Milan. De l'héritage

1. Meilleur ouvrage d'ensemble, Martin Philippson, *Heinrich IV und Philipp III*, Berlin, 1873-1876, 3 vol.

bourguignon de Charles le Téméraire, il conserve la Franche-Comté et les Pays-Bas. Les victoires de Charles-Quint lui ont assuré la souveraineté de la Flandre et de l'Artois, provinces jadis françaises. C'est de ses possessions européennes que le Habsbourg d'Espagne tire les trois quarts de ses ressources. Mais un quart lui vient de l'immense empire espagnol d'Amérique et de ses colonies asiatiques des Philippines. « Le soleil ne se couche pas sur les terres du roi d'Espagne. » Habsbourg de Vienne et de Madrid s'entendent pour une politique de famille, dont l'inspiration vient de Madrid. Leur union était resserrée par des mariages. Philippe II, roi d'Espagne, avait épousé une fille de l'empereur Maximilien II, mort en 1576. Maximilien avait épousé une sœur de Philippe II. Le roi d'Espagne avait élevé à Madrid ses neveux, les archiducs autrichiens. L'un était devenu l'empereur Rodolphe II. Un autre, Ernest, gouverneur des Pays-Bas. Les nobles autrichiens trouvaient des emplois dans les armées et dans les territoires espagnols. Les subsides et les effectifs espagnols venaient au secours de la Maison d'Autriche. Le but commun était la domination du monde.

Les ambitions des Habsbourg étaient d'autant plus dangereuses qu'elles semblaient se confondre avec les intérêts du catholicisme. Partout, les Habsbourg semblaient les chefs de la croisade contre l'infidèle et contre l'hérétique. Le Habsbourg de Vienne paraissait le rempart de l'Europe continentale contre les Turcs, pendant que le Habsbourg d'Espagne couvrait contre eux la Méditerranée occidentale. C'étaient les Espagnols, commandés par Don Juan d'Autriche, qui avaient conduit les chrétiens à la retentissante victoire navale de Lépante, en 1571. Contre l'hérétique, luthérien ou calviniste, les Habsbourg menaient une croisade commune, se prêtant un mutuel appui, le Habsbourg de Vienne surtout contre les protestants du Saint-Empire, le Habsbourg d'Espagne, roi « très catholique », surtout contre les protestants des Pays-Bas, d'Angleterre, de France. En apparence, les Habsbourg étaient les champions du catholicisme. En réalité, leur victoire, leur hégémonie incontestée, auraient été un danger permanent pour le pape, pour l'Église, pour la religion, qu'ils auraient opprimés. Mais beaucoup en Europe ne le voyaient pas. Beaucoup, même en France, confondaient catholicisme et Espagne, et, soucieux avant tout de la religion, suivaient aveuglément le Roi qui semblait en incarner les intérêts. La propagande religieuse espagnole couvrait les ambitions de l'Espagne. Le « catholicon d'Espagne » troublait la vue de beaucoup de bons Français, leur faisait voir en beau toutes les manœuvres de la politique espagnole, ou leur faisait excuser les déloyautés, les perfidies, les corruptions, les cruautés des Espagnols par cette croyance que ce qu'ils commettaient, ils l'accomplissaient « pour la paix et pour nostre mère Sainte-Église ».

La France, enserrée de toutes parts de possessions espagnoles, était particulièrement menacée. La dominer aurait été d'ailleurs, pour les Habsbourg, non seulement faire disparaître le principal adversaire de leurs ambitions, mais encore résoudre un de leurs principaux problèmes, celui des transports de troupes, d'armes et d'or. Pour vaincre les révoltés des Pays-Bas, pour aider le Habsbourg de Vienne contre les protestants d'Allemagne ou contre les Turcs, le Habsbourg de Madrid pouvait envoyer ses soldats par l'Océan, la Manche, la mer du Nord, l'Escaut, le Rhin. Cette voie devient de plus en plus difficile à cause de l'essor des marines de ses ennemis, les Anglais, les Hollandais. Alors, il faut utiliser la Méditerranée et les cols des Alpes. Si les Français peuvent lancer une bonne flotte de galères, la route maritime en droiture Barcelone-Gênes devient aléatoire. C'est pourquoi le Habsbourg d'Espagne s'était assuré une route maritime, contournant la Méditerranée occidentale, protégée par les « présides » espagnols de la côte barbaresque, par leurs forteresses de Sicile et du royaume de Naples, par leurs « présides » de la côte toscane. Le point de débarquement des troupes espagnoles est Gênes, leur point de concentration, Milan. De là, leur route la plus courte vers les Pays-Bas, c'est le col du Mont-Cenis, ou celui du Petit-Saint-Bernard, les vallées savoyardes, Tarentaise ou Maurienne, la Franche-Comté, la Lorraine, le Luxembourg, en longeant le royaume de France ; pour tendre la main au Habsbourg d'Autriche, dans le Tyrol, vers Innsbruck, le lac de Côme, la Maloggia, l'Engadine, ou la Valteline et le col de Stelvio. Les Alpes et la Confédération suisse devenaient les pièces essentielles de la grande politique européenne. Le jeu des Français était de couper ces routes en Italie, dans les Alpes, ou vers la Lorraine et l'Alsace, et, s'ils ne pouvaient les interdire toutes, au moins d'obliger les Espagnols à passer toujours plus loin vers l'Est, pour les Pays-Bas, par le Simplon et le Valais, par le lac Majeur et le Saint-Gothard, retarder ainsi de plus en plus leurs mouvements, finir par les bloquer contre les territoires de Venise, alliée de la France.

Aussi Philippe II avait-il saisi toutes les occasions de paralyser le Roi de France. Il avait soutenu la Ligue contre Henri III, les « bons catholiques » contre un roi suspect d'hérésie, et Henri IV, devenu Roi, avait trouvé contre lui les Espagnols, en France. À la bataille d'Ivry, le 14 mars 1590, il y avait des contingents espagnols, envoyés des Pays-Bas par le duc de Parme, dans l'armée ligueuse qu'Henri IV défit. Lorsque Paris, investi par le Roi de France, fut sur le point de capituler, ce fut le duc de Parme, à la tête de l'armée espagnole des Pays-Bas, qui força Henri IV à lever le siège. Ce fut encore le duc de Parme qui sauva Rouen en 1592. Paris ligueur reçut des garnisons espagnoles. En 1593, les Espagnols s'emparèrent de Noyon et y mirent garnison, pour disposer d'une base sur la route de Paris. Cependant, Philippe II avait accrédité auprès du Conseil général de l'Union ligueuse un ambassadeur, Bernardin de Mendoza, qui proposa Philippe II comme protecteur du royaume de France, dès 1590. Puis ses agents traitèrent de la loi salique de préjugé, de coutume récente, et commencèrent à avancer les droits à la couronne de France de l'infante Claire-Isabelle-Eugénie, fille de Philippe II et d'Élisabeth de Valois, donc petite-fille d'Henri II. En 1592, Philippe II exigea la convocation des États généraux pour abroger la loi salique et reconnaître les droits de sa fille. Les États généraux de la Ligue, réunis en 1593, demandèrent qu'au moins Claire-Isabelle-Eugénie épousât un prince français. Mais Philippe II voulait l'archiduc autrichien Ernest, qui serait naturalisé français. L'accord ne put se faire. Puis, le 28 juin, le Parlement de Paris rendit son arrêt célèbre « pour empescher que, sous prétexte de religion, ce royaume qui ne dépend d'autre que de Dieu et ne recognait autre seigneur, quel qu'il soit au monde, pour sa temporalité, ne soit occupé par estrangers ». Les espoirs de Philippe II étaient ruinés par le patriotisme français. Bientôt l'abjuration d'Henri IV et son absolution rendirent au Roi de France son royaume.

Henri IV, avant l'abjuration, avait reçu des secours en soldats, en argent, en munitions de guerre des protestants, la reine d'Angleterre, Élisabeth Ire, les États généraux de Hollande, révoltés contre Philippe II, les princes protestants d'Allemagne, le margrave de Brandebourg, les ducs de Saxe et de Wurtemberg, le landgrave de Hesse, le comte Palatin. Il pouvait ainsi paraître intégré à une vaste coalition protestante contre les catholiques, ami de l'hérésie, ennemi de la religion catholique. Converti officiellement le 25 juillet 1593, et absous par des évêques français, absous par le pape le 17 septembre 1595, qu'aurait dû faire Henri IV, aux yeux des catholiques qui plaçaient le bien apparent de la religion avant toute chose, les « bons catholiques » ? Rompre avec ses alliés protestants, se réconcilier avec Philippe II, qui, officiellement, n'avait jamais fait la guerre à la France ni à son Roi, mais avait seulement soutenu les « bons catholiques », unir ses forces à celles de Philippe II pour écraser l'hérésie en Europe. Ainsi éclaterait la sincérité de sa conversion et la valeur de ses absolutions. Or, précisément, Henri IV fit le contraire. Il déclara la guerre à Philippe II, le 17 janvier 1595, et attaqua les lignes de communication des Espagnols en Franche-Comté et au Luxembourg, gagnant, le 5 juin, par une charge héroïque et folle, la victoire de Fontaine-Française, qui sauva le royaume d'une invasion. En 1596, Henri IV conclut une alliance avec Élisabeth Ire, qui envoya un contingent de troupes et fit un prêt, et une autre avec les Hollandais qui avancèrent de l'argent. Cette entente avec les hérétiques parut une preuve de la mauvaise foi d'Henri IV. Il n'était plus qu'un tyran d'usurpation. Des dominicains et des capucins complotèrent contre lui et contribuèrent à livrer aux Espagnols en 1597 la place forte d'Amiens, ouvrant ainsi la barrière de la Somme, boulevard protecteur de Paris. Il fallut un effort désespéré pour reprendre Amiens. Philippe II et Henri IV, manquant d'argent l'un et l'autre, se résignèrent à signer la paix de Vervins, le 2 mai 1598. Le traité rétablissait les clauses du traité de Cateau-Cambrésis, d'avril 1559 : abandon par la France de la Savoie, du Piémont, de la Bresse, du Bugey, du Milanais, c'est-à-dire de toutes les positions qui lui permettaient de combattre efficacement l'Espagne en Italie et dans les Alpes, de menacer aux points les plus sensibles ses routes militaires ; par contre, la France conservait Calais, et, par le silence du traité, ses postes avancés de Lorraine, les conquêtes d'Henri II, les « Trois-Évêchés », Metz, Toul, Verdun.

Cette paix signée, Henri IV allait-il prouver sa ferveur catholique, la sincérité profonde de sa conversion, par une réconciliation sincère avec l'Espagne, par une union que le pape recommandait, dans l'intérêt de la religion ? Il n'en fut rien. Le Roi de France poursuivit une politique d'hostilité envers le Roi d'Espagne, le « Roi catholique », et d'entente avec les protestants. Henxi IV avait très bien compris que se réconcilier avec l'Espagne, avec Philippe III qui avait succédé à Philippe II le 12 septembre 1598, ç'aurait été pratiquement laisser le champ libre aux entreprises des Habsbourg. Mais, d'autre part, l'état d'épuisement de la France, après trente-six ans de guerres civiles, lui interdisait de mener contre l'Espagne une guerre « ouverte ». Il se résolut alors à la guerre « couverte », l'équivalent de notre guerre « froide ». Les événements antérieurs indiquaient clairement la tactique à suivre. Pour intervenir en France, le duc de Parme avait été contraint d'interrompre les opérations contre les Provinces-Unies des Pays-Bas. L'Espagne n'avait pas d'armées suffisantes pour agir efficacement sur plusieurs théâtres d'opérations à la fois. Il fallait donc l'obliger à disperser ses forces, aider ses sujets révoltés contre elle, exciter partout à prendre les armes les protestants, qu'elle menaçait, et, pour concentrer des forces suffisantes, créer des ligues et des confédérations, gêner le fonctionnement de cette grande entreprise de transports qu'était la domination Habsbourg. Le champ d'action, c'était, de la mer du Nord à l'Adriatique, cette chaîne d'États que les diplomates vénitiens appelaient les « stati liberi », ceux qui n'étaient soumis ni aux Habsbourg, ni à la France, États de médiocre étendue, trop faibles chacun pour menacer les Habsbourg, mais qui, groupés en unions, aidés, soutenus, pouvaient devenir très gênants pour l'Espagnol et pour l'Autrichien, d'autant plus que bon nombre de ces États se trouvaient situés sur les routes militaires des Habsbourg. Il s'agissait essentiellement des Provinces-Unies des Pays-Bas, les sept provinces protestantes du Nord révoltées contre la catholique Espagne, et dont la principale était la Hollande ; des principautés protestantes d'Allemagne, les calvinistes, Palatinat rhénan, duchés de Neubourg et des Deux-Ponts, landgraviat de Hesse-Cassel, les luthériennes, duché de Wurtemberg, comtés d'Oldenbourg et de Nassau, landgraviat de Hesse-Darmstadt, margraviats de Bade-Dourlach, d'Anspach, de Brandebourg, duchés de Saxe, de Poméranie, de Mecklembourg, d'Holstein, de Brunswick ; duché de Lorraine, cantons suisses et leurs confédérés ; duché de Savoie ; république de Venise ; petits États d'Italie ; État pontifical, enfin[1]. Naturellement, en même temps, Henri IV cherchait à profiter des troubles intérieurs des Espagnols, qui le lui rendaient bien.

Le traité de Vervins n'avait pas réglé le sort du duc de Savoie, Charles-Emmanuel. Celui-ci avait profité des guerres civiles de France pour occuper, en 1588, le marquisat de Saluces, au pied du Mont-Viso, porte de l'Italie pour les Français, et il avait essayé de conquérir le Dauphiné et la Provence, pour reconstituer à son profit le royaume d'Arles. Le duc voulut traiter directement

1. Édouard Rott, *Henri IV, les Suisses et la Haute-Italie. La lutte pour les Alpes 1598-1610*, Paris, 1882, pp. 38-76.

avec Henri IV. Mais il tergiversait. Une campagne rapide, en 1600, l'obligea à céder. Par le traité de Lyon, du 17 janvier 1601, Henri IV lui laissa Saluces, mais reçut la Bresse, le Bugey, le Valromey et le pays de Gex. Le duc obtenait de conserver la jouissance du pont de Gresin, sur le Rhône, entre l'Escluse et le pont d'Arve, et d'une bande de terrain entre la Valserine et le Grand Crêt d'Eau. Ainsi, les troupes espagnoles pourraient continuer de passer du Milanais, par la Savoie, la Franche-Comté et la Lorraine jusqu'aux Pays-Bas. Mais, s'il le voulait, Henri IV pourrait facilement couper cette route, la plus directe, vers les Pays-Bas. Et le risque allait obliger les Espagnols à utiliser une route plus à l'Est, plus longue. Malgré la conquête de riches provinces et l'acquisition de cet avantage stratégique, des contemporains, tel le duc de Lesdiguières, le défenseur protestant du Dauphiné et de la Provence, estimèrent le traité de Lyon une erreur. Ce n'était pas que la perte du marquisat de Saluces, à une journée de Turin, et de la forteresse de Carmagnole, à une demi-journée, empêchait les Français d'entrer en Italie. Ils pouvaient utiliser dix passages, route de la Corniche et col de Tende, col de l'Argentière et val Maira, val Vraita et Mont-Viso, vallée de Lucerne, Suse, Pignerol, col du Mont-Cenis et val d'Aoste, et, par accord avec les Valaisans, col du Simplon et lac Majeur. Mais les Français perdaient leur dernière base d'opérations. Leurs armées ne pouvaient se passer d'un territoire sûr, où elles pussent se concentrer, se ravitailler, se refaire, à l'abri du canon des forteresses. Le Roi de France ne pouvait plus attaquer le Milanais, où se concentraient les troupes espagnoles destinées aux Pays-Bas. Il ne pouvait plus donner des secours aux princes italiens indépendants. Ses possibilités d'action en Italie devenaient très réduites, et les ennemis de l'Espagne en Italie se montrèrent très timides. Henri IV déploya de grands efforts pour amener les États italiens à former une Ligue défensive qui aurait groupé Venise, Turin, Florence, Parme, Modène, Mantoue, La Mirandole. Mais les États italiens restèrent très réticents. Il auraient voulu l'assurance d'être protégés par une armée française contre les troupes espagnoles, et cette assurance, Henri IV ne pouvait plus la leur donner. En 1604, l'échec du Roi était consommé[1].

En Suisse, Henri IV s'efforça de couper les communications entre le Milanais, le Tyrol et les Flandres, et de s'assurer, pour lui et ses alliés, les cols des Alpes. Il essaya de renouveler le traité qu'Henri III avait signé en 1582. En 1600 et 1601, les négociations furent difficiles. Les cantons catholiques avaient conclu, à l'époque de la Ligue, des traités d'alliance avec Philippe II et avec Charles-Emmanuel de Savoie. Des Suisses catholiques avaient servi la Ligue contre Henri IV. Les cantons catholiques dissimulaient leur répugnance sous des demandes excessives d'argent. Enfin, le 29 janvier 1602, à Soleure, onze cantons sur treize renouvelèrent l'alliance. Berne adhéra en avril. Zurich resta en dehors. Les Suisses et le Roi de France se promettaient une assistance réciproque en cas de guerre. Henri IV s'engageait à fournir le sel aux cantons. Il disposerait des passages des Alpes pour lui et pour ses amis.

Les trois Ligues Grises, qui dominaient les importantes vallées de l'Engadine et de la Valteline, voies d'accès vers le Tyrol, n'avaient pas paru à Soleure. Elles accordèrent en 1602 le libre passage à Henri IV, mais se réservèrent de juger si elles devaient l'accorder à l'occasion à ses amis et alliés[2].

Plus au Nord, Henri IV rétablissait ses bonnes relations avec le duc de Lorraine. Il lui faisait épouser, en 1599, sa sœur Catherine, sans dispense du pape, malgré la parenté et bien qu'elle fût protestante. Le scandale fut grand à Rome.

Henri IV prenait sous sa protection Genève, la « Rome calviniste », bien que le pape eût déclaré sa volonté d'écraser ce nid d'hérésie. Après avoir fait comprendre dans le traité de Vervins les Ligues suisses « et autres alliés desdits sieurs des Ligues », par la déclaration de Monceaux, du 11 novembre 1598, il faisait

1. *Ibid.*, pp. 76-100.
2. *Ibid.*, pp. 100-184.

connaître que Genève en était et il la prit sous sa protection contre le duc de Savoie. Par le traité de Saint-Julien en juillet 1603, il fit accorder à la capitale protestante le bénéfice des traités de Vervins et de Lyon. Il la garantit, dans un rayon de quatre lieues, contre toute fortification permanente et contre tout rassemblement hostile.

Depuis juillet 1599, Henri IV s'efforça de traiter avec les protestants d'Allemagne. Mais il voulait ne s'engager « qu'avec un corps établi et assuré », capable de résister aux Espagnols qui ravageaient les pays du cercle de Westphalie, et de coopérer efficacement avec le Roi de France. Malheureusement, à cause de la haine féroce qui divisait luthériens et calvinistes, toute confédération d'États s'avéra impossible. À défaut, Henri IV ne cessa de recommander une association politique. À son instigation, les princes protestants ébauchèrent en 1600, à Spire, un directoire. En 1603, le landgrave de Hesse, le comte Palatin, le margrave d'Anspach, l'administrateur de Strasbourg, obtinrent un résultat sérieux : leurs correspondants résideraient à Heidelberg ; ils prendraient des décisions valables pour tous, se porteraient secours, régleraient à l'amiable leurs différends. Le Directoire devenait une organisation sérieuse, malheureusement limitée à un petit nombre d'États[1].

Sous main, malgré la paix, le Roi de France continuait à fournir des subsides aux Hollandais révoltés. Il laissait des gentilshommes et des soldats former des régiments et servir la Hollande sous Maurice de Nassau. Les Français apportaient aux Hollandais vivres et munitions. Ils allaient vendre en Espagne les marchandises des Provinces-Unies, et les enrichissant ainsi, augmentaient leur capacité guerrière. Philippe III, pour empêcher ce trafic, frappa, le 23 février 1603, d'un droit spécial de 30 % toutes ces marchandises. Henri IV riposta en interdisant tout trafic entre la France et l'Espagne, qui ne pouvait se passer ni des blés ni des produits fabriqués français.

1. Léonce Anquez, *Henri IV et l'Allemagne*, Paris, 1887, pp. 119-122.

En même temps, Henri IV accueillait les offres des Morisques d'Espagne, ces Musulmans mal convertis et inassimilables, qui sentaient grandir contre eux la menace d'expulsion. Les Morisques se déclaraient prêts à soulever contre Philippe III le royaume de Valence, pourvu qu'Henri IV leur procurât des chefs, des canons, des arquebuses. Le maréchal de La Force envoya, pour le compte du Roi, un premier émissaire qui travailla pendant quinze mois les Morisques. Puis, en 1603, un marchand périgourdin, M. de Panissault, qui parcourut les royaumes de Valence et d'Aragon, et conclut, à l'assemblée de Toga, un accord avec les chefs morisques : si le Roi de France déclarait la guerre au Roi d'Espagne, les Morisques fourniraient 80 000 soldats, mettraient aux mains du Roi de France trois villes, dont un port, verseraient 120 000 ducats. Un notable morisque vint s'entretenir à Paris avec le Roi, dans l'été de 1604[1].

Le Roi d'Espagne n'était pas en reste. Le gouvernement de Bruxelles, l'archiduchesse Claire-Isabelle-Eugénie, prétendante malheureuse à la couronne de France, et son mari, l'archiduc autrichien Albert, neveu de Philippe II, « les archiducs », utilisaient des ligueurs réfugiés, Renazé, Picoté, pour prendre contact en France avec des royalistes mécontents, comme La Fin Le Nocle. Par leur entremise, un projet d'accord établi avec le duc de Savoie et le comte de Fuentès, gouverneur du Milanais, assurait au duc de Biron, gouverneur de Bourgogne, maréchal de France, compagnon d'Henri IV mais pourri d'ambition, s'il renversait Henri IV, la main d'une sœur du Roi d'Espagne ou de la troisième fille du duc de Savoie, avec le gouvernement héréditaire de la Bourgogne. Les agents de Philippe III promettaient l'appui de leurs maîtres aux parents de la maîtresse du Roi, Henriette d'Entragues, son père Balzac d'Entragues, son frère utérin, le comte d'Auvergne, bâtard de Charles X et de Marie Touchet. Henri IV avait remis à Henriette une promesse écrite de l'épouser, si elle accouchait d'un garçon. Elle avait

1. Duc de La Force, *Le Maréchal de La Force*, Paris, 1924, I, pp. 229-231.

accouché d'un enfant mort. Le Roi avait alors épousé Marie de Médicis. Mais les d'Entragues pensaient que, si Henri IV disparaissait, ils pourraient, avec l'appui du roi d'Espagne, se prévaloir de la promesse pour obtenir du pape l'annulation du mariage de Marie de Médicis et faire proclamer le dauphin bâtard. Le connétable de Montpensier, beau-père du comte d'Auvergne, le duc de Montpensier étaient dans le secret. Ils s'abouchèrent avec un grand seigneur protestant, Turenne, qu'Henri IV avait créé duc de Bouillon et prince de Sedan. La Fin Le Nocle livra les conjurés à Henri IV. Condamné par le Parlement de Paris, Biron fut décapité, le 29 juillet 1602.

Le duc de Bouillon se réfugia chez son beau-frère, l'Électeur palatin. Les princes protestants d'Allemagne, plusieurs cantons suisses, Zurich, Bâle, Berne, Schaffhouse, intervinrent en sa faveur, en 1603. L'affaire risquait de compromettre les relations d'Henri IV avec les protestants d'Europe. Mais, en France, le comte d'Auvergne et Balzac d'Entragues continuaient leurs menées avec l'ambassadeur d'Espagne. Il fallut les condamner, recouvrer et détruire la promesse de mariage, en février 1605. Les fidèles de Biron, les agents de Turenne, agitaient le Quercy, le Périgord, le Limousin, poussaient leurs armements. Henri IV dut occuper militairement la vicomté de Turenne. Des conjurés se sauvèrent en Espagne. Cinq furent condamnés à mort en décembre 1605. Le Roi marcha à la tête d'une armée contre Sedan, y entra et mit garnison dans la citadelle, en avril 1606. Deux ans plus tard, il restitua cette principauté souveraine au duc de Bouillon, pour ne pas indisposer les protestants d'Allemagne.

En Espagne, un agent imprudent d'Henri IV, Pascal de Saint-Estève, avait confié à un Anglais de Bayonne, Thomas-Olivier Brachan, le secret de la conspiration morisque. Tous deux se mirent en relation avec Robert Cecil, vicomte Cranbourne, ministre de Jacques Ier, successeur d'Élisabeth Ire depuis 1603, espérant provoquer une intervention anglaise en faveur des

Morisques. Mais Jacques Ier, grand partisan de l'absolutisme et grand admirateur de l'Espagne, avertit Philippe III qui fit arrêter Saint-Estève, à Valence, le 23 avril 1605. Saint-Estève fut torturé, avec quelques Morisques, puis mis à mort. Le complot morisque se trouva éventé. Cette conspiration ne fut pas étrangère à la décision prise, en septembre 1609, par Philippe III d'expulser les Morisques d'Espagne[1].

Ainsi, France et Espagne, poussant les conspirateurs, échangeaient des coups fourrés. Mais ceux des Espagnols étaient plus efficaces. Entre 1603 et 1606, Henri IV se trouva très empêché, par les troubles intérieurs, d'agir bien énergiquement au-dehors. Il continua pourtant dans la même voie, autant qu'il le put. Sa vieille, inconstante et jalouse alliée Élisabeth Ire étant morte le 3 avril 1603, le fils de Marie Stuart, le roi d'Écosse Jacques VI, devint le roi d'Angleterre Jacques Ier. Henri IV se hâta d'envoyer Rosny au nouveau Roi. Rosny devait détourner Jacques Ier de l'alliance d'Espagne, le déterminer à secourir les révoltés des Pays-Bas et à délivrer Ostende, qui résistait héroïquement aux troupes espagnoles de Spinola. Rosny, le 25 juin, dépeignit à Jacques Ier les ambitions de cette maison d'Espagne qui aspirait à la monarchie universelle, et qui avait tenté de s'approprier la France et l'Angleterre, celle-ci par deux fois, au temps du mariage de Marie Tudor avec Philippe II et au temps de la tentative de débarquement de l'invincible Armada, en 1588. Un projet de traité franco-anglais fut même dressé le 30 juillet 1603. Mais Jacques Ier, absolutiste dans l'âme, méprisait les révoltés des Pays-Bas et n'éprouvait de sympathie que pour Philippe III. Il inclina de plus en plus vers les Espagnols et signa la paix avec eux le 28 août 1604[2].

Aux Provinces-Unies, Henri IV ne put rien faire pour Ostende qui capitula en août 1604, et il dut accepter la médiation du Roi

1. *Ibid.*, I, p. 231.

2. Chr. Pfister, *Les Économies royales de Sully et le grand dessein de Henri IV*, Paris, 1894, pp. 28-42.

d'Angleterre pour mettre fin, par le Traité de Paris du 12 octobre 1604, à la guerre des tarifs entre la France et l'Espagne.

En Suisse, les Ligues Grises avaient donné le libre passage de leurs vallées et de leurs cols, le 5 avril 1603, à Venise, alliée de la France. Le gouverneur du Milanais, Fuentès, fit alors construire un fort près du lac de Côme, à Montecchio, au débouché de la Valteline et de l'Engadine. Il interdit le commerce italien par ces vallées et le détourna par le Saint-Gothard. Non content d'avoir ainsi fermé aux Vénitiens l'accès du col du Splügen et de leur avoir enlevé la possibilité de recruter des mercenaires en Allemagne et en Lorraine, non content d'avoir puni les Grisons par le blocus économique, qui devait ruiner ces alliés de la France, Fuentès, semant l'argent à pleines mains, obtint, le 26 avril 1604, un traité avec les six ligues suisses catholiques. Elles s'obligèrent à ouvrir leurs routes à Fuentès, à les fermer à ses ennemis, Vénitiens et Français. Fuentès avait ainsi rouvert une route Milan-le Saint-Gothard-Rheinfelden-la Lorraine, mieux protégée et finalement plus avantageuse que celle par le val d'Aoste et la Franche-Comté. Fuentès put faire passer en Flandres une partie des troupes cantonnées dans le Milanais, en mars et avril 1605. Cependant, l'influence espagnole progressait dans les communes grisonnes et bientôt la guerre civile dévasta les territoires grisons. Fuentès pouvait espérer la capitulation des Ligues Grises et l'ouverture aux armées espagnoles des routes vers le Tyrol[1].

Puis, profitant des embarras français d'Henri IV, l'Espagne exploita à fond la rupture du pape Paul V avec Venise. Survenue en décembre 1605, à cause du mépris vénitien pour les privilèges de l'Église, elle amena le pape à lancer, le 16 avril 1606, l'interdit sur tout le territoire de Venise. Les Espagnols avaient constamment poussé le pape aux mesures extrêmes. Ils lui conseillèrent une intervention militaire, lui avancèrent des ducats, l'autorisèrent à enrôler autant de leurs vétérans qu'il le

1. É. Rott, *op. cit.*, pp. 293-368.

voulait. Leur but était d'écraser en Venise, le dernier État vraiment indépendant de la péninsule, le seul qui aurait pu encore être une menace pour le Milanais, lieu de concentration des armées espagnoles.

Mais, à ce moment, la chute de Sedan et la capitulation du duc de Bouillon libéraient Henri IV. Le Roi de France pouvait reprendre une politique extérieure active. En juillet 1606, il offrait sa médiation au pape et à Venise. Venise l'accepta. Le pape, furieux, continuait à concentrer des troupes. Le Vice-Roi espagnol de Naples lui amena son armée et sa flotte. Mais Henri IV n'eut pas besoin d'une intervention armée. Le défaut d'argent empêcha l'Espagne de poursuivre son effort en Italie. D'autre part, à Venise, les protestants progressaient. Les Vénitiens s'entendaient avec les protestants d'Allemagne. L'affaire risquait de tourner au désastre pour le catholicisme. Les envoyés français, le cardinal de Joyeuse, Alincourt, aidés par le cardinal du Perron, obtinrent du pape, moyennant des concessions de forme de Venise, la remise au pape de deux ecclésiastiques emprisonnés par les autorités civiles vénitiennes, un bref d'absolution, en avril 1607. Les relations diplomatiques furent renouées entre le pape et Venise. Le pape se résigna à tolérer les lois vénitiennes. Les Espagnols perdirent l'espoir d'écraser l'alliée de la France[1].

Grâce aux subventions d'Henri IV et de Venise, les Ligues Grises pouvaient réagir, lever des troupes protestantes, fortifier la Valteline contre les incursions espagnoles, en février 1607. En 1608, la guerre civile grisonne prenait fin par la défaite des communes « espagnolisées ». Henri IV fit distribuer de l'argent avec générosité et, en avril 1608, les députés des Ligues confirmèrent solennellement l'alliance avec la France. Philippe III donna l'ordre à Fuentès de laisser la Valteline en paix. Les passages des Grisons restaient fermés à l'Espagne[2].

1. M. Philippson, *op. cit.*, III, pp. 7 et suiv.
2. É. Rott, *op. cit.*, pp. 368-431.

Pour profiter du découragement et de la lassitude que provoquèrent chez les Hollandais la chute d'Ostende et les succès répétés de Spinola sur Maurice de Nassau, les « archiducs » faisaient passer des propositions de paix aux Provinces-Unies. Un parti de la paix y grandissait, avec à sa tête le grand pensionnaire Oldenbarneveldt, en fait sorte de premier ministre de la province de Hollande. Henri IV voulait à tout prix éviter une paix qui aurait libéré les troupes espagnoles. Il s'efforça de réconforter les Hollandais. En février 1606, il envoya François d'Aerssen à La Haye. Il demandait aux États généraux quelle participation à la guerre ils attendaient de lui. Ne voudraient-ils pas en échange assurer leur protection en lui laissant la souveraineté sur leurs provinces ? Quels privilèges et quelles libertés les États généraux voudraient-ils alors garder ? Par contre, combien d'argent et de soldats procureraient-ils à leur nouveau souverain ?

Les États généraux ne tenaient nullement à passer sous la domination d'Henri IV. Ils répondirent qu'ils ne pouvaient rien décider sans consulter toutes leurs villes et communautés. C'était étaler les intentions du Roi de France sur la place publique. Henri IV n'insista pas.

Cependant, il continua à envoyer des subsides aux Hollandais ; et, les négociations ayant repris en décembre 1606 entre ceux-ci et les Espagnols, il souffla par l'intermédiaire d'Aerssen des pensées belliqueuses aux révoltés. En janvier 1607, pour obtenir des Provinces-Unies de ne conclure avec l'Espagne ni paix ni trêve sans son consentement, il faisait promettre par Aerssen à La Haye d'accroître son subside de 600 000 à 800 000 thalers d'or par an et d'envoyer trois régiments d'infanterie de 2 000 hommes chacun et un régiment de cavalerie de 1 200 hommes. Il suggérait aux États généraux de prendre comme protecteur un prince puissant, par exemple Henri IV. Mais il ne put empêcher les États généraux de conclure avec les « archiducs » une trêve de huit mois en mars 1607.

Henri IV se résigna donc à un accord entre les Hollandais et les Espagnols. Au moins voulut-il y participer pour bien montrer que la France était de tous les actes importants qui s'accomplissaient en Europe, pour se donner la gloire d'être le médiateur entre la Hollande et l'Espagne, comme il l'était entre le pape et Venise ; pour que l'accord aboutît à la reconnaissance de l'indépendance des Provinces-Unies, donc à une défaite de l'Espagne ; pour que cet accord soit non pas une paix, mais une trêve, laissant à la France l'espoir d'une reprise des hostilités entre les Hollandais et les Espagnols, pour que la France ne restât pas seule, sans allié, en face de l'Espagne.

Il fallait donc rassurer les Hollandais et leur permettre de tenir la dragée haute aux Espagnols dans les négociations. Les envoyés d'Henri IV, le président Jeannin, Bussy, signèrent donc, le 23 janvier 1608, à La Haye, un traité d'alliance perpétuelle avec les États généraux. La France promettait d'aider les Hollandais avec 10 000 hommes entretenus à ses frais. Les Hollandais promettaient d'assister les Français de 5 000 hommes ou d'un nombre proportionnel de vaisseaux. Ce fut une grande joie dans toutes les villes de Hollande. Dans le cours de l'année, Philippe III essaya de rompre cet accord en proposant à Henri IV les « mariages espagnols », le dauphin de France avec une infante d'Espagne, une princesse française avec un infant espagnol. Henri IV repoussa cette offre et envoya 4 000 hommes aux Provinces-Unies. Il accueillit avec faveur la demande de Jacques Ier, qui souhaitait pour son fils la main de la fille d'Henri IV[1].

Philippe III n'était pas opposé à la paix et à la reconnaissance de la souveraineté des Provinces-Unies, mais il exigeait que les États généraux reconnaissent la liberté du culte catholique dans tous leurs territoires. Les Hollandais n'en voulaient à aucun prix. Les « archiducs », eux, n'étaient pas disposés à une paix définitive. Ils auraient préféré une trêve prolongée, vingt à vingt-quatre ans, pour avoir le temps de refaire leurs forces et pour attendre les circonstances favorables à une reprise des combats. Ils n'inclinaient pas à sacrifier cette trêve, qui leur était néces-

1. Chr. Pfister, *op. cit*, p. 86.

saire, à des garanties pour la religion catholique. Henri IV, lui, souhaitait une trêve aussi courte que possible. Jeannin proposait sept ans.

On s'entendit pour une trêve et non une paix. Mais alors les Espagnols suggérèrent une « simple » trêve, sans formule de liberté pour les Provinces-Unies, sans reconnaissance de leur souveraineté. Henri IV s'y opposa, car il voulait que la séparation des Provinces-Unies d'avec l'Espagne fût sanctionnée officiellement. Les Espagnols cherchèrent des appuis à Rome dans le collège des cardinaux pour une « simple » trêve. Mais Henri IV fit connaître son sentiment au pape, par l'ambassadeur de Brèves, avec une telle énergie, qu'il n'en fut plus question.

Finalement, le 9 avril 1609, les « archiducs » signèrent avec les Provinces-Unies une trêve de douze ans. Au nom du Roi d'Espagne, les « archiducs » reconnaissaient les Provinces-Unies « comme États libres », sans insister sur la liberté du culte catholique. Après un demi-siècle de guerre et tant de sang versé, le Roi d'Espagne devait ainsi s'avouer impuissant à vaincre les rebelles protestants et à assurer le triomphe du catholicisme. Il devait reconnaître l'indépendance des Provinces-Unies, leur liberté politique et religieuse. C'était une lourde défaite de l'Espagne, et à ce résultat Henri IV avait pris une grande part. Des historiens estiment qu'à ce moment la prépondérance en Europe passa de l'Espagne à la France[1].

Mais ce succès avait sa contrepartie : les armées espagnoles allaient devenir libres pour d'autres emplois. Heureusement, Henri IV allait trouver en Allemagne le moyen de créer d'autres difficultés aux Habsbourg dans la succession de Clèves et de Juliers. Depuis 1592, Jean-Guillaume le Simple était duc de Clèves, de Berg, de Juliers, comte de Ravensberg et de la Mark, seigneur de Ravenstein. Il s'agissait de riches territoires sur le Rhin inférieur et sur la Ruhr, dans une admirable position stratégique, permettant d'envahir facilement les Provinces-Unies,

1. M. Philippson, *op. cit*, III, pp. 68-251.

l'évêché de Liège et les Pays-Bas espagnols, ou inversement de les couvrir. Or, Jean-Guillaume n'avait pas d'enfants. Il vieillissait. Sa succession allait s'ouvrir. Les prétendants à l'héritage étaient nombreux : Jean-Sigismond, margrave de Brandebourg ; Philippe-Louis, comte palatin de Neubourg ; Jean-Guillaume, duc des Deux-Ponts ; Christian II, duc de Saxe ; Frédéric IV, comte palatin du Rhin ; l'archevêque électeur de Cologne ; la duchesse de Bouillon ; Charles de Gonzague, duc de Nevers ; et d'autres encore. Le margrave de Brandebourg, le comte palatin de Neubourg semblaient détenir les droits les plus sérieux. Mais l'affaire constituait un imbroglio juridique, qui pouvait permettre à l'empereur d'intervenir et d'usurper les territoires pour les Habsbourg ou pour leurs amis.

Depuis 1605, la correspondance d'Henri IV porte les traces des préoccupations que lui causait la perspective de la succession. Après la capitulation de Sedan, il ne cessa de conseiller aux princes protestants d'Allemagne de former une alliance perpétuelle contre la Maison d'Autriche et de s'entendre sur la succession de Clèves et de Juliers. D'abord hésitants, les princes protestants furent décidés par l'affaire de Donauwerth. C'était une ville libre du cercle de Souabe, à population mixte, protestante en majorité et catholique. Le 11 avril 1606, malgré l'interdiction de la municipalité, les catholiques allèrent par les rues en procession. Les luthériens les dispersèrent à coups de bâton. Le conseil aulique, conseil impérial, se prononça contre ces derniers. Il mit Donauwerth au ban de l'empire. Le duc catholique de Bavière, Maximilien, exécuta la sentence du conseil impérial. Il s'empara de Donauwerth, le 16 décembre 1607, il la garda et y imposa le catholicisme.

À cette affaire s'ajouta celle de la Diète de Ratisbonne, ouverte le 8 janvier 1608. Les catholiques y revendiquèrent tous les bénéfices ecclésiastiques sécularisés depuis 1555, depuis l'intérim d'Augsbourg, pour conversion au protestantisme. Il s'agissait en somme d'un immense transfert de biens des calvinistes aux catholiques, d'une rupture de l'équilibre des forces. Aux plaintes des protestants, l'empereur Rodolphe II répondit de façon ambiguë. Les protestants s'éloignèrent avant la clôture de la Diète, le 27 avril 1608.

Les intentions agressives des catholiques étaient clairement révélées. Alors, l'Électeur palatin, les margraves d'Anspach et de Bade-Dourlach, le comte palatin du Neubourg, le duc de Wurtemberg, formèrent, à Ahausen, le 4 mai 1608, l'Union évangélique, pour dix ans. Les membres se devaient assistance mutuelle. Ils pratiqueraient entre eux, luthériens et calvinistes, la tolérance religieuse. Ils soumettraient leurs conflits à l'arbitrage de l'Union. Ils constituaient une armée commune, avec un généralissime élu. Ils formaient un trésor commun. Si l'un d'eux était victime d'une agression, l'Union combattrait jusqu'au rétablissement du *statu quo ante bellum.*

En décembre 1609, le margrave de Brandebourg, pourvu de la régence de Prusse sur la recommandation d'Henri IV, entra dans l'Union ; en janvier 1610, le landgrave de Hesse. Bien des villes libres impériales, Strasbourg, Ulm, Nuremberg, Francfort, Spire, s'y étaient agrégées.

Il était temps. Le 25 mars 1609, Jean-Guillaume mourut et la succession de Clèves et de Juliers s'ouvrit. L'empereur Rodolphe II évoqua à soi le conflit au nom de la prérogative impériale et du droit féodal. Il chargea Jean-Richard de Schomberg et le comte de Hohenzollern de gouverner les duchés en attendant la solution du procès. Il somma les prétendants de comparaître devant lui, « seigneur de fief et juge souverain », dans un délai de quatre mois.

Pour éviter l'intervention du Habsbourg, les deux principaux prétendants s'entendirent. Ils décidèrent qu'Ernest, frère du margrave de Brandebourg, et Wolfgang-Guillaume, fils aîné du comte palatin de Neubourg, gouverneraient conjointement Clèves et Juliers. On les appela les « princes possédants ». La solution du litige fut remise à une commission d'arbitres : six princes, un comte, un délégué d'une ville libre.

L'autorité impériale était méprisée et l'empereur oublié. Alors, en juin 1609, Rodolphe II décréta le séquestre des duchés. Il chargea d'exécuter son arrêt l'archiduc autrichien Léopold. Celui-ci, soutenu par l'argent de Madrid et par les soldats espagnols des Pays-Bas, s'empara en juillet de la ville et de la citadelle de Juliers.

Qu'allait faire Henri IV ? L'empereur Rodolphe, l'archiduc Léopold, les « archiducs », le conjurèrent de respecter la prérogative impériale et le droit féodal. Henri IV répondit qu'il leur portait le plus grand respect, mais qu'il n'était pas disposé sous ce prétexte à laisser les Habsbourg usurper l'héritage. Il se déclara prêt à intervenir et massa des troupes en Champagne. Son ambassadeur en Allemagne, Bongars, l'y poussait : « Il ne faut point de Léopold dans Juliers : c'est un furet dans une garenne. » Dans l'entourage d'Henri IV, plus d'un caressait de grands rêves. Bongars recommandait au Roi de négocier avec les héritiers légitimes de Clèves et de Juliers, de leur acheter leur succession et de les dédommager avec des terres en Berry et en Auvergne. Sully proposait d'annexer le Luxembourg espagnol, les duchés de Juliers, Berg, Clèves, le comté de la Mark, le territoire d'Aix-la-Chapelle. Alors les Provinces-Unies seraient bien obligées de se réunir à la France et le Roi annexerait le reste des Pays-Bas espagnols[1].

Henri IV avançait avec prudence, car le margrave de Brandebourg et le comte palatin de Neubourg redoutaient également la guerre avec l'empereur et l'aide d'Henri IV. Deux événements décidèrent le Roi à brusquer les choses. Le 20 décembre 1609, l'archiduc Léopold publia le ban que l'empereur Rodolphe avait lancé contre les « princes possédants », leurs officiers et leurs hommes, et il commença les hostilités. Le 29 novembre, le premier prince du sang de France, le prince de Condé, était passé aux Pays-Bas et s'était mis sous la protection des « archiducs ». Le prince avait une bonne raison : les assiduités de ce paillard d'Henri IV (cinquante-quatre ans) auprès de sa jeune femme,

1. Chr. Pfister, *op. cit.*, p. 64.

Charlotte de Montmorency (seize ans). Mais ce qui était grave, c'est que, selon les idées du temps, un prince du sang a droit de participer au gouvernement, qu'il est qualifié pour se révolter si le Roi devient tyran, et c'est ce que beaucoup reprochaient à Henri IV; qu'un prince du sang a toujours de nombreux vassaux, de nombreux fidèles et de nombreux « clients », prêts à le suivre jusqu'à la rébellion, inclusivement. Les Espagnols détenaient ainsi le moyen de renouveler les guerres civiles en France. Spinola poussait Condé à contester la légitimité du second mariage d'Henri IV avec Marie de Médicis, la valeur de la sentence d'annulation du premier. Ainsi le dauphin aurait été bâtard et Condé, allié des Espagnols, aurait recouvré tous ses droits à la succession du Roi, qu'il suffisait ensuite de faire disparaître.

Henri IV résolut d'agir vite et de frapper fort.

Il poussa les négociations avec les Allemands aussi vite que le permettait la lenteur proverbiale de ceux-ci. L'Union évangélique s'inquiétait cependant de voir les Espagnols à Juliers, d'où ils pourraient menacer à la fois les Provinces-Unies et les princes protestants d'Allemagne. À la deuxième des assemblées de l'Union, réunie à Hall, Boissise, envoyé par Henri IV, obtint, le 30 janvier 1610, que l'armée de l'Union entrerait en campagne contre l'archiduc Léopold pour soutenir les droits du margrave de Brandebourg et du comte palatin de Neubourg. Si Henri IV était attaqué par les Espagnols, l'Union le soutiendrait de 4 000 fantassins et de 1 000 cavaliers. Les duchés de Clèves, Juliers, Berg, seraient remis aux princes protestants, mais le libre exercice du culte catholique y serait assuré. Toutefois, l'Union refusa de s'engager à ne jamais appuyer un soulèvement des protestants français, qu'Henri IV redoutait sur ses derrières[1].

En Italie, le Roi comprenait la nécessité d'attaquer la place d'armes des Espagnols, le Milanais (où en mars 1610 le prince

1. L. Auquez, *op. cit.*, pp. 156-182.

de Condé se rendit auprès du comte de Fuentès) pour empêcher les Espagnols d'envoyer de leurs troupes sur le Rhin.

Henri IV pouvait compter sur les Grisons. Dès novembre 1609, il s'était assuré l'alliance du duc de Savoie, Charles-Emmanuel, en acceptant le mariage de sa fille aînée, Élisabeth, avec le fils aîné du duc, Victor-Amédée. Par les traités de Brusol, du 25 avril 1610, Henri IV et Charles-Emmanuel concluaient une alliance offensive et défensive pour la liberté de l'Église et de l'Italie, contre les empiétements de l'Espagne. La guerre devait commencer en mai 1610. Le Roi de France devait envoyer 14 000 hommes de vieilles troupes. Le duc de Lesdiguières les attendait en Dauphiné pour joindre ses troupes à celles des Piémontais, envahir le Milanais et y donner la main à 4 000 hommes des bandières grisonnes venant de Côme.

L'armée du Roi se concentrait en Champagne. En avril 1610, 6 000 Suisses et Valaisans étaient passés à Saint-Jean-de-Losne, en marche pour rejoindre l'armée royale. Henri IV avait demandé aux « archiducs » le *Transitus innoxius*, c'est-à-dire la permission de passer paisiblement par le Luxembourg[1].

C'était une grande partie qu'engageait Henri IV. Il avait jugé devoir devancer ses adversaires. Mais il se lançait dans la guerre avec bien peu d'alliés. Venise restait neutre. Jacques Ier, qui avait promis 4 000 hommes pour soutenir les « princes possédants », se dérobait, par jalousie. Les Hollandais craignaient la rupture de la trêve de douze ans. Les Allemands n'étaient pas sûrs. Mais qui peut prédire le sort des armes ? La guerre, menée par un prince valeureux et auréolé de prestige, n'en était pas moins une grave menace pour les Habsbourg. Et l'on comprend comment beaucoup de contemporains et d'historiens ont trouvé que le coup de couteau de Ravaillac arrivait vraiment bien à propos.

Le coup de couteau de Ravaillac avait en tout cas été provoqué par toute cette politique étrangère. En quoi se résumait-

1. É. Rott, *op. cit.*, pp. 420 et suiv.

elle ? En un appui constant donné à des hérétiques contre des catholiques. Les contemporains en avaient le sentiment le plus profond. Sully, dans une de ses rêveries de retraité prématuré, forgeait après coup une lettre, qu'il mettait à la date du 9 juillet 1603, sur une prétendue audience avec Jacques Ier. Il y donnait une excellente philosophie de la politique extérieure d'Henri IV : l'Europe chrétienne était partagée en deux factions, l'une dirigée par l'Espagne, menée par les jésuites, la faction catholique ; « Elle a pour but de veoir la monarchie chrestienne en la couronne d'Espagne et de détruire tout ce qui lui peut estre contraire » ; l'autre a pour but d'empêcher les empiétements de la première, c'est la faction protestante. Henri IV, qui avait travaillé contre les Espagnols, était donc de la faction protestante. C'était bien ainsi que le voyaient beaucoup de contemporains[1].

Pape, évêques, religieux, blâmaient la politique d'Henri IV. Déjà, en 1604, Clément VIII l'accusait d'attenter à la paix universelle et de violer le traité de Vervins en soutenant « le menton aux Estatz », c'est-à-dire en empêchant les Hollandais de couler[2]. Dans l'affaire de Clèves et de Juliers, le pape Paul V, les électeurs ecclésiastiques de l'Empire, archevêques de Trêves, de Mayence, de Cologne, accusaient Henri IV de transformer « une querelle particulière en une guerre publique de religion ». L'archevêque de Trêves déclara ouvertement à Henri IV que les catholiques ne cesseraient de craindre pour leur religion tant qu'il ne se serait pas réconcilié avec Philippe III et que leur bonne entente n'aurait pas été scellée par des mariages entre les familles royales de France et d'Espagne. Jusque dans Paris des prédicateurs accusaient Henri IV de ruiner le catholicisme, et d'entreprendre le voyage d'Allemagne pour massacrer quelques poignées de catholiques qui y restaient[3]. Quoi d'étonnant alors que des Français aient pensé qu'un Roi qui appuyait si constam-

1. Chr. Ffister, *op. cit.*, p. 30.
2. É. Rott, *op. cit.*, p. 293.
3. L. Anquez, *op. cit.*, p. 187.

ment les hérétiques et les infidèles, qui semblait se conduire en ennemi du catholicisme, était lui-même un faux converti, un hérétique déguisé, que son absolution était nulle, sa présence sur le trône, illégitime, une usurpation, et que, dans ce cas, selon le dire des théologiens, n'importe qui avait le droit de le tuer ?

Henri IV et les protestants

Henri IV, hérétique, converti au catholicisme, relaps, était-il sincère lors de sa deuxième conversion ? Était-il vraiment devenu catholique ? Avait-il vraiment, en conséquence, recouvré ses droits à la couronne de France ? Était-il vraiment le Roi légitime ? Son attitude à l'égard des protestants pouvait porter des catholiques stricts sur les principes et opposés à tous les accommodements qu'imposent les circonstances, des catholiques soucieux seulement de la « thèse » et dédaigneux de « l'hypothèse », de « bons catholiques » ligueurs, à en douter.

À l'avènement d'Henri IV, en droit, le protestantisme était proscrit en France. L'édit du 18 juillet 1585 avait rétabli l'exercice exclusif de la religion catholique, prohibé l'exercice de tout culte protestant, exclu les « prétendus réformés » des charges publiques, ordonné aux pasteurs de vider immédiatement le royaume, aux fidèles de la religion de se convertir ou de s'exiler dans les six mois. Le saint édit d'Union, enregistré le 21 juillet 1588, contenait le serment d'Henri III de bannir du royaume toutes les hérésies, l'ordre aux Français de ne jamais recevoir pour Roi un prince qui soit hérétique, et confirmait l'édit de 1585. Les seconds États généraux de Blois (15 octobre 1588-16 janvier 1589) avaient demandé que ces dispositions fussent mises au nombre des « lois fondamentales de la monarchie ».

Roi par la mort d'Henri III, Henri IV, protestant, hérétique, lança la Déclaration du 4 août 1589. Il promettait de maintenir et conserver en son royaume la religion catholique, apostolique et romaine en son entier, et de ne nommer que des catholiques aux offices et gouvernements. Mais il garantissait aux protestants une certaine liberté de conscience et de culte et leur laissait les places fortes qu'ils détenaient. Il refusa à ce moment une abjuration qui l'aurait déconsidéré, et n'aurait convaincu aucun catholique, mais promit de se faire instruire. Il restait hérétique et modifiait le droit en faveur des protestants. Néanmoins beaucoup des « prétendus réformés » désertèrent et songèrent à élire un protecteur, c'est-à-dire à faire sécession.

Lorsque le pape Grégoire XIV, par la bulle du 1er mars 1591, eut à nouveau proclamé son inaptitude à succéder à la couronne de France, comme hérétique, et l'eut déclaré déchu, lorsque, après son échec contre Paris, Henri IV dut demander l'aide des protestants d'Europe, le Roi, pour avoir l'air de soutenir la cause protestante, par l'édit de Mantes de juillet 1591, révoqua les édits de 1585 et 1588, et remit en vigueur l'édit de Pacification de Poitiers de 1577, interprété par l'édit de Nérac en 1579 et celui de Fleix de 1580. En substance, il accordait aux protestants la liberté de conscience, la liberté de culte dans les châteaux des seigneurs protestants hauts justiciers et dans un faubourg de ville par bailliage ou sénéchaussée, sauf à Paris ; enfin, l'admission à toutes les charges publiques. Les protestants tenaient beaucoup à ce dernier point, car, comme les canons ecclésiastiques interdisaient les charges aux hérétiques, les y admettre, c'était déclarer qu'ils ne l'étaient point. D'ailleurs, chrétiens et français, ils ne voulaient point être privés des offices comme les infidèles et les étrangers. Ils craignaient que l'ambition ne portât quelques-uns d'entre eux à quitter la religion pour un office. Ils comprenaient que leur liberté de culte et d'apostolat ne serait vraiment assurée que lorsqu'ils auraient des leurs parmi les magistrats municipaux et les officiers royaux. C'étaient autant de motifs pour que les catholiques leur refusent les charges. Le Parlement de Paris navarriste, réfugié à Tours, enregistra péniblement l'édit et refusa toute admission aux offices. Les autres parlements navarristes suivirent son exemple. Tous refusèrent de recevoir les protestants comme conseillers des parlements, baillis, sénéchaux, lieutenants généraux de bailliage et de sénéchaussée et même comme greffiers, notaires, huissiers. Malgré cette manifestation du sentiment catholique, Henri IV donna des distinctions, des charges, des gouvernements à quelques religionnaires, hommes d'influence et de talent, qui restaient ses fidèles, Turenne, le duc de La Trémouille, du Plessis-Mornay, Rosny, Lesdiguières, La Force, Calignon, Sancy[1].

Henri IV abjura à Saint-Denis, le 25 juillet 1593, et fut absous par les évêques français. Les catholiques, les uns après les autres, se jetèrent dans ses bras. Mais les protestants devinrent défiants. Pour nombre d'entre eux, Henri IV, devenu catholique, ne fut plus qu'un hérétique, abandonné de Dieu, privé de la grâce, peut-être prédestiné à l'enfer. Tiendrait-il les paroles données en 1589 et 1591 ? Leur assemblée de Mantes, en décembre 1593, laissa entendre que les protestants ne reconnaissaient pas encore Henri IV comme Roi de France. Le 12 décembre, leurs délégués, auxquels s'étaient joints Rosny, Du Plessis-Mornay, Sancy, Fresnes-Canaye, réclamaient des garanties. Ils estimaient l'édit de 1577 insuffisant. Ils voulaient un nouvel édit. Leur assemblée de Sainte-Foy, en 1594, décida la sécession à l'intérieur du royaume. Elle divisa la France en dix cercles, chacun d'eux avec son conseil, son armée, ses finances. Les cercles députeraient chaque année à une assemblée générale, à laquelle se joindraient les ducs, les lieutenants généraux, les « personnages confidents ». L'assemblée élirait pour un an un secrétaire. Elle aurait pour mission d'ordonner « pour le bien général tout ce que le temps requérera » et de prendre toutes les mesures pour la défense du parti. « La république calviniste était à nouveau organisée[2]. »

Devant cette menace, par sa Déclaration de Saint-Germain, en novembre 1594, Henri IV confirma celle de Mantes, qui

1. Roland Mousnier, *La Vénalité des offices sous Henri IV et Louis XIII*, Rouen, 1945, pp. 552-553.
2. Agrippa d'Aubigné, *Histoire universelle*, éd. de Ruble, t. IX.

remettait en vigueur l'édit de 1577, et il ordonna à tous les parlements d'enregistrer ce dernier édit. Partout les parlements y montrèrent une grande répugnance, et surtout à accepter l'article 19, qui ouvrait toutes les charges publiques aux protestants. Le Parlement de Paris enregistra l'édit de 1577 en février 1595, à trois voix de majorité seulement. Celui de Rouen repoussa l'édit jusqu'au 5 février 1597, et encore ne le vérifia que lorsque le roi eut juré ne jamais donner aux protestants d'offices des parlements, de charges de lieutenants généraux des bailliages et de présidents des présidiaux[1].

Or, les protestants étaient loin d'être satisfaits. Leur assemblée de Saumur, le 14 février 1595, réclamait : un nouvel édit ; la liberté absolue du culte public dans toute la France ; une subvention du Roi pour les ministres du culte et pour les écoles ; la confirmation des protestants dans leurs biens actuels, y compris les biens ecclésiastiques qu'ils avaient sécularisés ; la moitié des sièges dans toutes les cours de justice, alors qu'ils formaient sans doute le quinzième de la population du royaume ; l'admission réelle des protestants à toutes les fonctions publiques ; enfin, ils voulaient conserver toutes les places fortes qu'ils détenaient, mais que ce fût le Roi qui en payât les gouverneurs et les garnisons. Ces conditions parurent exorbitantes à Henri IV, et, en septembre, il les repoussa.

Mais, le 17 septembre 1595, le pape lui conférait son absolution. La principale condition, c'était d'établir en France une seule religion, la catholique, aspotolique et romaine. Comme premier pas, à la demande du Clergé de France, le Roi accorda à l'Église de France, en mai 1596, l'édit de Traversy. Il ordonnait la restauration du culte catholique dans tout le royaume, donc, là aussi où les protestants, en majorité et maîtres des lieux, avaient interdit et prohibé le culte catholique. Il prescrivait la restitution à l'Église des biens ecclésiastiques sécularisés par les protestants. Il ordonnait que les corps des protestants défunts

1. R. Mousnier, *op. cit.*, p. 554.

seraient exclus désormais des cimetières catholiques[1]. En même temps, les Parlements appliquaient fort mal l'article 19 de l'édit de 1577. Souvent, les pourvus d'offices étaient reçus seulement après serment d'être catholiques ; s'ils violaient leur serment, la charge était déclarée vacante ; ou bien, s'ils se déclaraient calvinistes, leur réception était retardée indéfiniment sous divers prétextes. Reçus, les parlements saisissaient la première occasion de les destituer ou les contraignaient à se défaire de leurs charges en faveur de catholiques. Les protestants finissaient par croire que le Roi avait promis aux Cours souveraines de ne plus conférer d'offices[2].

Mais, le 17 janvier 1595, le Roi avait déclaré la guerre à l'Espagne. La lutte était pénible. Elle donnait des moyens de pression aux protestants. Leur assemblée se réunit à Loudun, le 1er avril 1596, au moment où le Roi menait le dur siège de La Fère, occupée par les Espagnols, et où ceux-ci s'emparaient d'Ardres, Le Catelet, Calais. L'Assemblée de Loudun en profita pour reprendre les demandes de celle de Saumur. Henri IV déclara qu'il s'en tenait à l'édit de 1577. Il donna l'ordre à l'Assemblée de se disperser, aux députés protestants de regagner leurs provinces. L'Assemblée refusa de se dissoudre et, en pleine campagne, Bouillon et La Trémouille quittèrent l'armée avec leurs troupes. La guerre civile menaçait. Henri IV se décida en septembre 1596 à admettre le principe d'un édit nouveau.

Restait à dresser l'édit. Les protestants se préparèrent à la guerre civile. En Poitou, ils saisirent dans les caisses des receveurs royaux les deniers des tailles et s'en servirent pour la Cause. L'Assemblée, réunie à Saumur, en 1597, approuva cette saisie. Le 11 mars 1597, survint la surprise d'Amiens par les Espagnols. La France était en danger. Henri IV avait besoin des troupes protestantes. Il les demanda. L'Assemblée protestante refusa tout service au Roi. Bouillon et La Trémouille gardèrent sur la

1. Yves de La Brière, S. J., « L'édit de Nantes », *Études*, 1904, t. XCVIII, pp. 765-771.
2. R. Mousnier, *op. cit.*, p. 554.

Loire leurs 6 000 soldats. Le 15 juin 1597, l'Assemblée quitta Saumur pour Châtellerault. Elle s'abritait derrière la Loire et se rapprochait des pays de grande population protestante. Henri IV la supplia d'envoyer ses troupes « pour l'honneur de la France ». L'Assemblée refusa. Le 20 juillet, les « prétendus réformés » décidaient de payer les troupes protestantes « par voies extraordinaires », c'est-à-dire en s'emparant des deniers des caisses royales ou en levant les impôts pour leur compte. En même temps, ils sollicitaient l'aide de l'Angleterre et des Provinces-Unies. La guerre civile avec les protestants était proche.

L'envoyé du Roi, Schomberg, seul, sans ordres, prit alors sur lui de traiter pour éviter une guerre civile qui aurait été la fin du royaume. Feignant d'être muni des pouvoirs nécessaires, il signa l'accord, le 25 juillet 1597 ; les places fortes tenues par les « prétendus réformés » devaient leur rester ; le Roi donnerait chaque année 180 000 écus pour l'entretien des garnisons.

Henri IV fut effrayé de telles conditions. Mais les circonstances étaient telles qu'il ne pouvait désavouer Schomberg. Il envoya Calignon, Vic et de Thou négocier avec l'Assemblée de Châtellerault la rédaction de l'édit. Les pourparlers furent épineux. Les protestants présentaient toujours de nouvelles exigences. Mais après la reprise d'Amiens sur les Espagnols, le 25 septembre 1597, Henri IV put refuser toutes nouvelles concessions. En mars 1598, il se rendit en Bretagne pour soumettre un Lorraine de la Ligue, Mercœur. Il passa par Châtellerault avec son armée. L'Assemblée protestante, effrayée, cessa de tergiverser. Au début d'avril, Mercœur se soumit. Le 13 avril 1598, à Nantes, Henri IV, après avoir apporté de lui-même quelques modifications de détail à l'édit pour bien montrer qu'il l'octroyait de son autorité souveraine, le signa[1].

L'édit de Nantes n'avait rien d'exceptionnel. C'était une des « paix de religion » destinées à permettre la vie des catholiques à côté des protestants, dans le même État, en attendant la fin du

1. Y. de La Brière, *op. cit.*, pp. 766-772.

schisme. Il y en a deux autres principales en Europe ; la paix d'Augsbourg, accordée aux Luthériens du Saint-Empire par Charles-Quint, en 1555 ; la « Lettre de Majesté » octroyée en 1609 par l'empereur Mathias à ses sujets de Bohême. En France, nombreuses avaient été les paix de religion depuis 1562. Le plus semblable à l'édit de Nantes est l'édit de Poitiers, de 1577, dont bon nombre d'articles sont passés tout entiers dans celui de Nantes. La grande différence, c'est que l'édit de Nantes a duré, à cause de la lassitude et de l'impuissance des belligérants.

Les protestants, comme les catholiques, trouvaient la « paix de religion » une nécessité, mais malheureuse. Tous étaient d'accord pour penser que « la division de la religion » était inadmissible. « La différence de religion défigure l'État[1]. » La paix était toute provisoire, et c'est ce que marquait nettement le préambule de l'édit : « S'il ne luy a plu permettre (à Dieu) que ce soit *pour encores* en une même forme de religion que ce soit au moins d'une même intention[2]. » Les protestants se résignèrent. Ils pensaient d'ailleurs que, du jour où ils ne seraient plus traqués, leur « religion » s'étendrait d'elle-même et gagnerait vite la majorité. Ils « s'attendaient à la prochaine décadence de la religion romaine… et ils ne doutaient pas que leur doctrine ne fît bientôt de grands progrès puisqu'on pouvait l'embrasser sans exposer ni ses biens, ni sa vie, ni ses espérances[3] ». Inversement, les catholiques étaient persuadés de convertir vite les protestants.

Ce qu'on appelle l'édit de Nantes, pour faire court, comprend en réalité une série de textes. D'abord un brevet du 3 avril 1598, qui contient la promesse d'une subvention annuelle au parti protestant. C'est un simple octroi royal, qui peut être, en droit, retiré à la volonté du Roi. Ensuite, vient l'édit du 13 avril, en 92 articles. Il est scellé du grand sceau de cire verte sur lacs de soie rouge et verte et déclaré « perpétuel et irrévocable ». Ceci

1. Pasteur Élie Benoist, *Histoire de l'édit de Nantes*, 1693-1695, 5 vol. in-4°, t. I.
2. Les textes dans Haag, *La France protestante*, t. X, 1847, n°s LXIII et suiv.
3. É. Benoist, *op. cit.*, I, p. 361.

veut dire qu'il faut un autre édit enregistré pour l'abolir, mais, comme tout acte législatif, il dépend uniquement en droit de la volonté du Roi. Viennent alors des articles secrets du 30 avril, ceux qui assurent aux protestants une organisation militaire de protection. C'est un simple brevet royal, non enregistré. Enfin, nous trouvons les 56 articles secrets du 2 mai, édit moins important, simplement scellé du grand sceau de cire jaune, qui précise et complète le grand édit.

L'édit de Nantes proclame d'abord une amnistie (art. 1 et 2). Il est défendu de rappeler et qui s'est passé depuis 1585. Il est interdit de s'injurier, de disputer. Aucune action judiciaire ne sera entreprise contre les perturbateurs, sauf pour réparations de dommages (art. 69 à 81, 82 à 91). Les belligérants doivent se restituer réciproquement les papiers saisis et les prisonniers. Le Roi donne décharge des impôts levés par les particuliers pendant les troubles, décharge de ce qui a été commis pour le fait de la guerre contre les règlements. Le Roi restitue à tous les privilégiés, particuliers, villes ou provinces, les privilèges dont ils jouissaient avant les troubles. Les enfants des émigrés nés à l'étranger seront réputés régnicoles. Sont exceptés de l'amnistie : « les cas exécrables », tels que viols, enlèvements, ou les incendies et les meurtres accomplis par vengeance et non par nécessité militaire ; les violations des règlements, commises en dehors de toute action de guerre, telles que pillages ou rixes.

L'édit restaure ensuite la religion catholique (art. 3 à 5). L'exercice du culte catholique est rétabli dans tous les lieux et endroits du royaume où il avait été interrompu. Il est défendu à toute personne de troubler le culte, de molester les prêtres. Ceux qui se sont emparés d'églises ou de maisons appartenant à des ecclésiastiques devront les restituer. Il est interdit aux protestants de prêcher dans les églises ou dans les maisons des prêtres, interdit de vendre publiquement des livres protestants ailleurs qu'aux lieux où ils jouissent de l'exercice public du culte. Les protestants sont exclus des cimetières catholiques et devront avoir des cimetières particuliers.

L'édit assure aux protestants une organisation d'ordre, auquel le Roi a reconnu la personnalité civile, à l'instar des autres ordres et corps du royaume. L'édit reconnaît à cet ordre des privilèges religieux et une organisation religieuse (art. 6 à 16 de l'édit, art. 1 à 23 des articles secrets). Les protestants jouissent de la liberté de conscience. Ils ne sont pas obligés de se soumettre aux cérémonies catholiques, pas contraints d'aller à la messe, de suivre les processions, pas forcés de contribuer aux constructions d'églises catholiques, à leurs réparations, aux achats d'ornements d'église, de cloches. Ils n'ont pas à tendre leurs maisons les jours de fêtes, mais ils doivent laisser les officiers les parer. Ils sont dispensés de la visite du curé quand ils sont à l'article de la mort ou quand ils sont prisonniers. Toutefois, ils doivent payer les dîmes pour ceux de leurs biens qui y sont assujettis et ne pas travailler ouvertement les jours des fêtes de l'Église romaine.

Les protestants reçoivent une liberté de culte limitée. Tous les religionnaires qui sont propriétaires d'une haute justice ou d'un fief de haubert jouissent du libre exercice de leur religion en leur principal domicile, pour eux, leurs familles, et les étrangers en nombre illimité, même s'ils sont absents, et dans leurs autres maisons, quand ils sont présents. Ainsi tout château ou maison forte d'une haute justice ou d'un plein fief de haubert devenait lieu de culte pour les populations environnantes.

Dans les autres fiefs, les seigneurs avaient droit au libre exercice du culte pour eux, leurs familles, en y comprenant les domestiques, et pour les étrangers, jusqu'au nombre de trente personnes.

De telles dispositions devaient renforcer considérablement l'influence des gentilshommes et des riches bourgeois propriétaires de seigneuries sur la population.

D'autre part, les protestants pourraient librement exercer leur religion dans toutes les villes et places où ce privilège leur avait été accordé par l'édit de 1577 et, en outre, dans un ou deux faubourgs de ville dans chaque bailliage et sénéchaussée. Ces faubourgs seraient désignés par les protestants. Ils ne pourraient désigner le faubourg d'une ville qui se serait rendue à Henri IV sous condition de religion catholique seulement. Il y a ici contradiction entre l'édit du 13 avril qui parle d'un faubourg et les articles secrets qui parlent de deux. L'exercice du culte n'est permis à Paris et à cinq lieues autour qu'à huis clos et en tout cas pas du tout à l'endroit où séjourne le Roi.

Les protestants reçoivent une organisation religieuse. Par l'article 34 des articles secrets : « En tous lieux où l'exercice de ladite religion se fera publiquement, on pourra *assembler* le peuple, même à son de cloche, et faire tous actes et fonctions appartenants tant à l'exercice de ladite religion qu'*au règlement de la discipline*, comme tenir *consistoires*, *colloques* et *synodes provinciaux* et *nationaux* par la permission de Sa Majesté. »

L'ordre protestant recevait une organisation et des privilèges de justice et de police. L'édit de Nantes leur accordait, pour juger les causes judiciaires où ils seraient parties, des « Chambres de l'édit » (art. 30 à 57), qui furent appelées aussi en province « Chambres mi-parties ». À Paris, la Chambre devait comprendre un président et seize conseillers, dont six de la religion prétendue réformée. Sa compétence s'étendait aux ressorts des Parlements de Paris, Rouen et Rennes. Trois autres Chambres étaient créées à Castres, à Grenoble et à Bordeaux. Chacune devait comprendre deux présidents, un catholique, un protestant ; douze conseillers, six catholiques et six protestants. La Chambre de Grenoble devait connaître, outre des causes des protestants du Dauphiné, de celles des protestants de Provence. Toutes ces Chambres devaient juger en souveraineté et dernier ressort. Elles devaient veiller au repos public et à « la police », c'est-à-dire à l'administration des villes où elles siégeaient.

Les protestants recevaient une garantie d'admission à tous les emplois publics. En vertu de l'article 27 de l'édit, de l'article 10 des articles secrets, ils étaient habilités à tenir et exercer toutes dignités, charges royales, seigneuriales, municipales. Ils ne devaient autre serment que lever la main et promettre à Dieu de bien servir le Roi et garder les ordonnances. Par les articles secrets du

30 avril, le Roi s'engageait à leur conférer des gouvernements, des charges et des honneurs.

Il était interdit de refuser aux protestants l'entrée des collèges, des écoles, des universités, des hôpitaux. Les protestants pouvaient ouvrir des collèges et des écoles publiques là où ils jouissaient du privilège d'exercer publiquement leur culte.

Enfin, l'ordre protestant recevait comme garantie une organisation politique et une armée. En principe, l'édit de Nantes leur interdit toute organisation politique. L'article 82 portait : « Aussi ceux de ladite religion se départiront et désisteront dès à présent de toutes pratiques, négociations et intelligences, tant dedans que dehors notre royaume ; et lesdites assemblées et conseils établis dans les provinces se sépareront promptement et seront toutes ligues et associations faites ou à faire, sous quelque prétexte que ce soit, au préjudice de notre présent édit, cassées et annullées, comme nous les cassons et annullons ; défendons très expressément à tous nos sujets de faire dorénavans aucunes cottisations et levées de deniers sans notre permission, fortifications, enrollements d'hommes, congrégations et assemblées, autres que celles qui leur sont permises par nostre présent édit, et sans armes... » Et le brevet du 30 avril 1598 accorde aux protestants un simple sursis. Il permet à leur assemblée générale de Châtellerault de députer un conseil des dix à Saumur, « pour la poursuite de l'exécution de son édit, jusqu'à ce que son édit soit vérifié en sa Cour de Parlement de Paris ». Mais ce même brevet leur accordait des places de sûreté et de garnisons, « pour la liberté de leurs consciences » et « pour l'assurance de leurs personnes, fortunes et biens ». Le Roi leur laissait « toutes les places, villes et châteaux qu'ils tenaient jusqu'à la fin du mois d'aoust dernier, esquelles y aura garnisons, pour l'estat qui en sera dressé et signé par Sa Majesté, demeureront en leur garde sous l'autorité et obéissance de Sadite Majesté par l'espace de huit ans à compter du jour de la publication dudit édit. Et pour les autres qu'ils tiennent, où il n'y aura point de garnisons, n'y sera point altéré ni innové ». L'édit distinguait donc et assurait aux protestants deux catégories de places fortes : celles où il y avait garnison de gens de guerre, et celles qui se gardaient elles-mêmes au moyen des milices formées par les habitants protestants. Le Roi donnait pour l'entretien des garnisons protestantes, sans compter celles du Dauphiné, 180 000 écus par an, qui seraient répartis selon l'avis de ceux de la religion prétendue réformée. Si vacation advenait des gouvernements et capitaineries de ces places, le Roi s'engageait à nommer comme gouverneur ou capitaine un de la R.P.R., avec attestation du colloque protestant, dans le ressort duquel il serait résident, qu'il était bien protestant. Par le brevet du 3 avril, le Roi promettait en outre aux protestants 45 000 écus pour leurs affaires secrètes.

L'édit fut jugé insuffisant par les protestants. Chez beaucoup de catholiques, il provoqua de véritables explosions de rage. Cependant, étant donné les circonstances, l'on se demande ce qu'Henri IV aurait pu trouver de mieux. Nécessité fait loi. Il n'y avait donc rien à dire. Même, les catholiques auraient pu remarquer que l'édit constituait en fait une victoire pour le catholicisme. L'édit réintroduisait le libre exercice du culte catholique dans les endroits d'où les protestants l'avaient exclu. Les catholiques retrouvaient la liberté religieuse dans les provinces où les protestants dominaient, en Dauphiné, en Languedoc, en Guyenne, même à La Rochelle, cette capitale du protestantisme. Le culte romain reprenait dans « La Rochelle et plus de cent villes closes et mille paroisses ou monastères, auxquels ledict exercice était interdit depuis quinze ans en çà et plus[1] ». Saint François de Sales pouvait s'exclamer : « Plût à Dieu que nous pussions obtenir que la religion fût aussi libre dans Genève qu'elle l'est à La Rochelle[2]. » Lorsque le pays de Gex fut réuni à la couronne, en 1601, l'exercice public du catholicisme romain y était interdit. Les biens d'église, les cimetières, les charges et emplois publics étaient aux mains des seuls protestants. Henri IV

1. Palma Cayet, *Chronologie novenaire*, p. 48.
2. Hanion, *Vie de saint François de Sales*, Paris, 1854, I, p. 435.

y promulgua l'édit de Nantes et les catholiques romains recouvrèrent leur liberté[1].

D'autre part, le culte protestant se trouvait autorisé dans un certain nombre d'endroits. Donc, il était interdit partout ailleurs. À la différence du catholicisme, il ne pouvait plus être pratiqué dans tout le royaume. Il était cantonné. Il ne pouvait plus légalement gagner de nouvelles villes. Dans les campagnes, ses progrès étaient subordonnés à la conversion des seigneurs de fiefs. En fait, son expansion se trouvait arrêtée, et là encore le catholicisme remportait une grande victoire.

De plus, les protestants qui résidaient là où la R.P.R. ne jouissait pas de l'exercice public du culte ne trouvaient pas d'écoles ni de collèges. Les protestants créèrent bien des Académies à Montauban en 1598, à Die en 1604, à Saumur en 1606, quelques collèges dans d'autres endroits. Mais ailleurs ? L'édit de Nantes les autorisait à mettre leurs enfants dans les écoles et les collèges des catholiques. Bien des protestants usèrent de la permission et placèrent leurs enfants jusque chez les jésuites. Qu'en résulta-t-il ? Ces élèves ressortirent des collèges, pour la plupart, bien tièdes protestants ou convertis au catholicisme. La force d'expansion du protestantisme se trouva brisée.

Enfin, si l'édit était appliqué strictement, à la lettre, et même dans la rigueur des termes, comme le demandait, en 1605, l'Assemblée générale du Clergé de France, il deviendrait très bien un instrument de combat et d'étouffement.

Le délégué genevois Chapeaurouge pouvait accuser Henri IV, le 22 juin 1608, dans une lettre à ses mandants, d'être devenu un adversaire acharné du protestantisme « et la seule considération de régner l'empescher de persécuter ceulx de nostre religion[2] ».

Mais tout cela, les « bons catholiques » ne voulaient pas le voir. Qu'attendre d'ailleurs d'un Roi qui laissait, de 1594 à 1599, sa

1. Y. de La Brière, art. cité, p. 57.
2. *Ibid.*, p. 58.

sœur, Catherine de Bourbon, restée protestante, faire célébrer le culte calviniste, deux fois par semaine, au Louvre, en plein palais royal, dans une galerie, en présence de plus de quinze cents personnes? En janvier 1597, des placards satiriques, intitulés : « Les dix commandements du Roy », furent apposés au Louvre et dans les rues voisines. On y lisait :

> Hérétique point ne seras, de fait ni de consentement.
> Ta bonne sœur convertiras par ton exemple doucement
> Tous les ministres chasseras et huguenots pareillement[1]...

Les « bons catholiques » attendaient du Roi, pour être sûrs qu'il n'était pas resté hérétique dans le fond de son cœur, la conversion ou l'exil des protestants. Aussi, lorsque l'on apprit les négociations pour l'édit de Nantes, puis lorsque l'on connut la teneur de ses articles, les prédicateurs et parmi eux, notamment, les capucins, tonnèrent contre l'édit. À Paris, le Père Archange du Puy, à Saint-Germain l'Auxerrois, et le Père Jean-Baptiste de Paris, à Saint-Étienne du Mont, attaquèrent l'édit de Nantes vers la fin de 1598. Jean-Baptiste de Paris, le propre frère de Nicolas II Brûlard de Sillery, président aux Enquêtes du Parlement de Paris, conseiller d'État, celui qui devait devenir chancelier de France en 1607, organisait des prières publiques pour « obtenir que Messieurs du Parlement de Paris n'enregistrassent pas l'édit ». Il conduisait des processions publiques du Très-Saint Sacrement, de Saint-Étienne du Mont à Saint-Germain l'Auxerrois, par Saint-Séverin, et ces processions, au cœur de Paris, servaient au rassemblement de tous les opposants à l'édit de Nantes. Ils étaient si nombreux que les processions prenaient l'ampleur de manifestations populaires. Le Parlement de Paris finit par les interdire, jugeant ces cérémonies « être plus de sédition que de dévotion[2] ».

1. Cité par le Pasteur J. Pannier, *L'Église réformée de Paris sous Henri IV*, Paris, 1911, p. 50.
2. Père Godefroy de Paris, *Les Frères mineurs capucins en France*, Paris, 1950, t. II, 1958, pp. 122-194.

Au Mans, à Tours, les mêmes événements se produisaient. Les processions pour que l'édit ne soit pas vérifié réunissaient une foule. Les prédicateurs, ici et dans maints autres endroits, excitaient l'indignation des peuples.

Dans les premiers jours de 1599, l'édit de Nantes fut envoyé au Parlement de Paris pour l'enregistrement qui le rendrait exécutoire dans son ressort. Le Parlement, dans sa majorité, était fort opposé à l'édit, et, en particulier, à l'article 27, qui déclarait les protestants capables de tous états, dignités, offices et charges publiques. Il craignait la ruine de l'Église et la confusion de l'État. Le 7 février, le premier président, Achille de Harlay, conduisit au Roi une délégation du Parlement pour lui présenter des remontrances. Mais Henri IV, dans une harangue célèbre, leur signifia qu'il voulait être obéi. Le Parlement se résigna donc à enregistrer l'édit, moyennant quelques amendements qu'accepta le Roi : dans la « Chambre de l'édit », un huguenot et non six sur dix-sept membres ; la liberté de culte seulement dans les localités où il aurait été établi à *titre permanent* avant le 1er septembre 1597 ; l'autorisation du Roi obligatoire pour tous consistoires, colloques et synodes. L'édit de Nantes fut enregistré le 25 février 1599. Les Parlements des provinces suivirent, non sans élever de grandes difficultés. Celui de Grenoble enregistra l'édit le 27 septembre 1599 ; celui de Dijon, le 12 janvier 1600, celui de Toulouse, le 19 janvier, ceux d'Aix et de Rennes, les 11 et 23 août 1600. Le Parlement de Rouen résista jusqu'au 5 août 1609. Encore n'enregistra-t-il l'édit de Nantes que du très exprès et réitératif commandement du Roi, sans approbation d'autre religion que de la catholique, aspotolique et romaine. L'article 27 était le grand obstacle : les Parlements craignaient que les protestants n'usent de l'autorité publique pour favoriser le progrès de la « religion ».

Le pape Clément VIII était fou de chagrin. Il répétait à l'agent de France, Arnaud d'Ossat : « Cela me crucifie. Écrivez-le à Sa Majesté de ma part. » C'est que le droit canon prohibait l'exercice d'un culte dissident, l'ouverture d'écoles hétérodoxes, l'admission des hérétiques aux charges de l'État, la liberté des mariages mixtes. Si les circonstances rendaient une dérogation indispensable, il fallait que l'État la négociât avec le Saint-Siège. Or, Henri IV avait placé le pape devant le fait accompli. Sa Sainteté estimait d'ailleurs que les concessions étaient excessives.

Il espéra que le Parlement de Paris refuserait l'enregistrement. Mais après que le Parlement se fut exécuté, Clément VIII convoqua les envoyés de France, les cardinaux de Joyeuse et d'Ossat. Le cardinal d'Ossat rapporte ses paroles. Le pape leur déclara « qu'il est le plus marri et désolé homme du monde pour l'édit que le Roy avait fait en faveur des hérétiques, au préjudice de la religion »... « Cet édict, le plus mauvais qui se pouvait imaginer, permettait la liberté de conscience à tout chacun, qui était la pire chose du monde. Grâce à luy, les hérétiques allaient envahir les charges et les Parlements, pour promouvoir et avancer l'hérésie et s'opposer désormais à tout ce qui pourrait tourner au bien de la religion... » « Que prendre si fort à cœur les choses qui sont pour les hérétiques et aller si froidement en ce qui était de la religion catholique et de l'acquit de votre parole et serment et de votre conscience, luy donnait fort mal à penser, qu'il ne savait plus qu'espérer ny que juger de vous ; que ces choses luy mettaient le cerveau à partie... » « Que cet édict que vous luy avez faict en son nez, était une grande plaie à sa réputation et renommée et qu'il luy semblait qu'il avait reçu une balafre en son visage. Et sur ce propos, il se laissa transporter si avant qu'il ajouta que, comme il avait alors franchi le fossé pour venir à l'absolution, aussi ne se feindrait-il pas de le franchir une autre fois, s'il falait retourner à faire acte contraire. » Mais le pape, finalement, estima préférable d'accorder à Henri IV, en décembre 1599, l'annulation de son mariage avec Marguerite de Valois, dont il n'avait aucun enfant, parce que Marguerite avait été contrainte de répondre « oui », et qu'il n'y avait pas eu de dispense de leur étroite parenté. Donc, en fait, le mariage n'avait jamais eu lieu. Il était nul de plein droit. Henri IV put épouser, en avril 1600, Marie de Médicis, nièce du grand-duc de Toscane. Ce mariage catholique pouvait avoir un bon effet sur l'esprit du Roi. En 1601, naquit un dauphin, le futur Louis XIII, qui eut saint Louis pour patron et Sa Sainteté pour parrain. Le pape se tut et patienta.

Il n'en restait pas moins qu'il avait exprimé ce que pensaient les « bons catholiques ». L'édit de Nantes faisait douter de la sincérité de la conversion du Roi et de la valeur de son absolution. L'application de l'édit n'arrangea rien. Dans plusieurs provinces catholiques où les précédents édits de pacification étaient restés lettre morte, l'exercice public du culte protestant parut une nouveauté inouïe et révoltante. Les commissaires royaux qui parcouraient les provinces pour veiller à l'exécution de l'édit rencontraient, notamment en Bourgogne, en Normandie, dans le Maine, des hostilités furieuses, des obstacles multipliés. En plus d'un endroit, les passions ligueuses se réveillaient. La populace endommageait les monuments des cimetières protestants. Bien que leurs enterrements eussent lieu après le coucher du soleil, le peuple insultait les cortèges. De nombreux incidents naissaient, qui excitaient les passions. Les « bons catholiques » s'indignaient de ce que le Roi interprétait largement le texte de l'édit. Celui-ci permettait aux protestants de continuer l'exercice de leur culte là où ils le pratiquaient publiquement le dix-septième jour de septembre 1577. Les commissaires à l'exécution de l'édit demandaient la preuve de l'exercice précisément au dix-septième jour de septembre, où le culte pouvait très bien n'avoir pas été célébré. Le Roi décida, le 30 avril 1602, que les commissaires se contenteraient de constater si le culte avait été célébré régulièrement pendant tout le mois de septembre 1577.

Si encore Henri IV s'était contenté de l'application, même large, de l'édit de Nantes ! Mais le Roi dépassait l'édit et comblait les protestants de faveurs. À Paris, il les laissait violer l'édit et vendre leurs livres. Les protestants ne devaient pas avoir de lieux de culte à moins de cinq lieues de Paris, et ils en ouvrirent à Grigny, puis à Ablon. Dès 1601, les « prétendus réformés » en demandaient un plus proche à cause de leurs enfants à baptiser, de leurs vieillards malades. Le Conseil du Roi refusa : « Ne peut être rien changé à l'édit. » Cependant, en 1606, Rosny arracha au Roi la permission d'établir un temple à Charenton. Le premier dimanche qu'ils en revinrent, 3 à 4 000 personnes, de la populace, massée à la porte Saint-Antoine, les hua et leur jeta des pierres. Les mêmes faits se reproduisirent cinq ou six dimanches de suite. Le Roi dut faire dresser une potence pour le châtiment des séditieux[1].

Le Roi s'entourait de protestants. En 1603, il avait auprès de lui, à Paris, Charles de La Trémouille, duc de Thouars, pair de France ; Turenne, duc de Bouillon ; le duc de Rohan. Les grands nobles protestants étaient gouverneurs de provinces, maréchaux de France ! L'on trouvait des protestants dans les charges de la Maison du Roi : Gabriel de Polignac, gentilhomme ordinaire de la Chambre du Roi, conseiller en ses Conseils d'État et privé, député général des protestants depuis 1601 ; du Candal, Jacques Palot, Paul Petau, tous secrétaires du Roi. Des protestants s'épanouissaient dans l'entourage immédiat du Roi : son premier médecin, d'Ailleboust ; ses médecins ordinaires, Paul Lemaistre, François Pana ; le médecin Théodore Turquet de Mayenne, dont il aurait voulu faire son premier médecin ; Antoine de Loménie, secrétaire du cabinet du Roi ; Benjamin Aubery du Maurier, prévôt ordinaire de la Chambre du Roi ; Pierre de Béringhen, premier valet de chambre du Roi ; Mantelet, gentilhomme ordinaire de la Chambre du Roi.

Les finances, le nerf de l'État, étaient littéralement aux mains des protestants. Dès 1600, un protestant notoire, Rosny, est le chef des finances, probablement sans avoir jamais eu le titre de surintendant, et depuis 1605, le vrai chef du Conseil du Roi, le conseiller le plus écouté d'Henri IV, qui le fit duc de Sully[2]. Près de Sully, il y avait Gilles de Maupeou, seigneur d'Ableiges, inten-

1. J. Pannier, *op. cit.*, p. 465.
2. R. Mousnier, « Sully et le Conseil d'État et des finances. La lutte entre Bellièvre et Sully », *Revue historique*, 1941, t. CXCII, pp. 68-85.

dant des finances ; Hilaire l'Hoste, commis au Contrôle général des finances ; Claude Arnaud, trésorier général de France ; Bizot, contrôleur général des Gabelles ; Thomas Turquen, général des Monnaies ; Massicault de Beaumont, commissaire ordinaire de l'Artillerie ; Jean Érard, premier ingénieur du Roi, créateur du système de fortifications. Une des plus importantes fermes des finances, celle de la Paulette ou droit annuel et des offices de France, fut confiée en 1605 à deux protestants, Bénigne Saulnier et Jean Palot[1].

Henri IV, peu après son retour à Paris, avait « commis à la conduite des bâtiments du Louvre » Jacques II Androuet du Cerceau, qui devint « architecte du Roi ». C'est lui qui dressa le projet de réunir le Louvre aux Tuileries, qui construisit l'aile reliant le pavillon de Flore aux bâtiments de Catherine de Médicis, qui termina en 1609 la seconde partie de la grande galerie. Dans la galerie du Louvre, devenue école des beaux-arts, école technique et centre d'industries de luxe, Henri IV loge des artistes et des techniciens protestants : Jacques Alleaume, mathématicien et ingénieur ; Jacob Bunel, peintre et valet de chambre du Roi ; Abraham de La Garde, horloger ; Guillaume Dupin, sculpteur et contrôleur général des monnaies ; le sculpteur Barthélemy Prieur ; le médailleur Philippe Danvrie, et, après sa mort survenue en 1604, le médailleur Guillaume Dupré et Nicolas Briot, tailleur général des monnaies.

C'est sur un protestant, Olivier de Serres, et sur son livre, le *Théâtre d'agriculture*, paru en 1599, qu'Henri IV compte pour restaurer le « ménage des champs ». C'est à un protestant, Barthélemy de Laffemas, contrôleur général du commerce, le 15 novembre 1602, qu'il confie le soin de transformer la France en grande puissance industrielle et exportatrice de produits fabriqués coûteux, selon la doctrine du mercantilisme. Ce sont des industriels protestants, les Gobelins, les Canaye, du faubourg Saint-Marcel, que le Roi favorise, des ouvriers protestants de

1. R. Mousnier, *La Vénalité des Offices*, p. 225.

Flandre, du Languedoc, qu'il appelle pour développer tapisserie de haute lisse, teinture, commerce du pastel[1].

Ces noms, ces hommes, effaçaient, aux yeux des « bons catholiques », le nombre, encore bien plus considérable, des catholiques que le Roi admettait auprès de sa personne et à qui il confiait des fonctions. Qu'était-ce donc que ce souverain qui vivait entouré de parpaillots et qui leur livrait l'État ?

Et que dire de la tolérance, jugée excessive, angoissante, que le Roi, au mépris de l'édit de Nantes, montrait pour l'organisation politique et militaire des « prétendus réformés ». Ne les laissait-il pas tenir des Assemblées provinciales, chargées d'élire des députés aux Assemblées générales ? Des Assemblées générales, en principe réunies tous les trois ans, en fait plus fréquentes, où étaient représentés Noblesse, Ministres et Bourgeoisie, mais où l'emportait l'influence des grands gentilshommes protestants ? Ne fermait-il pas les yeux sur l'existence de Conseils, qui devaient assurer la continuité entre les Assemblées et veiller à l'exécution de leurs décisions ? Conseils de provinces, de cinq ou sept personnes des trois États, dont au moins un pasteur et un gouverneur de place, et qui recevaient les avis et les communications des églises protestantes et des villes, prenaient les mesures pour la conservation des places, les levées d'hommes, leur équipement ; Conseil général permanent, où chaque province envoyait un député, et qui comptait au moins quatre gentilshommes, deux pasteurs, quatre membres du Tiers État ? Enfin, le Roi n'avait-il pas autorisé, en 1601, l'Assemblée générale à élire six candidats, parmi lesquels le Roi choisissait deux députés, nommés pour trois ans, et qui assuraient une représentation permanente de l'Ordre protestant auprès du Roi[2] ?

Les protestants ne disposaient-ils pas, à la fin du règne de Henri IV, de 84 places de sûreté, parmi lesquelles Châtellerault,

1. J. Pannier, *op. cit.*, pp. 178-185, 343-348.

2. Charles Benoist, *La Condition juridique des protestants sous le Régime de l'édit de Nantes*, Nancy, 1900, pp. 204-208.

Niort, Saint-Jean-d'Angély, Royan, Sancerre, Grenoble, Gap, Lectoure, Mont-de-Marsan, et de 18 villes qui se gardaient elles-mêmes par leurs milices, comme Pontivy, La Rochelle, Uzès, Nîmes, Montauban, Foix ? Ne formaient-ils pas environ 274 000 familles, dont 2 468 familles nobles, comptant à peu près 1 250 000 âmes, sur une population totale sans doute de 15 à 16 000 000 de régnicoles ? N'étaient-ils pas dispersés dans tout le royaume ? Clairsemés dans les pays de l'Oise et de la Marne, dans ceux de la Loire et en Normandie, à Paris, où ils ne devaient pas être plus de 20 à 30 000 sur une population d'environ 400 000 âmes, mais en grandes masses dans l'Aunis, la Saintonge, les vallées de la Garonne et de la Dordogne, les Cévennes, le Haut-Languedoc, le Béarn, la vallée du Rhône et le Dauphiné ? Ne détenaient-ils pas la majorité autour de La Rochelle, vers Montauban, autour de Montpellier, de Nîmes, de Béziers, dans les Cévennes ? N'obtenaient-ils pas des conversions, peu nombreuses, certes, et plus que compensées par les conversions au catholicisme, mais frappantes pour des gens qui considéraient les conversions au catholicisme comme normales, les autres comme des anomalies explicables seulement par une dépravation, et qui effrayaient : celle de Gilles de Maupeou, intendant des finances, en 1600 ; celle du médecin de Monginot, en 1601, et qui pis est à la suite d'une controverse du pasteur du Moulin avec un jésuite ; celles de moines, même, cordeliers, récollets, chartreux, en 1607[1].

Les protestants ne constituaient-ils pas, instillés dans le royaume de France, les parcelles d'un État protestant, avec son gouvernement, son armée, sa justice, son administration, son église, encadrant un peuple différent du peuple catholique, ayant des sentiments, des intérêts différents, des manières autres, presque une civilisation différente ? Là où ils avaient la puissance, soit que le seigneur haut justicier fût protestant, soit que les calvinistes détinssent la majorité, n'étaient-ils pas persécuteurs ? Ne

1. Samuel Mours, *Les Églises réformées en France*, Paris, 1958, pp. 190-191. J. Pannier, *op. cit.*, pp. 31, 507.

voyait-on pas des seigneurs protestants convertir de force leur paroisse ? N'était-il pas difficile, à Nîmes, aux artisans catholiques d'obtenir du travail et un logement ? Les notaires protestants ne refusaient-ils pas à Millau de passer les actes des catholiques ? L'exemple du duc de Bouillon ne prouvait-il pas qu'il n'y avait que révolte à attendre des grands gentilshommes protestants ? Et même des gens dignes de toute créance, des prédicateurs, ne dénonçaient-ils pas en chaire, au Carême de 1610, le complot des protestants pour massacrer les catholiques, ne conseillaient-ils pas de prendre les devants, de chasser les protestants ou de les tuer, pour se préserver de leurs entreprises[1] ?

Que faisait donc le Roi ? Pourquoi ne protégeait-il pas ses fidèles sujets catholiques contre l'intolérance, l'agressivité, la haine des hérétiques ? Mais ce Roi, qui laissait violer l'édit de Nantes, édit vérifié, qui le violait lui-même, n'était-ce pas un tyran ? Et certes, alors, il appartenait aux princes, aux magistrats, aux seigneurs de s'opposer à ses débordements. Mais lorsque la vie de ses sujets était en jeu, ceux-ci n'avaient-ils pas le droit de préserver leur existence en faisant périr le tyran ? Pourquoi chercher d'ailleurs des justifications ? N'était-il pas clair que le Roi était hérétique, que sa conversion était simulée, que son absolution donc était nulle, qu'il n'était qu'un usurpateur, et que le plus brave, alors, ou le plus dévoué à la France, devait se lever et tuer le tyran ?

C'était l'affolement.

Henri IV et les catholiques

La conduite d'Henri IV à l'égard de l'Église provoquait les mêmes soupçons d'hérésie persistante et d'absolution nulle.

1. David Home, *L'Assassinat du Roi*, 2e éd., 1614, BNF, Lb 35-909, p. 50. E. G. Léonard, *Revue historique*, oct.-déc. 1948, pp. 153-183. Jean Orcibal, *Louis XIV et les protestants*, Paris, 1951, p. 25.

Le pape Sixte-Quint, dans la bulle du 29 septembre 1585, où il proclamait Henri de Bourbon, roi de Navarre, et Henri de Bourbon, prince de Condé, hérétiques et relaps, affirmait : « L'autorité baillée à saint Pierre et à ses successeurs par l'infinie puissance de l'éternel Roi, surpasse toutes les puissances des Rois et princes terriens et... elle prononce des arrêts et jugements irrévocables, et, avec toute diligence, prend garde à faire observer les lois ; et, quand elle en trouve aucune contrevenant à l'ordonnance de Dieu, les punit de griève condition, les privant de leurs sièges, quelque grands soient-ils, les terrassant comme ministres de Sathan[1] ». Autrement dit, le pape prétendait à la souveraineté sur les Rois. Comme gardien des commandements de Dieu, il prétendait juger si les lois positives des Rois étaient conformes à la loi divine, et si celles-là n'y étaient pas, le pape prétendait pouvoir déposer les Rois. C'est ce qu'il exécutait d'ailleurs aussitôt en vertu des principes énoncés : il privait Henri de Navarre du royaume de Navarre et de Béarn, lui et le prince de Condé, de toutes leurs principautés, duchés, seigneuries, cités, déliait tous leurs magistrats, gouverneurs, vassaux, sujets, de leurs serments de fidélité et d'obéissance, leur interdisait d'obéir aux deux princes sous peine d'excommunication, déclarait les deux princes inhabiles à succéder à tous royaumes, principautés, duchés, et spécialement au royaume de France.

La forme donnée par le pape à cette excommunication, l'affirmation de la souveraineté pontificale non seulement au spirituel, mais encore au temporel, posait à nouveau un problème général, valable pour tous les princes, le problème des rapports du chef de l'Église avec les chefs d'État.

Les prétentions pontificales n'étaient pas neuves. Depuis longtemps, la Curie romaine avait fait sienne une doctrine hiérocratique. Hugues de Saint-Victor (mort en 1141), Bernard de Clairvaux (mort en 1328) dans l'*Augustinus triumphus*, Aegidius

1. Traduction de la Bulle dans Haag, *France protestante*, pièces justificatives, XLIX, p. 187.

Romanus (mort en 1316), avaient posé les bases de la théorie. La bulle « Unam Sanctam » de Boniface VIII, publiée en novembre 1302, au cours de sa lutte contre Philippe le Bel, la bulle « Pastor aeternus », donnée par Léon X en 1516, en étaient inspirées. Le pape successeur de saint Pierre, vicaire du Christ-Roi, a de droit divin toute puissance spirituelle et temporelle. L'Église catholique n'a qu'un corps et qu'une tête. Son chef, c'est le Christ, et le vicaire du Christ, successeur de saint Pierre, le pape reçoit donc les deux glaives, le spirituel et le temporel. Il garde le glaive spirituel et confie le glaive temporel aux Rois, ses lieutenants. Le pape est donc source de tout pouvoir. Les Rois ne peuvent se servir du glaive temporel que pour l'Église, selon la volonté du pape. Si les Rois dévient, c'est au pape de les surveiller, les juger, les déposer, les changer. Le pape jouit de toute souveraineté. « Nous disons et déclarons qu'être soumis au pontife romain, est pour toute créature humaine une condition de salut » (Boniface VIII). L'oratorien Th. Bosius (mort en 1610) poussait ces idées à leur limite : le pape est Dieu vivant en terre ; l'empereur et les rois ne sont que les vicaires du pape au temporel ; le pape a toute autorité sur les États. Certains, tel un jésuite français en 1595, professaient que le pape tient un pouvoir absolu et illimité sur le monde entier. La Curie romaine était entièrement d'avis que le pape disposait des deux glaives.

Sixte-Quint réaffirmait ces prétentions au moment même où les bouleversements du XVIe siècle, mettant les corps sociaux dans la confusion, faisaient sentir les besoins, pour y remédier, d'un pouvoir politique plus libre à l'égard des lois, des coutumes, des privilèges, plus capable d'imposer une direction commune aux ordres, aux corps, aux provinces et aux villes, et où deux grands principes triomphaient dans les luttes d'idées politiques, celui de la souveraineté de l'État, élaboré par le génie de Jean Bodin, dans sa *République*, en 1576, celui de raison d'État, tiré de Machiavel par les théoriciens. La souveraineté définie par Jean Bodin : « Summa et legibus soluta in republica potestas... superiorem non recognoscens », « la suprême puissance dans la

République et déliée de l'observation des lois... ne reconnaissant pas de supérieur», avec ses attributs, légiférer, enrôler armée, mener guerre, conclure paix, rendre justice en dernière instance, lever impôts, battre monnaie, etc. Cette souveraineté se confondait avec l'État, incarné dans le Roi. La raison d'État, ensemble de nécessités qui s'imposent au prince pour le salut et l'accroissement de l'État et d'où sort une morale particulière à l'État, parfois assez éloignée de celle de l'Évangile. Ces principes fondamentaux, dont le succès était immense, parce que les circonstances en faisaient une nécessité, allaient rendre difficile le triomphe de ceux du pape, tout opposés.

D'un autre côté, parmi les conditions posées par le pape Clément VIII à son absolution du 17 septembre 1595, figuraient la publication et l'application du Concile de Trente dont la dernière session s'était tenue en 1563, à l'exception de ce qui pourrait troubler la paix du royaume; et la renonciation à nommer des hérétiques ou des amis des hérétiques aux évêchés, aux abbayes et aux autres bénéfices ecclésiastiques. Or, les Rois de France, depuis Henri II, avaient toujours refusé d'accepter les décisions du Concile de Trente sur la discipline parce qu'elles consacraient la suprématie du pouvoir pontifical sur le pouvoir civil et compromettaient les libertés et privilèges de l'Église de France, l'Église gallicane. Par exemple, le Concile donnait au pape le titre d'évêque de l'Église universelle. Il attestait ainsi sa supériorité sur l'Église enseignante. Il déclarait que le pape tenait ses pouvoirs épiscopaux immédiatement de Jésus-Christ; les évêques médiatement, par l'intermédiaire du pape. Le Concile tenait le pape pour le père, le pasteur, le docteur de tous les chrétiens, ayant reçu de Jésus-Christ le plein pouvoir de diriger, mener paître, gouverner, l'Église universelle, donc avec la supériorité sur les Conciles, sur les évêques, ses vicaires, et le droit d'évoquer à Rome les causes criminelles et les autres procès graves des évêques. C'est ce que le Roi ne pouvait admettre, car il prétendait tenir immédiatement de Dieu la garde de l'Église de France, en être le protecteur, le conservateur, avoir l'autorité légitime pour le temporel, la discipline[1].

Le Concile avait prescrit la résidence des évêques, la suppression des cumuls, la prohibition de la commende, c'est-à-dire de la possibilité d'octroyer le titre et les revenus d'un bénéfice ecclésiastique, évêché, abbaye, prieuré ou cure, à une personne non qualifiée, même à un laïque, même à une femme, qui confiait l'exercice des fonctions à un ecclésiastique appointé. Or, ces canons du Concile heurtaient gravement les habitudes françaises, les intérêts du Roi, et ceux de la gentilhommerie, de la noblesse de fonction et de la grande bourgeoisie. En effet, les évêques français étaient membres de droit, et souvent membres effectifs du Conseil du Roi. Le souverain leur confiait souvent de grandes fonctions ou des missions. Bon nombre d'entre eux ne pouvaient donc résider. En récompense des services et comme aide pour supporter les frais des fonctions et commissions, l'habitude de cumuler un évêché et des abbayes, ou plusieurs abbayes, ou plusieurs cures, était très répandue. Enfin, des courtisans, des membres du Conseil, les filles, les cadets des grandes familles à ménager, tenaient de nombreuses abbayes, cures ou autres bénéfices ecclésiastiques en commende. La disposition des bénéfices ecclésiastiques était devenue un moyen de gouvernement, leur jouissance un moyen de se procurer des revenus et un classement social, que ni le Roi ni les plus importants de ses sujets n'étaient disposés à abandonner.

Les catholiques extrêmes, les ligueurs, les « bons catholiques », étaient pour le pape et pour le Concile. Les États de la Ligue reçurent les décrets disciplinaires du Concile de Trente comme loi du royaume, le 8 août 1593. Contre le pape et contre le Concile, Henri IV trouva l'appui de catholiques, parfois aussi fervents que ceux du parti contraire, mais qui tenaient pour les libertés et privilèges de l'Église gallicane. Le Parlement de Paris, citadelle du gallicanisme, déclara dès la fin de 1585 la bulle de

1. Refele, *Histoire des Conciles. Concile de Trente*, par P. Richard, IX, II, pp. 743-1026.

Sixte-Quint une agression sur les droits du royaume. Il protesta contre la tentative du pape pour décider de la succession au trône. Après le monitoire de Grégoire XIV, du 1er mars 1591, qui confirmait la bulle de Sixte-Quint et excommuniait les évêques navarristes, le Parlement de Paris, replié sur Châlons, déclara, le 10 juin 1591, le monitoire du pape nul et de nulle valeur, ordonna de le brûler et, passant à l'offensive, affirma l'élection de Grégoire XIV illégitime et cita à sa barre le nonce Landriano comme fauteur de troubles. Le Parlement de Paris réfugié à Tours protesta contre les tentatives du pape pour, sous couvert de la religion, diriger le royaume et disposer de la Couronne. Henri IV réclama un Concile et dénia au monitoire du pape toute valeur.

L'absolution octroyée par quelques évêques français à Henri IV, à Saint-Denis, le 25 juillet 1593, envenima les rapports. Le pape protesta : l'excommunication pontificale ne pouvait être levée que par le Souverain pontife. Mais les gallicans ripostèrent que les évêques étaient de droit divin, institués par Jésus-Christ, successeurs des Apôtres, vicaires de Jésus-Christ eux aussi, comme le pape. Le Christ n'avait pas choisi saint Pierre et celui-ci les Apôtres. Et quant à l'absolution d'hérésie, elle était de la juridiction des évêques.

Le Parlement de Paris songea à réclamer le retour à la pragmatique Sanction de Bourges de 1438, l'abolition du Concordat de 1516. Il ne voulait pas entendre parler des canons du Concile de Trente sur la discipline. Des tendances schismatiques se faisaient jour, non seulement au Parlement, mais encore dans une partie de l'épiscopat, conduite par l'archevêque de Bourges. L'idée d'élire un patriarche des Gaules, qui régirait l'Église de France indépendamment de Rome, se répandait, à la grande joie des huguenots. Autour d'Henri IV certains ne reculaient pas devant l'idée d'un schisme. Leur nombre grandissait, au fur et à mesure des retards du pape à octroyer son absolution au Roi. En octobre 1594, Henri IV parlait de la dissolution de son mariage avec Marguerite de Valois. Si le pape ne la voulait pas, d'autres s'en chargeraient. L'envoyé florentin à Paris exprimait, en novembre, l'avis que la situation présentait beaucoup de ressemblances avec celle de l'Angleterre au temps d'Henri VIII. Le grand Conseil, cour souveraine chargée du contentieux des bénéfices ecclésiastiques et de l'application du Concordat, était favorable au schisme. Il avait poussé à l'établissement d'une sorte d'économat spirituel, présidé par l'archevêque de Bourges, et chargé d'accorder les dispenses réservées au pape et de conférer les investitures requises pour l'administration des offices ecclésiastiques. Genébrard, évêque d'Aix, estimait que, « par iceluy, le Roi se déclarait chef de l'Église au spirituel en France ». Le schisme semblait inévitable[1].

C'est dans ces circonstances que l'avocat en Parlement Pierre Pithou fit paraître, en 1594, à Paris, son traité des *Libertés de l'Église gallicane*, sorte de code de quatre-vingt-trois maximes, dédié à Henri IV, et qui eut un immense succès[2]. Il fut approuvé du Parlement, de la Sorbonne, des curés, et demeura classique. Pierre Pithou érigeait en corps de doctrine ces « libertés, droits et franchises de l'Église gallicane », termes qui apparaissent dès le XIIIe siècle. Le gallicanisme est en effet une doctrine sur les relations entre l'Église et l'État, qui a commencé de prendre forme surtout au cours de la lutte contre Philippe le Bel et Boniface VIII, et qui s'est trouvée peu à peu formulée par Jean de Paris au XIIIe siècle, Gerson, Almain, Jean Mair et par les arrêts de Sorbonne.

Les gallicans combattaient les prétentions du pape à détenir les deux glaives, le spirituel et le temporel. Au nom de la parole du Christ : « Rendez donc à César ce qui est à César et à Dieu ce

1. Ludwig von Pastor, *Geschichte der Päpste*, X, pp. 211, 549, XI, pp. 57-58, 78, 83, 97-98,166. Fouqueray, *Hist. de la Société de Jésus en France*, II, p. 445. Hefele, *op. cit.*, IX, II, pp. 792-807.

2. Par Mamert Patisson, imprimeur du Roy chez Robert Estienne, avec privilège du Roy. Les meilleurs exposés sur le gallicanisme dans Victor Martin, *Le Gallicanisme politique et le clergé de France*, Paris, 1929. *Le Gallicanisme et la réforme catholique*, Paris, 1919, in-8°, et dans Aimé-Georges Martimert, *Le Gallicanisme de Bossuet*, Paris, 1953, Coll. Unam Sanctam, 24, pp. 17-129.

qui est à Dieu », appuyés par la réponse du Christ à Ponce Pilate : « Mon royaume n'est pas de ce monde[1] », ils soutenaient que, si le pape reçoit le glaive spirituel, Dieu donne le glaive temporel aux Rois, soit médiatement, par l'intermédiaire des peuples, soit immédiatement, et cette dernière conception, qui fondait l'absolutisme, l'emportait de plus en plus. Il y a donc indépendance complète du spirituel et du temporel.

Les gallicans rejetaient les conséquences que la Curie romaine voulait tirer de la prétendue donation de Constantin. L'empereur Constantin aurait conféré en 315 au pape Sylvestre l'empire d'Occident. Les successeurs de Sylvestre auraient donc sur l'Occident tous les pouvoirs des empereurs. Les gallicans répondaient, depuis Jean de Paris, que cette donation était vraiment très douteuse, puisque aucun des anciens n'en faisait mention, que le premier qui en eût parlé était l'archevêque de Reims Hincmar, vers 850, et que le premier pape qui l'eût invoquée était Léon IX, dans une lettre de 1053 ; de toute façon, les papes étant restés de longs siècles sans exercer les pouvoirs de l'empereur, il y avait prescription ; les Francs, fondateurs du royaume de France, n'avaient jamais été conquis par l'Empire romain, et le royaume restait donc en dehors de la donation ; il faut, pour disposer d'un État, le libre consentement du peuple, et le peuple français n'avait jamais consenti à la donation de Constantin ; enfin, le pape lui-même avait reconnu la souveraineté du Roi de France : dans la décrétale « Per Venerabilem », le pape Innocent III proclamait que le Roi de France ne reconnaît aucun supérieur au temporel.

De plus, les gallicans invoquaient la coutume immémoriale, la tradition, toutes-puissantes dans ce type de structure sociale et mentale.

Il en résultait que le pape ne pouvait rien commander ni ordonner au temporel dans les territoires soumis au Roi de France. Le pape ne pouvait priver le Roi du royaume, ni le donner

1. Évangile selon saint Matthieu, XXII, 21 ; Évangile selon saint Jean, XVIII, 36.

à qui que ce soit. Il pouvait bien excommunier le Roi, interdire son royaume, mais non déposer le Roi : seul le peuple pouvait le déposer, si, par l'excommunication, les liens étaient coupés entre le Roi et ses sujets, entre le chef et les membres du corps mystique du royaume. Le pape ne pouvait relever les sujets du Roi de leur serment de fidélité, car il romprait un engagement, il causerait un tort au Roi, une injustice. Le pape ne pouvait pas excommunier les officiers du Roi de France pour ce qui concerne l'exercice de leurs charges et offices. Le pape ne pouvait exercer aucune juridiction sur les sujets du Roi de France. Le pape ne pouvait connaître de ce qui concerne les droits, prééminences et privilèges de la couronne de France.

Il en résultait encore que le pape n'avait pas une autorité absolue sur le Clergé de France pour la discipline et le temporel. Le Roi était le protecteur et le conservateur des églises de son royaume. Le pape ne pouvait légiférer sur la discipline et le temporel de l'Église gallicane qu'avec l'autorisation et la confirmation du Roi. Aucun décret des conciles se référant à la discipline ou au temporel, aucune décision papale, décrétale, bulle ou rescrit, statuant sur ces matières, ne pouvait être publié et exécuté en France qu'avec l'autorisation et l'approbation royales.

Le Roi de France, en ce qui concerne la discipline et le temporel, avait une autorité légitime sur l'Église gallicane, comme chef de l'État et parce qu'il était oint et sacré, « évêque du dehors ». Il pouvait convoquer des conciles pour statuer sur la discipline et le temporel. Les évêques ne pouvaient sortir du royaume sans son congé. Le pape ne pouvait faire aucune levée d'argent sur les bénéfices ecclésiastiques sans l'autorisation du Roi. Le Roi exerçait, par les tribunaux royaux, la justice sur presque toutes les causes qui se rapportaient aux intérêts temporels, au détriment de la juridiction ecclésiastique, fort réduite. Les juges royaux connaissaient du trouble apporté par les crimes et délits des ecclésiastiques à l'ordre public, de toutes les matières immobilières et contrats où les ecclésiastiques avaient intérêt, des causes bénéficiales, des vœux des religieux, dans ce dernier cas si l'Église invoquait l'aide du pouvoir temporel pour les faire respecter. En ce qui concernait les laïques, les juges royaux réclamaient pour le mariage tout ce qui se rapportait à un intérêt temporel et réduisait l'Église aux problèmes de validité ou de nullité du mariage. Les juges royaux s'attribuaient la connaissance de tout ce qui concernait les contrats, les testaments, l'usure, l'adultère, la lèse-majesté, même les crimes ou délits contre la foi et la religion, ne laissant plus guère aux tribunaux d'Église que les cas d'hérésie.

Le Roi de France surveillait les communautés religieuses, les autorisait, les réformait, les supprimait.

Le Roi de France avait la garde universelle des biens du clergé. Il pouvait surveiller l'usage et contrôler l'emploi de ces biens. Il pouvait demander au clergé une contribution pour les besoins généraux du royaume, bien que le clergé prétendît à l'immunité. Il pouvait contrôler l'acquisition des biens immobiliers par le clergé et lui refuser l'autorisation d'en acquérir, à cause de la mainmorte. Il pouvait percevoir les revenus d'un bénéfice vacant pendant la vacance, en vertu du droit de régale.

Même au spirituel, les libertés et franchises de l'Église gallicane limitaient les pouvoirs du pape : « encore que le pape soit recognu pour souverain ès choses spirituelles ; toutefois, en France, la puissance absolue et infinie n'a point de lieu, mais est retenue et bornée par les canons et règles des anciens conciles de l'Église receus en ce royaume[1] ». Les gallicans tenaient donc pour la supériorité des conciles œcuméniques sur le pape. Les conciles ne devaient pas s'assembler et se tenir sans le pape, mais le pape devait se soumettre aux décrets et arrêts de ces conciles. L'Église gallicane s'en tenait pour les canons à ce qui était contenu dans l'ancienne collection appelée *Corpus canonum* et pour les décrétales à celles lancées jusqu'à Grégoire II.

Le Roi de France jurait à son sacre de garder inviolablement ces libertés. Les moyens dont il disposait c'était d'abord les

1. P. Pithou, *op. cit.*, IIe maxime.

« conférences amiables » avec le Saint-Père ; ensuite, l'examen des bulles et expéditions venant de la cour de Rome, qu'il acceptait ou refusait ; en troisième lieu, « l'appel comme d'abus » : quand il y a entreprise de juridiction ou attentat contre les saints décrets et canons reçus en ce royaume, droits, franchises et libertés de l'Église gallicane, concordats, édits et ordonnances du Roy, arrêts de son Parlement », alors les particuliers ou le procureur général du Roi pouvaient déférer au Parlement l'acte de l'autorité ecclésiastique incriminé, le Parlement pouvait casser cet acte, prononcer une amende contre l'ecclésiastique responsable, et même la saisie du temporel de ses bénéfices ; enfin, le Roi de France pouvait interjeter appel au futur concile.

Telles étaient les principales opinions gallicanes.

Le nombre et l'influence des gallicans en France n'auraient pas permis à Henri IV de négliger des idées et des sentiments, si favorables d'ailleurs à l'autorité royale. Il se refusa toutefois aux mesures extrêmes, n'alla pas jusqu'au schisme, reçut l'absolution pontificale le 17 septembre 1595, mais ensuite ne se pressa pas de « recevoir » en France les décrets disciplinaires du concile de Trente. Le légat du pape posa la question en mars 1597. Henri IV l'assura qu'il tiendrait parole, mais qu'il gâterait tout par trop de précipitation. Après la paix de Vervins, du 2 mai 1598, le pape, par une lettre du 27 juin, puis par un bref du 27 août, adjura Henri IV de publier le concile. Henri IV le pria de lui faire confiance. Ce fut également le sens de sa réponse aux prélats députés par l'Assemblée du Clergé pour lui demander la publication du concile, au nom des maux dont souffrait l'Église, le 28 septembre 1598 : « À la vérité, je reconnais que ce que vous m'avez dit est véritable ; mais,... les maux estoient introduits avant que je fusse venu. Durant la guerre, j'ai couru au feu le plus allumé pour l'étouffer... Je ferai maintenant ce que je dois en temps de paix. Je sçai que la religion et la justice sont les fondements et colonnes de cet État, qui est conservé par piété et justice ; mais quand elles ne seraient point, je les voudrais *establir pied à pied*, comme je fais toutes choses. Je ferai,

Dieu aidant, en sorte que l'Église soit aussi bien qu'elle était, il y a cent ans. *Mais Paris ne fust pas fait en un jour.* Faites, par vos bons exemples, que le peuple soit autant excité à bien faire, comme il en a esté cy-devant détourné. Vous m'avez exhorté de mon devoir, je vous exhorte du vôtre. Faisons donc bien, et vous et moi. Allez par un chemin et moi par l'autre ; et si nous nous rencontrons, ce sera bientôt fait. Mes prédécesseurs vous ont donné des paroles avec beaucoup d'apparat ; mais moi, avec ma jacquette grise, je vous donnerai des effects. Je suis gris au dehors, mais tout doré au dedans... Je vous pourvoirai le plus favorablement qu'il me sera possible[1]... »

À Rome, se préparait l'annulation du mariage d'Henri IV avec Marguerite de Valois, qui fut proclamé le 23 décembre 1599. Le 6 novembre, une lettre d'Henri IV au pape faisait entrevoir au Saint-Père la publication du concile. Le 15 décembre, Clément VIII faisait un effort désespéré. Il envoyait des brefs au secrétaire d'État Villeroy, à Bellièvre, à d'autres conseillers d'Henri IV. Il demandait instamment le retour des jésuites en France et la publication du concile de Trente. C'étaient les meilleurs moyens pour relever l'Église catholique. Le Roi n'avait rien à craindre de l'application des décrets du concile en France, puisque c'était lui qui nommait les évêques. Les décrets du concile permettraient la réforme du Clergé et la religion catholique redeviendrait florissante. Le 16 décembre, le pape écrivait au Roi lui-même.

Henri IV dessaisit alors le Parlement de l'examen de la réception du Concile. Il en saisit le Conseil privé. Il s'employa lui-même à convaincre les conseillers récalcitrants et il finit par y parvenir. En 1600, l'édit sur la publication du concile de Trente fut rédigé, signé, scellé : « Ordonnons, voulons et nous plaict », disait Henri IV, « que le saint concile de Trente soit receu et observé en tous les lieux de nostre royaume,... sans préjudice toutefois des droicts, privilèges et prérogatives appartenans à

1. V. Martin, *op. cit.*, p. 302.

1

1. L'assassinat d'Henri IV.

A
FRANCOYS
RAVAILLAC
MOORDENAER
HENRICVS IIII D. G. FRANCORVM ET NAVARRÆ REX
MARIA DE MEDICES D. G. FRAN. ET NAVRR. REGINA
LOVYS XIII D. G. FRANCORVM ET NAVARRE REX
Cristoffel van Sichem Inventor et fecit

3

4

2. François Ravaillac (dans les médaillons : le Roi, la Reine et le Dauphin).
3. Supplice de Ravaillac.
4. L'attentat de Jean Chastel, 27 décembre 1594.

5

5. Abjuration d'Henri IV, 25 juillet 1593.

6

7

8

6. Henri IV à la Porte Saint-Denis regarde sortir les troupes espagnoles.
7. Henri IV et la famille royale.
8. Henri IV en prière illuminé par le Saint-Esprit.

9

9. Henri IV touchant les écrouelles.
10. L'Olympe des Français : Henri IV en Jupiter.
11. Monument funéraire d'Henri IV.

ANAGRAMME PROPHETIQVE
DV ROY.
CE HARDY HERCVL' CREÉ DE RACE PARFAITE, DEDIÉ
A LA FRANCE AYDÉE PAR SA RARE MAIN A GARDÉ NO
TRE NEF DE PERIR, ET AQVERRA LA SEIGNEVRIE DV
MONDE, REFAIRA CEDDER TERRE ET MER A
SÕ GRÉ, SÕ DAVPHĨ GVYDÉ D'HEVR YRA EN
TERRE TVRQVE AVEQ'ARMEE AY:
DE DV CIEL Y VAINCQRA

10

MONUMENT FUNERAIRE DE HENRI IV
Dedié à Monsieur Victor Maurice Comte de Caraman
Lieutenant Général des Armées du Roi, Commandeur de l'Ordre Royal et Militaire de S.t Louis, &c. &c.
Par M. De la Salle, Commissaire Ordonnateur des Guerres
Je ne rampai jamais aux pieds du Courtisan,
La Vertu seule a droit de fixer mon hommage;
C'est ton mérite, Caraman!
Le tien est d'en offrir la plus parfaite image.

11

12

12. Les États généraux à l'hôtel de Bourbon, 27 octobre 1614.

nostre personne et dignité, à ceste couronne et aux libertez et franchises et immunitez de l'Église gallicane, de nostre édict de Nantes faict sur l'observation des édits de pacification[1]... » Le Roi apportait donc bien des réserves. Même assorti de celles-ci, l'édit remplit d'horreur les gallicans. Le premier président du Parlement de Paris, Achille de Harlay, avertit le Roi que jamais la Cour n'enregistrerait l'édit. Au Conseil du Roi, un des présidents du Parlement, Jacques-Auguste de Thou, déclara que le Parlement n'accepterait jamais « l'arrêt » du Conseil ; qu'il voudrait l'examiner au fond, trier les mesures utiles à la France, en faire une pragmatique gallicane.

Le Roi recula. Il prétexta d'abord la guerre de Savoie. Puis, sous d'autres prétextes, il retarda de jour en jour la présentation de l'édit au Parlement. En 1605, le nouveau pape, Paul V, chargea le nonce Barberini d'une autre tentative. Le pape invoqua un nouvel argument : le dauphin était le fruit d'un second mariage ; donc il n'était enfant légitime et héritier de la Couronne de France que si le Souverain pontife avait bien eu les pouvoirs nécessaires pour annuler le premier. L'argument d'ailleurs était dangereux. Il pouvait se retourner. Car, si le pape n'avait pas les pouvoirs nécessaires, si le dauphin n'était pas l'héritier légitime, c'était le prince de Condé qui redevenait l'héritier présomptif de la Couronne. Le pape pouvait ainsi fournir une arme excellente aux Grands et aux protestants. Henri IV et Villeroy furent persuadés, mais ils n'agirent pas. Le nonce Ubaldini essaya encore en 1607 et en 1608. Rien ne put déterminer le Roi à affronter les gallicans.

Sans doute Henri IV a-t-il eu raison. Mais le pape Clément VIII disait avec mélancolie que si le Roi de France avait déployé autant d'efforts pour imposer à ses Parlements la publication du concile de Trente qu'il en avait fait pour obtenir d'eux l'enregistrement de l'édit de Nantes, il aurait réussi. Les « bons catholiques » pensèrent comme le pape. Ils conservèrent un doute sur

1. V. Martin, *op. cit.*, p. 316, en note.

la sincérité du Roi, donc sur la valeur de sa conversion et celle de son absolution.

Les maux dont souffrait l'Église de France s'atténuèrent, sans disparaître. Les évêchés servaient à récompenser les partisans du Roi. À la fin de 1596, quarante évêchés de France étaient aux mains de laïques. Un protestant, le duc de Lesdiguières, gouverneur du Dauphiné, demandait pour lui l'évêché d'Embrun, comme une chose allant de soi, naturelle, habituelle. L'on était encore en guerre. Mais, après le retour de la paix, Henri IV persista dans beaucoup de mauvaises nominations en dépit des décrets du concile de Trente sur la commende. Il nomma évêque de Rouen un laïque, un bâtard, son propre frère Charles de Bourbon, qui avait déjà joui de l'évêché de Lectoure. Il conféra, en 1605, l'archevêché de Reims à Louis de Lorraine, qui n'était pas prêtre. En 1604, il donna l'évêché de Lodève au fils du duc de Ventadour, Charles de Lévis, qui avait quatre ans. Et, le 24 octobre 1605, Henri IV écrivait à Marie de Médicis : «Je feray la Toussaint où je me trouveray. M. de Lodève est mon confesseur. Jugez si j'aurai l'absolution à bon marché[1].» Cette fois, tout de même, Clément VIII refusa l'investiture spirituelle. Mais l'évêché resta inoccupé. Il faut reconnaître qu'il y eut néanmoins amélioration. Les nominations scandaleuses devinrent moins fréquentes. Le Roi fit des choix excellents. Des évêques, Clausse de Marchaumont, à Châlons-sur-Marne, Pierre de Villars, à Vienne, François de La Roche foucauld à Clermont, donnèrent l'exemple de hautes vertus épiscopales. Henri IV, par l'édit de 1606, institua un meilleur régime pour la distribution des bénéfices ecclésiastiques. Le Roi favorisa la renaissance de la vie religieuse, l'introduction, la restauration, la propagation des barnabites, des augustins, des capucins, des récollets, des jésuites, des frères de Saint-Jean-de-Dieu, et, chez les femmes, des capucines, des feuillantines, des carmélites, des ursulines. Le Roi montra une sympathie active aux mystiques, à Mme Acarie, à

1. Berger de Xivrey, *Lettres missives de Henri IV*, V, p. 557.

son groupe d'officiers des cours souveraines, de capucins et de docteurs de Sorbonne, qui introduisit en France le Carmel, fonda les ursulines, fut aux origines de la renaissance catholique française. Mais les « bons catholiques » demeurèrent surtout sensibles aux insuffisances, aux vices et aux scandales, restèrent défiants et soupçonneux à l'égard du Roi.

Il faut dire aussi que, dans la seconde partie de son règne, Henri IV se trouva engagé dans un conflit politique et une bataille d'idées, entre le pape et ses ennemis, où son attitude resta équivoque. Ces luttes mirent aux prises, à peu près au même moment, le pape Paul V d'une part, et de l'autre respectivement la Sérénissime République de Venise et le Roi d'Angleterre Jacques Ier, qui professent l'une et l'autre, contre la Curie romaine, des théories apparentées à celles des gallicans, en partie inspirées par eux, et sont soutenus l'une et l'autre par des gallicans.

Le motif du conflit entre le pape et Jacques Ier, ce fut le serment spécial d'allégeance imposé par le Roi aux catholiques anglais, en 1606. L'exigence du serment fut suggérée elle-même au Roi par le Complot des Poudres. Le 5 novembre 1605 fut découvert un complot pour faire sauter le jour même le Roi et le Parlement d'Angleterre, provoquer une révolution et rendre le Pouvoir à un roi catholique. Les auteurs du complot étaient des gentilshommes catholiques anglais. Mais tout de suite le gouvernement d'Angleterre essaya de compromettre dans l'affaire l'Église catholique. Le 9 novembre, Jacques Ier, dans un grand discours prononcé devant le Parlement, rendit responsables du complot le pape et ses doctrines. Ni les Turcs, ni les Juifs, ni les idolâtres, ni les païens de Calicut, qui adoraient le diable, n'avaient jamais soutenu que, pour motif de religion, il était permis et méritoire d'assassiner les princes et de travailler à ruiner l'État. Mais le pape, lui, l'avait dit. La doctrine pontificale était un « mystère d'iniquité ». Ailleurs, Jacques Ier accusa le pape d'avoir donné une absolution générale pour cette entreprise. Un membre du gouvernement, Salisbury, affirmait, en février 1606, que le pape était l'auteur de la conjuration et que celle-ci venait tout entière de la doctrine catholique.

Ces accusations, les unes fausses, les autres outrées, contenaient ceci de vrai que la doctrine catholique autorisait le meurtre du tyran d'usurpation, et que Catesby, l'initiateur du complot, tenait Jacques Ier pour tel, en raison d'un bref de Clément VIII qui avait ordonné aux catholiques anglais de ne mettre sur le trône qu'un Roi tout catholique.

Le gouvernement anglais voulut à toute force impliquer dans le complot des ecclésiastiques qui n'y étaient pour rien. Par tout un savant système d'entorses à la vérité, découpages, falsifications, forgeries d'interrogatoires et de dépositions, il réussit à mettre en cause les jésuites Gérard, Greenway, et le provincial de l'Ordre, Garnet. Les deux premiers s'enfuirent. Garnet resta et fut arrêté, le 30 janvier 1606. Il déclara qu'il avait connu le complot, mais seulement en confession, dont le secret lui imposait de ne rien révéler. Il fut cependant accusé d'avoir conspiré avec Catesby, condamné à mort au cours d'un procès politique, parodie de justice, et exécuté le 3 mai 1606. Le Gouvernement publia que Garnet avait reconnu sa culpabilité sur l'échafaud : c'était faux.

Jacques Ier en profita pour imposer aussitôt après aux catholiques anglais un serment spécial sous peine de prison perpétuelle et de confiscation des biens[1]. « Moi, A. B., vraiment et sincèrement reconnais, professe, témoigne et déclare en conscience devant Dieu et le monde, que notre souverain Seigneur, Roi Jacques, est légitime Roi de ce royaume, et de tous les autres domaines et pays de Sa Majesté ; et que le pape, ni de lui-même, ni par aucune autorité de l'Église au siège de Rome, ou par aucun autre moyen n'a pouvoir ou autorité pour déposer le Roi, ou pour disposer d'aucun des royaumes ou domaines de Sa Majesté, ou pour autoriser aucun prince étranger à l'envahir, ou

1. Texte dans *Political Works of James I*, éd. Ch. H. Mac Ilwain, 1918, pp. 73-74 (traduit sur ce texte).

à l'inquiéter lui ou ses pays ; ou de décharger aucun de ses sujets de leur allégeance et obéissance à Sa Majesté, ou de donner licence ou permission à aucun d'eux de porter les armes, provoquer des tumultes, ou aucune violence ou dommage à la personne royale, État ou gouvernement de Sa Majesté, ou à aucun des sujets de Sa Majesté dans les domaines de Sa Majesté. Je jure fidélité à Sa Majesté, à ses héritiers ou successeurs. Si le pape commet un des actes énumérés ci-dessus ou excommunie Sa Majesté, je les défendrai contre toutes conspirations et attentats et les leur ferai connaître. Je jure en outre que, de tout mon cœur, j'abhorre, déteste et abjure comme impie et hérétique, cette condamnable doctrine et position que les princes qui sont excommuniés ou déposés par le pape peuvent être déposés ou mis à mort par leurs sujets ou par quiconque. Je crois que le pape ni personne ne peut me délier de ce serment. Je le prête selon le sens naturel des paroles, sans équivoque jésuitique, de cœur, librement (?), sincèrement. »

Ce texte, fort habilement composé, était lui-même plein d'équivoques et d'ambiguïtés. Comment fallait-il entendre ce qualificatif de « souverain seigneur » décerné à Jacques Ier ? Le serment était exigé « de l'autorité légitime et pleinement autorisée du Roi ». Quelles étaient la nature et les limites de cette autorité ? et ainsi de suite. Les inquiétudes de la Curie romaine ne furent nullement diminuées, lorsque l'archiprêtre Blackwell, considéré comme le chef des catholiques anglais, eut accepté de prêter le serment, le 24 juin 1606, en se déclarant appuyé par la Sorbonne. De fait, des docteurs en théologie de Paris déclaraient licite pour un catholique de prêter un serment dont les principales positions se rapprochaient tellement des positions gallicanes[1]. L'affaire devenait européenne, une levée de boucliers contre la doctrine hiérocratique de la Curie, attaquée, en ce moment même, à Venise, par des théoriciens qu'inspiraient les gallicans.

1. Pastor, *Storia dei Papi*, trad. Pio Cenci, XII, 1943, p. 448.

Les théologiens romains allèrent chercher le sens du serment dans les œuvres politiques antérieurement publiées de Jacques Ier, la *Vraie Loi des Libres Monarchies*, qui est de 1598, le *Basilicon Doron*, recueil de conseils pour son fils, paru en 1599, ou dans les interprètes de la pensée du Roi, comme Guillaume Barclay, dans son *De Regno et regali potestate adversus… monarchomachos*, publié à Paris, en 1600. Jacques Ier, appuyé sur l'Écriture sainte, professait que les Rois tiennent leur pouvoir immédiatement de Dieu, qu'ils sont eux-mêmes des sortes de dieux : « Les Rois sont appelés dieux par le Roi prophète David, parce qu'ils seyent sur le trône de Dieu sur terre et ont à lui rendre compte de leur administration. » C'est Dieu, disait-il à son fils, qui a fait de vous « un petit dieu pour seoir sur son trône ». Il en résulte l'absolutisme royal au temporel. Le Roi ne doit de compte qu'à Dieu, dont il est lieutenant sur la terre, au péril de son âme, pour procurer le bien des âmes et des corps. Il exerce sur son peuple tous les pouvoirs d'un père sur les siens. Il peut tout sur ses sujets, selon les paroles de Samuel, dictées par le Saint-Esprit (*I Samuel*, VIII, 10-18), même leur prendre leurs biens et leurs enfants. Même si le Roi devient idolâtre et tyran, ses sujets n'ont pas le droit de se révolter. Ils doivent lui être soumis « comme lieutenant de Dieu sur la terre, obéissant à ses commandements en toute chose, excepté directement contre Dieu, comme aux commandements du ministre de Dieu, le reconnaissant comme le juge placé par Dieu sur eux, ayant pouvoir de les juger, d'être jugé seulement par Dieu, à qui seul il doit rendre compte de son jugement ; le craignant comme leur juge, l'aimant comme leur père, priant pour lui comme leur protecteur ; pour sa continuation, s'il est bon, pour son amendement, s'il est mauvais ; suivant et obéissant ses commandements légitimes, esquivant et fuyant sa furie dans ses illégitimes, sans résistance, mais avec des sanglots et des pleurs vers Dieu, selon cette sentence usitée dans l'Église primitive en temps de persécution : les prières et les larmes sont les armes de l'Église[1] ».

1. *Political Works, op. cit*, p. 54, p. 12, p. 61.

Mais, pour Jacques Ier, qui dépasse ici la plupart des gallicans et rejoint Luther, ce pouvoir sans limites, le Roi doit l'exercer aussi au spirituel. Il détient les deux glaives. Le Roi n'est pas simple laïque. Sa condition est composée : « La dignité royale est à la fois civile et ecclésiastique ; le Roi n'est pas un pur laïque comme le rêvent à la fois catholiques et anabaptistes... » Il est responsable de la direction des âmes.

Lorsqu'un catholique anglais prêtait le serment de fidélité exigé par Jacques Ier, en l'appelant « notre souverain seigneur », il reconnaissait donc en même temps sa puissance absolue au spirituel, doctrine en abomination au catholicisme. Lorsqu'il cédait à l'exigence du serment « de l'autorité légitime et pleinement autorisée » du Roi, comme le serment est affaire de conscience, il avouait en employant cette formule que le Roi d'Angleterre avait aussi l'autorité, le primat, en matière de conscience. Lorsqu'il déclarait le droit du pape d'excommunier les Rois et de les déposer doctrine impie et hérétique, comme les papes et les théologiens catholiques étaient d'accord sur ce droit depuis des siècles, notre catholique anglais déclarait donc que l'Église avait soutenu depuis des siècles une doctrine impie et hérétique ; il rejoignait donc les réformés. La plupart des gallicans soutenaient aussi que les papes n'avaient pas le droit d'excommunier ni de déposer les Rois. Mais ils le soutenaient seulement comme opinion probable et ne tenaient nullement l'opinion contraire pour hérétique et impie. Le serment était un traquenard. Les catholiques anglais qui allaient y tomber s'écarteraient, sans le vouloir, du catholicisme.

Le 22 septembre 1606, le pape Paul V déclara dans un bref : « Un tel serment ne peut être prêté sans blesser la foi catholique et compromettre le salut de vos âmes. » Le pape interdisait de le prêter. Il se déclarait persuadé de ce que les catholiques anglais préféreraient les tourments et la mort à offenser la Majesté divine. Cette décision fut confirmée par un second bref du pape, le 22 juin 1607. Le pape déposa Blackwell, le 1er février 1608.

En même temps, Paul ordonna au jésuite cardinal Bellarmin

de répondre à Jacques Ier et à Blackwell. Bellarmin publia donc, en 1607, une lettre au révérend George Blackwell, archiprêtre des Anglais. Il donna les raisons du pape : « Car il est très certain que, quels que soient les mots dans lesquels le serment est conçu par les adversaires de la Foi dans ce royaume, il tend à cette fin que l'autorité de la tête de l'Église en Angleterre puisse être transférée du successeur de saint Pierre au successeur du Roy Henry VIII. » Le serment « est si habilement composé, qu'aucun homme ne peut détester la trahison contre le Roi et faire profession de sa sujétion civile sans être contraint perfidement de nier la primauté du Siège apostolique[1]... ».

Jacques Ier riposta aux brefs pontificaux et à la lettre de Bellarmin, en publiant sous le voile de l'anonymat le « *Triplex nodo, triplex cuneus* », en 1607. Il l'envoyait le 27 février 1608 à l'ambassadeur français La Boderie, en insistant sur ce que ce livre était conforme aux doctrines gallicanes de toujours et en soutenant que le serment ne réclamait qu'une obéissance civile. Alors, beaucoup d'Anglais catholiques le prêtèrent.

Le Roi ayant lancé un ouvrage anonyme, Bellarmin répondit sous le nom de son chapelain, Matteo Torto. Il accusait Jacques Ier d'altérations de textes, de déformation des faits, de faux[2]. Jacques Ier renvoya la balle : une deuxième édition de son livre, rectifiée, en février 1609. Ses théoriciens, Barclay, Widdrington, développaient leurs opinions, cette même année.

Henri IV était fort embarrassé. Il n'avait pas perdu l'espoir d'amener Jacques Ier à soutenir efficacement les ennemis des Habsbourg, les Hollandais, les protestants d'Allemagne, ni même de le comprendre, par une alliance en forme, dans une sorte de ligue contre les Habsbourg. Il ne voulait pas le mécontenter. Mais il lui était impossible de prendre parti ouvertement pour lui, sous peine de s'aliéner le pape, les « bons catholiques » français, et peut-être même les gallicans modérés. Il louvoya. Il

1. Dans *ibid.*, pp. 82-83.
1. *Responsio*, Cologne, 1608, 33 p.

déconseilla à Jacques Ier les lois d'exception contre les catholiques, que celui-ci fit tout de même publier, le 27 mai 1607. Il donna, en avril 1609, au pape l'avis de ne pas répondre à la seconde édition du « *Triplex nodo, triplex cuneus* », d'empêcher les réponses, d'assoupir l'affaire. Le pape ne l'entendit pas de cette oreille. Il ordonna en novembre 1609 à Bellarmin d'écrire une nouvelle réfutation et de la joindre à une réimpression de la précédente, le tout publié cette fois sous son nom. Henri IV alors fit rendre une ordonnance rigoureuse contre le livre de Jacques Ier, mais il fit également interdire les deux réponses de Bellarmin, et il laissa introduire en France le « *Triplex nodo, triplex cuneus* ». Bien mieux, il consentit à servir d'intermédiaire entre Jacques Ier et le Saint-Siège. Il fit savoir à Rome, au nom du Roi d'Angleterre, que Jacques Ier était prêt à reconnaître le pape comme premier évêque et chef de l'Église au spirituel si le pape renonçait à son pouvoir de déposer les Rois. À l'ambassadeur français de Brèves, qui lui soumettait cette proposition, le 18 août 1609, le pape se contenta de répondre que, s'il accédait à la demande de Jacques Ier, lui-même serait tenu pour hérétique. Devant cette condescendance d'Henri IV à l'égard de Jacques Ier, les « bons catholiques » pouvaient considérer Henri IV comme ami de l'hérétique et ennemi du Saint-Siège, peut-être comme ami de l'hérésie et ennemi de la foi catholique.

Presque en même temps que se déroulaient ces événements, un grave conflit opposait le pape à Venise. À Venise, l'État, dans l'esprit de tous, devait l'emporter sur l'Église. « D'abord Vénitiens, ensuite chrétiens », était la devise acceptée. Leonardo Donato, devenu doge à la fin de 1605, professait que, né Vénitien avant d'avoir été baptisé comme chrétien, il avait des devoirs d'abord envers sa patrie, ensuite seulement envers l'Église. Il inclinait d'ailleurs vers le protestantisme. Une sorte de « vénitianisme », analogue au gallicanisme, régnait dans la Sérénissime. La souveraineté de l'État s'étendait à l'Église. La Seigneurie nommait le patriarche et les évêques. Elle excluait les ecclésiastiques des fonctions publiques. Elle surveillait la vie des clercs et celle des cloîtres. Les clercs étaient justiciables des tribunaux laïques. La propriété ecclésiastique était limitée. Continuant dans le même sens, le Sénat de Venise, par une loi du 10 juin 1604, imposa de demander sa permission pour fonder un cloître, une église ou un hôpital; par une loi du 26 mars 1605, il décida que les biens immobiliers ne pourraient être transmis sans son autorisation à des ecclésiastiques, ni par achat, ni par donations, ni par héritage. Enfin, en violation des immunités auxquelles prétendait l'Église, un chanoine et l'abbé de Nervesa furent arrêtés, emprisonnés et traduits devant le Conseil des Dix, pour deux affaires criminelles.

Le pape Paul V réclama la révocation des deux lois et exigea que les ecclésiastiques prisonniers lui fussent consignés. Le 10 décembre 1605, il condamna les deux lois et la procédure suivie à l'encontre des deux ecclésiastiques. Le doge Leonardo Donato refusa toute satisfaction. Le 17 septembre 1606, le pape annonça que, si dans un délai de vingt-quatre jours Venise n'avait pas cédé, l'interdit serait jeté sur son territoire.

Venise se déclara « résolue à vivre catholique et à se défendre ». Elle prétendait que la contestation ne touchait pas le spirituel, la religion, mais seulement le temporel, la juridiction. Le pape, dans cette affaire, prétendait effectivement à la souveraineté temporelle. Le conflit n'était pas exclusivement vénitien : le pape attaquait à Venise les droits de tous les princes. Venise consulta des juristes de Padoue, de Milan, de France, d'Espagne, et elle nomma consulteur, théologien, et canoniste d'État, le religieux Servite, Fra Paolo Sarpi. Or, depuis 1588, Sarpi étudiait le gallicanisme. Il était en correspondance avec les juristes français, qui l'imbibèrent des doctrines gallicanes. Il admirait dans les gallicans les défenseurs de l'Église universelle et tenait que si les Italiens conservaient quelque liberté, ils la devaient toute à la France. Il n'était pas sans subir aussi des influences protestantes. Il correspondait avec le protestant français Groslot de Lisle. Il avait des entretiens fréquents avec le ministre anglican

Bedell, chapelain de l'ambassadeur d'Angleterre à Venise, Wotton, et ce dernier le considérait comme un protestant. Sarpi publia en 1606 les *Considerazioni sopra le censure della Santità di papa Paolo V* et, en collaboration avec six autres théologiens officiels, le *Trattato dell' Interdetto*. De nombreuses autres œuvres suivirent. Les idées de Sarpi coïncidaient avec celles des gallicans, et, sur de nombreux points, avec celles de Jacques Ier. Sarpi professe d'abord l'indépendance du spirituel et du temporel. « Dieu a constitué deux gouvernements dans le monde, un spirituel et l'autre temporel, chacun d'eux suprême et indépendant l'un de l'autre. L'un est le ministère ecclésiastique, l'autre est le gouvernement politique. Du spirituel, il a donné le soin aux Apôtres et à leurs successeurs, du temporel, aux princes, de telle sorte que les uns ne peuvent s'entremettre de ce qui appartient aux autres. » Sarpi professe donc la souveraineté des princes et particulièrement du doge de Venise au temporel. Dans les affaires temporelles, le doge ne reconnaît personne au-dessus de lui, sauf la Majesté de Dieu. Il en résulte que « le pape n'a pas pouvoir d'annuler les lois des princes sur les choses temporelles, ni de les priver de leurs États, ni de libérer leurs sujets de leurs sujétions ». Le pape n'est infaillible qu'en matière de foi et sous certaines conditions. « Le pontife ne doit pas se tenir pour infaillible sinon où Dieu lui a permis sa divine assistance. Certains docteurs modernes disent que c'est dans les choses nécessaires à la foi seulement, et même quand il use des moyens dus d'invocations divines et de consultations ecclésiastiques. » Donc quand le pontife fulmine des censures, excommunications, interdit, contre des princes et des États, il est licite aux docteurs d'examiner s'il procède « *Clave errante vel non errante* ». Quand ils ont certifié au prince que les censures sont invalides, le prince peut en empêcher l'exécution. Les conciles œcuméniques sont d'ailleurs supérieurs aux papes et le prince peut en appeler au futur concile. Sarpi accusait le pape d'aspirer à un pouvoir totalitaire : « *Non est primatus, sed totatus.* » Les jésuites faisaient du pape une « *Supradivinitas* ». À l'intérieur de ses États, le prince, et dans le cas particulier le doge, a toute autorité temporelle sur les ecclésiastiques pour le bien commun : « Les ecclésiastiques, par la loi divine, n'ont reçu aucune exemption du pouvoir séculier, ni quant aux personnes, ni quant à leur robe, mais bien des princes pieux, en commençant à Constantin jusqu'à Frédéric II. Ils ont eu diverses exemptions… selon l'exigence des temps et convenance des lieux… Nonobstant une exemption quelconque, le prince a toute puissance sur leurs personnes et leurs biens quand la nécessité du bien public y astreint. » Donc, le pape était mal fondé à réclamer la suppression des deux lois et la libération des deux ecclésiastiques. Quant à son interdit, il était nul[1].

Fort de ces théories, le Sénat vénitien décréta qu'obéir au pape serait puni de mort. Le clergé vénitien s'inclina. L'interdit ne fut pas observé. Les jésuites, les capucins, les théatins, qui soutenaient la validité de l'interdit, furent chassés. Une loi spéciale fut lancée contre les jésuites, le 14 juin 1606. Elle équivalait à les exclure de Venise à perpétuité, car des conditions impossibles à accepter étaient mises à leur retour.

Les Espagnols poussèrent le pape à la guerre contre Venise. Les gallicans, les protestants d'Allemagne et de Hollande, prirent fait et cause pour Venise et pour Paolo Sarpi. Henri IV ne pouvait courir le risque de laisser écraser Venise, le premier État qui l'ait reconnu comme roi légitime, la seule puissance italienne vraiment indépendante des Habsbourg. Il mit sur pied une armée de 24 000 fantassins et 4 000 cavaliers. Son ambassadeur, un protestant converti, Fresnes-Canaye, proposa en décembre 1606 au Sénat de Venise de provoquer une invasion du Milanais par les Grisons.

Mais une guerre, et surtout une guerre avec le pape, aurait été trop dangereuse à ce moment pour Henri IV. Il essaya de tout concilier. D'abord, il avait tenté d'obtenir du pape une prolongation du délai de vingt-quatre jours. N'y ayant pas réussi, il

1. Luigi Emery, « Religione et politica nella mente di Fra Paolo Sarpi », *Nuova Rivista storica*, 1924, t. VIII, pp. 304 et 443.

proposa sa médiation ; il suggéra que Venise livrât les ecclésiastiques prisonniers, non au pape directement, mais à lui, Roi de France, allié de la Sérénissime. L'amour-propre des Vénitiens serait moins endolori. Ensuite, Henri IV remettrait les ecclésiastiques au pape. Il envoya d'autre part le cardinal de Joyeuse au souverain pontife pour obtenir de lui des concessions. Péniblement, l'accord se fit. Venise ne retira pas ses lois, et le pape n'exigea pas le retour immédiat des jésuites. Mais Venise et le Roi de France demandèrent conjointement la levée des censures pontificales, Venise retira sa protestation contre l'interdit et elle remit les deux ecclésiastiques. Le 21 avril 1607, le cardinal de Joyeuse donna à Venise l'absolution pontificale.

La guerre était évitée, mais le problème vénitien n'était pas résolu. Le schisme de Venise, peut-être sa conversion au protestantisme, restaient possibles. Les gallicans français soutenaient Paolo Sarpi. Le premier président Achille de Harlay, l'avocat général Louis Servin, le président Auguste de Thou, liés avec les protestants Groslot de Lisle et du Plessis-Mornay, provoquaient ou rédigeaient des pamphlets contre le pape et les jésuites. Paolo Sarpi poursuivait depuis le 4 septembre 1607 une correspondance avec le juriste français Jacques Leschassier, qui lui apprenait plus que bien des livres. Sarpi resserrait ses liens avec Bedell et l'ambassadeur Wotton. Celui-ci faisait célébrer chez lui le culte protestant et des nobles vénitiens y assistaient. Il introduisait à Venise des livres pour la propagande protestante. Les ambassadeurs de Venise à Paris, Priuli, Foscarini, envoyaient des livres protestants. Les œuvres de Jacques Ier étaient très lues par les juristes et par les théologiens italiens, discutées, appréciées, admirées. Sarpi le saluait en janvier 1610 du titre de « Roi très sage » et le considérait comme « l'idéal d'un prince[1] ». Sarpi inclinait de plus en plus vers le protestantisme. Les chances de le voir créer à Venise une communauté protestante apparurent grandes lorsque, le 5 octobre 1607, il fut assailli et frappé de

1. A. C. Jemolo, *Stato e Chiesa negli scrittori politici del seicento*, Turin, 1914, pp. 18-19.

trois coups de poignard. Le Sénat accusa le pape et les jésuites d'être les auteurs de la tentative d'assassinat. Mais Sarpi était un homme de plume, non pas un homme d'action. Lorsque l'Union évangélique se forma en Allemagne, en 1608, Christian d'Anhalt songea sérieusement à convertir Venise et à former avec le nouvel État protestant une ligue qui dominerait les passages des Alpes et toutes les routes militaires des Habsbourg. Mais à son envoyé Dohna, en juillet 1608, aux envoyés de Wotton et du « pape des Huguenots », du Plessis-Mornay, Diodati, le traducteur de la Bible en italien, et le pasteur David Liques, pour une ligue de Venise protestante, de la France, de l'Angleterre, de la Hollande, contre le pape, et pour la ruine prochaine de la Babylone dont parlait l'Apocalypse, Sarpi ne répondit que par des manifestations de sympathie pour le protestantisme et par des plans de pénétration lente, cachée, sournoise, progressive. Diodati, avant son départ de Venise, en octobre 1608, écrivait : « Je ne juge point qu'il soit jamais pour donner le coup de pétard[1]. »

Cependant, un disciple de Sarpi, Fulgenzio Micanzio, commençait au Carême 1609 une prédication préparée avec Bedell, et si ambiguë qu'il était difficile, confessait le nonce, d'en préciser les erreurs. Le nonce parvenait cependant à en tirer trente et une propositions hérétiques. Christian d'Anhalt envoyait dans l'été 1609 un émissaire, G. B. Lenck, à Venise, pour resserrer les liens entre la Sérénissime et l'Union évangélique. Lenck avait des colloques avec Wotton, Sarpi, Fulgenzio Micanzio. En mars 1610, il était reconnu officiellement comme représentant de l'Union évangélique. Il était question de donner le commandement des troupes de Venise à Christian d'Anhalt, calviniste, ou à un prince luthérien.

Or, Henri IV ne tenait pas à une Venise protestante, ou trop liée avec les protestants. Il craignait que les protestants d'Europe, recevant ainsi un accroissement de puissance, ne devinssent encore plus difficiles à manier. D'autre part, le parti favorable

1. L. Emery, art. cité, p. 454.

aux protestants dans le Sénat n'était pas bien disposé pour la politique d'Henri IV, qui cherchait à entraîner Venise dans une guerre contre les Habsbourg. Henri IV voulut donc porter un coup mortel à ce parti. Une lettre de Diodati du 8 mai 1609 étant tombée entre ses mains, il l'envoya à Venise, où elle fut lue en plein Sénat. Les intrigues de Sarpi et de Fulgenzio Micanzio se trouvèrent dévoilées. Les Nicodémites du Sénat n'osèrent plus bouger. Le Sénat interdit la continuation de la prédication de Micanzio pour 1610. Le pape Paul V remercia le Roi de France par une lettre autographe.

Qui osera affirmer que la politique souple, nuancée, attentive aux circonstances et aux possibilités, que mena Henri IV, n'était pas la plus favorable aux intérêts de la France et peut-être même aux intérêts du catholicisme ? Il s'agissait de concilier des contradictoires et de maintenir en équilibre des forces contraires. Peut-être Henri IV était-il plus sincèrement catholique romain que ne le croyaient les « bons catholiques ». Peut-être a-t-il exprimé le fond de sa pensée, lors de sa conversation avec Lesdiguières à Fontainebleau, le 17 octobre 1609 : « Il (Henri IV) sçait que ceux de la religion se sont pleins de ce que le Roy estoit curieux de désirer la conversion de ceste qualité ; mais qu'il respondait qu'il pouvait, pour le moins, avoir autant de liberté que les ministres et autres de la religion prétendue réformée, qui souhaitaient tous les jours que les catholiques se fissent de la religion. Que, comme Roy et comme homme particulier, il avait deux volontez : comme particulier, il désirait qu'il n'y eust qu'une religion en tout l'Estat ; comme Roy, il désirait la même chose, mais néanmoins qu'il sçavait se commander et mesme qu'il se servait des uns et des autres où il fallait[1]... » Henri IV aurait voulu le seul catholicisme, mais se jugeait obligé de faire vivre catholiques et protestants ensemble.

Mais cette politique, mais son auteur, comment pouvaient les juger des catholiques extrêmes, faisant passer avant toute chose

1. Y. de La Brière, art. cité, *Études*, 1904, t. XCIX, pp. 58-63.

l'intérêt du catholicisme, salut des âmes, et ne voyant ce salut que dans un immédiat exclusivisme ? Le Roi n'avait-il pas obstinément refusé la publication du Concile de Trente ? N'en avait-il pas violé les décrets dans ses nominations ecclésiastiques ? N'avait-il pas cherché constamment à aider Jacques Ier, hérétique, ennemi du pape ? N'avait-il pas empêché le souverain pontife d'écraser la résistance de Venise, schismatique, inclinant à l'hérésie, ennemie du pape ? N'avait-il pas laissé des gallicans soutenir Jacques Ier et Paolo Sarpi ? N'était-il donc pas avéré que partout et toujours le Roi faisait le jeu des hérétiques et des schismatiques, contre la primauté du souverain pontife ? Son attaque contre les amis des protestants de Venise ? Mais c'est qu'alors ses intérêts personnels étaient en jeu ! Ne devait-on pas conclure de tout cela que sa conversion n'était qu'une feinte pour servir soit le protestantisme, soit d'immodérés appétits de puissance ? Qu'au fond, il était resté hérétique, pis, peut-être, qu'il était un indifférent, un athée pratique, soucieux seulement de lui-même, de ses honneurs, de sa gloire, de ses profits ? Son absolution n'était-elle donc pas nulle ? Ses droits à la Couronne n'étaient-ils donc pas illusoires ? La présence illégitime sur le trône de France de cet hérétique, de cet apostat peut-être, n'était-elle pas un intolérable scandale ? N'avait-on pas affaire à un tyran d'usurpation ? N'était-ce pas le devoir de tout « bon catholique » d'en débarrasser le royaume et la chrétienté, qu'il menait à la ruine religieuse, à la perte des âmes, au besoin par un meurtre, recommandé, loué, dans ce cas, et qui serait, en réalité, une exécution ? Voici ce que pensaient Ravaillac et tous les « Ravaillac en puissance ».

Henri IV et les questions sociales

Problème dynastique, problème de la sincérité de la conversion royale et de la valeur de l'absolution qui lui avait été donnée, dont nous avons poursuivi la solution à travers la politique étrangère et la politique religieuse d'Henri IV, se résolvaient, pour les « bons catholiques », en cette conclusion : « Henri IV est un tyran d'usurpation », qui nous donne la mineure de notre syllogisme. En vertu de la majeure : « N'importe qui a le droit de tuer le tyran d'usurpation », tout « bon catholique », comme Ravaillac, pouvait donc se croire libéré du cinquième commandement de Dieu : « Tu ne tueras point » et habilité à frapper le tyran. Nous avons donc résolu le problème de psychologie collective que nous nous étions posé et nous pourrions nous en tenir là. Le lecteur comprendra avec quelle joie je le ferais. Mais il semble nécessaire d'examiner rapidement d'autres actes d'Henri IV, de nature à renforcer chez les opposants la conviction qu'il était un tyran, bien qu'en eux-mêmes ces actes ne pussent le faire passer que pour un « tyran d'exercice », qu'il n'était pas permis de tuer, contre qui il était légitime de se révolter, à condition que la révolte fût conduite par ceux qui détenaient l'autorité publique, princes, magistrats, seigneurs.

Le problème fiscal

La première catégorie d'actes qui pouvaient faire qualifier Henri IV de « tyran d'exercice » sont ceux accomplis pour résoudre le problème fiscal. La gestion financière d'Henri IV et celle de Rosny, nommé en 1606 duc de Sully, membre du Conseil des Finances depuis 1596, le principal conseiller d'Henri IV en matière de finances depuis 1599, sans doute, bien qu'il n'ait jamais été surintendant des finances, pouvait susciter l'accusation de tyrannie. Elle doit sa bonne réputation auprès des historiens à deux réalisations : le remboursement partiel des dettes contractées à l'étranger pendant la Ligue, la constitution du Trésor de la Bastille. Pour Sully, toutes les dettes de l'État en 1599 montaient à 296 620 252 livres 6 sous 2 deniers. Pour les contemporains, à environ 200 millions. Sur cette somme, la France devait 68 682 052 livres 6 sous 2 deniers à des États étrangers : Angleterre, 7 370 800 livres ; cantons suisses, 35 823 477 livres 6 sous 2 deniers ; princes et villes d'Allemagne, 14 689 834 livres ; Pays-Bas, 9 275 400 livres ; Toscane, 3 522 541 livres. Ce fut pour éteindre une partie de sa dette envers la Toscane qu'Henri IV épousa Marie de Médicis le 5 octobre 1600, moyennant 600 000 écus de dot dont 350 000 versés comptant et le reste défalqué de la créance sur le Roi de France. Sully entreprit de réduire la dette étrangère. Il réussit à verser des sommes importantes. Le 30 septembre 1602, la France avait payé aux Hollandais 3 600 000 livres. En 1607, Sully affirme avoir payé aux Suisses 17 350 000 livres. En réalité, il ne leur avait transféré probablement que neuf millions de livres. Mais il avait profité des inquiétudes de ses créanciers pour conclure des accords ou « partis » avantageux avec des hommes d'affaires, les « partisans », qui se chargeaient, moyennant un honnête bénéfice, de faire accepter aux créanciers pour remboursement total une faible proportion de leurs créances. Ce sont les dettes éteintes par ce procédé que Sully compte comme sommes effectivement versées. Malgré cette espèce de banqueroute, il restait encore de fortes sommes dues à l'étranger en 1610. En 1612, la France devait encore une annuité de 100 000 livres à Florence[1].

En 1596, la dépense était de 16 300 000 écus, la recette de 10 300 000 écus, le déficit normal de 6 000 000 d'écus. Sully peu à peu remit le budget en équilibre, obtint des excédents budgétaires, et, à partir de 1604, put régulièrement effectuer des versements au Trésor de guerre de la Bastille. Au début de 1610, il y avait environ 5 millions d'or à la Bastille, 7 à 8 millions disponibles au Trésor de l'Épargne, loin des 41 245 000 livres dont 23 460 000 à la Bastille dont Sully se vante dans ses « Économies royales », mais tout de même un trésor de guerre fort honorable et bien nécessaire. Il faudrait y joindre le matériel et les munitions de l'Arsenal, qui comptait encore en 1611, dans la « grande halle aux canons », 86 bouches à feu, et dont les « galeries

1. Louis Batiffol, *La Vie intime d'une Reine de France*, Paris, 1906, I, p. 22.

des armes» offraient encore 7 000 piques, 3 000 arquebuses, 1 500 mousquets, 3 000 corselets, et, en outre, du matériel d'artillerie et des outils de pionniers, après qu'on eut prélevé, en 1610, pour l'armée de Champagne, 3 000 piques, 3 750 mousquets et 3 000 corselets[1].

L'accroissement des « revenants-bons » au Trésor de l'Épargne, c'est-à-dire des sommes que versaient les recettes générales, une fois les dépenses locales et les charges payées, montre bien les beaux résultats obtenus par Sully :

1600	10 542 817	livres tournois
1601	16 118 516	—
1602	19 365 429	—
1603	21 041 340	—
1604	21 574 460	—
1605	26 879 068	—
1606	28 378 359	—
1607	29 842 057	—
1608	32 787 296	—
1609	32 463 438	—
1610	33 339 336[2]	—

Malgré le rétablissement du royaume, la prospérité croissante, le bon ordre mis par Sully dans les finances, il ne faut pas se dissimuler que ce résultat ne fut obtenu qu'en imposant aux sujets du Roi un effort considérable, qui suscita des clameurs et des révoltes. Plus tard, la légende d'Henri IV, constituée par la propagande officielle, aidant, les Français considérèrent le temps d'Henri IV comme le bon temps, et, lorsque la fiscalité de la guerre de Trente Ans écrasa le royaume, demandèrent que

1. Paul Lecestre, «Notice sur l'Arsenal royal de Paris jusqu'à la mort d'Henri IV», *Mémoires de la Société d'histoire de Paris et de l'Île-de-France*, t. XLII, 1925, pp. 262-264.

2. D'après Mallet, «Comptes rendus de l'administration des finances du royaume de France pendant les onze dernières années du règne de Henri IV...», etc., Paris, 1789, in-4°.

les impôts fussent remis sur le pied de ceux de la fin du règne d'Henri IV. Sous Henri IV, non sans raisons, ils criaient tous.

Les contemporains se plaignirent d'ailleurs de dépenses inutiles. Agrippa d'Aubigné qualifie Henri IV de « ladre vert » ; le résident florentin déclare : « Son avarice est abominable » ; son historien Dupleix nous dit : « Il se montrait de vrai trop serré. » Quant à Sully, ses refus le font qualifier de « bête », d'« animal », de « palefrenier » par les ambassadeurs et les courtisans. Ce sont les échos des déceptions de gentilshommes vexés. En réalité, Henri IV dépensait beaucoup. Il jouait gros jeu, perdant en un soir, en 1600, 24 000 écus[1]. C'était chez lui une habitude invétérée. Bassompierre nous dit pour 1608 « qu'il se servait de marques de 50 et de 500 pistoles » de sorte que l'on pouvait tenir dans sa main à la fois plus de 50 000 pistoles de ces marques… » L'arrivée d'un fort joueur et adroit à la Cour était un événement. Le Roi perdait des centaines de milliers de livres[2]. Les faiblesses amoureuses du Roi coûtaient cher. Ce n'était pas comme avec Marie de Médicis : il ne payait pas seulement de sa personne. En neuf ans, pendant qu'il avait, de la Reine, six enfants, il avait cinq bâtards d'Henriette d'Entragues, de Jacqueline du Bueil et de Charlotte des Essarts. Il avait fait d'Henriette d'Entragues une marquise de Verneuil, de Jacqueline du Bueil une comtesse de Moret, de Charlotte des Essarts une comtesse de Romorantin. Toutes trois avaient été chères. Pour Henriette d'Entragues en particulier, il avait fallu beaucoup de beaux « carolus ». Les favorites ne suffisaient pas au Roi, qui ne se refusait aucun oiseau de passage, et les textes conservent des traces non équivoques de ses générosités reconnaissantes : « 15 000 écus à la Néri, cette belle fille ».

D'autres dépenses, nécessaires en elles-mêmes parce qu'elles servaient au Roi à s'assurer la fidélité de gentilshommes qui tenaient pour lui les provinces dans l'obéissance, apparaissaient,

1. Sully, *Économies royales*, Éditions des Trois V verts, 1633, II, p. 31.
2. Bassompierre, *Mémoires*, S. H. F., I, p. 200, année 1608.

aux yeux des contemporains à qui échappait le problème politique, parfaitement inutiles et scandaleuses. Les Maisons du Roi et de la Reine, où les titulaires de fonctions servaient par « quartier », c'est-à-dire par trimestre, allant le plus souvent passer une partie du reste de l'année dans leurs seigneuries, où ils portaient l'esprit de la Cour, paraissaient des gouffres inutiles. La Maison du Roi avait compté sous Henri III 1 725 personnes. Henri IV en conserva 1 517, et les dépenses montèrent de 300 000 livres en 1600 à 400 000 en 1609. Or, Louis XIII, Roi vraiment économe celui-ci, ne conserva que 1 132 personnes, et les dépenses, qui étaient allées jusqu'à 704 000 livres en 1620, redescendirent vers 400 000 après 1622. Comme tous les prix avaient monté, l'on peut estimer qu'Henri IV aurait pu se contenter de 200 000 livres pour les dépenses de sa Maison. Marie de Médicis dépensait à profusion. Les frais de sa Maison atteignaient 541 439 livres en 1609. Ses dettes montaient en 1610, avant la mort du Roi, pour sa Maison, à 1 507 000 livres.

Les gentilshommes n'étaient pas contents, et cependant le Roi distribua plus de deux millions de pensions par an, dont ils étaient les principaux bénéficiaires, et ses dons passèrent de 500 000 livres en 1600, à plus d'un million et demi en 1606, à 1 700 000 livres en 1609[1].

N'oublions pas les dépenses de prestige, l'urbanisme monarchique, la place Royale, commencée en 1605, le Pont-Neuf terminé en 1606, la littérature monarchique, Malherbe, appelé à Paris en 1605[2].

Mais ce furent surtout les mesures fiscales elles-mêmes, mieux connues et plus immédiatement ressenties, qui provoquèrent les mécontentements.

Le Roi avait dispensé ses sujets de payer les arriérés de taille jusqu'à l'année 1597 incluse. En 1599, il réduisait les tailles de

1. R. Mousnier, *La Vénalité des Offices*, pp. 407-408. L. Batiffol, *op. cit.*, II, pp. 151-162.
2. R. Mousnier, « L'âge classique », dans *Histoire de France*, Paris, Larousse, I, 1954, pp. 430-432.

18 millions de livres tournois à 16 230 437; en 1600, à 14 564 308 livres; en 1602, à 13 541 453. Elles remontèrent ensuite légèrement. En 1609, elles s'élevèrent à 14 295 000 livres. En même temps, des efforts étaient faits pour une meilleure répartition. Ce fut le but, notamment, de l'édit de 1600 sur les tailles. Les historiens ont célébré ces allégements du principal impôt direct, dû par les roturiers ou, dans les pays de taille réelle, par les propriétaires de terres roturières, sans remarquer toujours assez qu'ils étaient compensés par la création d'autres impôts, graves pour les petites gens, et que chaque mesure suscitait de nouveaux mécontents.

Les tailles étaient un impôt de répartition, c'est-à-dire qu'une certaine somme était imposée sur une paroisse par exemple et répartie entre les contribuables selon leurs facultés apparentes. Si l'un des contribuables était exempté, sa charge retombait sur les autres. Or, pendant les troubles, beaucoup de gens avaient porté les armes. Ayant vécu en gentilshommes, ils en profitaient pour se prétendre gentilshommes et se faire exempter des tailles. Le Roi voulut alléger les autres contribuables en les remettant à l'impôt. Les articles 25 à 28 de l'édit de 1600 ordonnaient de ne plus considérer comme gentilshommes que ceux qui pourraient prouver que leur aïeul, leur père et eux-mêmes avaient toujours fait profession des armes, et jamais aucun acte dérogeant à noblesse, comme métier ou marchandise ; et, quant à ceux qui, roturiers, avaient servi dans les compagnies d'ordonnances, ils resteraient exempts de tailles, s'ils prouvaient aux Cours des Aides qu'ils avaient servi vingt ans et servaient encore, ou, ayant cessé de servir, qu'ils avaient servi vingt-cinq ans[1].

Or, tant de papiers avaient été perdus ou brûlés pendant les troubles, qu'il fut difficile à des gentilshommes authentiques ou à de vieux soldats de prouver des droits bien réels. Ils furent remis à la taille, considérèrent que leurs services étaient méprisés, que le Roi, ingrat, les humiliait, qu'ils étaient spoliés, tyrannisés.

1. Isambert, *Recueil général des anciennes lois françaises*, t. XV, p. 226.

Le Roi, désespérant de la situation financière, avait convoqué une assemblée de notables à Rouen en 1596. L'Assemblée lui conseilla une taxe d'un sol pour livre sur toutes les denrées comme sur toutes les marchandises entrant dans les villes closes, à l'exception du blé, pour ne pas faire monter le prix du pain, principale nourriture du peuple. L'Assemblée attendait de cet impôt indirect 7 millions par an[1]. Un édit fut dressé et vérifié en la Cour des Aides le 30 mars 1597. Le nouvel impôt indirect fut appelé la « pancarte », parce que le Conseil du Roi, pour éviter les calculs, avait dressé ce que l'on appela plus tard un barème des sommes à payer par marchandise et par quantités « comme, par exemple, le muid de vin à tant, et ainsi des autres marchandises ». L'idée était de reporter sur les villes une partie du fardeau financier des campagnes. Mais les résultats ne répondirent pas à l'attente. Non seulement les villes firent une opposition violente, mais les campagnes se joignirent à elles, car le droit nouveau, faisant augmenter les prix, nuisait au débit des denrées et fabrications rurales dans les villes. Ce fut pis dans les provinces privilégiées, où tout impôt nouveau était considéré comme une « gabelle » et où, au seul nom de « gabelle », tous, gentilshommes, officiers, marchands, artisans, laboureurs, voyaient rouge et faisaient bloc pour la défense des privilèges, des « libertés » de la province. En Poitou, en Aunis, en Saintonge, en Limousin, en Périgord, en Quercy, en Guyenne, le Roi ne trouvait pas de fermiers pour la levée du sol pour livre. À Poitiers, le conseiller d'État Damours, venu pour organiser la nouvelle taxe, dut fuir devant l'émeute, en mai 1601. Limoges se souleva en 1602. Au lieu de 7 millions, la pancarte rapporta 1 563 594 livres. Il fallut la supprimer par une déclaration royale du 10 novembre 1602. Mais, pour la remplacer, Sully dut augmenter de 450 000 livres la ferme des gabelles, dont le poids retombait surtout sur les paysans du Bassin parisien, les tailles

1. R. Charlier-Meniolle, *L'Assemblée des notables tenue à Rouen en 1596*, Rouen, 1911, pp. 46 et suiv., 91-93.

de 450 000 livres, et demander aux villes et bourgs francs de tailles une contribution de 400 000 livres.

Enfin, le Roi essaya de remédier aux mécontentements causés par la hausse des prix et par la rareté de la monnaie d'or et d'argent. Les métaux précieux venaient d'Espagne. Mais, pendant les guerres civiles, les exportations françaises en Espagne avaient beaucoup diminué. L'or et l'argent espagnols étaient donc entrés en France en quantités moindres. De plus, en décembre 1596 et mars 1597, la banqueroute espagnole, l'interdiction d'exporter l'argent d'Espagne, provoquèrent en France une brusque hausse de l'argent et surtout de l'or[1]. L'or et l'argent se cachèrent ou fuirent. Des marchands hollandais, flamands, allemands, parcouraient les régions de l'Ouest, celles de la Saône et du Rhône, offraient de l'écu d'or sol, dont le prix était fixé par l'édit de 1577 à 60 sols, 63, 64, 65 sols, en monnaies d'argent étrangères de mauvais aloi, pour les pièces d'argent françaises du billon, c'est-à-dire des monnaies d'argent mêlées de cuivre, ou des liards de cuivre, et emportaient les monnaies d'or et d'argent à l'étranger.

Ils avaient d'autant plus d'intérêt à exporter l'or hors de France, que la plupart des pays étrangers avaient adopté 1/12 comme rapport entre l'or et l'argent, alors qu'en France le rapport était de 1 à 11,75. Contre une pièce d'or française, l'on recevait donc plus d'argent à l'étranger qu'en France. Il était donc avantageux de vendre les monnaies d'or françaises à l'étranger.

Étant donné que le prix commercial de l'or et de l'argent était supérieur au prix légal, les Français eux-mêmes avaient intérêt à vendre leurs pièces d'or et d'argent aux orfèvres, qui les fondaient.

La disparition de l'or était surtout grave pour les marchands et banquiers. Celle de l'argent rendait difficile la vie du petit peuple et les opérations des receveurs royaux, car c'était en

1. Franck C. Spooner, *L'Économie mondiale et les frappes monétaires en France (1493-1680)*, Paris, 1956, pp. 176-180.

argent et en billon que se payaient les impôts, en billon que s'effectuaient les menus achats de tous les jours. Il fallut frapper du billon, à moindre proportion d'argent, et du cuivre. Mais là où un marchand se serait contenté de 60 sols en billon, lorsque l'écu d'or valait cette somme, il en demanda 65, lorsque l'écu fut à ce prix, et davantage encore, en raison des difficultés à compter et transporter le billon. Autrement dit, il y eut des phénomènes d'inflation et de hausse des prix.

Ces phénomènes étaient accrus par l'existence de fait de deux monnaies. Il y avait une monnaie de compte, purement idéale, dont l'unité était la livre tournois, jamais frappée en pièce solide et ne correspondant à aucune quantité invariable de métal fin. Il y avait une monnaie réelle, en pièces d'or, d'argent, de billon, dont la valeur était fixée en monnaie de compte par le Roi. Henri III avait cru freiner la spéculation et la hausse. L'ordonnance de septembre 1577 avait interdit le compte par livres et imposé comme unité l'écu sol, dont la valeur était fixée à 60 sols tournois. La déclaration du 24 mai 1601 confirma l'ordonnance de 1577. Mais l'ordonnance prétendait interdire l'usage de la monnaie de compte tout en la gardant et en s'en servant. Il aurait fallu compter par fractions d'écus, et frapper des pièces correspondantes. En réalité, tout le monde continua à compter par livres et par sols, et à considérer l'écu comme une quantité variable de sols et de livres.

Le Roi rendit donc, en septembre 1602, l'édit de Monceaux. Le compte par écus était supprimé et le compte par livres rétabli. L'importation de l'or et de l'argent, du billon, étaient interdites. Le prix d'un certain nombre de pièces françaises était fixé, l'écu sol, par exemple, à 65 sols au lieu de 60. Ce « surhaussement » du prix était donc une dévaluation de 7,65 %. Cours était donné à 18 espèces étrangères, dont le poids était fixé, par exemple l'Albertus de Flandre, 2 deniers 6 grains, à 46 sols, le Noble à la Rose d'Angleterre, 6 deniers trébuchants, à 7 livres 10 sols, etc. Toutes les autres pièces étaient décriées, notamment le billon étranger. Les débiteurs pouvaient s'acquitter en espèces mentionnées dans l'édit, aux prix et cours qui y étaient indiqués, celui qui devait 13 écus en donnant 12 écus d'or sol, celui qui devait 100 écus en donnant 92 écus 20 sols.

L'édit était une catastrophe pour les créanciers, dont la créance se trouvait réduite de 7,65 %. À ce point de vue, il pouvait apporter un soulagement momentané aux débiteurs du Trésor, les contribuables, mais cet avantage était plus que compensé par le décri du billon étranger et des pièces d'argent étrangères, plus légères que le poids de l'édit. Avec quoi le peuple, saturé de ces pièces, allait-il acheter son pain et payer ses impôts ? La Cour des monnaies atténua donc la portée de l'édit et l'amenda en l'enregistrant. Elle donna cours aux doubles, monnaie de billon très répandue, et aux petits deniers de cuivre fin. Mais, alors, l'or et l'argent faisant prime par rapport à ces monnaies, l'on retrouvait l'inflation et la hausse des prix. Les trésoriers généraux de France à Tours prirent sur eux d'ordonner aux receveurs royaux de recevoir du peuple les espèces d'argent aux prix de l'édit, sans les peser, sauf si elles étaient trop visiblement légères et rognées. Autrement, il aurait fallu mettre presque tous les contribuables en prison. Le Roi transforma cette décision en loi générale, le 22 octobre 1602, pour un an, puis en prolongea l'effet jusqu'au 30 juin 1604. En fait, l'édit de 1602 resta lettre morte. La spéculation sur les monnaies, la hausse de l'or et de l'argent évalués en monnaie de compte, l'inflation, la hausse des prix, continuèrent. Le petit peuple murmura[1].

À partir de 1604, les agitations provoquées par les grands et par les protestants en Quercy, en Périgord, en Limousin, d'autant plus aisément que le peuple était irrité par la fiscalité royale, les expéditions qu'Henri IV dut entreprendre contre le vicomté de Turenne, puis contre la principauté de Sedan, l'espoir d'un soulèvement morisque qu'il faudrait appuyer en

1. Fontanon, *Édits et ordonnances des Rois de France*, II, pp. 227-242. Loys de Chabans, *Raisons pour montrer que l'édit nouvellement fait sur les monnaies est juste*, Paris, 1609, in-8°.

Espagne, l'interdit de Venise et les perspectives d'une intervention en Italie, l'affaire de la Valteline, les projets de participation à la guerre des Pays-Bas et d'annexions en Flandre et au Luxembourg, peut-être d'annexion des Provinces-Unies, la certitude, après la trêve de douze ans, d'un conflit direct et ouvert inévitable avec les Habsbourg, obligèrent Henri IV à pousser ses armements, à constituer des amas de munitions et un Trésor de guerre, donc à faire argent de tout. Sa politique financière devint plus rigoureuse.

Sully se montra particulièrement brutal à l'égard des rentiers. Les plus nombreux étaient titulaires de rentes sur l'Hôtel de Ville de Paris, assignées sur les revenus royaux des recettes générales, des aides, des gabelles, et sur les biens du clergé. Vers 1586, il y en avait pour un capital de 44 634 000 livres tournois. Mais le paiement de ces rentes avait été très irrégulier. Dans un discours au Roi, le 26 avril 1605, le prévôt des marchands de Paris, François Miron, déclarait que, depuis 1586, il n'avait été payé que deux années et demie d'arrérages pour les rentes assignées sur les recettes générales, quatre et demie pour celles assignées sur les gabelles et sur les décimes du clergé. Les arrérages non payés s'élevaient à 60 760 000 livres.

Le capital correspondant à ces rentes n'avait pas toujours été très exactement versé par les souscripteurs. Dès 1599, Sully fit commencer des vérifications, mais ce fut en 1604 que l'opération prit toute son ampleur. Une commission en fut chargée. Cependant Sully faisait l'équivalent d'une banqueroute de plus. Un arrêt du conseil du 17 août 1604 retrancha pratiquement les arrérages impayés à la fin de 1604 et décida qu'à partir du 1er janvier 1605, les termes à échoir seraient seuls exigibles. Selon les « maximes » de Sully, toutes les rentes dont les possesseurs ne pourraient pas prouver, pièces en main, que le capital correspondant avait bien été versé seraient réduites du denier douze (8,33 %) au denier seize (6,25 %), au denier dix-huit (5,55 %), au denier vingt-cinq (4 % !). « L'émotion fut grande à Paris. Les rentiers se portèrent en masse sur l'Hôtel de Ville. » Le prévôt des marchands, Miron, adresse au conseil, le 22 avril 1605, une remontrance cinglante : « Inutilement travaillons-nous d'amasser de l'argent au Roy pendant que nous lui perdons l'affection de ses subjects. » Ceux-ci, maltraités, ne demanderaient que changement. Il empêcha cependant les bourgeois de s'armer. Une députation de la ville, conduite par l'échevin de Grieu, vint trouver le Roi. Celui-ci annonça que les choses resteraient « en l'estat qu'elles sont » et que les receveurs-payeurs des rentes paieraient « les arrérages comme l'on a accoustumé ».

Sully n'en continua pas moins discrètement ses opérations de vérification. Il remboursa d'office beaucoup de rentes à vil prix. Il annula une partie de celles qui avaient été irrégulièrement constituées. À partir de 1607, il entreprit le rachat des rentes par l'intermédiaire des partisans. À une époque où les créanciers redoutaient beaucoup d'être remboursés, parce qu'ils ne savaient souvent pas où investir leur argent, Sully fit ainsi beaucoup d'ennemis au Roi.

Depuis 1604, Sully recourt de façon croissante aux « partisans ». Il afferme le plus grand nombre possible de revenus royaux, avec un seul souci : que le montant de ce que le fermier va verser au Roi soit le plus élevé possible. La ferme est une façon de lever l'impôt, commode pour l'État, onéreuse pour le particulier, non seulement parce qu'il faut prévoir le bénéfice du fermier, mais parce qu'il est presque impossible d'empêcher celui-ci et ses commis de prévariquer. Henri IV et Sully n'en ont cure. Il leur faut, vite, de l'argent, des canons, de la poudre, des boulets.

Le 15 mai 1604, Sully passait avec Jean de Moisset le bail général des aides de France, les impôts indirects, pour la première fois réunis en un bail unique. Sully a augmenté considérablement les baux des gabelles. Portant le muid de sel de 305 livres à 400, il adjugea les gabelles de France au bail de 1604 pour 4 621 017 livres, alors que les notables de Rouen les évaluaient à 2 658 650 livres. Il tira de l'ensemble des gabelles 6 075 028 livres, alors qu'en 1597 elles rapportaient 3 416 376 livres. Même en tenant compte de l'accroissement de la prospérité, l'augmentation compensait bien pour le paysan la diminution des tailles. Seuls les paysans du Sud-Ouest, pays rachetés, « rédimés », ou exempts, étaient avantagés.

Sully fit rendre, en 1604, aux baux de toutes les traites, ou douanes, du royaume, plus de deux millions, le double de ce qu'elles produisaient sous Henri III.

Pour la première fois, il afferma en décembre 1604, à Charles Paulet, une prime d'assurance sur les offices, appelée depuis « Paulette », et le commerce public des offices, pour 900 000 livres. Bénigne Saulnier en donna l'an d'après un bon million, alors qu'en 1600 et 1601 les « parties casuelles » ne rapportaient que 500 000 livres en tout, dont 150 000 livres pour les ventes d'offices de judicature.

Les droits domaniaux du Roi étaient, à la fin du XVIe siècle, presque totalement aliénés. Sully fit dresser, depuis 1603, un inventaire des contrats de vente et d'aliénation des droits domaniaux. En 1606 et 1607, il commença la grande campagne de rachat du domaine royal, par le système des « partis ». Cinquante et un contrats ou « partis » furent conclus avec des financiers ou « partisans », dont vingt-deux en 1608, et vingt-cinq en 1609. Le système est toujours le même : le partisan se charge de racheter droits domaniaux, rentes, offices ; il jouit, pendant seize ans en général, de ces droits domaniaux, rentes ou offices, ou de taxes créées pour la circonstance sur le sel ou d'autres denrées ; il rend ensuite les droits domaniaux, les rentes ou les offices, libres de toutes charges, au Roi. Or, ces contrats furent généralement très onéreux pour les sujets du Roi. En Champagne, au bureau des finances de Châlons-sur-Marne, six contrats furent passés de 1607 à 1610. Ils concernent le rachat des droits domaniaux, de rentes, de greffes, d'impôts indirects tels que le droit de six deniers pour livre sur chaque mine de sel vendu dans les greniers à sel de Champagne, créé par édit de janvier 1596. Les partisans sont de vieilles connaissances : Charles Paulet, Pierre Tiraqueau, Innocent Desboys, Jean Paucheron, Laurent Ficquet,

Nicolas Horquelin. Pendant douze à seize ans, ils vont jouir du revenu des domaines, greffes et taxes qu'ils remboursent ; de crues de cinq sols par minot de sel vendu en Champagne, de six deniers par livre sur les tailles, de six deniers par livre sur chaque minot de sel, du prix de vente des offices de regrattiers et revendeurs de sel à la petite mesure et de receveurs collecteurs du sel par impôt. Tous ces droits pesaient sur le contribuable beaucoup plus qu'il n'était nécessaire. Charles Paulet devait racheter des greffes et droits domaniaux pour 250 000 livres. Mais il allait toucher 500 000 livres de gages, droits et émoluments d'offices, et 489 561 livres 12 sols sur le sel, en tout près d'un million. Un autre contrat, conclu pour douze ans, aurait pu être exécuté en six ans[1]. Pourquoi des conditions si onéreuses ? Probablement parce que ces contrats constituaient la contrepartie d'avances faites au Roi pour les besoins de la politique étrangère et de la préparation à la guerre.

L'établissement d'une chambre de justice, en janvier 1607, pour poursuivre les officiers de finances qui avaient malversé, destiné surtout à obtenir des restitutions par voie amiable, n'était pas une compensation suffisante[2].

Le Roi cherchait par tous les moyens à obtenir des participations accrues des provinces et des villes aux dépenses de l'État et, dans ce dessein, violait les privilèges et franchises des corps intermédiaires. En principe, les provinces qui avaient encore des États provinciaux, assemblées des représentants des trois ordres, Clergé, Noblesse, Tiers État, discutaient avec le Roi le montant de leur contribution et le votaient. Mais lorsque ces provinces sont divisées en élections, avec des officiers de finance nommés par le Roi, élus et receveurs, pour la répartition et la perception, le Roi n'hésite pas à passer outre au refus des États. C'est ce qu'il fit régulièrement en Normandie. En 1609, les Nor-

1. A. Chamberland, *Recherches critiques sur les réformes financières en Champagne, à l'époque d'Henri IV et de Sully*, Reims, 1902.
2. BNF, Cinq-Cents Colbert, in-16, f° 434 r°.

mands se plaignent d'être « maltraictez des partisans, ruinez de tailles excessives. . d'impositions et de multiplicité d'édicts... ».

Dans les pays d'États, où les États répartissent et lèvent eux-mêmes l'impôt par des officiers ou des commissaires nommés par eux, en Languedoc, en Bretagne, en Provence, en Dauphiné, en Bourgogne, le Roi est bien obligé de négocier un compromis. Mais, à toute occasion, il leur impose de couvrir des dépenses extraordinaires, comme en 1608, où il contraignit les États de Bourgogne à solder les dépenses d'opérations de police contre les bandes de pillards et de démolitions des forteresses qui leur servaient de retraite.

Dans les villes, le Roi procède de même. Il sollicite les dons, il emprunte de force. Il fait contribuer Rouen et Poitiers à l'entretien du collège des jésuites. Il obtient des gens de Lyon qu'ils réparent les chemins entre Lyon et Vienne pour l'arrivée de Marie de Médicis, mais il leur laisse la note de frais. Il oblige Rennes à démolir à ses frais ses fortifications.

Aussi Henri IV cherche-t-il à obtenir des municipalités à sa dévotion. Il recommande des candidats aux élections par lettres de cachet. Au besoin, il nomme lui-même, et par « exprès commandement » fait élire maire de Bordeaux, d'Ornano, gouverneur de Guyenne. Il annule les élections qui lui déplaisent. Il réforme les constitutions municipales. À Limoges, après l'émeute de 1602, il réduit le nombre des conseils de 12 à 6, élus non plus par l'Assemblée du peuple, mais par 100 bourgeois que désigneront les consuls sortant de charge. Sur un corps électoral et un conseil municipal aussi restreint, le Roi aurait toujours prise par la peur, les faveurs, ou la corruption. À Lyon, de même, il avait remplacé les 12 consuls par un prévôt des marchands et 4 échevins. À Amiens, le mayeur et les 24 échevins furent remplacés par 7 échevins élus au bulletin de vote, en présence du gouverneur d'Amiens, et choisis parmi les personnes notables, « tant de justice, officiers du Roy que marchands en gros », à l'exclusion des « mécaniques » et des marchands au détail. Sur les 7, le Roi désigne un premier échevin.

« En tous ces actes, Henri IV se montre l'ennemi des franchises des villes et des provinces. » Pour des raisons de politique générale certes, mais aussi pour des raisons financières, le Roi dépassait l'absolutisme, et, violant les libertés des corps intermédiaires, réduisant les princes du sang à un rôle décoratif, limitant les pouvoirs des gouverneurs des provinces, piétinant leurs droits, les humiliant à l'occasion, comme il fit, à deux reprises, en 1603 et en 1605, au duc d'Épernon, colonel général de l'Infanterie, il paraissait mépriser la constitution coutumière du royaume, rompre ces liens de fidélité et de clientèle, auxquels les gens de l'époque étaient si attachés, pour y substituer son autorité personnelle, celle, toute-puissante mais froide et glacée, de la loi et de l'État, qu'il incarnait.

Le mécontentement fut porté à son comble par l'édit de 1609 sur les monnaies. La situation monétaire empirait. Dans les premiers mois de 1609, Henri IV nomma une commission de quatre conseillers d'État « pour entendre et recevoir les mémoires et advis que l'on pourrait donner pour empescher tels désordres de surhaussement et transport des bonnes et fortes monnayes de ses royaumes ». La commission, le Conseil d'État, la Cour des monnaies, examinèrent plusieurs projets. En août 1609, l'édit fut rendu. Le Roi décriait toutes les espèces étrangères, sauf, jusqu'au 1er septembre 1610, les pistoles simples, doubles et quadruples d'Espagne. Il décriait aussi toutes les espèces françaises légères, avec une tolérance jusqu'au 1er janvier 1610 et au 1er avril, suivant leur poids. Il ordonnait la frappe de nouvelles monnaies d'or et d'argent, sur le pied du rapport 1/12 entre l'or et l'argent, et, pour la première fois, faisait frapper des pièces d'argent d'une livre tournois, de demie et quart de livre tournois. Les monnaies d'or seraient des Henry (3 livres), double Henry, livre Henry (12 livres). Le prix de l'écu d'or sol était fixé à 72 sols jusqu'au 1er novembre 1609, et à 70 sols ensuite. Les autres monnaies existantes resteraient au prix de l'évaluation de 1602. Il était interdit d'augmenter le prix des espèces, de faire des prix différents selon les monnaies employées, de tranférer l'or, l'argent, le billon, monnayé ou non, hors du royaume[1].

Il s'agissait donc d'une révolution monétaire, qui aurait pu avoir de très bons effets, grâce surtout à l'adoption du rapport 1/12 entre l'or et l'argent. Le rapport devenant le même que celui généralement existant à l'étranger, la spéculation et l'exportation de l'or n'avaient plus de raison d'être. Mais précisément la Cour des monnaies était formellement opposée à tout changement du rapport entre l'or et l'argent. Le Parlement de Paris, sur son avis, refusa, en septembre 1609, d'enregistrer l'édit, qui resta lettre morte. Il s'éleva une véritable tempête d'écrits pour et contre.

Les projets monétaires du Roi soulevaient une émotion très vive. « Chacun en murmurait, principalement les pauvres marchands qu'on tondait si souvent qu'ils en estoient tous morfondus. Les plus aisés, et ceux qui avaient quelque argent en leurs coffres, disaient que si le Roy, au moins, ne leur donnait rien, qu'il ne leur osta rien ; et tous en général que c'estoient inventions de ces petits tiranneaux et mange-sujets de partisans : lequel mot sonne aujourd'hui fort rudement aux oreilles du peuple et n'y a matière plus fréquente de son esprit que celle-là. » « M. Le maréchal d'Ornano parla au Roy, en ce temps (plain de murmure populaire contre les édicts et nouvelles charges) fort généreusement et librement, enhardi par le commandement que Sa Majesté lui en fist et par les plaintes universelles de tout le peuple de France, principalement celui de son païs et de son gouvernement (de Guyenne). Il lui dit donc... qu'il estoit en très mauvais prédicament envers son peuple et qu'en toute la Guyenne on n'avait jamais tant mesdit ni détracté du feu Roy comme on faisait partout de Sa Majesté et aux grandes compagnies et aux petites (car il se trouvait aux unes et aux autres). Brief, qu'il n'estoit point aimé de son peuple, qui murmurait et

1. Texte communiqué par M. Barbiche, BNF, Dupuy 89, f°s 304-305 ; ms. fr. 4020, f°s 422-426 ; 18 503, f°s 177-180, cette dernière copie probablement de 1609.

se plaignait estrangement des grandes daces et impositions qu'on lui mettait sus journellement, plus intolérables, sans comparaison, que celles qu'ils avaient souffertes sous le feu Roy, pendant ses plus grandes guerres et affaires[1]... »

La taille aurait été bien lourde, la justice royale et le Roi lui-même bien durs, si le texte suivant est vraiment de Lestoile : « ... peu de jours avant la mort du Roy, l'exécution cruelle et inhumaine d'une pauvre femme des champs pour la taille, à laquelle les sergens aïans tout pris, vendirent pour le dernier une vache qui seule lui restait pour la nourriture d'elle et de six petits enfants, causa un triste et prodigieux accident : qui fust que ceste pauvre femme s'estant désespérée, pendist premièrement ses six enfants, puis se pendit après elle-mesme. On fist récit au Roy de cest acte vraiment tragique et espouventable. Et le jour précédant sa mort, le frère de ceste misérable, qui estoit un pauvre homme tout troué et déloqueté, se vinst jetter aux pieds de Sa Majesté pour lui en demander justice ; mais tant s'en faut que le Roy s'en montraast aucunement touché ni esmeu, qu'au contraire aïant rudement repoussé et renvoïé ce pauvre homme, lui dit qu'ils estoient tous des canailles, et qu'il eust voulu, pour ung, qu'il y en eust cent qui se fussent pendus. L'autre, après ces propos, s'estant levé, jettant les yeux au Ciel, dist ces mots : Puisque le Roy ne tient compte de nous faire justice, je m'asseure que celuy de là-haut, qui est Dieu, me la fera et bien tost. Le lendemain, le Roy fust tué... Je n'en eusse chargé ce registre, ne l'aïant sceu au vrai que trois mois après, si un de mes amis, homme d'honneur et de qualité, l'aïant appris de M. Forin, gouverneur du marquis de Rosny, qui estoit présent et près du Roy lorsque tout cela fust dit[2] ».

Pour tous ces actes, Henri IV pouvait être considéré comme un « tyran d'exercice ». Ceci, aux yeux des théologiens et des

1. P. de Lestoile, *Mémoires-journaux*, éd. G. Brunet, etc., t. X, p. 5, septembre 1609, transmis à Lestoile par un gentilhomme présent à l'entretien.
2. P. de Lestoile, *Mémoires-journaux*, éd. Michaud-Poujoulat, II, I, p. 617.

confesseurs, justifiait une révolte des personnes qualifiées, non un meurtre par le premier venu. Cette tyrannie a-t-elle donc un rapport avec l'assassinat d'Henri IV ? Est-ce un hasard si Ravaillac est venu d'Angoulême ? Le duc d'Épernon était gouverneur d'Angoumois, et des historiens ont trouvé les témoignages de la d'Escoman et du capitaine de La Garde suffisants pour considérer Ravaillac comme un fidèle de ce grand seigneur ulcéré, peut-être comme son instrument inconscient. L'Angoumois était une de ces provinces qui tremblaient toujours de se voir imposer la gabelle du sel ou une « gabelle » quelconque, et où les révoltes, le plus souvent provoquées par les gentils hommes ruraux, à propos des tailles pesant sur leurs fermiers et sur leurs métayers, ou à propos de droits sur le vin, étaient fréquentes. Les documents ne nous permettent pas d'affirmer que la question fiscale, et les questions politiques qui y sont liées, aient beaucoup préoccupé Ravaillac. Il serait imprudent de conclure de ce silence qu'elles n'ont été pour rien dans la formation de sa conviction.

Le problème des offices

Au cours du XVIe siècle, la plupart des fonctions publiques royales étaient devenues des offices, c'est-à-dire des dignités sociales accompagnées de fonction publique[1]. Les offices classaient haut dans la société, proportionnellement, chacun en son ordre. Les plus importants conféraient la noblesse, une noblesse de fonction, avec des appellations et des armoiries honorables. Étaient parfaitement nobles, eux et leur postérité, avec le grade de chevalier et l'appellation de messire, le chancelier de France, le garde des Sceaux, les conseillers d'État, qui n'étaient d'ailleurs que des commissaires à brevet, non des officiers, les secrétaires

1. R. Mousnier, *La Vénalité des Offices.*

d'État, les maîtres des requêtes, les présidents des cours souveraines, et avec le grade d'écuyer et l'appellation de Monsieur, les secrétaires du Roi, maison et couronne de France. Étaient nobles à titre personnel, avec le grade d'écuyer et l'appellation de Monsieur, les conseillers des cours souveraines, parlement, chambres des comptes, cours des aides, trésoriers de France des bureaux de finance. Si, pendant trois générations, l'aïeul, le père, le fils exerçaient ces charges au moins vingt ans et en mouraient revêtus, la noblesse demeurait acquise à leur postérité. Cette noblesse de fonction, chargée d'une émanation de la puissance royale, prétendait même avoir le pas à grade égal sur les gentilshommes, les nobles faisant profession des armes, les nobles d'épée et de race, ceux dont la noblesse se perd dans la nuit des temps. Dans ses prétentions, la noblesse de fonction se trouvait suivie et appuyée par tous les officiers, les uns, comme les huissiers, parce qu'elle exerçait ses fonctions avec eux, qu'ils avaient besoin de sa protection et subissaient son influence, les autres, officiers des bailliages et des sénéchaussées, officiers de finance, parce que leurs fonctions étaient comme les marchepieds d'une ascension sociale de la famille, qui pouvait se terminer dans la noblesse de fonction. Les officiers de justice formaient, ainsi, en fait, le « Quatrième État », l'État des gens de robe, à côté des États du Clergé, de la Noblesse et du Tiers.

Les gentilshommes, conscients de leur supériorité dans une société fondée sur la race et sur l'épée, souffraient de cette rivalité. Ils n'avaient que mépris pour les nobles de fonction. « Ce ne sont que railleries. » Leurs sentiments sont bien exprimés par un personnage d'un roman, *L'Histoire comique de Francion*, de Charles Sorel : « Je ne sçay par quelle fatalité la plus part de ces gens là (les conseillers du Parlement) deviennent à demy-fous sur leur vieillesse... les raisons les plus probables sont que premièrement ils ont des âmes abjectes comme estant nez de parents de basse condition et que, pour garder leur sotte gravité, ils se séquestrent des bonnes compagnies et ne passent leur temps qu'à des choses qui les rendent d'autant plus stupides qu'elles sont les plus viles du monde. » Et Balzac écrivait à Chapelain, le 20 décembre 1636 : « J'estime infiniment la personne de notre amy et je désirerais son alliance avec passion. Mais... la Demoiselle a la teste pleine de sa noblesse... De là... *ce mespris de toute sorte de bourgeoisie,* fust-elle vestue de pourpre et assise sur des fleurs de lys. Sa mère aurait des pensées moins hautes et plus favorables à la robe longue... (mais)... elle est sollicitée tous les jours de plusieurs personnes de condition ; et, dans les sentiments où je la laissay hier, un conseiller au grand conseil ne serait pas assez pour sa fille. » Bourgeoisie ! voilà tout ce qu'était cette noblesse de robe pour un gentilhomme. Elle avait le titre juridique, non pas la « qualité sociale ». Le dernier mot est rapporté par l'abbé de Choisy : « Ma mère qui était de la maison de Hurault de l'Hôpital, me disait souvent : Écoutez, mon fils, ne soyez point glorieux et songez que vous n'êtes qu'un bourgeois. Je sais bien que vos pères, que vos grands-parents ont été maîtres des requêtes, conseillers d'État ; mais apprenez de moi qu'en France on ne reconnaît de noblesse que celle de l'épée. La nation, toute guerrière, a mis la gloire dans les armes[1]. »

Les gentilshommes considéraient que, de naissance, les fonctions publiques leur étaient dues. Ils souffraient donc particulièrement d'être écartés des offices. Comme le disait l'Anglais R. Dallington, en 1598, dans son *Aperçu de la France* (p. 167) : « Et il est évident que c'est un cas lamentable ou au moins incroyable que dans un beau pays et plein de noblesse, l'État soit gouverné et toutes les affaires conduites par ceux de la robe longue des avocats, des procureurs et des gentilshommes de plume et d'encre, tandis que la Noblesse elle-même, faute d'instruction, n'a pas d'emploi. » Dallington, en même temps, indiquait une cause essentielle de cet éloignement des fonctions publiques : l'ignorance de la noblesse d'épée, accrue par trente ans de guerres de religion. Les lettres de la plupart des gentilshommes sont des lettres d'enfants, à l'écriture malhabile, à l'or-

1. *Ibid.*, p. 505.

thographe presque phonétique. Mais il y avait une autre cause : le développement de la vénalité et de l'hérédité des offices.

Depuis des siècles, les Français avaient tendance à traiter les fonctions publiques comme des propriétés privées. Depuis François Ier surtout, et l'année 1522, l'État, pris dans la lutte entre les maisons de France et d'Autriche, puis dans les guerres de religion, s'était mis à tirer parti de cette tendance. Le Roi donnait des offices contre de l'argent, en vente ou sous prétexte de prêt « à jamais rendre ». Le Roi permettait à ses officiers, contre une taxe, de résigner leurs offices, c'est-à-dire d'y renoncer en faveur d'une tierce personne, à qui l'officier résignant léguait ou vendait l'office. Le Roi donnait à ses officiers, contre argent, des survivances, c'est-à-dire la faculté, tout en continuant d'exercer leur office, de désigner leur futur successeur, membre de leur famille ou étranger acquéreur. Pratiquement, les offices ainsi se transmettaient, en dot, par héritage ou par acquisition, entre les membres d'un petit nombre de familles, détentrices des offices, et d'un petit nombre d'hommes nouveaux, assez riches pour payer un prix exorbitant. Les offices étaient interdits, non seulement aux gentilshommes, appauvris par les guerres civiles et par le genre de vie noble, mais aussi aux ambitieux des groupes sociaux inférieurs, avocats, procureurs, qui jouaient le rôle de nos avoués, notaires, médecins, marchands.

Les offices avaient joué leur rôle pendant les guerres de religion. C'était au siècle suivant une tradition très répandue que les princes et les grands, chefs de la Ligue, s'étaient fait livrer les villes par des magistrats des corps de justice, et les gouverneurs pourvus d'offices à leur recommandation. Il est certain que les avocats, notaires, procureurs, médecins, marchands, tous ces bourgeois, exclus des offices royaux, réduits aux fonctions municipales de maire, échevin, lieutenant de mairie, secrétaire, avocat conseil, officier de paroisse, et aux charges provinciales de secrétaires et procureurs-syndics conseil des États provinciaux, se jetèrent dans l'opposition, se firent élire députés aux États provinciaux et aux États généraux, luttèrent contre la centralisation monarchique, cherchèrent à assurer l'autonomie des provinces et à développer les franchises des villes où ils dominaient. En masse, ils adhérèrent à la Ligue, suivirent les Lorrains, Henri de Guise, puis le duc de Mayenne[1].

Bon nombre d'officiers royaux suivaient aussi la Ligue par conviction religieuse. Mais la révolte des ligueurs prenait des allures de lutte de groupes sociaux, gentilshommes et bourgoisie contre noblesse de fonction. En Bourgogne, les avocats, les procureurs, les notaires, les marchands, les bourgeois jaloux des officiers et maîtres des mairies, en profitaient pour taxer lourdement les titulaires d'offices importants, les nobles de fonction, perquisitionner chez eux, saisir leurs correspondances. Ils affectaient de considérer les officiers ligueurs, parents de navarristes, comme les cautions des fuyards et les maltraitaient particulièrement. Les bourgeois ligueurs voulaient les offices, même ceux d'officiers ligueurs. À Paris, Ameline, avocat au Châtelet, l'un des Seize, avait la promesse de l'office de procureur général du Roi de Molé et Molé devait être pendu comme politique, comme le furent à l'instigation d'Ameline, le 15 novembre 1591, le premier président Brisson, le conseiller à la Grand'Chambre Larcher, le conseiller au Châtelet Tardif. Les États de Bourgogne, où dominaient les villes, c'est-à-dire à ce moment les avocats, les procureurs, les notaires, les marchands, prétendaient donner leur avis à Mayenne pour le choix des candidats à pourvoir d'offices. Mayenne, reconnu par la Ligue lieutenant général du royaume en 1588, payait des dévouements avec des offices. Beaucoup d'avocats furent pourvus.

La Ligue devenait une révolution communale et provinciale. Les maires et échevins empiétaient sur l'autorité des gouverneurs, mettaient la main sur les deniers de l'État, en prenaient la responsabilité à la place des officiers du Roi, faisaient des impositions sur les paysans, les constituaient en milices, élisaient des chefs militaires, prenaient le commandement des châteaux.

1. *Ibid.*, pp. 63-71.

Les villes s'unissaient parfois par province ou par pays. Le royaume allait se décomposer en communes ou en fédérations de communes. Que deviendraient alors offices et officiers? Toute vénalité serait abolie. Villes, « pays » et provinces auraient leurs fonctionnaires élus. Pourvus par le Roi et pourvus par Mayenne seraient remis dans la masse du peuple.

Les projets aristocratiques de Mayenne ne rassuraient pas les officiers. Mayenne, négociant avec Henri IV en avril et mai 1592, réclamait, pour lui et pour des amis, des gouvernements de Bourgogne, Lyonnais, Forez, Beaujolais; pour Nemours, la Provence, pour Joyeuse, le Languedoc; pour Mercœur, la Bretagne; pour d'Alincourt, les deux Vexins; pour Villars, la Normandie; pour d'Elbeuf, le Bourbonnais et la Marche; pour La Châtre, l'Orléanais et le Berry; pour d'Aumale, la Picardie; pour Guise, la Champagne. Mais, alors, qu'allaient devenir le ressort et l'autorité des grandes cours souveraines de Paris? Et, dans chaque gouvernement, les officiers pourvus n'allaient-ils pas être dépossédés au profit des fidèles des princes et des grands?

Les officiers anciens se sentirent tous atteints. L'esprit de corps et de groupe social unit tous les officiers, ligueurs et navarristes, contre les appétits des ligueurs non pourvus. Les Parlements ligueurs refusaient de recevoir les nouveaux pourvus par Mayenne. Les officiers ligueurs s'obstinaient à considérer les officiers navarristes comme vrais officiers. Un ligueur dijonnais ayant appelé « cy-devant président » un président navarriste, les officiers ligueurs répliquèrent « qu'il estoit président, que cette qualité ne luy pouvait estre ostée ». Les officiers ligueurs du Parlement de Bourgogne qualifiaient ceux du Parlement navarriste : « Les présidents et conseillers estant de présent à Semur. » Enfin, peu à peu, comprenant qu'un roi fort, « absolu », et la centralisation monarchique, étaient la condition de leur propre pouvoir et de leur propre influence, les officiers ligueurs fuirent les villes ligueuses et la subversion sociale, vinrent rejoindre les officiers navarristes, et reconstituèrent avec eux des corps d'officiers qui refirent des finances publiques, rétablirent une administration, levèrent des troupes et menèrent la lutte pour Henri IV. Ceux qui restaient dans les villes ligueuses devenaient tièdes, hésitants, « politiques ». Ils « préparaient » les peuples et livraient les villes au Roi. Les officiers, pour assurer leurs offices, contribuèrent beaucoup à rendre son royaume au Roi. La victoire d'Henri IV fut celle des officiers, d'une grande bourgeoisie d'offices et de la noblesse de fonction. Henri IV a été le grand consolidateur des situations acquises, le grand protecteur des dignités sociales, unies aux fonctions publiques, et productrices des plus grandes richesses privées de l'époque. Aussi lorsque les notables de 1596 lui demandèrent à la fois des offices réservés pour les gentilshommes, l'abolition de la vénalité des offices et la suppression du serment de n'avoir rien payé pour accéder aux offices de judicature, il comprit et essaya seulement de supprimer des offices pour accroître l'importance de ceux qui seraient restés. Il essaya donc de satisfaire les officiers, à condition d'en être bien servi. Ce fut une entente du Roi et de la noblesse de fonction, au détriment de la gentilhommerie, et de toute la bourgeoisie qui n'était pas bourgeoisie d'offices. Cette entente fut resserrée par le droit annuel.

Le dernier rempart contre une quasi-hérédité de fait pour les offices était la clause des quarante jours. La chancellerie introduisait dans les lettres de provision, qui conféraient un office sur résignation, la condition suivante : « pourvu que le résignant vive quarante jours après la date des présentes ». Les lettres de provision étaient datées du jour où la taxe de résignation était payée et les quarante jours couraient depuis le versement de cette taxe. Mais comme il fallait que ce fût le conseil qui fixât la taxe, et qu'il pouvait rester trois semaines ou un mois sans taxer, le délai de quarante jours s'étendait jusqu'à deux ou trois mois. Les officiers ne pouvaient ainsi résigner au lit de mort. Autrement la fin les surprenait avant l'expiration des quarante jours et l'office était perdu pour la famille. En ce temps d'épidémies violentes et soudaines, de décès foudroyants par infections généralisées, le risque était grand.

Le Roi ayant, en 1597, révoqué toutes les survivances en les remboursant par des rentes, les officiers se trouvaient plus étroitement soumis à la clause des quarante jours. Ils furent portés à la fraude. La famille cachait la mort de l'officier et le conservait au lit en salant le corps « comme on ferait d'un pourceau ». La famille d'un président au Parlement de Toulouse avait fait payer la taxe de résignation douze jours après la mort du résignant, celle d'un conseiller cinq jours après. Il leur fallait donc conserver le corps quarante-cinq et cinquante-deux jours[1]. D'autres officiers songeaient purement et simplement à l'inféodation des offices. L'avocat gallican Jacques Leschassier, le futur correspondant de Paolo Sarpi, exposait un projet, probablement inspiré par le Parlement de Paris. Le Roi aurait conféré les office anoblissant en fief, les autres en censives. Les officiers auraient rempli les devoirs de fidélité et acquitté les droits féodaux envers le Roi, qui aurait conservé, sur les nouveaux fiefs et les nouvelles censives, la « seigneurie directe ». Mais les officiers auraient eu la « seigneurie utile », avec le droit d'exercer les offices et de jouir de leurs fruits, de les vendre, de les démembrer, de les transmettre par héritage, de les partager. Les offices seraient devenus de vraies propriétés. Ils auraient été tout à fait héréditaires et patrimoniaux. Seulement, comme ils comprenaient la fonction publique, celle-ci devenant héréditaire et patrimoniale dans les familles, elle aurait été émiettée en propriétés privées, le Roi en aurait été dépossédé. La France se serait trouvée dans une situation analogue à celle du xe siècle, avec une nouvelle féodalité toute-puissante, un État faible, un Roi symbolique[2].

Comme Henri IV avait besoin d'argent, il écouta les propositions d'un « partisan », Charles Paulet, qui étaient de nature à concilier les désirs des officiers et le souci de conserver les droits du Roi et de l'État. Le 12 décembre 1604, une déclaration du Roi annonçait aux officiers qu'ils pouvaient se faire dispenser de

1. *Ibid.*, pp. 206-207.
2. *Ibid.*, pp. 558-559.

la règle des quarante jours. S'ils payaient chaque année une prime d'assurance, le soixantième de la valeur à laquelle leur office serait taxé en conseil, ils pourraient ensuite résigner et s'ils mouraient avant le quarantième jour, la résignation resterait valable, le bénéficiaire obtiendrait la charge ; l'office, ou sa valeur si l'officier avait résigné à un étranger, resterait dans la famille. L'hérédité des offices pouvait s'établir définitivement. La prime d'assurances portait le nom officiel de « droit annuel ». Dans l'usage courant, le public l'appela plutôt la « Paulette ». La perception du droit annuel, celle des taxes de résignation, la vente des offices, vacants ou nouveaux, étaient affermées à Charles Paulet.

Le droit annuel donnait aux officiers la sécurité. Il eut un énorme succès. En 1608, le juriste Loyseau est témoin oculaire de l'empressement des officiers à payer la Paulette. « Au commencement du mois de janvier dernier 1608, pendant les gelées, je m'avisay, estant à Paris, d'aller un soir chez le partisan du droit annuel des offices, pour conférer avec luy des questions de ce chapitre. Il estoit lors trop empêché. J'avais mal choisy le temps. Je trouvay là-dedans une grande troupe d'officiers se pressans et poussans, à qui le premier lui baillerait son argent : aucuns d'eux estans encore bottez venans du dehors, qui ne s'estoient donnez loisir de se débotter. Je remarquay qu'à mesure qu'ils estoient expédiez, ils s'en allaient tout droit chez un notaire assez proche, passer leur procuration pour résigner et me semblait qu'ils feignaient de marcher sur la glace, crainte de faire un faux pas, tant ils avaient peur de mourir en chemin. Puis, quand la nuit fut close, le partisan ayant fermé son registre, j'ouy un grand murmure de ceux qui restaient à dépêcher, faisans instance qu'on receust leur argent, ne sçachans, disaient-ils, s'ils mourraient point ceste mesme nuit[1]. » Les officiers furent reconnaissants au Roi de la faveur de « l'annuel ». L'accord du Roi et de la Noblesse de fonction se trouva affermi.

1. Loyseau, *Cinq Livres du droit des Offices*, éd. 1610, in-folio, liv. II, ch. x, p. 263.

Par le droit annuel, Henri IV fit bien des mécontents. Tout d'abord un petit groupe d'officiers, dont le principal fut le chancelier Bellièvre, soucieux de la valeur et du niveau de la fonction publique. Bellièvre prévoyait que le Roi ne pourrait plus choisir ses officiers ; que des incapables et des corrompus accéderaient aux charges uniquement en raison de leurs richesses. Les offices augmenteraient notablement de prix. Les gentilshommes ne pourraient plus mettre leurs fils aux cours souveraines, ni les présidents ou conseillers du Parlement y faire entrer leurs enfants. Les Parlements se peupleraient de fils de spéculateurs. La justice en serait corrompue et tomberait en mépris. L'émulation des officiers serait fort diminuée, puisque le Roi ne pourrait plus donner un office à un serviteur fidèle, ou faire cadeau à un magistrat de la taxe de résignation, à cause des droits du fermier. Le zèle des officiers serait atteint. Avec le déclin moral et professionnel des corps d'officiers, surtout de ceux des Parlements, disparaîtrait la possibilité d'une monarchie tempérée par le « Quatrième État », de Parlements puissants, honorés, recrutés héréditairement dans quelques familles anoblies par le service du Roi, émanation d'un groupe social, influent par la richesse et les alliances de leurs membres, débarrassés de la concurrence judiciaire des conseils royaux, de celle des différents commissaires du Roi, de Parlements pleins d'autorité et usant de tout leur pouvoir au profit d'un Roi attentif à leurs remontrances, servi, mais guidé par eux. Il ne resterait plus de solution que dans l'absolutisme. Mais c'était précisément ce que voulait Henri IV. Dès octobre 1605, il retirait les sceaux à Bellièvre. Rosny, partisan de l'annuel et instrument du Roi, resta maître en Conseil[1].

Par le droit annuel, Henri IV mécontenta les princes et les grands. L'on crut vite s'apercevoir que le droit annuel diminuait leur influence sur les officiers royaux. Car, au moyen du droit annuel, les officiers « ne parviennent aux offices que par la grâce

1. R. Mousnier, *op. cit.*, pp. 557-562.

de Sa Majesté et non par l'entremise d'aucun tiers». L'on pensait qu'il y avait moins d'offices vacants à attribuer et que le Roi était ainsi beaucoup moins victime des importunités des princes et des grands, que les mœurs rendaient difficiles à repousser, en faveur de tel ou tel. L'on affirma qu'Henri IV avait coutume de dire à la fin de sa vie «qu'il était bien aise de voir des officiers de qui on ne pouvait dire : voilà le président d'un tel, le lieutenant général de celuy-là, le conseiller de cettuy-cy». Une légende naquit, dont l'on trouve l'écho jusque dans le testament politique de Richelieu, que le Roi aurait institué le droit annuel avant tout pour empêcher les princes et les grands d'introduire leurs hommes dans les offices par leur crédit. Mais il est exact que tous furent persuadés que, par l'annuel, le Roi évitait ce danger, que les princes et les grande se crurent atteints dans leur influence et qu'ils en furent ulcérés[1].

Par l'annuel, le Roi mécontenta tous les ambitieux d'offices, les gentilshommes d'une part, les bourgeois, avocats, procureurs, notaires, médecins, marchands, de l'autre. Bien qu'en fait le droit annuel n'ait pas accru sensiblement le nombre des cas d'hérédité proprement dite, ait surtout apporté la sécurité, et contribué à maintenir les offices en circulation dans un cercle assez étroit, il passa pour avoir beaucoup développé l'hérédité, pour avoir fermé définitivement le monde des offices. Gentilshommes et bourgeois se sentirent exclus de la manne, en conçurent une grande amertume et des rancunes redoutables.

Par le droit annuel, Henri IV mécontenta les dévots. Tous les théologiens étaient d'accord : la vénalité des offices était une impiété. C'était une des marques essentielles de la tyrannie. Or, non seulement Henri IV la conservait, mais, par le droit annuel, il venait de lui donner une sorte de perfection. Il était donc bien un tyran.

1. *Ibid.*, pp. 557-562.

Le problème des seigneuries

Le mode de propriété le plus estimé dans la France du XVIe et du XVIIe siècle était la seigneurie. « La seigneurie, ou terre seigneuriale, est celle qui est douée de seigneurie publique, c'est-à-dire de puissance publique en propriété[1]. Une seigneurie était, dans à peu près le dixième des cas, un alleu, une propriété ne reconnaissant d'autre supérieur que l'État ; dans les neuf dixièmes des cas, c'était un fief, tenu à foi et hommage, pris dans la hiérarchie féodale. La seigneurie par excellence, la plus fréquente, comprenait trois éléments : une terre, le domaine, que le seigneur mettait en valeur par ses domestiques et par des ouvriers salariés, ou faisait mettre en valeur par fermiers ou métayers ; sur cette terre, le seigneur avait à la fois la seigneurie « directe » et la seigneurie « utile » ; un fief, comprenant d'autres fiefs subordonnés et des terres roturières, ou censives ; sur le fief, le seigneur ne conserve que la « directe », c'est-à-dire le droit à la fidélité des hommes, aux redevances seigneuriales et féodales, et à des services ; les détenteurs de censives, ou censitaires, jouissent de la seigneurie « utile », droit d'exploiter et d'user des fruits, de vendre, de transmettre par héritage. Enfin, normalement, il se joint à la seigneurie un troisième élément, la justice, qui implique des tâches de « police » ou administration publique. Mais, dans beaucoup de pays, dans ceux, par exemple, où règne la coutume de Paris, la justice a pu être distraite dans un partage d'héritage, ou vendue, et peut être exercée à part : « Fief et justice n'ont rien de commun » en droit, bien qu'en fait ils soient souvent unis, comme il est normal. Dans d'autres régions, comme la province de Bretagne, au contraire : « Fief et justice, c'est tout un. »

La propriété seigneuriale classe dans la société, parce qu'elle implique exercice d'une puissance publique. Le fief classe encore plus, car ayant été concédé à l'origine pour le service

1. Loyseau, *Traité des seigneuries*, éd. 1610, in-folio, ch. II, n° 2.

militaire, il est réservé en principe aux gentilshommes. Les roturiers ne sont pas capables des fiefs. Toutefois le Roi leur permet d'en posséder sous condition de verser aux coffres royaux une taxe, le droit de franc-fief, une année de revenu du fief tous les vingt ans. Lorsque, dans une famille bourgeoise, l'aïeul, le père, le fils, ont vécu pendant ces trois générations sur un fief, noblement, l'épée au côté, sans faire métier ni marchandise, il y a présomption de noblesse, et les lettres royales d'anoblissement sont bien vite obtenues, quand l'estime publique n'a pas devancé la décision du Roi.

Or, seigneuries et fiefs sont de plus en plus disputés aux gentilshommes par les nobles de fonction et par les bourgeois, surtout par les bourgeois d'offices. Le déclin matériel des gentilshommes ruraux se poursuit. Pourtant la conjoncture est favorable sous le règne d'Henri IV. La rente foncière, les fermages, les rentes seigneuriales, les champarts, les dîmes inféodées, sont en accroissement. Pour la ferme de Revil-sur-Brèche, en Beauvaisis, d'une contenance de 95 hectares, le fermage monte, de 1586 à 1611, de 27 à 31 muids de grains, deux tiers en « bled », un tiers en avoine, et il se maintient à ce niveau jusqu'en 1622. À la ferme de La Tour, le fermage s'élève de 12 muids de « bled » en 1599, à 16 muids en 1608, à 17 en 1628. Ce ne sont pas des cas isolés. Les fermages en argent suivent la même progression. La seigneurie de Catenoy est affermée 1 300 livres en 1603, 1400 en 1610, 2 100 en 1642. Il semble que ce soit général dans la plus grande partie de la France.

Mais de cette conjoncture favorable, souvent, les gentilshommes ne profitent pas. Ce sont les officiers qui en profitent. Les gentilshommes sont ruinés dans le Beauvaisis par les guerres de religion, surtout celle de 1589-1595, celle de la seconde Ligue. Ils ont levé des troupes de partisans, tendu des embuscades, assiégé des châteaux. Ils se sont entre-tués. Ils sont décimés. Ils sont ruinés. Ruinés irrémédiablement, car si les guerres civiles cessent, le genre de vie noble dure. Ce qui est digne d'un gentilhomme, c'est ne pas compter, faire largesse, donner des chasses, des festins, aller servir à l'armée royale et y faire des avances jamais complètement remboursées, mener grand train de vie. Gouffier de Crèvecœur entretient chez lui, en 1593, à « l'ordinaire », 57 personnes, dont 40 domestiques. Les revenus ne suffisent pas. Les gentilshommes sont donc obligés de s'endetter. Ils ne peuvent rembourser. Alors, ils vendent leurs terres, leurs seigneuries, leurs fiefs. Ce sont leurs créanciers qui les achètent. Mais ces créanciers, ce sont les officiers royaux du cru. Maître Tristan, président en l'élection royale, et bailli de la ville, bailliage et comté-pairie de Beauvais, laisse en 1647 des rentes pour un capital supérieur à 50 000 livres. Presque 74 % de ces rentes ont été constituées par des gentilshommes du pays. L'on trouve parmi les débiteurs de l'officier les plus grands noms des gentilshommes locaux, les Gouffier, le comte d'Auteuil, les Rouvroy de Saint-Simon, etc. Ils payent les intérêts irrégulièrement. Alors, Tristan rachète les terres. Aux Gouffier, les fiefs et seigneuries de Juvignies et Verderel, à des gentilshommes divers, des biens dans dix-huit autres paroisses, à Pierre le Bastier, écuyer, seigneur de Coincourt, en 1627, le fief de la « petite chastellenie » et des terres roturières pour 8 000 livres.

Tristan poursuivait un mouvement commencé depuis longtemps. Le 16 juillet 1599, « Honneste homme Pierre de Malinguelien, bourgeois de Beauvais », achetait la terre et seigneurie de Troussures à un gentilhomme, Loys de Berthaucourt de Maimbeville, pour 3 422 écus, dont 2 000 employés à régler les dettes du vendeur. En 1602, les terres et seigneuries de Ronquerolles et Nointel passaient de la famille d'Humières à François Ollier, notaire et secrétaire du Roi. Etc.

Il n'y a aucun doute que c'est le genre de vie du gentilhomme qui est le grand responsable. En effet, les Tristan sont devenus nobles au début du XVIIIe siècle. L'un d'eux, Nicolas, seigneur de Hez, Juvignies, Verderel et autres lieux, a abandonné la robe pour l'épée. Il est devenu lieutenant au régiment de Courville. Et, à son tour, le 7 septembre 1762, ses dettes l'obligent à vendre le domaine familial. Un écuyer, Pierre le Bastier, seigneur de Goincourt, qui n'est au début du XVIIe siècle qu'un petit noble besogneux, est issu de marchands beauvaisiens, riches au XVe siècle. Encore une famille ruinée par le genre de vie du gentilhomme[1].

Mais pour les gentilshommes, le grand responsable, c'est le Roi. Le Roi qui ne les protège pas contre les officiers. Le Roi qui ne rétribue pas suffisamment leurs services à l'armée. Le Roi qui ne leur assure pas ces offices où l'on s'enrichit, qui ne leur donne pas assez de pensions. Le Roi, ce monstre d'ingratitude envers sa noblesse !

Beaucoup de petites gens partagent les sentiments des gentilshommes. D'abord, ce que nous avons peine à croire aujourd'hui, parce que la majorité, même la majorité des paysans, tenait à la structure sociale à laquelle ils étaient habitués. Ils s'élevaient contre tel ou tel abus, mais, en général, non pas contre le système lui-même, qui leur paraissait l'ordre normal, naturel. Les révolutionnaires étaient mal vus, et, à cette époque, les révolutionnaires, c'étaient le Roi et le Conseil du Roi, qui introduisaient les nouveautés, attaquaient les coutumes, les privilèges, les franchises, « les libertés » traditionnelles. Ensuite, parce que ces officiers, qui dépouillaient les nobles endettés de leurs seigneuries et de leurs fiefs, c'étaient eux aussi qui dépouillaient les paysans endettés de leurs censives et de leurs fiefs, car il y avait beaucoup de petits fiefs, deux arpents de terre labourable (au sud de Paris, 84 ares), quelques livres tournois de péages sur un pont, etc., et beaucoup de paysans tenaient de tels fiefs. Dans cet état de la technique, une ou deux mauvaises récoltes obligeaient les paysans à emprunter pour faire les semailles, à demander des délais pour les arrérages des droits seigneuriaux, puis à emprunter encore pour payer les rentes arriérées et l'impôt royal. Il arrivait que les dettes s'accumulaient et qu'eux

1. Pierre Goubert, *Beauvais et le Beauvaisis de 1600 à 1730*, Paris, 1960, pp. 206-221, 516-532.

aussi devaient vendre au créancier, l'officier. Des intérêts communs unissaient contre le fisc royal et contre l'officier du Roi, en tant qu'« usurier », les gentilshommes ruraux et les paysans. Mais le fisc royal pesait lourd aussi sur les artisans des villes. Bien des gentilshommes et bien de petites gens, bien des déshérités, bien des princes et des grands, peut-être Ravaillac et d'Épernon, peut-être beaucoup de « Ravaillac en puissance », pouvaient se trouver concevoir des pensées fort semblables de ce Roi qui, selon eux, les laissait écraser par ses officiers et les écrasait lui-même, de cet Henri IV, de ce tyran.

7

LE RÔLE DES JÉSUITES DANS LA DIFFUSION DES IDÉES SUR LE TYRAN

N'importe qui a le droit de tuer le tyran d'usurpation. Ceux qui ont autorité publique ont le droit de se révolter contre le tyran d'exercice. Henri IV est un tyran d'usurpation. N'importe qui a le droit, et même le devoir de tuer Henri IV. Dans la diffusion de ce syllogisme, qui provoqua vingt attentats contre le Roi, et finalement fut cause de sa mort, les jésuites furent accusés d'avoir joué le principal rôle. Qu'en est-il au juste ?

Jacques Clément

Remarquons tout d'abord que les jésuites semblent n'avoir aucune responsabilité dans l'acte qui passa pour le modèle du tyrannicide inspiré par Dieu, le meurtre d'Henri III par Jacques Clément. Ce moine était dominicain, et n'ont été impliqués dans l'assassinat que des dominicains. Les « bons catholiques » virent le meurtre de cette manière : Dieu permet aux tyrans de régner pour châtier les peuples. Il endure les tyrans quelque temps. Enfin, à la prière des peuples, il perd, il ruine, il extermine le tyran. Le peuple hébreu, tyrannisé, a crié vers Dieu, qui a suscité Moïse, Aiod, Judith. À son tour, le peuple français a crié vers Dieu contre Henri de Valois, dont « toutes les actions et comportements... n'ont jamais tasché à autre fin, sinon qu'à ruyner l'Église chrestienne, catholique, apostolique et romaine, perdre les bons fidelles chrestiens... avançant en tout ce qu'il pouvait l'athéisme et l'hérésie... ruynant les catholiques par infinis imposts, daces, taxes, offices et autres infinies gabelles... pour en entretenir, souldoyer et advancer l'hérétique tant aux charges ecclésiastiques que civiles, donnant les plus belles charges et dignitez à un tas de belistres et maraux qu'il choisissait propres à l'hérétique, pour vendre Dieu et la patrie... » Henri III a tous les caractères du tyran, hérétique, ennemi de Dieu, sourd aux remontrances, imposant sa volonté par les violences de mercenaires étrangers, les reîtres, assassinant les citoyens, sous main, comme M. de Joyeuse, et ouvertement comme le duc et le cardinal de Guise.

Alors Dieu a suscité un libérateur, le profès jacobin Jacques Clément, né à Sorbonne, près de Sens, âgé de vingt-deux à vingt-six ans. Jacques, dévoré du zèle de sa religion, voulut être celui qui exterminerait le tyran. Il ne cessa de prier Dieu, il entendit la voix de Dieu qui l'encourageait, et qui lui confirmait que nul autre que lui ne ferait périr le tyran, qu'il le lui livrerait entre ses mains.

Pour plus de sûreté, Jacques Clément voulut consulter un Père de l'Ordre de Saint-Dominique, qu'il respectait particulièrement. Il prétendit qu'un pénitent était venu le consulter pour savoir si tuer Henri III était permis. Le Père répondit : « Assurez-le de la part de Dieu, moyennant qu'il n'exécute ceste chose en intention de se venger pour son particulier et privé intérest, ains pour le seul zèle qu'il porte et qu'il a à l'honneur de Dieu, à sa religion, au bien et au repos public et commun de la patrie, tant s'en faut qu'il doibve craindre de blesser sa conscience, qu'au contraire il méritera beaucoup et n'y a nulle doubte que s'il meurt là-dessus il ne soit sauvé et Dieu bien heureux... »

Jacques Clément hésitait encore. Mais lorsqu'il apprit le sac d'Étampes, où des hosties consacrées avaient été foulées aux pieds, alors il n'hésita plus à purger la terre du nouvel Achab, du nouveau pharaon.

Il se rendit à Paris. Se prétendant chargé de lettres pour le Roi et d'un secret important, il obtint un passeport du comte de

Brienne, prisonnier de la Ligue. À Saint-Cloud, il s'adressa au procureur général de La Guesle, qui l'hébergea sans méfiance, et le lendemain l'introduisit auprès du Roi. Jacques Clément s'agenouilla aux pieds du Souverain, lui donna ses lettres. Henri III lui demanda quel était son secret. Le moine voulut être seul avec lui. Henri III fit retirer tout le monde. Le moine lui donna alors un papier, lui disant que, quand il l'aurait lu, il lui dirait son secret. Pendant que le Roi lisait, le moine le frappa au bas-ventre d'un couteau qu'il dissimulait dans sa large manche. Au cri du Roi, les gardes se précipitèrent, massacrèrent l'assassin à coups de hallebarde. C'était le 1er août 1589. Le Roi mourut le lendemain.

Les « bons catholiques », les « bons fidelles chrestiens », invoquèrent la doctrine de saint Thomas pour justifier le moine, célébrèrent Jacques Clément comme l'envoyé du Ciel pour délivrer le peuple catholique, comme l'instrument de Dieu, comme un martyr, comme un saint. Les jésuites n'apparaissent pas dans ces événements. Ceux qui ont tout mené ce sont les Frères prêcheurs, gardiens de la Foi[1].

Pierre Barrière

Les adversaires des jésuites se rattrapèrent plus tard. Les jésuites se montraient ardents ligueurs. Au dire de Lestoile, le Père Commolet, supérieur de la maison professe des jésuites à Paris, criait en chaire : « Il nous faut un Aiod, fût-il moine, fût-il berger, fût-il goujat, fût-il huguenot même, n'importe[2]. » Lorsque, dans la nuit du 10 septembre 1590, Henri IV tenta de prendre

1. Les textes cités extraits de *Le Martyre de frère Jacques Clément de l'Ordre de Saint-Dominique*, pp. 11, 23 (Paris, chez Robert Le Fizelier, 1589, in-8°), BNF, Lb 34-815. — Dans le même sens, *Effects espouventables de l'excommunication de Henry de Valois et de Henry de Navarre* (Paris, chez Nicolas Nivelle et Rolin Thierry, 1589, in-8°), BNF, Lb 34-800 ; *Admirable et prodigieuse mort de Henry de Valois* (Paris, chez Pierre Deshayes, 1589, in-8°), Lb 34-795 ; *Grâces et louanges dues à Dieu pour la justice faite du cruel tyran et ennemy capital de la France* (Paris, chez Antoine Le Riche, 1589, in-8°), Lb 34-802 ; etc.

2. Cité par A. Douarche, *op. cit.*, pp. 101-102.

Paris par escalade, à la porte papale, entre les portes Saint-Jacques et Saint-Marcel, ce furent les jésuites de faction qui le firent échouer.

Or, le 27 août 1593, sur un avis donné par Ludovic Brancaléon, gentilhomme italien, Lugoli, lieutenant général de robe longue en la prévôté de l'hôtel, arrêta Pierre Barrière, un Orléanais, ancien batelier, ancien gendarme dans les troupes de la Ligue, venu à Melun pour tuer le Roi. Il fut jugé le 31 août par une commission de six conseillers au Conseil d'État, dont deux étaient présidents de cours souveraines, reconnu coupable et condamné au supplice qui devait être celui de Ravaillac.

Des contemporains ont écrit sur cet attentat des textes terribles pour les jésuites. Aristide Douarche, dans son livre sur *L'Université de Paris et les jésuites,* en cite des extraits destructeurs. Les jésuites auraient vivement encouragé Barrière. D'après le *Brief discours du procés criminel fait à Barrière,* celui-ci aurait avoué au Père Varade, recteur des jésuites de Paris, « sa mauvaise volonté et intention que ledit jésuite loua, lui disant que c'estoit une belle chose, avec d'autres propos semblables ; l'exhorta d'avoir bon courage, d'estre constant et qu'il se fallait bien confesser et faire ses Pasques. Et après l'avoir excité de continuer et assurer qu'il gagnerait Paradis, ledit jésuite lui bailla sa bénédiction, lui disant qu'il eust bon courage, qu'il priast bien Dieu et Dieu l'assisterait en son entreprise ». Étienne Pasquier, dans le *Catéchisme des jésuites,* confirme le rôle de Varade et y ajoute : « que le jour suivant, il (Barrière) avait été confessé par un autre jésuite et reçu la communion au collège des jésuites ; qu'il parla aussi de l'assassinat qu'il méditait à un autre prédicateur du même ordre, qui prêchait souvent mal du Roi, lequel trouva son conseil très saint et très méritoire[1] ».

En isolant ces extraits, l'historien fait peser sur les seuls jésuites toute la responsabilité de l'approbation. Mais, si le lecteur se

1. *Ibid.*, pp. 104-105.

reporte aux textes, il s'aperçoit que cette responsabilité, réelle pour certains jésuites, a pu être largement partagée.

Barrière avait consulté à Lyon, sur son projet de meurtre, « plusieurs prêtres », un capucin, un carme, un jacobin, un jésuite. Les textes ne disent pas quels avis il en a reçus. Il semble bien que l'un d'eux n'ait pas été d'accord et ait averti Brancaléon. Henri IV dit en 1603 que c'était un jésuite qui avait dénoncé les intentions de Barrière. À Paris, Barrière avait découvert sa résolution à un séculier, le curé de Saint-André des-Arts, Aubri, qui l'avait trouvé fort bonne. C'est le curé qui lui avait conseillé de s'adresser au Père Varade.

Donc les jésuites n'ont pas été seuls à penser et à dire, à un moment où le Roi n'avait pas encore l'absolution pontificale, et où il pouvait donc être légitimement estimé hérétique et relaps, que le Roi était tyran d'usurpation, et qu'il était permis d'attenter à sa personne[1].

Jean Chastel

La fidélité avec laquelle les jésuites de Paris considéraient l'absolution de Saint-Denis comme nulle allait rendre leur situation délicate après la victoire du Roi. Henri IV rentre à Paris le 22 mars 1594, en proclamant une amnistie, dont furent exceptés le curé Aubri et le Père Varade, qui furent exilés. Mais les ennemis des jésuites étaient décidés à les chasser. Le premier président du Parlement de Paris, M. de Harlay, dit « tout haut en plein Parlement que résolument les jésuites en sortiraient » (de Paris). Avec le lieutenant civil, il demanda aux jésuites le serment de fidélité à Henri IV, pensant bien qu'ils le refuseraient puisque le Roi n'était pas encore absous par le pape et qu'il y aurait là le motif d'une expulsion. Sur l'avis du cardinal

1. « Histoire prodigieuse du détestable parricide attenté contre ledit sieur Roy, par Pierre Barrière, à la suscitation desdits jésuites. » Paris, chez Jamet Mettayer et Pierre l'Huillier, 1595, in-8°, BNF, Lb 35-584 b ; *Mémoires de Condé*, 1743, in-4°, VI, pp. 142 et suiv. ; *Mémoires de la Ligue*, Amsterdam, 1758, in-4°, t. VI, pp. 242-243, ms. fr. 2761, f° 111 r°.

de Plaisance, légat du Saint-Siège, les jésuites de Paris se déclarèrent disposés à prêter ce serment. Le premier président et le lieutenant civil n'en parlèrent plus, car, les admettre au serment, « c'eust esté les approuver et recevoir et les affermir en leur demeure comme tous les autres[1] ».

Alors les gallicans renouvelèrent le procès de l'Université contre la Compagnie de Jésus, interrompu depuis 1564 par un renvoi au Conseil du Roi. Le recteur de l'Université vint le 12 mai 1594 au Parlement demander que les jésuites soient expulsés du royaume comme « ennemis de l'État et perturbateurs du repos public, favorisans à l'Espaignol, au désavantage de ceste couronne et comme corrupteurs de la jeunesse ». À la sollicitation de l'avocat général Servin, la requête de l'Université fut reçue par le Parlement et signifiée aux jésuites.

Ceux-ci provoquèrent contre la requête de l'Université les oppositions de leurs amis et protecteurs, le duc de Nevers, comme fondateur d'un collège de la Compagnie dans la ville de Nevers, le cardinal de Bourbon, comme fondateur de leur maison Saint-Louis de Paris et à cause du collège de Rouen, fondé par son oncle ; les villes de Lyon, Bourges et Billom, qui avaient des collèges de jésuites. En septembre 1594, les voix se partagèrent au Parlement, et, faute de majorité, l'expulsion ne put être prononcée. Dès que les parents surent que les jésuites restaient, de tous côtés ils leur envoyèrent leurs enfants.

C'est alors qu'un étudiant en droit, Jean Chastel, d'environ vingt ans, fils d'un marchand drapier de la cité, membre de l'aristocratie marchande des Six-corps, qui avait fait ses humanités et sa philosophie chez les jésuites, et qui en était sorti depuis seulement sept mois, conçut le projet d'assassiner le Roi. Selon ce qu'il raconta à ses compagnons de cellule à la Conciergerie, et ce qu'il répondit à ses juges, il avait lu *La Crainte de*

1. « Relation du Père de Mena sur les circonstances de l'attentat de Jean Chastel », dans Père J. M. Prat, *Recherches historiques et critiques sur la Compagnie de Jésus en France au temps du Père Coton (1564-1626)*, V, Pièces justificatives, 1878, pp. 52-55.

Dieu, livre d'un moine bénédictin, le docteur de Sorbonne Poncet. Il approfondit l'horreur du péché et la sévérité des châtiments de Dieu. « Comme il estoit d'une humeur mélancolique, il prist la chose trop cruement. » Il désespéra de la miséricorde de Dieu, à cause de ses grands péchés. Il avait eu volonté de commettre plusieurs péchés contre nature, dont l'inceste avec sa sœur. En confession, sur la demande s'il n'avait pas commis le péché contre nature, il l'avait nié faussement avec grande assurance, offensant doublement Dieu. Il ne sentait pas de charité, il n'aimait pas son prochain, il doutait de Dieu. Cependant le péché lui faisait horreur. Il ne voulait pas pécher davantage. Il ne savait comment échapper au péché. Il ne pouvait commettre un suicide, acte en horreur à Dieu. Il songea donc à accomplir une grande action pour laquelle on le ferait mourir et qui, étant utile au public, lui diminuerait ses peines dans l'autre monde.

Le 27 décembre 1594, le Roi revenait de Picardie. Chastel le suivit. Le Roi alla voir Gabrielle d'Estrées à l'hôtel de Schomberg, près du Louvre. Il était accompagné du prince de Conti, du comte de Soissons, de courtisans. Chastel se glissa dans la suite de deux gentilshommes qui allaient faire révérence au Roi. L'un d'eux se jeta aux pieds du Roi. Henri IV se baissa pour le relever et l'embrasser. Chastel voulut frapper le Roi d'un couteau à la gorge, parce que le corps du Roi était protégé par son buffle. Il manqua son but, blessa le Roi à la lèvre et lui cassa une dent. Personne ne l'avait vu frapper et, dans le trouble, on soupçonna d'abord plusieurs spectateurs avant de trouver et d'arrêter Chastel.

Interrogé par le Parlement, l'étudiant dit qu'il avait frappé le Roi parce qu'« ayant opinion d'estre oublié de Dieu et estant assuré d'estre damné comme l'Antéchrist, il voulait de deux maux éviter le pire… A dict que cet acte estant faict par luy, servirait à la diminution de ses peines, estant certain qu'il serait plus puny s'il mourait sans avoir attenté de tuer le Roy et qu'il le serait moins s'il faisait effort de luy oster la vie…

« Enquis où il avait appris cette théologie nouvelle, a dit que c'estoit par la philosophie. Interrogé s'il avait estudié en philosophie au collège des jésuites, a dit que ouy, et ce souz le Père Guéret, avec lequel il avait esté deux ans et demy… » Mais le lecteur voit combien l'interrogatoire était insidieux et d'une confusion regrettable. Car il y avait deux questions essentielles à poser, et qui ne furent pas posées : la première, si c'était Chastel lui-même ou son professeur qui avait fait cette application de la philosophie à la théologie. Un professeur ne peut être tenu pour responsable de toutes les conséquences que ses élèves tirent de son cours. La seconde question, c'était si le Père Guéret avait expressément promis une diminution des peines du purgatoire ou de l'enfer à qui attenterait à la vie d'Henri IV.

« Enquis s'il n'avait pas esté en la chambre des Méditations, où les jésuites introduisaient les plus grands pécheurs, qui voyaient en icelle chambre les portraicts de plusieurs diables de diverses figures espouventables, sous couleur de les réduire en une meilleure vie, pour esbranler leurs esprits et les pousser par telles admonitions à faire quelque grand cas ; a dit qu'il avait esté souvent en cette chambre des Méditations. » Mais, là encore, l'interrogatoire était insidieux et confus. Car il fallait distinguer plusieurs questions : savoir si Chastel avait été dans la chambre des Méditations ; si lui, Chastel, avait été poussé à « quelque grand cas », pour couvrir ses péchés ; si ce « grand cas », c'était le meurtre du Roi. La question unique, telle qu'elle était posée, créait la confusion.

« Enquis par qui il avait esté persuadé à tuer le Roy, a dit avoir entendu *en plusieurs lieux* qu'il fallait tenir pour maxime véritable qu'il était loisible de tuer le Roy et que ceux qui le disaient l'appellaient tyran. Enquis si les propos de tuer le Roy n'estaient pas ordinaires aux jésuites, a dit leur avoir ouy dire qu'il estoit loisible de tuer le Roy et qu'il estoit hors de l'Église et ne luy falait obéir, ny le tenir pour Roy, jusques à ce qu'il fust approuvé par le pape… »

Ces propositions étaient conformes à l'enseignement des

théologiens. Les questions qu'il aurait fallu poser pour savoir si les Pères du collège étaient complices, c'était si plusieurs, ou l'un d'eux, avaient conseillé à Chastel de tuer le Roi ou avaient connu et approuvé son projet. L'interrogatoire semble avoir été mené plus pour insinuer la responsabilité des jésuites que pour faire la lumière sur les agissements d'un meurtrier et de ses complices supposés. Les juges du Parlement ont plus cherché à mettre en cause une doctrine de théologiens qu'à déterminer le degré de culpabilité d'un certain nombre d'individus dans une tentative de meurtre. Chastel a toujours nié d'ailleurs que les jésuites de Paris eussent connu ses projets[1].

Cependant, dès que le public sut, après l'attentat, que Chastel avait étudié au collège des jésuites, « les ennemis de ceste compagnie s'écrièrent que c'estoient ces meschants jésuites qui luy avaient mis cela en teste… les uns disaient qu'il les fallait aller tous massacrer ; les autres qu'il les fallait griller et mettre le feu dans leur maison… ». Le Parlement donna mission à quelques-uns de ses membres d'aller avec gens armés mettre garnison au collège de Clermont, rue Saint-Jacques, et aussi à la Maison Saint-Louis, rue Saint-Antoine, de s'assurer de la personne des Pères et de fouiller leurs papiers. Ceux du collège furent conduits au logis du conseiller Brisard, « non sans grand danger qu'ils fussent massacrés par la populace, sans la garde de leurs gens entre lesquels ils les firent marcher, qui ne sceurent toutefois empescher que quelques-uns ne reçussent quelques coups de poings et de manches de hallebarde[2] ».

Le Père Jean Guéret interrogé, torturé, persista à affirmer n'avoir rien su de l'attentat de Chastel et ne lui avoir jamais dit un mot de l'attentat. Chastel confirma ses dires. Les conseillers du Parlement saisirent des papiers compromettants du Père Jean Guignard. Celui-ci célébrait l'acte héroïque de Jacques

1. « Procédures contre Jean Chastel », dans *Mémoires de Condé*, 1743, in-4° VI, pp. 126 et suiv. ; *Mémoires de la Ligue*, Amsterdam, 1758, in-4°, pp. 231 et suiv. ; BNF, ms. fr. 15798, f°s 198 et suiv., etc.

2. « Relation du Père de Mena », *op. cit.*, pp. 59-61.

Clément comme un don du Saint-Esprit et le mettait au même niveau que celui de Judith. Le Père exprimait l'avis « que la couronne de France pouvait et devait être transférée en une autre famille que celle de Bourbon » ; que « le Béarnais (Henri IV), ores que converti à la foi catholique, serait traité plus doucement qu'il ne méritait, si on lui donnait la couronne monachale en quelque couvent bien réformé... que si on ne le peut déposer sans guerre, qu'on guerroie ; si on ne peut faire la guerre... qu'on le fasse mourir[1] ». Ces papiers ne semblaient pas récents. Mais l'acte royal d'amnistie imposait de n'en conserver aucun de tel, et le Père Guignard était coupable de les avoir conservés. Était-il pour quelque chose dans l'attentat de Chastel ? Le Père de Mena affirme en 1603 « que jamais ni en ses prédications, ni en ses leçons ordinaires, ni en ses propos familiers, on l'eust ouy parler sinistrement contre les Roys[2] ». Rien ne permet d'affirmer que le Père Guignard ait inspiré ou connu l'attentat de Chastel.

Mais, de plus, « furent trouvés au collège desdits jésuites plusieurs anagrammes contre le Roi, et quelques thèmes dictés par les grammairiens dont l'argument était de souffrir la mort constamment et d'assaillir les tyrans. Plus, il y a eu preuve que les maîtres du collège de Clermont défendaient aux escoliers de prier Dieu pour le Roy, depuis la réduction de Paris en l'obéissance de Sa Majesté et disaient que ceux qui allaient à sa messe étaient excommuniés[3] ».

Le jeudi 29 décembre 1594, le Parlement de Paris rendit son arrêt. Jean Chastel, coupable du crime de lèse-majesté divine et humaine, fut condamné au même supplice que plus tard Ravaillac. Son père, qui avait connu son projet et avait essayé de l'en détourner, mais ne l'avait pas dénoncé, était banni pour neuf ans du royaume, et à perpétuité de la ville et faubourgs de Paris. La maison des Chastel, près de la porte du palais, serait

1. *Mémoires de la Ligue*, VI, pp. 237-240, ms. fr. 15798, f°s 202 et suiv.
2. « Relation du Père de Mena », *op. cit.*, p. 62.
3. *Mémoires de la Ligue*, IV, *op. cit.*, p. 243.

rasée. À la place serait dressé « un pilier éminent de pierre de taille », avec des inscriptions commémoratives. Le Père Guéret était banni à perpétuité du royaume. En outre, la Cour « ordonne que les prestres et escholiers du collège de Clermont et tous autres, soy disans de ladite société, comme corrupteurs de la jeunesse, perturbateurs du repos public, ennemys du Roy et de l'Estat, vuideront, dedans trois jours après la signification du présent arrest, hors de Paris et autres villes et lieux où sont leurs collèges, et quinzaine après hors du royaume », sous peine de lèse-majesté. Elle faisait « défense à tous sujets du Roy d'envoyer des escholiers aux collèges de ladite société qui sont hors du royaume pour y estre instruits, sur la mesme peine du crime de lèze-majesté[1] ». Le 8 janvier 1595, 37 jésuites sortirent de Paris. Peu après, le Père Guignard fut pendu. Sur ordre du Roi, les Parlements de Rouen et de Dijon suivirent celui de Paris. Les Parlements de Bordeaux et de Toulouse refusèrent de chasser les jésuites.

La procédure contre les jésuites était tout à fait irrégulière. Les jésuites n'avaient été ni accusés, ni déférés à leurs juges, ni admis à présenter leur défense. Il était certain qu'ils n'avaient ni directement inspiré ni connu les projets de Chastel. Le Parlement de Paris avait profité de l'attentat de Chastel pour faire aux jésuites un procès de tendances. Les opinions théologiques des jésuites de Paris sur le tyrannicide correspondaient à la vulgate des théologiens. S'il fallait les condamner pour ces opinions, alors, en bonne justice, il fallait aussi condamner les augustins, les dominicains, les capucins, qui pensaient de même. Les jésuites refusaient de prier pour le Roi, tant qu'il n'était pas absous par le pape. Alors, il aurait fallu incriminer aussi des capucins, des feuillants et d'autres religieux de Paris qui « confessent librement qu'ils ne prient point Dieu pour le Roi,

1. Texte de l'arrêt dans P. de Lestoile, *Mémoires-journaux*, édit. G. Brunet, etc., Paris, 1875-1896, t. IV, pp. 387-389 ; à part, Paris, chez Mamert Patisson, in-8° ; dans *Mémoires de la Ligue*, VI, 236 ; BNF, ms. fr. 16536, f° 297 r°.

parce, disent-ils, que le pape ne l'a pas absous...[1] ». En vérité, l'attentat de Chastel a été le prétexte, sous couleur d'un arrêt de justice contre un meurtrier, d'une mesure politique contre des gens dont les opinions déplaisaient.

Les jésuites se défendirent bien, ne cédant pas d'un pouce sur la doctrine. Ils montrèrent tout ce qu'il y avait d'inadmissible pour les « bons catholiques » dans l'arrêt du Parlement. Le Parlement, dans ses attendus, avait déclaré Chastel convaincu d'avoir dit « estre permis de tuer les Roys ». L'*Avertissement aux catholiques*, publié en 1595[2], s'étonnait qu'un maître ès arts comme Chastel ait pu proférer cette erreur, car il faut honorer spécialement les rois. Mais, sans doute, Chastel avait-il dit cette vérité qu'il est licite à « chacun privé » de tuer les rois « invaseurs et tyrans », les tyrans d'usurpation. Et l'auteur anonyme du pamphlet citait les textes, que nous connaissons bien, de saint Thomas d'Aquin, de Cajetan, de Dom Soto, de Sylvester, et donnait le « vrai » sens du Concile de Constance.

Le Parlement avait jugé un motif de condamnation l'opinion de Chastel « que le Roy Henry quatriesme, à présent régnant, n'est en l'Église jusques à ce qu'il ayt l'approbation du pape... ». L'auteur de l'*Avertissement* s'en étonne encore « attendu que Sixte-Quint l'aurait déclaré relaps, l'inhabilitant (par le pouvoir donné à saint Pierre sur tous les roïaumes du monde) à toute succession de roïaume, nommément de celui de France », ce qui a été confirmé par Grégoire XIV et « avoué » par Clément VIII. Pourquoi en effet condamner pour un jugement du Saint-Siège appuyé sur une opinion théologique professée par le Vicaire du Christ ?

La condamnation des jésuites n'avait pas de fondement. À l'entreprise licite de tuer un tyran d'usurpation, jamais les jésuites n'incitaient personne, car seul Dieu pouvait le faire par

1. Pont-Aimery, *Discours d'État sur la blessure du Roi*, Paris, 1594, in-8°, BNF, Lb 35-582. Pamphlet royaliste, reproduit dans *Mémoires de la Ligue*, VI, p. 254, et dans *Mémoires de Condé*, VI, p. 186.

2. *Mémoires de la Ligue*, VI, pp. 261-266 ; *Mémoires de Condé*, VI, pp. 121 et suiv.

une « divine motion et inspiration ». Par-dessus le marché, la partie de l'arrêt du Parlement concernant les jésuites violait les immunités ecclésiastiques. « Les juges laïques, condamnant les personnes ecclésiastiques et spécialement les religieux immédiatement sujets au pape, et ce en cause criminelle, sont excommuniés par les saints canons de l'Église. » Le Parlement était excommunié de droit.

Enfin, le Parlement jugeait témérairement de ce qui concernait la foi. « La Cour, déclarant que les propos dudit Jean (Chastel) sont scandaleux, séditieux, contraires à la parole de Dieu et condamnés comme hérétiques par les saints décrets, s'usurpe l'autorité de l'Église pour juger ce qui est hérésie et contre les saints canons. »

Ainsi les jésuites rejetaient toute participation à l'attentat de Jean Chastel et maintenaient ferme la doctrine romaine.

L'affaire Ridicauwe

L'expulsion des jésuites ne diminua pas le nombre des attentats contre le Roi, parce que les jésuites n'en étaient pas les initiateurs. C'était le problème de la valeur de la conversion royale qui faisait lever les assassins, et d'autres ordres religieux sont plus compromis que les jésuites. Il est impossible de traiter de toutes les tentatives de meurtre. Prenons l'exemple de l'affaire Ridicauwe.

Ridicauwe était un dominicain flamand, du territoire espagnol[1]. En religion frère Charles d'Avesnes, il appartenait au couvent des jacobins de Gand, « pépinière d'assassins ». Il fut induit au meurtre du Roi « par les fréquentes prédications et continuelles disputes aux escholles et que partout aux églises, aux lieux publicqs, aux festins et tables des particuliers, l'on exaltait

1. Sur Ridicauwe, Père Godefroy de Paris, *Les Frères mineurs capucins en France*, t. II, Paris, 1950, pp. 32-41 ; BNF, ms. fr. 2761, f°s 87-92, ms. fr. 16536.

de louanges Jacques Clément comme un glorieux martyr et que il croïoit faire chose agréable à Dieu que d'exterminer un usurpateur qui, sans aucun droit légitime, troublait un roïaume très chrestien avec la perte de tant d'âmes… ». Il servait d'espion au ligueur Charles de Lorraine, duc d'Aumale, réfugié à Bruxelles depuis 1594, et à Mgr Innocenzo Malvasia, ancien nonce du pape à Bruxelles. À ce titre, il accomplissait de fréquents voyages à Amiens et allait au couvent des capucins, fondé par le duc d'Aumale, et plein d'ardents ligueurs. Une première fois, il alla pour tuer le Roi. Mais il le vit, le 25 juillet 1593, sortir de la basilique de Saint-Denis, après son abjuration, et regagna Gand. Il revint en France pour exécuter le Roi à l'automne 1595. Mais il apprit que Clément VIII venait de donner l'absolution, le 16 septembre, et il repartit. Devenu prêtre, il alla à Rome, revit Malvasia, conféra à Naples avec les autorités espagnoles, passa par Milan et se retrouva à Bruxelles au printemps de 1596. Bientôt le voilà de nouveau à Amiens et à Paris. Henri IV le fit arrêter et interner à l'abbaye de Saint-Martin-des-Champs. Mais au début de 1597, malgré les rapports défavorables, le Roi le fit relâcher. Ridicauwe reprit ses relations avec les capucins d'Amiens. Il s'entendit avec le capucin François Langlet qui reprochait amèrement à Henri IV son alliance avec Élisabeth d'Angleterre. Tous deux entrèrent en rapport avec les émissaires de Puertocarrero, gouverneur espagnol de Doullens, qui rêvait d'enlever Amiens, mal gardée par la milice bourgeoise. Ridicauwe et Langlet aidèrent les Espagnols à recruter deux cents affidés dans Amiens et furent les premiers responsables de la surprise d'Amiens par les Espagnols, le 11 mars 1597, qui mit en péril le royaume. Le Roi réussit à faire arrêter et interner à Paris, au Fort-l'Évêque, Ridicauwe, qui s'évada, retrouva Langlet en Lorraine, commit des imprudences, fut à nouveau pris, embastillé, jugé et condamné par le Parlement comme coupable de lèse-majesté. Aucun jésuite dans ces complots.

Par contre, la surprise d'Amiens n'arrangea pas les affaires des capucins. Ceux-ci, depuis longtemps, soutenaient les « bons catholiques » et la Ligue. Ils comptaient parmi leurs membres des gentilshommes ligueurs. « Prédicateurs forcenés », « boutefeux de la chaire », « jésuites déguisés », ils attaquaient Henri IV parce qu'il ne publiait pas le Concile de Trente, violait les immunités ecclésiastiques, ménageait les protestants. Ils blâmaient en chaire son inconduite, sa liaison avec Gabrielle d'Estrées. Lorsque Clément VIII accorda un jubilé, le 2 mars 1597, le Roi ne le fit pas. Au Louvre, il chanta des psaumes avec les huguenots, passa sa nuit à jouer, gagna un cordon de perles et dit, en se gaussant, que c'était pour gagner le jubilé. Les prédicateurs capucins ne le laissèrent ignorer à personne. Toute la France fut consternée. Après la surprise d'Amiens, il fut fortement question, et pendant plusieurs années, de l'expulsion des capucins. À côté des jésuites, les capucins furent parmi les plus ardents propagateurs de la foi. Ils convertirent beaucoup de protestants du commun, et des gens illustres, comme Philippe Canaye, sieur de Fresnes, en avril 1601, ou Guy d'Andelot, comte de Laval, en 1605. À la conférence de Fontainebleau, en mai 1600, ils concoururent à la défaite de Du Plessis-Mornay, « le pape des Huguenots », et causèrent la conversion d'Augustin Casaubon, fils du pasteur Casaubon, qui devint capucin. Ne laissons pas tous les honneurs de l'histoire aux jésuites. Dans tout ce qui touche au tyrannicide, les dominicains et les capucins ne les méritent pas moins.

Ravaillac

Peut-être Henri IV s'est-il fait cette réflexion. D'ailleurs, les jésuites lui avaient rendu des services. Ils avaient insisté auprès du pape pour son absolution. Depuis que le pape l'avait donnée, ils promettaient au Roi de le servir avec autant de dévouement que le roi d'Espagne. Le Roi fit venir auprès de lui le Père Coton, le 29 mai 1603, le prit en affection, le fit prêcher. Finalement, par lettres patentes de Rouen, du 1er septembre 1603, le Roi autorisa les jésuites à résider et à rouvrir leurs collèges dans les villes où ils avaient été précédemment installés. Ils devraient prêter un serment spécial de ne rien entreprendre contre le service du Roi, la paix publique et le repos de l'État. Un Père resterait auprès du Roi, comme prédicateur, pour répondre des actions de ses compagnons. Le 24 décembre, le Parlement de Paris présenta des remontrances au Roi : c'étaient des factieux, des ennemis de la France, créatures du pape et des Espagnols, ils professaient des doctrines pernicieuses sur le tyrannicide et sur les relations de l'Église avec l'État. Henri IV réfuta lui-même point par point toutes les accusations lancées contre les jésuites. C'était un jésuite qui l'avait averti de l'entreprise de Barrière ; un autre jésuite avait dit à Barrière qu'il serait damné s'il osait l'entreprendre. Aucun Jésuite n'avait trempé dans la tentative de Chastel. « Mais quand ainsy serait qu'un jésuite eust fait le coup, faut-il que tous les apostres pâtissent pour Judas ?... » Sur jussion réitérée, le Parlement de Paris enregistra les lettres patentes, le 2 janvier 1604. Le Roi fit démolir en 1605 la pyramide de Chastel et la fit remplacer par une fontaine. Le Père Coton joua à la Cour le rôle de confesseur et de confident du Roi. Il eut un grand succès auprès des courtisans comme prédicateur et comme directeur spirituel. Les écoliers affluèrent au collège de Clermont. Le Roi autorisa les jésuites à ouvrir d'autres collèges, dont le fameux collège de La Flèche, où étudia Descartes[1].

Les jésuites ont-ils incité Ravaillac à tuer le Roi ? Certainement pas. Tout ce qu'on peut reprocher au jésuite d'Aubigny, qui l'entendit en confession et qui lui donna d'excellents conseils, c'est de n'avoir pas pris assez au sérieux son intention, et de ne pas l'avoir fait surveiller. D'ailleurs Ravaillac avait beaucoup plus de relations avec les cordeliers et avec les feuillants qu'avec les jésuites. Les prédicateurs jésuites, qui ont été mis en cause par les contemporains, prêchaient-ils de tuer le tyran en 1609 et

1. Texte des remontrances et de la réponse du Roi, BNF, ms. fr. 2761, f°s 99 et suiv. Voir aussi ms. fr. 15798, f° 207 v° ; A. Douarche, *op. cit.*, pp. 171-185.

en 1610 ? Ouvertement, non. Mais il est certain que dans leurs attaques contre l'expédition de Clèves et de Juliers, dans leurs appels à l'expulsion ou même au massacre des huguenots, dans leurs développements sur la primauté du successeur de saint Pierre, les prédicateurs jésuites ont lancé des allusions dangereuses. Le jésuite Gontier se distinguait. Un de ses sermons, prononcé devant Henri IV à l'église Saint-Gervais, ne contient pas, comme l'affirma un pamphlétaire huguenot, même « en termes généraux le dessein présent du pape et de la Ligue d'exercer leur vengeance bien tost sur sa personne et sur son royaume ». Mais il y est tout de même suggéré qu'à cause de sa politique protestante, Dieu pourrait peut-être cesser de le garder en vie. Le Père Gontier pensait-il aux risques de la guerre ou à un nouvel Aiod ? L'une et l'autre interprétation sont possibles. Est-il vrai que le jésuite Hardy, préchant à Saint-Séverin, en présence de deux conseillers au Parlement, avait dit : « Que les Roys amassaient des thrésors pour se rendre redoutables, mais qu'il ne fallait qu'un pion pour *matter* un Roy », ce qui avait été considéré comme « langage d'Hespaigne » ? En tout cas, les jésuites n'en disaient pas plus que les autres prédicateurs, et il n'y avait pas lieu de les incriminer spécialement[1].

Naturellement, le travail des confesseurs nous échappe. Il pouvait aller loin.

En somme, jamais les jésuites n'ont organisé un attentat contre Henri IV ni incité directement quelqu'un à le tuer. Avant l'absolution du Roi par le pape, certains d'entre eux ont approuvé et encouragé une de ces tentatives, celle de Barrière, parce qu'ils ont jugé qu'elle était inspirée par Dieu ; d'autres d'entre eux ont jugé tout le contraire sur le même sujet et ont dénoncé le projet. Après l'absolution du Roi par le pape, plus aucune approbation d'une telle tentative ne peut leur être

1. Analyses tendancieuses des Sermons, dans David Home, *L'Assassinat du Roy*, 2e éd., 1614, BNF, Lb 35-909, pp. 51-54. Texte du Sermon de Gontier, BNF, Coll. Dupuy, n° 90, f°s 22-23. Voir aussi P. de Lestoile, *Mémoires-journaux*, éd. Michaud-Poujoulat, II, p. 555, col. 1, et p. 617, col. 2.

imputée. En ce qui concerne la doctrine, les jésuites de France ont toujours professé sur le tyrannicide la théorie qui était la vulgate des théologiens à la fin du XVIe siècle. Certains jésuites, portugais comme de Sâ, espagnols comme Mariana, sont allés plus loin. Ils n'étaient pas seuls et d'autres théologiens ou théoriciens politiques avaient fait de même. Les jésuites ne semblent pas se distinguer, en nature et pour l'essentiel, des autres religieux « bons catholiques ». Mais, liés au pape par un serment d'obéissance spéciale, partout ardents défenseurs des doctrines romaines, remportant un grand succès comme confesseurs et éducateurs, et se présentant comme une milice combattant sous les ordres de Jésus-Christ et de son vicaire, ils sont facilement devenus un symbole. Tous ceux qui présentaient des caractères semblables, ou tout au moins qui se fixaient les mêmes buts, c'étaient aussitôt des « jésuites », des « jésuites déguisés ». Le terme désignait une façon d'être chrétien. Et ce symbole, commode, les adversaires des jésuites l'entourèrent d'un mythe, un mythe de duplicité, d'intrigues tortueuses, de fourberies, de cruautés. C'est le plus souvent de cette façon qu'est vu l'adversaire. Symboles et mythes sociaux foisonnent à toutes les époques et dans tous les pays. Il semble que les hommes ne s'en puissent passer. La France du XXe siècle en voit une belle floraison. Le lecteur en découvrira facilement lui-même. Il est certain que l'historien doit en toutes circonstances étudier de près symboles et mythes sociaux. Ils sont les principaux motifs des actions des hommes.

LIVRE III

QUELQUES CONSÉQUENCES DE L'ASSASSINAT D'HENRI IV

En examinant les conditions de l'assassinat d'Henri IV, nous avons vu sourdre des profondeurs quelques-uns des sentiments, quelques-unes des opinions, qui faisaient la France. Il convient à présent que nous cherchions si la journée du 14 mai, si le couteau de Ravaillac ont contribué à faire la France.

8

SI RAVAILLAC AVAIT VÉCU...

Supposons que, par miracle, Ravaillac ait été épargné, qu'il ait vécu son âge d'homme, qu'il ait pu voir les résultats de son acte, aurait-il été satisfait ?

Il avait attendu, disait-il, que la Reine fût sacrée à Saint-Denis, le 13 mai 1610, pour frapper, afin de ne point plonger le pays, laissé sans autorité légitime, dans le désordre. Il y eut tout de même des troubles. À Paris, dans la nuit du samedi 17 au dimanche 18 mai, des gens crièrent aux armes, près du Palais, pour voir s'il n'y aurait pas moyen de pousser le peuple à une révolte, sédition, ou massacre. Mais « les merciers et boutiquiers de là autour estans sortis avec leurs armes, se ruèrent dessus et les contraingnirent de se retirer plus vite que le pas, en aiiant eu un d'entre eux blessé d'un coup de pique ». La nuit du lundi 19 au mardi 20 « fut tumultueuse à Paris. Les maisons et hostels des grands, barricadés, remplis d'armes et de corps de gardes, donnèrent l'espouvante au peuple... lequel cependant on eust bien voulu faire de feste et mettre à la dance si on eust peu... ». « Ce qui plus allarmait le peuple en tout ceci estoit une jeune noblesse française qui courait les rues de Paris toute la nuit, avec tel bruit et insolence et si grand cliquetis d'armes et chevaux... où, du vivant du feu Roy, un seul cling d'œil de Sa Majesté contenait en devoir grands et petits... » « Le jeudi 22, furent publiées des défenses à Paris, criées par les quarrefours, de la ville à quatre trompettes, de tirer coups d'harquebuse ni de mosquet, passé sept heures du soir ; et ce sur peine de la vie, car, à Paris depuis la mort du feu Roy, l'usage de telles scopèteries était si commung, et plus la nuit que le jour, qu'il semblait proprement qu'on fust à la veille des barricades. » Ces tireurs étaient « pour la pluspart jeunes mignons, courtisans fraizés, frizés et moustachés ». Le peuple leur était hostile et commençait à les menacer du couteau[1].

Ces agitations restèrent superficielles à Paris. La population souhaitait la paix intérieure. Elles furent plus graves en province, surtout dans les campagnes. Le Roi mort, un enfant sur le trône, les liens politiques paraissaient se rompre et le corps de l'État se dissoudre. Comme s'ils avaient été seulement engagés envers un homme et qu'ils fussent libres de ne pas continuer leur engagement envers son fils enfant, comme si les lois étaient mortes avec le Roi, beaucoup, surtout des gentilshommes, ne se croyaient plus tenus par aucune obligation : les limites de leurs forces étaient les freins de leurs actions. Dès la mort du Roi, des gentilshommes se fortifièrent dans leurs châteaux, des bandes se formèrent, commencèrent à tenir les campagnes, attaquer les maisons des particuliers, les châteaux, piller, rançonner, détrousser, saisir les deniers des caisses royales. Le tumulte et la sédition couvèrent dans les villes. Les princes et les grands enrôlèrent des gentilshommes; des troupes nombreuses et armées circulaient, se défiaient, se battaient. Il fallait obtenir la reconnaissance du nouveau gouvernement, l'engagement des sujets envers le petit roi, leur nouveau suzerain[2].

Dès le soir du 14 mai, les avocats du Roy dirent au Parlement de Paris que la Reine « désirait que présentement et sans se départir, le Parlement pourveust selon qu'il avait accoustumé à la régence et au gouvernement du royaume,... despécher à tous les gouverneurs des provinces et des villes et des places pour contenir les peuples en devoir et repos... adioustants que M. le

1. P. de Lestoile, *Registre-journal de Louis XIII*, éd. Michaud-Poujoulat, pp. 620, 621, 622, 623.
2. R. Mousnier, *La Vénalité des Offices*, p. 567.

chancellier leur avait dit que l'on avait accoustumé de donner le gouvernement et la régence de la personne du Roy et du royaume à la mère du Roy en son bas aage... » Ils requirent qu'il en fût délibéré immédiatement.

« Eux retirés », le premier président proposa l'affaire. Sur la fin, M. d'Épernon entra en pourpoint, son épée à la main. Il alla vers le premier président, supplia la compagnie d'excuser son incivilité, parla au premier président, puis aux autres présidents, tout bas, « pria fort Messieurs d'accélérer la délibération et que l'affaire pressait ». M. de Guise arriva. Il assura la compagnie « de la continuation de son très humble service au Roy et à l'État de France ». Le premier président le remercia et lui demanda de confirmer ses paroles par effet en son gouvernement de Provence. Guise déclara qu'il avait présenté « son lieutenant et cinq ou six autres gentilshommes de commandement » au Roy et à la Reine, qu'ils avaient prêté serment entre les mains de Leurs Majestés et qu'ils étaient partis aussitôt pour la Provence. Il ajouta que la Reine attendait.

Le Parlement décida à l'unanimité que « la Royne mère du Roy serait et estait déclarée Régente en France pendant le bas aage du Roy son fils, pour gouverner sa personne et conduire les affaires du royaume », selon les exemples de la Reine Brunehilde, de la Reine Alix, mère de Philippe-Auguste, de la Reine Blanche, mère de Saint Louis, de la Reine Catherine de Médicis, pendant la minorité de Charles X et l'absence d'Henri III, Roi de Pologne. Une délégation du Parlement alla faire connaître l'arrêt du Parlement à la Reine, vers les six heures et demie du soir. La Reine répondit qu'elle irait le lendemain au Parlement tenir un lit de justice, avec le Roi, les princes, les seigneurs, les prélats, les officiers de la couronne.

Le lendemain, samedi 15 mai, au palais, les présidents et les conseillers se trouvaient dès les sept heures du matin, en robe d'écarlate, plusieurs maîtres des requêtes parmi eux. Puis vinrent prendre place, à gauche du lit de justice où allait s'asseoir le Roi, les ecclésiastiques, pairs de France, l'évêque de Beauvais, l'évêque de Noyon, l'évêque de Châlons, l'archevêque de Reims et, en outre, l'évêque de Paris, les cardinaux de Joyeuse, de Gondi, de Sourdis et du Perron ; à la droite du Roi, le prince de Conti, le comte d'Anguien, fils aîné du comte de Soissons, un enfant de quatre ou cinq ans, le duc de Guise, le connétable de Lesdiguières, les ducs d'Épernon, de Montbazon, de Sully, tous ducs et pairs de France ; les maréchaux de France, de Brissac, de Lavardin, de Bois-Dauphin. Aux pieds du Roi, prirent place le jeune duc d'Elbeuf, représentant du grand chambellan, M. de Chappes, comme prévôt de Paris, M. de Souvray, gouverneur du Roy ; le chancelier de France, Brûlart de Sillery ; MM. de Chasteauneuf et de Pontcarré, conseillers au conseil privé. Le duc de Mayenne, pair de France, podagre et impotent, se fit apporter et resta en bas.

La Reine dit : « Messieurs, ayant pleu à Dieu par un si misérable accident retirer à soy nostre bon Roy, Mon Seigneur (suffoquée par les larmes), je vous ai amené mon fils pour vous prier tous d'en avoir le soin que vous êtes obligez pour ce que vous devez à la mémoire du père, et à vous-mesmes et à vostre païs. Je désire qu'en la conduite de ses affaires il suive vos bons conseils, ci vous prye de les luig donner tels qu'adviserez en vos consciences pour le mieux. »

Le petit Roi de neuf ans, à qui manqua la mémoire, fort ému, récita plutôt mal que bien quelques phrases où il annonça l'intention de suivre les bons conseils de son Parlement en la conduite de ses affaires et donna la parole à son chancelier.

Le chancelier invoqua la volonté d'Henri IV : que la Reine soit régente, qu'elle ait le soin et l'administration des affaires du royaume. Il prit les avis des présidents de la Cour, puis ceux des princes, ducs, pairs et maréchaux de France, ceux des cardinaux, pairs ecclésiastiques et de l'évêque de Paris, ceux de MM. du conseil privé, de MM. les maîtres des requêtes et des conseillers du Parlement. Il y eut unanimité. Le chancelier se rassit. Il fit ouvrir les portes. Le résultat du lit de justice fut proclamé : « Le Roy séant en son lit de justice, par l'advis des princes de son sang, autres princes, prélats, ducs et pairs et officiers de la couronne, ouï et ce requérant son procureur général, a déclaré et déclare, conformément à l'arrêt donné en sa Cour de Parlement du jour d'hier, la Reine sa mère régente en France, pour avoir soin de l'éducation et nourriture de sa personne et administration des affaires de son royaume pendant son bas aage et sera le présent arrest publié et enregistré en tous les bailliages, sénes-chaussées et autres sièges royaux du ressort de la Cour et en toutes les autres Cours de Parlement de son royaume[1]. »

« Mais ce qui plus releva, en ceste publique consternation et prodigieux accident, les cœurs des pauvres Français désolés et abattus, fut la réunion de princes et seigneurs, ausquels on vid à tous porter en ceste journée le cœur sur le front, et s'unir pour le bien de l'État (qu'à la vérité estait aussi le leur), à la conservation du Roy et de sa couronne. » Le duc de Mayenne et le maréchal de Brissac, d'Épernon et Sully, et plusieurs autres, se réconcilièrent, s'embrassèrent, se promirent et jurèrent toute fidélité et amitié[2].

Pendant ce temps des lettres étaient envoyées à tous les gouverneurs, qui assemblaient les habitants des villes et leur faisaient jurer fidélité au nouveau Roi. Les procès-verbaux de ces prestations de serment étaient envoyés à la Cour.

Le 17 octobre 1610, le jeune Louis XIII était sacré à Reims. Il touchait les écrouelles. Dieu guérissait miraculeusement plusieurs malades et avouait ainsi pour sien le jeune souverain. Le 2 octobre 1614, Louis XIII déclara sa majorité, ayant treize ans révolus. Mais il laissa la direction du gouvernement à sa mère. Elle la conserva jusqu'à ce que son protégé, Concini, maréchal d'Ancre, fût exécuté sur un jugement de Louis XIII, le 24 avril 1617.

Ainsi, la mort d'Henri IV ne plongea pas le royaume dans

1. Relation Gillot, BNF, Coll. Dupuy, 90, f°s 30-41.
2. P. de Lestoile, *op. cit.*, p. 592.

l'anarchie et la France ne fut pas dissoute, comme peut-être certains l'avaient espéré d'un meurtre. L'État demeura.

Ravaillac aurait sans doute été satisfait. Il l'aurait été certainement de l'orientation politique du nouveau gouvernement. Il avait frappé, pensait-il, un hérétique déguisé. Le nouveau gouvernement fut nettement catholique. Sully, resté sans influence, démissionna le 26 janvier 1611. Marie de Médicis gouverna avec de vieux conseillers d'Henri IV, des modérés, de longtemps partisans d'un accord avec l'Espagne, et qui avaient cédé à la volonté d'Henri IV plus qu'ils ne l'avaient encouragé : Villeroy, qui avait toujours souhaité les mariages espagnols; Jeannin, ancien ligueur; Sillery. La Reine écouta Leonora Galigaï, sa femme de chambre et confidente florentine, catholique fervente, bien qu'elle eût profité de la situation pour pousser son mari, Concini, conseiller d'État le 26 août 1610, marquis d'Ancre en 1611, premier gentilhomme de la Chambre, superintendant de la maison de la Reine, lieutenant du Roi en Picardie, gouverneur de Péronne, Montdidier et Roye, maréchal de France, le 19 novembre 1613[1]. Concini et sa femme travaillèrent à une politique catholique. La Reine suivit les avis du nonce pontifical Ubaldini, et souvent ceux du Père Coton. L'influence pontificale grandit dans les Conseils de France. Avec un roi mineur, dont la légitimité était contestée puisque certains jugeaient l'annulation du premier mariage d'Henri IV sans valeur, avec une régente étrangère et dont la force n'était pas dans la tête, avec des princes remuants, la politique d'Henri IV n'était plus possible. Le nouveau gouvernement abandonna les entreprises de l'ancien en Italie et sur le Rhin. Pour sauver la face, un corps d'armée, sous le commandement du maréchal de La Châtre, alla participer à la prise de Juliers le 1er septembre 1610. La ville fut remise aux « princes possédants », protestants, Brandebourg et Neubourg, sous condition de libre exercice de la religion catholique, apostolique et romaine. Puis l'armée française battit en retraite. Le gouverne-

1. Louis Batiffol, *Le Roi Louis XIII à vingt ans*, Paris, 1910, in-8°, pp. 5-6.

ment travailla à relâcher les alliances protestantes. Il essaya de se rapprocher de l'Espagne, pour enlever aux princes du sang, Soissons, Condé, rentré en France le 16 juillet 1610, l'appui de cette grande puissance. Dès 1610, le gouvernement accueillait les ouvertures du duc de Feria, ambassadeur d'Espagne, pour un double mariage entre Louis XIII et la fille cadette de Philippe III ; entre l'héritier présomptif du trône d'Espagne et la fille aînée de Marie. Les pourparlers n'aboutirent pas immédiatement car Marie de Médicis voulait l'aînée des infantes pour Louis XIII. Mais le vieux projet pontifical de réconciliation entre la France et l'Espagne était en bonne voie. Les mariages espagnols devaient aboutir en 1615. Madame, sœur de Louis XIII, fut échangée contre l'infante Anne d'Autriche, fiancée au roi de France. Le mariage de Louis XIII et d'Anne d'Autriche fut célébré à Bordeaux, le 28 novembre 1615. Dans l'ensemble, la France laissa les Habsbourg dominer l'Europe, elle les y aida même, et l'on vit, au temps de Luynes, en 1620, alors que commençait la guerre de Trente Ans, Louis XIII soutenir l'empereur Ferdinand II contre les protestants, l'Union évangélique, l'Électeur palatin, le royaume de Bohême, au mépris de l'intérêt national. Il y eut des velléités contraires après la mort de Luynes, le 15 décembre 1621. Mais une politique vraiment nationale et énergique n'allait être reprise qu'en 1624, avec La Vieuville, puis Richelieu. Comme les intérêts de la politique des Habsbourg semblaient se confondre avec ceux du catholicisme, Ravaillac aurait eu lieu d'être très satisfait.

Aurait-il été content, dans ces conditions, des perpétuelles révoltes des princes ? Marie de Médicis pratiqua à leur égard la politique que lui avait conseillée Henri IV lui-même, s'il lui arrivait malheur : essayer de les contenter, en attendant que Louis XIII soit capable de gouverner effectivement. C'était également ce que recommandaient les vieux conseillers d'Henri IV, Villeroy, Sillery, Jeannin : il fallait durer, éviter d'employer la force, mais diviser les Grands, traiter avec eux séparément, les satisfaire aux moyens de pensions et d'assignations, détacher les gentilshommes pauvres et misérables de leur clientèle par des pensions et des dons, les faire surveiller par les Parlements et les lieutenants généraux. Dans l'ensemble, au prix de générosités souvent mal comprises, Marie de Médicis réussit à éviter le pire. Elle ne parvint certainement pas à éviter toutes les prises d'armes. Est-il nécessaire d'entrer dans le détail de ces luttes confuses, où, lorsque le droit annuel est confirmé aux officiers, les gentilshommes se groupent autour des princes, où lorsque le droit annuel est retiré aux officiers, alors le Parlement prétend se mêler des affaires de l'État ? Il fut souvent question de la constitution coutumière du royaume, du droit des princes à participer au gouvernement, des droits de la noblesse aux fonctions, des libertés des Parlements et de leur contrôle sur les affaires de l'État. Le ton de la Ligue réapparut parfois dans les déclarations du prince de Condé. Il est possible que ces mouvements, où transparaissait quelque chose du vieil esprit ligueur, n'eussent pas déplu à Ravaillac[1].

Mais, sur des questions essentielles, il aurait été cruellement déçu. Il avait tué parce que le Roi ne réduisait pas son royaume à la seule religion catholique. Or, sur ce point, Ravaillac n'a obtenu aucun résultat. L'on craignit un moment des troubles sérieux. « Les bruits couraient partout d'une Saint-Barthélémi prochaine, semés et apostés à dessein par quelques brouillons d'État, qui taschaient par de tels artifices d'y porter le peuple. » Des protestants s'enfuirent de Paris. Mais le peuple, les crocheteurs, les femmes de tous les marchés et places de Paris, disaient hautement qu'ils ne voulaient plus de guerres civiles. Qu'ils avaient assez mangé de chien, de chat et de cheval ; qu'ils n'avaient que faire des querelles des Grands. « Aille à Charenton qui voudra, mais vivons en paix. » De fait, deux jours après la mort du Roi, ceux de la religion prétendue réformée purent aller célébrer leur culte à Charenton, en toute tranquillité, sans exciter aucun murmure. Le gouvernement avait envoyé immé-

1. R. Mousnier, *op. cit.*, pp. 567-597.

diatement des lettres aux Parlements pour l'observance des édits de pacification, et donc de l'édit de Nantes. Ces lettres furent enregistrées sans difficulté, lues et publiées dans tous les présidiaux, bailliages et sénéchaussées[1].

La Reine put signer, le 3 juin 1610, la confirmation de l'édit de Nantes, au milieu d'une approbation générale.

Bien mieux, le coup de couteau de Ravaillac causa le renforcement de l'organisation militaire protestante. L'assemblée de Saumur, en 1611, réorganisa les assemblées provinciales et les conseils provinciaux, mit les places de sûreté sous l'autorité des conseils provinciaux. Ceux-ci durent veiller à leur état, envoyer des inspecteurs pour visiter les places et passer des revues des garnisons, qui durent ne comprendre que des soldats de la religion prétendue réformée. Les conseils provinciaux durent nommer pour chaque place une commission des finances chargée de payer elle-même les gens de guerre et les frais des places. Les conseils provinciaux devaient passer tous les contrats pour les fortifications et les réparations et envoyer des inspecteurs pour ces travaux[2].

L'organisation militaire protestante permit aux grands seigneurs protestants, aux « huguenots d'État », de participer à tous les soulèvements, et d'en déclencher, toujours au moment où d'importantes affaires extérieures faisaient souhaiter au gouvernement d'avoir les mains libres pour agir. Elle rendit insupportable le fédéralisme protestant, et, en deux temps, le gouvernement royal détruisit l'organisation politique et militaire protestante, en 1621-1622, et par l'édit de Grâce de juillet 1629. Si nous la comparons avec la constitution coutumière du royaume, nous voyons que cette organisation politique et militaire était d'essence féodale et donc incompatible avec un État devenu national, unitaire et absolu. Bien que les protestants, les

1. *Mercure français, 1605-1610*, I, Paris, 1611, in-8°, f° 329 v°. P. de Lestoile, *op. cit.*, p. 618. Lettre du Roy au Parlement de Rennes, BNF, Lb 35-878, in-8°.
2. Ch. Benoist, *op. cit.*, p. 95.

« huguenots de religion » se soient montrés ensuite sujets fidèles, notamment pendant la Fronde, bien qu'ils aient professé leur attachement à l'absolutisme, le reste de leur organisation fut progressivement détruit, depuis 1659 environ. Or, leur organisation de justice et de police n'était pas incompatible avec la constitution coutumière du royaume : elle aurait pu persister. Leur organisation religieuse était tout à fait conforme à la structure d'ordres et de corps, qui était celle du royaume. Il aurait été avantageux de la laisser subsister.

Malgré le coup de couteau de Ravaillac le protestantisme a duré en France. Il a duré si bien, malgré les persécutions sous le gouvernement personnel de Louis XIV, l'émigration, la révocation de l'édit de Nantes, qu'il fut impossible de l'extirper. Après la révocation, des groupes de protestants subsistèrent, plus ou moins cachés, plus ou moins tolérés, jusqu'à ce que l'édit de novembre 1787, leur restituant leurs droits civils, reconnaisse ouvertement leur existence. Le protestantisme a duré et il a profondément influé sur le catholicisme français. Il semble que ce soit la destinée du catholicisme de repousser, à chaque époque, les doctrines qui lui sont contraires, mais qu'à chaque époque un certain nombre de catholiques adoptent des principes essentiels des doctrines rejetées. Au XVIIe siècle, la revanche du protestantisme vaincu et refoulé, ce fut le jansénisme, ce « calvinisme rebouilli », dont l'influence fut si profonde qu'on la discernait encore, il y a peu de temps.

Les destinées du protestantisme auraient été une amère douleur pour Ravaillac, à s'en tenir même à ce que la durée normale de sa vie aurait pu lui permettre de voir. Mais la légende d'Henri IV, mais le triomphe de l'absolutisme, ne l'auraient pas fait moins souffrir.

9

LE «MYSTÈRE» DE LA MONARCHIE ET LA LÉGENDE D'HENRI IV

Le meurtre du Roi n'a pas interrompu l'effort des théoriciens pour exalter le Roi de France au-dessus de tous les Rois et pour dresser l'image d'Henri IV comme celle du héros, du demi-dieu. Ce mouvement avait commencé dès les premières années du règne. Il s'intensifia au moment de l'interdit de Venise et de la lutte contre les prétentions théocratiques. Il est en partie spontané, mais aussi œuvre de propagande officielle, de gens chargés de fonctions dans la Maison du Roi ou de conseillers d'État, qui travaillaient à un dépassement de la Constitution coutumière, dans le sens d'un renforcement de l'autorité, en raison des dangers qui menaçaient le pouvoir royal et la personne du Roi. Parmi eux, se trouvent des « bourgeois à talents », dévoués au Roi, ambitieux d'offices, et qui soignent leurs carrières. Tels sont l'historien officiel André Duchesne, et encore Jérôme Bignon, humaniste, enfant prodige (ami de Scaliger, Casaubon, Grotius, Pithou), enfant d'honneur du Dauphin Louis XIII, qui se signala par ses écrits de propagande et devint haut fonctionnaire, avocat général au grand conseil en 1621, conseiller d'État, avocat général au Parlement, de 1625 à 1642[1].

Les principales œuvres apparaissent au moment du grand conflit sur les pouvoirs du pape. En 1607, paraît *L'Institution au droit des Français* du vieux juriste nivernais Guy Coquille, sieur de

1. R. Mousnier, « Comment les Français voyaient la Constitution », *XVIIe siècle*, 1955, n° 25, p. 18.

Romenay, dont le privilège est du 8 mars 1607. En 1609, l'historiographe André Duchesne fait paraître *Les Antiquitez et Recherches de la Grandeur et Majesté des Roys de France,* dédié « à Monseigneur le Dauphin ». Cette même année, le 18 décembre 1609, le privilège royal est accordé pour le livre de Jérôme Bignon, *De l'excellence des roys et du royaume de France,* qui parut en 1610, dédié au Roi dans une épître enflammée. La mort du Roi ne fit qu'accroître l'intensité de la polémique pour l'absolutisme monarchique contre le pape. C'est, en 1611, le traité du *Droit des Rois contre le cardinal Bellarmin et autres jésuites,* de l'avocat Bédé de La Gormandière, un calviniste. C'est, en 1612, le célèbre traité de Pierre de L'Hommeau, sieur du Verger, conseiller du Roi en la sénéchaussée de Saumur, *Maximes générales du Droit français,* maintes fois rééditées. En 1615, le président Jean Savaron publiait le *Traité de la souveraineté du Roi et de son royaume,* et Jérôme Bignon revenait à la charge avec *La Grandeur de nos rois et leur souveraine puissance.* Tout ceci sans compter une infinité de libelles, où les théories des livres sont mises en menue monnaie.

À un moment où les gallicans donnaient le ton à tous les adversaires de la hiérocratie pontificale, Paolo Sarpi ou Jacques Ier, nos auteurs s'attachent à montrer que la France est le premier pays du monde, spécialement favorisé des grâces divines, ce qui sous-entend que tout ce qui vient de France est agréable à Dieu. « C'est un noble partage que Dieu leur a fait (aux Roys de France), comme à un fils aînez, de réserver les autres royaumes pour les autres princes et leur donner la France : je dis la France, splendeur du monde, lumière de la chrétienté, sans aucune tache qui peut marquer sa réputation, renommée en fidélité et obéissance, florissante en piété et en religion, et vrayment cet argent choisi, cuit et recuit par plusieurs fois dans le fourneau, dont font tant de cas les mystiques paroles de l'Écriture sainte[1]... » « Comme, entre les parties de la terre, l'Europe, bien que la plus petite, tient le premier rang, estant la principale et la plus digne :

1. A. Duchesne, *op. cit.*, p. 128.

de mesme, on ne peut douter qu'entre tous les païs de l'Europe, la France ne soit le plus excellent. » La France est « le petit œil et la perle du monde ». Elle l'emporte sur tous les autres pays par sa fertilité, son abondance en toutes sortes de biens, la douceur de sa température et l'aménité de son air, la valeur, le courage et l'esprit de ses peuples, leurs actions d'éclat par toutes les contrées de la terre habitable, « mais aussy ont excellé en tout ce à quoy ils ont voulu appliquer leur esprit[1] ».

Le gouvernement de la France est une monarchie absolue, le meilleur des gouvernements parce que le plus conforme à l'ordre universel voulu par Dieu. « La France est gouvernée par monarchie dès le commencement que les Français se firent seigneurs d'une partie des Gaules. Qui est le gouvernement le plus asseuré, tant par l'expérience du passé que par la comparaison et exemple des corps supérieurs, entre lesquels est le soleil commandant à tous les autres et loge au milieu d'eux, et de l'économie et mesnage, qui est comme un petit royaume, et de ces petits animaux, les plus industrieux de tous, les mouches à miel[2]. » Il y a d'autres preuves de l'excellence de la monarchie : « Tout l'univers a pris son origine d'Un et est maintenu par Un qui est un seul Dieu. Tous les Astres sont gouvernez par un Soleil comme le plus lumineux d'iceux. Tout ce qu'il y a de parties au corps humain sont maintenues, vivifiées et végétées par une âme. Nature a voulu en chacune espèce une prééminence, aux astres le Soleil..., entre les éléments, le feu, entre les métaux l'or, entre les grains le fourment, entre les choses liquides le vin, entre les animaux à quatre pieds le lyon, entre les oiseaux l'aigle », et donc entre les hommes le Roi, apparenté à tout ce qu'il y a de plus noble dans l'Univers[3].

1. J. Bignon, *op. cit.*, p. 1. Il est évident que les Français du milieu du xxe siècle auraient tort de s'appliquer à eux-mêmes les jugements de Jérôme Bignon. Il s'agit d'une réalité disparue.

2. G. Coquille, *op. cit.*, p. 1.

3. Pierre Poisson de La Bodinière, conseiller du Roy au siège présidial d'Angers, *Traité de la Majesté royale en France*, Paris, chez Jamet Mettayer, 1597, in-8°, p. 7.

Mais, de plus, le Roi de France est supérieur par essence à l'homme, intermédiaire entre l'homme et la divinité, plus que demi-dieu, presque Dieu lui-même. C'est un rayon de la divinité descendu sur la terre et dont les décisions sont inspirées par Dieu. « Dieu père très bon et souverain monarque… estans de soy-mesme une essence infinie, invisible et incompréhensible, fait paraître, pour le bien et consolation de sa créature humaine, quelques rayons de sa divinité par les effets qui procèdent des causes secondes, establissant cependant et à mesme fin les Rois et gouverneurs légitimes des provinces comme ses vicaires et lieutenants pour visiblement régir et policer tous royaumes, tandis que luy invisiblement leur inspire en l'âme les arrêts de sa volonté suprême. » Il n'y a donc « rien en ce monde qui représente mieux la divinité que la royauté et que les Rois sont véritablement les images vives et animées de Dieu[1] ». Les Rois « ont été nommez dieux, d'autant qu'ils sont, en leur puissance, l'image de Dieu. Maistres, en l'obéissance que le subject leur doit. Seigneurs, comme propriétaires des biens et des vies des hommes. Souverains, n'ayans personne sur eux. Protecteurs, pour estre le bouclier et rempart… C'est une épreuve de Dieu, un chef-d'œuvre, pour ce que jamais que par miracles et non par la raison de notre humanité, il n'eust fait paraître ny donné sa semblance à l'homme, si avecque cela, il n'eust préordonné et estably les Rois, dont leurs commandements servent de témoins de sa prudence et leur prééminence de miroir de sa divinité. Il fallait que les Rois fussent puisque nous ne pouvions estre sans eux, et il fallait que nous les eussions, car, sans les Rois, la vie humaine ne serait que confusion et désordre. Ils ont été relevez au-dessus des hommes, de mesme que Dieu est par-dessus les Anges… Le Monde ne peut estre sans Rois. C'est comme une seconde âme de l'Univers, un arc-boutant qui soutient le Monde[2]… »

1. Claude Demorenne, curé de Saint-Médéric, *Oraison funèbre de Henri III*, 21 août 1595, BNF, Lb 34-816, pp. 9-10.

2. H. du Boys, *De l'origine et autorité des Roys*, Paris, chez Robert Fouet, 1604, in-12, pp. 14, 21, 23 (dédié au roi).

Duchesne précise ces caractères divins. « Or les Roys de France sont Roys esleus et choisis de Dieu, Roys selon son cœur, Roys par le divin caractère que son doigt a imprimé sur leur face ont l'honneur d'estre à la teste des Roys de toute la chrestienté... d'estre des soleils, non de basses étoiles..., d'estre des murs de grandeur et des océans de toute dignité et amplitude. Ce sont leurs vertus, qui comme beaux degrez, les ont portez à ce souverain théâtre d'honneur ; et les dons qu'en particulier Dieu leur y a départis et qui ne sont communs aux autres Rois, sont les merveilles qui les rendent esmerveillables aux plus éloignez Roys du monde. » Ici Duchesne fait allusion à la guérison des écrouelles à laquelle il revient plus loin. En effet, pour lui, « Les Roys sont les vives images de Dieu... comme terrestres divinitez... nos grands Roys n'ont jamais été tenus pour laïques, mais ornez du sacerdoce et de la royauté tout ensemble ». Les preuves en sont manifestes : onction du sacre, avec « une liqueur céleste apportée par un ange, en la Sainte-Ampoule, au christianisme de Clovis », guérison des écrouelles et les malades viennent même d'Espagne ; le capitaine, qui les conduisit en 1602, rapporta attestation des prélats d'Espagne « d'un grand nombre de guéris par l'attouchement de Sa Majesté » (Henri IV)[1]. Ce point est l'un des rares où l'historien puisse saisir directement l'expression d'un sentiment populaire. La croyance au pouvoir miraculeux des rois de France de guérir par attouchement les adénites tuberculeuses était universelle. Aux grandes fêtes, Pâques, Pentecôte, Noël ou le Jour de l'An, la Chandeleur, la Trinité, l'Assomption, la Toussaint, des malades s'empressaient de venir se faire toucher. Le jour de Pâques 1613, en une seule fois, Louis XIII, à douze ans, en toucha mille soixante-dix ; dans toute l'année 1620, trois mille cent vingt-cinq. Ils appartenaient à toutes les catégories sociales, mais surtout aux classes populaires. Il en venait de toutes les provinces françaises, de toute l'Europe, Espagnols, les ennemis héréditaires d'alors, Portugais,

1. A. Duchesne, *op. cit.*, pp. 2, 3, 5, 6, 164-167.

Italiens, Allemands, Suisses, Flamands, au point que ce rayonnement européen inquiétait les autres Rois[1].

Il est évident que cet homme, image de Dieu, inspiré par Dieu, c'est un sacrilège non seulement d'attenter à sa personne, mais encore de lui résister, de le critiquer, d'en médire, de lui opposer une opinion différente de la sienne. La conséquence logique serait l'obéissance passive. Et cependant ces théoriciens sont persuadés qu'un tel Roi ne va pas être un despote. Ce n'est pas seulement parce qu'il a l'obligation en conscience de respecter les commandements de Dieu, les lois fondamentales des royaumes, les droits fondamentaux de la civilisation européenne, dont le principal est alors celui de propriété privée, les privilèges sacrés par la coutume. Ce n'est pas même en raison de l'existence de tous ces puissants corps intermédiaires privilégiés, corps universitaires, corps de métier, États provinciaux, corps de villes et municipalités. C'est parce que, inspiré par la grâce divine, le Roi va dégager la volonté profonde de ses sujets, celle dont ils ne sont peut-être pas conscients, qu'ils repoussent peut-être, mais qui n'en est pas moins la leur, conforme à leurs besoins vitaux et au bien de leur âme. Car Roi et Royaume, en réalité, ne font qu'un, ne sont qu'un seul être, dont le Roi est la tête pensante. « Car le Roy est le chef et le peuple des trois Ordres sont les membres et tous ensemble font le corps politique et mystique, dont la liaison et union est individue et inséparable, et ne peut une partie souffrir mal que le reste ne s'en sente et souffre douleur[2]. » Tel est le « mystère de la monarchie ».

Est-il nécessaire de dire qu'un tel Roi est absolument souverain et ne saurait être en rien soumis au temporel ni au pape ni à l'empereur ?

Ce qui achèverait de prouver d'ailleurs que Dieu a une particulière dilection pour les Rois et pour le royaume de France,

1. Marc Bloch, *Les Rois thaumaturges*, Paris, 1924, pp. 51-56, 351, 360.

2. Guy Coquille, *Discours des États de France*, 1588, dans *Œuvres*, éd. 1665, I, p. 322. Sous Henri IV, les contemporains prenaient les termes dans un sens plus absolutiste que Coquille.

c'est que le royaume a, de longue date, « été attribué de lignage et non par élection, qui est une marque de bonheur, parce que les élections souvent engendrent des guerres civiles et se gouvernent ordinairement par menées et ligues où les plus fins, les plus forts, les plus riches et puissants ont ordinairement la faveur par-dessus les plus généreux et les plus gens de bien[1] ».

Or, Henri IV est bien le Roi divin : « Nôtre grand Roy Henri IV, miracle de l'Univers[2]. » Écrits, sermons, médailles, gravures, plus tard oraisons funèbres et panégyriques, ont construit de toutes pièces sa légende, de son vivant, depuis son abjuration, et, de façon peut-être plus intense, après sa mort, dans la détresse et la désolation. Peut-être Ravaillac a-t-il donné un nouvel élan à la formation de cette légende et lui a-t-il permis, en soulevant la pitié, l'indignation, l'inquiétude, l'angoisse, de balayer des esprits les réalités du règne pour y substituer une série d'images symboliques flatteuses et pour ancrer dans les cœurs des sentiments d'affection, de reconnaissance et d'admiration. Henri IV, qui s'engageait dans une entreprise bien dangereuse et bien incertaine, a peut-être eu la chance de mourir à point et d'une façon favorable à la cristallisation de cette légende que la propagande officielle s'acharnait à créer. C'est un grand art chez un homme d'État soucieux de sa gloire que de savoir être assassiné à propos.

Henri IV est ainsi représenté souvent en preux chevalier galopant l'épée dardée sur les ennemis pour la défense de la veuve et de l'orphelin. Encore, en chevalier de la Renaissance, sur le modèle des grands condottieri d'Italie, en cuirasse et feutre à panache, dressé sur un cheval de guerre empanaché, à longue crinière et à longue queue, qui se cabre comme les destriers de Paolo Uccello, le Roi se détachant sur les forêts de piques des bataillons en marche. Sous la gravure, on lit un quatrain persuasif :

1. Guy Coquille, *Institution au droit des Français*, pp. 1-2.
2. J. Bignon, *op. cit.*, p. 402.

Voicy le preux Henry, le monarque françois,
À qui Mars a cédé tout l'honneur de la guerre,
Rien n'importe qu'icy tu n'entendes sa voix
Quand le bruit de ses faits remplit toute la terre[1].

Peut-être plus fréquemment le Roi se présente en imperator, en général victorieux à la romaine, couronné de lauriers, et portant curieusement le paludamentum, le manteau militaire, à l'époque impériale insigne du pouvoir suprême, sur la cuirasse et le buffle modernes. Ailleurs, il est tout à fait en empereur romain, qualifié Augustus, et au revers la France, en matrone romaine, s'agenouille à ses pieds. Une gravure de 1607 lui laisse son pourpoint et ses chausses, mais le place sur le même rang que les fondateurs d'empires : César, Alexandre, Charlemagne, et au même niveau qu'Hercule. La devise le met au-dessus : « Pulchrum est eminere inter illustres viros », « Il est beau de se distinguer parmi les hommes illustres ». Sur une médaille de 1608, après qu'il eut mis fin à l'interdit de Venise, il les dépasse, car, cuirassé, portant la couronne impériale en tête, c'est sur le globe terrestre qu'il étend son sceptre : « Tandem arbiter orbis », « Enfin arbitre du monde », alors que, hier, Alexandre et Charlemagne s'étaient contentés d'un monde plus restreint[2].

Surtout, dans cette époque imprégnée d'antiquité, les dessinateurs en font un être intermédiaire entre l'homme et la divinité, un héros, ou même carrément un dieu de l'Olympe. Volontiers, médailleurs et graveurs représentent le Roi en Hercule. De même qu'Hercule, placé entre le Vice et la Vertu, alla vers la Vertu, de même Henri IV, entre l'Hérésie et la Religion, choisit la Religion. Hercule a purgé la terre d'une foule d'êtres

1. « 1599 ; Robert Boissard facit, Jean Le Clerc excudit », BNF, Estampes, N 2, Henri IV, 2, D 133.
2. BNF, Estampes, N 2, Henri IV, 1, D 5, D 21 ; Q B 1, 1601-1607, 45 ; Q B 1, 1601-1610, 5.

malfaisants et ainsi fait le Roi, etc. L'on pensait trouver bien d'autres ressemblances. Sur une médaille de 1602, Henri IV se dresse en Alcide, portant la toison du Lion de Némée ; au revers, le Roi en Alcide terrasse de sa massue le Centaure, symbole de toutes les mauvaises passions humaines, et aussi du duc de Savoie. Sur une pièce de 1600, Henri IV, à l'avers, porte la cuirasse et les lauriers ; au revers, il est en Hercule nu, vu de profil, sa massue sur l'épaule. Devise : « Vinces robur orbis », « Tu vaincras la force du monde ». Dès 1592, une médaille le représentait en Hercule tenant la massue et menant en laisse Cerbère, le chien tricéphale, gardien des Enfers. En 1604, il se tient entre Minerve, déesse de la Sagesse pugnatrice, et la France ; devise : « Herculi sacr. gallico », « Dédié à l'Hercule Gaulois ». Innombrables sont ses représentations en Hercule. S'il n'est pas en Hercule, le voici en Atlas, qui porte la Terre, devant le Louvre, symbole transparent (1604). S'il n'est pas en Atlas, le voici en Persée, monté sur Pégase, délivrant du dragon la France, en Andromède, enchaînée par les doublons d'Espagne (1598). Aimé des dieux, l'Olympe, sa famille, l'inspire et l'appelle. Sous son portrait par Jacques Coltzius, un quatrain affirme :

> Le Grand Roy que tu voye est remply de la grâce
> De Mars et de Pallas. De ces nobles ayeux
> Il suit pas à pas les sentiers vertueux
> Qui jà dedans le Ciel luy promettent une place,

bien que de tels vers soient plutôt propres à en dégoûter. Mais Henri IV est lui-même un dieu. Voici « l'Olympe des Français », où sont représentés au naturel le Roi, la Reine et les Enfants de France. Henri IV, assis sur un lion, derrière lui l'aigle serrant les foudres, est visiblement Jupiter. Ailleurs Georges Dupré a mis Henri IV en dieu Mars, Marie de Médicis en Pallas, et l'aigle de Jupiter apporte une couronne (1605). Voici, enfin, à la fin du règne, le profil du Roi dans le disque du Soleil rayonnant, avec la devise : « Jam totum implevit orbem », « Maintenant, il a empli le Monde[1] ».

Mais la représentation dont les exemples n'ont cessé de croître en nombre et qui a fini par l'emporter après l'assassinat, c'est celle du Roi envoyé de Dieu, inspiré par lui, serviteur de ses desseins, marchant avec Dieu sous l'influence du Saint-Esprit. Voici, en 1600, Henri IV, restaurateur de la patrie, de la religion et de la liberté. Au revers, son symbole : un glaive sortant des nuages, où se cache Dieu, avec la devise : « Deus dedit et dabit uti », « Dieu l'a donné et il en donnera l'emploi ». Voici, en 1609, la gravure de L. Gaultier : Henri IV, en grand costume royal, agenouillé devant l'Écriture sainte posée sur son prie-Dieu, le sceptre et la couronne à terre, recevant avec une humble ferveur la lumière du Saint-Esprit. En 1610, Henri IV, en général vainqueur, est couronné par les anges. Ailleurs, il suit l'estoile couronnée, l'étoile de la Nativité, avec la devise : « Monstrant regibus astra viam », « Les astres montrent le chemin aux Rois », et Henri IV n'ayant eu pour objet pendant sa vie que de mériter la gloire éternelle, « ayant toujours esté aussi juste qu'affectionné pour ses peuples, Dieu ne l'a retiré du monde que pour couronner plus tost ses vertus dans le Ciel ». C'est dans le même sens que vont les devises de la pompe funèbre qu'organisèrent les jésuites au collège de La Flèche en 1611 : l'aigle en plein essor sous les rayons du soleil, vers lequel il se tourne, « Altiora peto », « J'aspire à plus haut » ; l'aigle, c'est le Roi, le soleil, Dieu, les rayons, la grâce divine. Ou encore le pélican, qui s'ouvre le flanc, entouré de petits avides, « Pro lege et grege », « Pour la Loi (de Dieu) et pour le peuple », image du Roi qui s'est sacrifié pour ses sujets et pour la vraie religion[2].

Ces deux thèmes, le roi martyr, le roi bienfaiteur, sans exclure les autres, n'ont cessé de proliférer après l'assassinat. En 1610,

1. BNF, Estampes, N 2 Henri IV (1), D 18, N 2 Henri IV (2), D 154, D 240 ; Q B 1, 1591-1595 ; Q B 1, 1596-1598, 28 ; Q B 1, 1601-1607, 32, 33, 44 ; Q B 1, 1608-1610, 5 C.

2. BNF, Estampes, N 2 Henri IV (1), D 17, N 2 Henri IV (2), D 221, D 230 ; Q B 1, 1608-1610, 49 ; Q B 1, 1610-1611, 19.

Claude Billard connait une tragédie à l'antique, *La Tragédie d'Henri le Grand*, où les chœurs, chœurs des princes, des maréchaux, des officiers de la Cour, des courtisans, des Parisiens, exprimaient l'universel désespoir. La cause du désastre, c'était Satan, déchaîné contre Henri IV, ce croisé, à la veille de partir contre les Turcs, et, ceux-ci vaincus, de soumettre à la loi chrétienne un monde francisé :

Grand Capitaine, si grand Roi
C'est de lui seul que l'on espère
Voir au Levant florir la Foi,
Voir que l'un et l'autre hémisphère
Sous même Dieu, sous même Lois,
Sous Luy ne parler que Francoys.

Sans Ravaillac, le monde entier allait reconnaître l'autorité d'Henri IV, constituer une grande monarchie, ou tout au moins une grande fédération, française et chrétienne. Le culte du Souverain et celui de la Patrie qu'il incarnait n'étaient qu'un.

Le panégyrique des jésuites à La Flèche, le 4 juin 1611, montrait Henri IV comme un autre Saint Louis, lui attribuait les vertus des Constantin, des Théodose, des David, des Salomon. Assurément le Roi était au Paradis : « Cor regis in manu Domini », « Le Cœur du Roi dans la main du Seigneur ».

Peu à peu, l'image du Roi bienfaisant, du Roi qui nourrissait les Parisiens affamés, qu'il était contraint d'assiéger, du Roi qui voulait le bien-être de ses peuples, du « bon roi Henri », dont le règne avait été le retour de l'âge d'or, prenait de la force et s'imposait. Legrain, dans *La Décade historique*, en 1614 (p. 478), écrivait : « Le traffic et le commerce de tout ce qui est nécessaire à la vie de l'homme allait le mieux du monde ; le païsan mangeait son pain en repos et coupplait sans défiance ses bœufs à la charrue ; l'agneau se jouait en liberté sur le pré, les bastiments et nouvelles décorations se faisaient en tous lieux, on ne pensait qu'à s'égaier et resjouir dans ces jardins de plaisance que chacun faisait avec tant d'art et de soin… La terre et les eaux regorgeaient la France de tous biens et commodités et le ciel de ses bénédictions et douces influences[1]. » Ç'avait été une idylle que ce règne, contre qui, à la veille de l'assassinat, tout le monde criait. Et quelle ne fut pas l'émotion des Parisiens, lorsque, le 23 août 1614, la statue équestre d'Henri IV, en bronze, fut posée sur le Pont-Neuf, lorsque le « bon Roi Henri » revint prendre place parmi son peuple !

Pauvre Ravaillac ! Il aurait voulu non seulement éliminer le tyran, le perdeur des âmes, mais disqualifier à jamais la mémoire de l'hérétique, du relaps, du parjure. Il avait complètement échoué.

1. Marcel Reinhard, *La Légende de Henri IV*, Paris, 1935, pp. 21-28.

10

L'AFFERMISSEMENT DE L'ABSOLUTISME ET LES ÉTATS GÉNÉRAUX DE 1614-1615

Sans doute l'émotion soulevée par le coup de couteau de Ravaillac a-t-elle beaucoup contribué à donner encore davantage de force et d'influence aux idées des officiers gallicans, qui poussaient à l'absolutisme, à l'affirmation de l'autorité souveraine du Roi, contre les prétentions pontificales. Après le meurtre d'Henri IV, un nombre grandissant de Français considéra comme nécessaire de placer le Roi si haut que personne n'aurait l'idée d'attenter ni à sa personne ni à son pouvoir. C'était le deuxième Roi de France qui était assassiné en vingt et un ans et la seconde fois que la sécurité de tous s'en trouvait compromise. Il fallait condamner de façon décisive et discréditer toute théorie favorable à la déposition et au meurtre des Rois, affirmer définitivement l'inviolabilité de leur personne, leur totale indépendance au temporel, leur complète souveraineté.

La controverse entre gallicans et « papaux », qui se poursuivait, s'en trouva envenimée. Les gallicans souffraient des progrès des jésuites. En 1608, ceux-ci avaient reçu l'autorisation d'accueillir des pensionnaires au collège de Clermont, puis, par lettres patentes du 12 octobre 1609, le droit d'y donner des leçons de théologie. Université et Parlement étouffaient de colère. Or, le 14 novembre 1609, le Saint-Office condamna *l'Histoire universelle* du président au Parlement Jacques de Thou, un discours de l'avocat Marc-Antoine Arnauld contre les jésuites, et l'arrêt du Parlement de Paris contre Jean Chastel, reproduit par Arnauld, qui déclarait hérétique la proposition : « il est permis quelquefois de tuer les Rois». Le Saint-Office condamnait l'immixtion du Parlement dans des matières de foi, affaire de l'Église. La censure du Saint-Office produisit un grand effet sur les légistes français. Le Parlement la déclara nulle. Henri IV lui défendit d'exécuter son arrêt. Le Parlement fut ulcéré. Les légistes «dirent que cette censure (de Rome) faisait le panégyrique des assassins du Roi et qu'elle méritait d'être lacérée...[1] ».

Survint l'assassinat du Roi. Il parut la conséquence des théories romaines, la confirmation de leur nocivité et de celle des principaux propagateurs de ces théories, les jésuites. Ce fut un déchaînement contre ces auxiliaires du pape. Le Parlement en profita pour faire renouveler ce qu'il croyait le décret de la Faculté de théologie, en 1413, contre le tyrannicide, et pour faire brûler le livre du jésuite Mariana, qui outrepassait d'ailleurs ce que professaient la plupart des jésuites sur le tyrannicide en accord avec la «vulgate» des théologiens de leur temps. Les «bons Français», les «vrais Français» échangèrent des pamphlets avec les «bons catholiques», jésuites et leurs amis. Le Père Coton essaya d'expliquer la position des jésuites dans une «lettre déclaratoire». Il parut des *Anticoton,* sous ce titre ou d'autres, et des réfutations des «anticoton».

Mais, bientôt, parut le livre du cardinal jésuite Robert Bellarmin, *Tractatus de potestate summi pontificis in temporalibus.* Bellarmin continuait la polémique contre les théories de Jacques Ier d'Angleterre et développait ses vieilles idées sur la *Potestas indirecta* du souverain pontife. Pour Bellarmin, l'État est une unité, un organisme moral. Il est composé d'une pluralité d'hommes unis pour l'utilité commune et d'un organe directeur, dont la loi agit comme norme sociale, et qui met l'ordre. C'est l'ordre qui transforme la pluralité en communauté et en État. Organe directeur et pluralité sont donc inséparables et, l'un et l'autre, indispensables. L'État n'est pas une conséquence du péché, mais une des créations de Dieu dans la nature saine, avant

1. P. de Lestoile, *Mémoires-journaux,* éd. G. Brunet, X, p. 390.

le péché. C'est un organe nécessaire à la vie du monde. Être naturel, vivant selon la loi de nature, l'État est l'affaire des laïques, créés à l'image de Dieu et doués de raison. Donc, le pape n'a pas de pouvoir direct sur l'État et sur son chef au temporel, car l'Église est un être surnaturel, et le pape détient une puissance surnaturelle. Inversement, le chef de l'État — à cette époque, généralement le Roi — n'a pas de compétence au spirituel. La puissance ecclésiastique est toute spirituelle et céleste ; la puissance politique, toute humaine et terrestre. Chacune doit être pleinement indépendante de l'autre, dans sa sphère.

L'empereur, les rois, la république de Venise, les ducs et les comtes souverains, sont donc souverains dans les affaires politiques. Ils n'ont pas de supérieur au temporel. Ils ne dépendent pas du pape. La souveraineté est l'Être de l'État, comme le voulaient Jean Bodin et Loyseau. Le chef de l'État incarne cette souveraineté. Il est donc absolu, LEGIBUS SOLUTUS, pas même tenu d'observer ses propres lois. Mais il tient ce pouvoir immédiatement de Dieu par le peuple et pour le bien du peuple, car les hommes naissent libres et égaux. Au contraire, au spirituel, le pape a toute supériorité sur l'empereur et même sur les conciles. Chef suprême de l'Église, tenant ses pouvoirs immédiatement du Christ-Roi, il exerce une vraie juridiction coactive sur tous les croyants. Pour le bien des âmes, et si leur salut, si la vie éternelle, est en jeu, il peut légiférer au spirituel, excommunier, interdire. C'est par son intermédiaire que le Christ donne pouvoir de juridiction aux évêques. Son pouvoir est exclusivement spirituel. Le Christ lui a remis seulement les soins spirituels par ces mots : « Pais mes brebis. » Mais, si le salut des âmes est en jeu, alors le pape a le droit et le devoir d'intervenir dans les affaires temporelles des États. Il exerce un « pouvoir indirect » sur les princes. Il peut alors guider et diriger la puissance politique. Si le Roi a commis des péchés graves dans son gouvernement ou s'il a apostasié, alors le pape peut même l'excommunier, délier ses sujets du serment de fidélité, le déposer et lui ôter la puissance publique, appeler contre lui un autre prince. S'il s'agit d'un tyran de gouvernement, ses sujets doivent lui obéir, tant que le pape ne l'a pas excommunié ou déclaré hérétique ou apostat. Mais, alors, ils sont déliés de tout devoir d'obéissance. S'il s'agit d'un tyran d'usurpation, tout particulier a droit de le tuer, pourvu qu'il n'existe pas d'autre moyen de s'en débarrasser et que de plus grands maux ne soient pas à craindre[1].

Ce pauvre Bellarmin, qui croyait soutenir les droits du pape contre Jacques Ier, contre les gallicans et contre les Vénitiens, n'eut pu de chance. Sa théorie de la *potestas indirecta* sembla insuffisante et erronée à la Curie et il fut censuré par Rome. Mais le Parlement de Paris bondit et, le 26 novembre 1610, il interdit d'imprimer, vendre, communiquer, détenir le livre du cardinal Robert Bellarmin et défendit à tous lecteurs et professeurs d'en traiter, disputer, écrire ou enseigner. Ne s'en tenant pas à des mesures négatives, le premier président du Parlement de Paris, de Harlay, demanda au syndic de la Faculté de théologie, Edmond Richer, principal du collège du cardinal Lemoine, de répondre par un exposé des sentiments de la Faculté. Sur représentation du nonce pontifical, le Roi suspendit l'effet de l'arrêt du Parlement contre Bellarmin. Mais Richer répondit.

En juin 1611, Richer remit un manuscrit au premier président du Parlement de Paris. Du 17 au 22 décembre, l'avocat général Servin résuma ce mémoire et flétrit les doctrines des jésuites. La Cour arrêta que ceux-ci souscriraient aux quatre doctrines maîtresses de la Sorbonne : supériorité du concile sur le pape; indépendance absolue du pouvoir temporel des Rois; obligation pour les confesseurs de révéler aux magistrats les attentats préparés contre les souverains; soumission des ecclésiastiques au pouvoir séculier. Les Pères se soumirent à ces conditions, le 22 février 1612. Richer fit alors imprimer son manuscrit, le *Libellus de ecclesiastica et politica potestate.* Il y soutenait que les Rois tiennent immédiatement de Dieu leur souveraineté. Donc, ils sont indépendants de toute autorité, même spirituelle,

1. Franz Xaver Arnold, *Die Staatslehre des Kardinals Bellarmin,* Munich, 1934.

en vertu même de l'Écriture et des Pères. Ces propositions passèrent plus tard dans le premier article de la Déclaration gallicane de 1682. Pour Richer, l'autorité de l'Église est purement spirituelle. Elle n'implique « aucun pouvoir de contrainte extérieure ». L'excommunication, de sa nature, ne peut avoir aucun effet temporel. « Prononcée par les seuls évêques, elle requiert l'approbation du corps de l'État pour être pleinement efficace. » Le prince, évêque du dehors, a quelque pouvoir dans l'Église. Dans le passé, les Rois ont créé des évêchés et métropoles. Dans le présent, ils demeurent protecteurs de la loi naturelle, divine et canonique. Ils sont les juges naturels des appellations comme d'abus, sources des libertés de l'Église gallicane. Ce régalisme a inspiré plus tard les initiatives du Parlement de Paris en 1730 et de 1753 à 1756, le fébronianisme, le joséphisme, les articles gallicans de la Constitution civile du Clergé de 1790.

Mais, en outre, Richer soutenait que l'Église, monarchie en apparence, était aristocratie en réalité. C'est l'Église tout entière, composée de prêtres et de fidèles, qui a reçu du Christ et à jamais la propriété du pouvoir des clefs, c'est-à-dire l'autorité éminente. L'exercice de ce pouvoir est confié exclusivement à l'Église sacerdotale, composée du corps des pasteurs, réunis en concile général, supérieur au pape. Le souverain pontife n'est qu'un président électif, dont les attributions peuvent être modifiées par l'Église. Il peut interpréter le droit et donner des dispenses valables de fait. Sa primauté d'honneur et de juridiction est de droit divin. Mais les évêques aussi ont été institués par le Christ et sont les successeurs des apôtres. Ils doivent être élus par le Clergé, confirmés par le peuple ou par le Roi. Les prêtres, tout au moins les docteurs en théologie, les chanoines et les curés, sont les successeurs des soixante-douze disciples du Christ. Eux aussi ont été institués par Jésus-Christ lui-même. Le jour de leur ordination, le Christ leur confère son sacerdoce intégral, ordre et juridiction. Celui-ci ne diffère de l'épiscopat qu'en extension, comme l'enfant diffère de l'homme, mais non en nature. Il y avait ici le germe d'une Église démocratique, mais la théorie de Richer était surtout un épiscopalisme : « Les évêques, considérés chacun dans leur diocèse, sont les véritables souverains de leurs églises. Quand ils sont réunis, ils composent un Sénat ou des États généraux, qui ont toute autorité sur l'Église universelle… Toute l'autorité essentielle se trouve dans l'épiscopat. C'est sur lui que repose l'Église ; c'est à lui que tout pouvoir sacré a été remis… Le pape est le monarque de l'Église placé à la tête de cette aristocratie. Néanmoins, il ne domine pas sur l'épiscopat… L'épiscopat est tout-puissant le pontificat est subordonné ; l'épiscopat est essentiel à l'Église, la papauté accessoire[1]. » Richer complétait donc le gallicanisme politique du Parlement par un gallicanisme religieux qui refuse au pape le pouvoir de gouverner souverainement l'Église.

Le livret de Richer souleva une tempête. Le Roi d'Angleterre, Jacques Ier, l'approuva, bien entendu. Mais le cardinal du Perron l'attaqua. Il montra au conseil du Roi, puis à l'assemblée de la province de Sens, dont il était archevêque, que les limites posées par Richer au pouvoir du pape jetaient le doute sur la valeur de l'annulation du premier mariage d'Henri IV, donc sur la validité du second, sur la légitimité de Louis XIII, et donnaient une base aux prétentions à la couronne d'Henri II de Condé, premier prince du sang de France. Si l'élection des évêques était de droit divin, alors il n'y avait plus aucun évêque légitime en France. Égaler les prêtres aux évêques, c'était renouveler l'hérésie d'Arius. En 1612, le *Libellus* fut censuré par les assemblées provinciales de Sens, de Paris, d'Aix. Bientôt le pape le censura aussi et le fit inscrire à l'Index l'année suivante, en 1613. Qu'allait dire la Sorbonne ? À la Faculté de théologie, une offensive contre Richer fut menée par les mystiques du groupe de Mme Acarie, André du Val et ses disciples, par les capucins et par les religieux des autres ordres mendiants. Le gouvernement royal était hostile à Richer, car, outre l'influence pontificale que subissait la

1. S. Préclin, « Edmond Richer », *Revue d'Histoire moderne et contemporaine*, 1930, pp. 329-331.

Reine, outre le problème de la légitimité, qui veut l'aristocratie dans l'Église la veut aussi dans l'État. D'ailleurs l'élection des évêques était tout aussi contraire au pouvoir du Roi qu'au pouvoir du pape. Sous toutes ces influences, un nouveau syndic de la Faculté de théologie fut élu le 1er septembre 1612. Richer était vaincu. Mais sa doctrine allait inspirer le Tiers État, aux États généraux de 1614-1615, soulever plus tard, vers 1622, l'agitation des curés et des évêques, et contraindre Richelieu à imposer à Richer une rétractation, le 7 décembre 1629. Malgré celle-ci, le richérisme allait rester une doctrine vivante et agissante jusqu'au début du XIXe siècle. Peut-être est-elle ressuscitée.

Cependant le jésuite François Suarez éditait en 1612 son enseignement sur le *Traité des Lois*, professé de 1601 à 1603, mille deux cents pages in-folio sur deux colonnes, et, le 25 juin 1613, sa *Defensio fidei*, sept cent cinquante pages à deux colonnes, dédiée à tous les princes catholiques contre Jacques Ier et contre les gallicans. Pour Suarez, l'autorité est voulue par Dieu, car elle est conforme à la nature humaine, création de Dieu : « L'homme est un animal social dont la droite nature tend à la vie commune. » La famille, nécessaire, est insuffisante à satisfaire les besoins de l'homme et à épanouir ses facultés. Il faut une communauté politique à l'homme, cité, principauté, monarchie. L'État est un organisme moral, de droit naturel, donc de droit divin, un *corpus politicum mysticum*. Il repose non sur un contrat, mais sur un « consensus » : les hommes donnent un consentement libre à un ordre préétabli par Dieu. Les hommes acceptent de se soumettre à une autorité supérieure, la puissance publique, l'État, dont la raison d'être est la recherche du bien commun. Avant le consensus, il y a un peuple, une agglomération de familles. Après le consensus, le peuple disparaît, il y a l'État. L'État est souverain. Le signe de la souveraineté, c'est la promulgation des lois. L'autorité législative réside dans l'ensemble des hommes, car ils naissent libres. Mais elle est exercée par le délégué de l'État, le Roi, ministre de la République, qui incarne l'État. Après le consensus, les familles ne peuvent reprendre le pouvoir délégué. Le Roi l'exerce comme un ministre de Dieu, car ce pouvoir est d'origine divine. Donc, l'obéissance est de droit naturel. Le Roi exerce la souveraineté absolue pour le bien commun, ensemble des conditions sociales requises pour que l'individu puisse réaliser lui-même ses valeurs les plus éminentes, la paix, la justice, la commodité de la vie matérielle, l'honnêteté des mœurs.

L'État est une société parfaite. L'Église est une autre société parfaite qui fournit aux fidèles la totalité des moyens nécessaires pour atteindre leur fin propre, le salut éternel. L'Église a donc un pouvoir de juridiction, car, si le royaume de Dieu n'est pas de ce monde, il comporte en ce monde des hommes réels qui doivent être dirigés dans la recherche du salut. L'Église détient seulement la juridiction spirituelle. L'on ne conçoit pas la confusion sur la même tête, des deux juridictions, la spirituelle et la temporelle, que ce soit sur la tête du pape ou sur celle d'un Roi. Le Roi doit suivre les conseils du sacerdoce, il doit le protéger et l'aider dans sa tâche. Il n'en doit jamais usurper les fonctions. En vue de sauver chaque âme humaine, l'Église a droit de conseil, d'administration et d'interrogation. L'Église a pouvoir de contrainte, en cas d'immoralité du prince, de tyrannie flagrante, de scandale dommageable aux fidèles. S'il y a hérésie, l'Église peut aller jusqu'à déposer le Roi. Une fois déposé, l'ancien Roi peut être tué par l'un quelconque de ses sujets.

C'est le souverain pontife qui exerce le pouvoir de l'Église. Le souverain pontife est supérieur spirituellement aux personnes des rois et des princes temporels. Le souverain pontife est supérieur à la puissance temporelle des rois, bien que celle-ci soit souveraine. Il peut exiger un acte déterminé d'un Roi, l'empêcher ou y suppléer. Le souverain pontife peut diriger les princes chrétiens par ses préceptes, les contraindre par ses sanctions, et cela jusqu'à la déposition même[1].

1. Pierre Mesnard, *L'Essor de la philosophie politique au XVIe siècle*, Paris, 1952, pp. 616 et suiv.

L'effet de cet exposé fut profond. Le roi d'Espagne Philippe III, dans une lettre du 4 septembre 1613, remercia l'auteur et le félicita chaudement. Par un bref du 10 septembre, le pape accepta le parrainage de l'œuvre. À Londres, Jacques Ier, hors de lui, fit brûler le livre par la main du bourreau. Il demanda à Madrid le châtiment de l'auteur en janvier 1614. Philippe III refusa. À Paris, le Parlement poursuivait l'épuration. Après le livre de Bellarmin, il avait condamné la *Lettre déclaratoire* du Père Coton, puis en 1611, la *Controversia anglicana de potestate regis et pontificis* de Becan, le *De ecclesiastica Auctoritate regis Britanniae* de Gaspard Scioppus ; en 1613, la défense du P. Richeome, *L'Examen critique du libelle anticoton*. Sur requête de l'avocat général Servin, et malgré l'opposition du chancelier de Sillery, le Parlement condamna, le 26 juin 1614, la *Defensio fidei* de Suarez, comme scandaleuse et séditieuse, à être brûlée par la main du bourreau. Les jésuites de Paris étaient conviés à une amende honorable. Le pape Paul V se fâcha. Il censura la décision du Parlement, car il s'agissait de matières de foi qui dépassaient la compétence de la Cour et celle-ci avait flétri à tort une doctrine orthodoxe. Le nonce pontifical à Paris fit des représentations. Une déclaration royale du 22 octobre 1614 fit connaître que « ledit arrêt ni l'exécution ne doivent préjudicier en rien à l'autorité du Saint-Siège ». Par arrêt du 17 décembre 1614, le conseil du Roi suspendit l'effet de l'arrêt du Parlement contre le livre de Suarez. Ainsi, au moment où les États généraux étaient élus, se réunissaient et commençaient à discuter, les contemporains étaient au plus chaud d'un conflit du sacerdoce et de l'empire, de l'autorité spirituelle et de la puissance publique, aggravé par l'assassinat d'Henri IV.

Les huguenots se gaussaient de ces luttes et affirmaient la pureté de leur loyalisme envers un Roi souverain absolu. À la fin de juin 1610, les principaux seigneurs, gouverneurs et capitaines des places que commandaient ceux de la religion prétendue réformée, étant venus à Paris pour prêter serment de fidélité au Roi et à la Reine, M. d'Aubigny, gouverneur de la ville de Maillezais en Poitou, un compagnon d'Henri IV, dit au conseil du Roi « qu'ils estoient d'une religion en laquelle, comme en beaucoup d'autres, ni pape, ni cardinal, ni prélat, ni évesque, ni quelconque autre personne ne les pouvait dispenser de la subjection naturelle et obéissance qu'ils devaient à leurs rois et princes souverains, laquelle ils reconnaissaient leur estre légitimement et absolument due, selon Dieu et sa parole »... Un protestant du Dauphiné, qu'on disait être pasteur, appuyé sur le manteau de la cheminée de la chambre du Conseil, semblait vouloir instruire un procès contre les jésuites en présence du Pète Coton, « lors qu'il dit que les escrits de quelques-uns de ce temps qui avaient dénigré de la puissance légitime et autorité souveraine de nos rois, pour l'assujétir à une simplement spirituelle qui n'y avait que voir et controller avait causé la mort de ce grand prince, et en causerait à l'aventure d'autres, si on ne donnait ordre de les réprimer ». L'origine divine immédiate du pouvoir royal, la souveraineté absolue du Roi, son indépendance totale au temporel devinrent la doctrine officielle de l'Ordre protestant. Le synode des églises réformées de France, réuni à Vitré, en 1617, disait à Louis XIII : « Notre religion... nous enseigne qu'il faut s'assujétir aux puissances supérieures et que leur résister, c'est s'opposer à l'ordonnance de Dieu, lequel nous savons vous avoir élevé et assis sur votre trône, vous avoir mis la couronne sur la tête, le sceptre en la main[1]. »

Cependant les princes, comblés mais non rassasiés, s'agitaient et arrachaient la convocation des États généraux. Mayenne, le chef de la Ligue, était mort en octobre 1611, le comte de Soissons, le 1er novembre 1612. Le duc de Guise et le duc d'Épernon étaient brouillés avec les princes. Mais Henri II de Condé, premier prince du sang de France, le nouveau duc de Mayenne, les ducs de Nevers, de Bouillon, de Longueville, quittèrent la Cour, se réunirent à Mézières et firent mine de se révolter contre un

1. P. de Lestoile, *Registres-journaux*, éd. Michaud-Poujoulat, 2e série, I, 1837, p. 613. Féret, *Le Pouvoir civil devant l'enseignement catholique*, Paris, 1888, pp. 342 et suiv.

gouvernement tyrannique. Condé publia le 19 février 1614 un manifeste de façon à rallier autour de lui les gentilshommes et les officiers. Après une tentative de réforme, l'annuel ou Paulette avait été rendu aux officiers aux conditions d'Henri IV. L'annuel avait fait monter les prix ; il passait pour rendre les offices héréditaires et en interdire l'accès à la noblesse d'épée, Condé excitait la colère des gentilshommes : « Tous les offices de judicature et de finance sont montez à prix excessifs ; il ne reste plus de récompense pour la vertu, puisque la faveur, l'alliance, la parenté et l'argent, ont tout pouvoir. La Noblesse... est maintenant... bannie des offices de judicature et de finance faute d'argent... » Mais d'autre part Condé prenait la défense du Parlement. Il se plaignait « de ce que les Parlements avaient été empêchés en la libre fonction de leurs charges ». Il leur promettait de leur rendre leur antique liberté. Il pressait la Reine de « maintenir et conserver les cours souveraines du royaume en une libre et entière fonction ; de ne souffrir qu'à l'avenir leur dignité et autorité fust affaiblie ni déprimée ». Condé écrivit aux Parlements de Paris, de Bordeaux, de Rouen. Mais ceux-ci étaient satisfaits d'avoir recouvré le droit annuel aux conditions anciennes. Ils restèrent fidèles au Roi, pour le moment[1]. Les princes rebelles n'en préparèrent pas moins des assemblées de gens de guerre. La Régente négocia. Ses envoyés signèrent avec les princes le traité de Sainte-Menehould, le 15 mai 1614 : les États généraux seraient réunis. Le 7 juin 1614, les lettres convoquant les États généraux à Sens pour le 10 septembre partaient.

Le duc de Vendôme s'étant révolté dans son gouvernement de Bretagne, « la Régente résolut de montrer le Roi au royaume et d'aller en personne pacifier les provinces de l'Ouest », en juillet 1614. L'apparition du jeune roi à cheval, en chef de guerre, souleva la ferveur et l'enthousiasme. « Amboise, cédée à Condé, porta ses clefs à Louis XIII. Les protestants, en témoignage de sujétion et de respect, firent sortir les garnisons des

1. R. Mousnier, *La Vénalité des Offices*, pp. 568-569.

places de sûreté quand il y entrait. La Rochelle demandait qu'il vînt la visiter, disant qu'il ne verrait pas une ville plus fidèle. » Vendôme vint à Nantes faire sa soumission. Louis XIII rentra à Paris le 16 septembre. Le 2 octobre, il se rendit à son Parlement et il y proclama sa majorité, dans sa quatorzième année, selon la coutume de France et loi fondamentale de la monarchie, laissant toutefois le gouvernement à sa mère. Le Roi majeur, la régence close, les princes du sang n'avaient plus à prétendre au gouvernement de part effective que celle que le souverain voudrait bien leur laisser. Les élections aux États généraux, faites sous l'impression de la marche triomphale du jeune Louis XIII, furent en grande majorité contraires au parti des princes. Aussi Marie de Médicis transféra les États à Paris par lettres du 4 octobre. Le 27 octobre 1614, la séance solennelle d'ouverture des États généraux eut lieu à l'Hôtel de Bourbon. Contrairement à ce qu'avaient espéré les princes, les États généraux allaient affermir la souveraineté du Roi, au milieu du plus beau choc d'ordres qui se puisse imaginer.

Le Roi avait convoqué des notables des trois États, Noblesse, Clergé, Tiers, pour entendre leurs remontrances, plaintes et doléances. Les remontrances sont l'humble supplication qu'un sujet présente à son Roi pour le prier de réfléchir sur les inconvénients ou les conséquences d'un de ses édits ou de ses ordres. Les États devaient exprimer leurs avis sur le bien public, sur les affaires politiques du royaume, sur « l'administration de la justice, police et finances », sur la réforme des abus, sur le bien des ordres, sur le soulagement des peuples, et indiquer les moyens qu'il leur semblerait bon d'employer. Mais leur rôle était purement consultatif. Il émanait de leur affection, de leur dévotion au service du Roi d'abord, au bien du Royaume, au bien des sujets du souverain. Les élus remplissaient, en somme, le service de conseil. Quand la Cour se jugea assez informée, les élus ne purent plus siéger. Mais, pour se retirer, il leur fallut attendre le congé du Roi. Ils ne purent d'ailleurs se faire reconnaître la qualité de députés. Ils étaient les conseillers du Roi, non pas les représentants de la Nation[1].

Les élections eurent lieu en assemblée des ordres à la capitale de chaque bailliage ou de chaque sénéchaussée. Il y eut un élu pour chaque ordre, trois par bailliage ou sénéchaussée, sauf exceptions. L'Assemblée de bailliage ou de sénéchaussée conféra sur les remontrances à formuler, les moyens à présenter. Dans toute la procédure, les formes judiciaires sont employées. Les lettres royales passent par le lieutenant général du bailliage ou de la sénéchaussée, magistrat de robe longue, agissant au nom du bailli ou du sénéchal, noble d'épée, de robe courte. Sur requête du procureur du Roi, le lieutenant général ordonne que les lettres soient lues et publiées à l'audience des plaids du bailliage ou de la sénéchaussée, puis que des sergents, sorte d'huissiers, les signifient aux intéressés. Le lieutenant général fixe la date et le lieu de l'assemblée des trois ordres. Ce sont les formes de l'administration judiciaire d'alors, différentes des formes de notre administration exécutive.

Les lettres royales et la décision du lieutenant général sont signifiées par ministère de justice à l'évêque, pour tous les ecclésiastiques de son diocèse, et aux juges des châtellenies du bailliage pour les ecclésiastiques qui relèvent d'autres diocèses, afin qu'ils soient tous présents à l'assemblée générale du bailliage et élisent le délégué du clergé.

Elles sont signifiées aux magistrats municipaux pour la grande ville capitale du bailliage, car tous les « bourgeois » de la ville assistent en personne à l'assemblée du bailliage.

Pour la campagne, elles sont signifiées au bailli de chacune des châtellenies du bailliage, ou aux officiers des divisions correspondantes, qui doit les faire publier à ses plaids et les faire signifier individuellement aux gentilshommes, qui doivent se

1. « Lettres du Roy contenant le mandement de Sa Majesté pour la convocation des États généraux de ce royaume en la ville de Sens, 7 juin 1614. » À Troyes, chez Pierre Chevillot, imprimeur du Roy, 1614. BNF, in-8° F 12404 (1). Furetière, *Dictionnaire*, édition de 1690.

trouver tous personnellement à l'assemblée du bailliage et élire le délégué de la Noblesse. En ce qui concerne le Tiers État des campagnes, il était prévu des élections à deux degrés. Pour chaque châtellenie, les villages et les bourgs devaient élire un représentant et rédiger un « cahier » de doléances qui serait porté à l'assemblée du bailliage par ce représentant et par le bailli de la châtellenie. À l'assemblée du bailliage, les élus et les baillis des châtellenies, avec les « bourgeois » de la ville capitale, devaient fondre les « cahiers » des châtellenies et celui de la capitale du bailliage en un « cahier » pour le bailliage, et élire le représentant du Tiers pour le bailliage. Ce système astucieux devait assurer dans le Tiers État la prédominance des villes et celle des officiers, étant donné l'influence des officiers et des bourgeois, propriétaires de seigneuries et créanciers, sur les campagnes.

Il y avait naturellement de nombreuses exceptions à ces règles générales. En Dauphiné, en Bretagne, en Provence, ce sont les États provinciaux qui ont élu les délégués aux États généraux. À Bordeaux, pour le clergé tout se passa à l'archevêché. Une commission électorale restreinte de sept personnes, deux chanoines délégués du chapitre de l'église métropolitaine de Saint-André, deux chanoines délégués du chapitre Saint-Surin, un chanoine de Saint-André et deux curés de Bordeaux, délégués des curés et autres bénéficiaires du diocèse, élurent à l'unanimité le cardinal-archevêque primat d'Aquitaine, de Sourdis, comme délégué aux États généraux, le 24 juillet 1614, et le 30, Joachim Levenier, chanoine, grand vicaire, annonça cette élection en l'assemblée des trois ordres, tenue en l'archevêché de Bordeaux[1]. Toutes ces pratiques devaient assurer une composition très aristocratique ou oligarchique aux États généraux.

À l'ouverture des États généraux, cent une à cent trois circonscriptions, selon les listes, étaient représentées[2] : cinquante-

1. Procès-verbal des assemblées du clergé bordelais, Archives historiques de la Gironde, t. X, 1868, pp. 1 et suiv.

2. Voir, en particulier, H. Grelin, *Ordre de la convocation des États*, 1615, BNF, LE 17-34, in-8°.

neuf bailliages, vingt-huit sénéchaussées, trois gouvernements particuliers (Péronne, Montdidier et Roye), un duché (Albret), trois comtés (Bigorre, Foix, Comminges), quatre « pays », le « Pays et Jugerie de Rivière-Verdun, Gaure, etc. », le « Haud-pays de Limosin », le « Bas-pays de Limosin », la « Ville de Calais et pays reconquis », deux villes (Arles, Marseille), trois « Pays d'États » (Bretagne, Dauphiné, Provence). Tous n'étaient pas représentés par trois délégués, un pour le Clergé, un pour la Noblesse, un pour le Tiers État. Certains, comme le « Pays et Jugerie de Rivière-Verdun », en avaient deux seulement, Rivière-Verdun un pour le Clergé, un évêque que le « Pays » partageait avec le comté de Comminges, un pour le Tiers, un officier de justice. D'autres en avaient plus de trois, le « Bas-Pays de Limosin », avec Tulle, Brive et Uzerche, deux délégués pour la noblesse, un pour le Clergé, trois pour le Tiers État ; la ville et le bailliage de Rouen, un délégué pour la Noblesse, deux pour le Clergé (un évêque, un abbé), deux pour le Tiers État, dont un officier de justice.

L'ordre du Clergé comprenait cent trente-cinq membres, dont cinquante-neuf archevêques ou évêques, trente-neuf chanoines ou curés, trente-trois religieux (abbés ou prieurs), quatre titulaires d'offices à la Cour (aumôniers du Roi). Plusieurs évêques ont le titre honorifique de conseillers d'État, mais, sur cinquante-neuf, trente-deux sont des conseillers d'État effectifs, appelés à siéger au conseil du Roi. Trois chanoines sont aussi dans ce cas. Donc, il y a trente-cinq membres effectifs du conseil du Roi sur cent trente-cinq délégués.

Les curés sont peu nombreux, cinq sur trente-neuf chanoines ou curés, et ce sont des curés de grosses cures, le curé de l'église Saint-Paul à Paris, le curé de l'église parisienne de Saint-Côme, etc. Remarquons, au bailliage de Caux, Antoine de Banastre, à la fois seigneur et curé de Saint-Sulpice. Un seul est peut-être effectivement un membre du bas clergé, le curé de Buncey, du bailliage de la Montagne, en Bourgogne. Donc, le bas clergé est représenté par le haut clergé. Selon la volonté du Roi, les délégués de l'Ordre du Clergé sont des notables, en majorité nommés par le Roi dans leurs fonctions et pour une bonne part membres de son conseil.

La Noblesse compte cent trente-huit délégués, dont soixante n'exercent aucune fonction mais sont tous de grands nobles, six sont baillis, un sénéchal, quarante servent dans l'armée royale ou sont gouverneurs, douze sont conseillers d'État effectifs, dix-neuf sont titulaires d'offices de Cour, généralement gentilshommes de la Chambre du Roi. Parmi les quarante militaires (capitaines de compagnies de gens d'armes d'ordonnances, mestres de camp, commandants de régiments) et gouverneurs, il y a treize conseillers d'État; sur les dix-neuf titulaires d'offices de Cour, un conseiller d'État. Donc sur cent trente-huit délégués, soixante-dix-huit, la majorité (majorité absolue, soixante-dix) exercent des fonctions royales, dont vingt-six sont conseillers d'État effectifs. La Noblesse est représentée par la haute noblesse et par une majorité de gentilshommes au service du Roi.

Le Tiers État comprend cent quatre-vingt-sept délégués, dont cinquante-huit lieutenants généraux de bailliages et de sénéchaussées, soixante-trois autres officiers, presque tous officiers de justice des bailliages et des sénéchaussées, avec seulement quatre trésoriers de France, un président en l'élection du Perche, un receveur des aides de tailles en l'élection de Loudun, un gruyer des Eaux et Forêts, trente avocats aux Parlements, ou dans les bailliages et sénéchaussées, dix-huit magistrats municipaux, maires, juges-mages, consuls, jurats, échevins, et, en outre, cinq officiers de justice et six avocats sont, en même temps, magistrats municipaux, ce qui donnerait vingt-neuf magistrats municipaux. Enfin, dix-huit délégués appartenaient à d'autres catégories. Il y avait donc cent vingt et un officiers sur cent quatre-vingt-sept représentants, presque les deux tiers, dont cent quatorze officiers de justice, magistrats de robe longue. Le nom de Tiers État était une imposture. Le Tiers avait été absorbé, en réalité, par le « quatrième État », celui des gens de robe.

Le prétendu Tiers État compte des nobles de droit : un baron, lieutenant général du Haut-Limousin, quatre « messires », qui ont donc le grade de chevalier, et puis des « écuyers » : onze lieutenants généraux, neuf autres officiers, cinq magistrats municipaux, un non classé. En tout, il y a donc trente et un nobles de droit sur cent quatre-vingt-sept délégués. Nobles de droit, non nobles sociaux, car la véritable noblesse, celle d'épée, ne leur reconnaît pas la « qualité » : ils ne sont pas gentilshommes. Aussi siègent-ils dans le Tiers État. Nous trouvons aussi quarante « nobles hommes », mais, en 1614, « noble homme » n'est plus un qualificatif de noblesse, comme dans les deux premiers tiers du XVIe siècle : il signifie tout au plus « notable ».

Il y a dans le Tiers État des propriétaires de seigneuries, en majorité roturiers, mais seigneurs, « sieurs de » : trente et un lieutenants généraux, vingt-deux autres officiers, six avocats, huit magistrats municipaux, cinq non classés, en tout soixante-douze sur cent quatre-vingt-sept.

Parmi les non classés, nous ne trouvons à peu près pas trace de travailleurs manuels. Peut-être Constantin Housset, de la paroisse de Flamanville, serait-il un riche laboureur. À part lui, les non classés comprennent deux marchands (Poitiers, La Rochelle), trois « bourgeois » (Orléans, Limoges, pays de Gex), six syndics d'États locaux, un secrétaire des États de Dauphiné, un greffier des États de Provence, donc de grands bourgeois, dont cinq sont « sieurs de », propriétaires de seigneuries.

Le prétendu Tiers État ne provient donc pas du peuple des artisans et des paysans. Bien qu'il comprenne des nobles de fonction et des seigneurs par tolérance, la majorité de ses membres sont de purs bourgeois (cent quinze sur cent quatre-vingt-sept). La grande majorité sont, en fait, des bourgeois (cent cinquante-six sur cent quatre-vingt-sept) et tous sont considérés par la Noblesse, les gentilshommes, comme des bourgeois.

Mais cette bourgeoisie est avant tout bureaucratique. C'est surtout une bourgeoisie d'offices royaux (cent vingt et un sur cent quatre-vingt-sept), de fonctions municipales (avec celles-ci cent trente-neuf sur cent quatre-vingt-sept), de fonctions de plume auprès des États provinciaux (avec celles-ci, cent quarante-sept sur cent quatre-vingt-sept), et d'avocats, qui sont proches des magistrats par leur profession et aspirent presque tous à un office (avec ceux-ci, cent soixante-dix-sept sur cent quatre-vingt-sept). Les membres des professions productives de biens matériels ne figurent presque pas.

En principe, et selon les idées du temps, ces délégués du Tiers État avaient tout de même une valeur représentative de tous les groupes sociaux qui n'étaient pas composés de gentilshommes ou d'ecclésiastiques. Ils étaient membres de la *Sanior pars*, le meilleur de la population, et, même s'ils ne provenaient pas de la *Major pars*, le plus grand nombre, ils étaient ceux qui étaient, pour les contemporains, le plus capables de dégager la volonté profonde, confuse, mal consciente, du peuple et de décider au mieux de ses intérêts. Quant aux cent seize officiers de justice qui siégeaient aux États, selon leur conception de la fonction publique, s'ils devaient fidélité au Roi, ils devaient justice à tous, au Roi et à ses sujets, et protection aux sujets du Roi. Du seul fait de leur fonction, ils représentaient donc ces derniers.

Les États généraux tenaient leurs grandes réunions plénières à l'Hôtel du Petit Bourbon, entre le Louvre et Saint-Germain-l'Auxerrois. Le Roi avait décidé, le 13 octobre, qu'ils travailleraient, le Clergé, au couvent des Grands-Augustins, sur le quai de la rive gauche, près du Pont-Neuf et de la rue Dauphine ; la Noblesse, au couvent des Cordeliers, près de l'actuelle rue de l'École-de-Médecine, et le Tiers État à l'Hôtel de Ville de Paris. Mais la Noblesse et le Tiers obtinrent de siéger à côté du Clergé, pour profiter de ses lumières, la Noblesse dans une chambre voisine, le Tiers dans le réfectoire des Grands-Augustins.

Chaque ordre siégeait donc dans une salle séparée et délibérait à part. Chaque chambre avait son président, son secrétaire, un bureau. Le président du Clergé était « Monseigneur Illustrissime et Révérendissime François, cardinal de Joyeuse, doyen du Sacré Collège des cardinaux, archevesque de Rouen, primat de Normandye » ; celui de la Noblesse, « Messire Henry de Bauffremont, chevalier, seigneur et baron de Sennecey, capitaine de cinquante hommes d'armes des Ordonnances de Sa Majesté et gouverneur des villes et chasteau Dausonne et bailli de Chalons, lieutenant du Roy au pays et comté de Maconnais » ; celui du Tiers État, « Messire Robert Miron, conseiller du Roy en ses conseils d'État et privé, président ès requestes de sa Cour de Parlement, prévost des marchands de la ville de Paris » ; il fut d'ailleurs bien précisé, sur la demande des provinciaux, qu'il était choisi pour sa personne et non en qualité de prévôt des marchands de Paris. Il y a trace d'un souci chez les provinciaux d'éviter la prééminence de la ville de Paris, d'une opposition de la province contre Paris.

Seul le Clergé établit un horaire et un plan de travail. Le Clergé siégeait deux fois par jour, le matin de 8 heures à 11 heures, le soir de 2 à 4 heures. Le matin il débattait des questions d'intérêt général concernant l'État, de celles intéressant les trois ordres, ou le seul Clergé ; le soir, il travaillait à la rédaction de son cahier. Cet horaire fut communiqué à la Noblesse et au Tiers.

Chaque ordre siégeait par gouvernement et division de gouvernement. Il y avait douze gouvernements dans chaque assemblée. Chaque gouvernement avait son président. En principe, le vote se faisait par gouvernement, chacun ayant une voix. Mais la question ne fut jamais bien résolue de savoir s'il fallait voter par gouvernement, par bailliage ou par tête. Selon le mode de scrutin, les résultats pouvaient être très différents. L'Île-de-France comptait quatorze bailliages, la Bourgogne douze, la Normandie sept, la Picardie cinq bailliages, sénéchaussées ou pays. Mais la Guyenne comprenait seize circonscriptions, le gouvernement d'Orléans dix-neuf. Les résultats pouvaient être inversés si l'on votait par gouvernement, ou si l'on votait par bailliage et sénéchaussée.

Les ordres communiquaient entre eux par des ambassades. Un orateur officiel faisait la proposition de son ordre. L'ambassade se retirait. L'ordre visité délibérait. Il envoyait à son tour une ambassade pour porter la réponse, et ainsi de suite. Il en résultait une grande lenteur et de grandes difficultés à se mettre d'accord. Cette procédure tendait plutôt à accentuer les divergences qu'à permettre de résoudre les difficultés.

Le Clergé proposa au Tiers, le 4 novembre 1614, un plan d'action commune. Les trois Ordres se seraient entendus pour présenter au Roi des articles généraux identiques. Il aurait été demandé au Roi de répondre dans la semaine, et, en tout cas, les ordres auraient attendu la réponse avant de présenter d'autres articles. Ainsi, les États généraux auraient vraiment présenté leurs demandes « au nom de toute la France ». Leurs projets auraient acquis une grande autorité morale. Il aurait été bien difficile au Roi de refuser et les réformes lui auraient été imposées, puisque les États généraux auraient eu ainsi la possibilité de rester réunis tant qu'ils n'auraient pas obtenu satisfaction, la coutume n'étant pas de renvoyer les États avant qu'ils eussent réuni un cahier complet pour chaque ordre. Comme ils pouvaient toujours présenter de nouvelles demandes, leur session aurait pu devenir perpétuelle, les États auraient pu durer des années, la coutume se serait établie de la participation des États à la législation et à la réglementation. Les méfiances du Tiers gallican à l'égard du Clergé ne permirent pas de passer outre. Le Tiers, d'ailleurs, avait l'impression que le Clergé et la Noblesse voteraient toujours de même, qu'il serait toujours mis en minorité sur les points essentiels. Le 8 novembre il repoussa la proposition du Clergé et le Roi put interdire cette innovation qui aurait transformé les États généraux en une sorte d'assemblée nationale permanente. Les ordres en restèrent à une procédure d'impuissance.

Leur échec fut consommé par leurs rivalités sur leurs fonctions dans l'État et par leurs divergences sur les rapports de l'Église et de l'État. En principe, chaque ordre représentait une des principales fonctions sociales nécessaires à la vie de l'État. Le Clergé était chargé d'assurer les relations de la communauté politique avec Dieu, la louange de Dieu, devoir principal des hommes, l'interprétation de la parole divine, l'orientation des âmes vers Dieu et la conformité des volontés humaines à la volonté de Dieu. La Noblesse avait pour mission la défense du royaume, la sécurité, l'ordre et le commandement avec les fonctions de justice et de « police », c'est-à-dire d'administration. Au Tiers État étaient réservées les activités productrices de biens matériels, l'agriculture, les métiers, le commerce. Or, pour la Noblesse, le Tiers État empiétait sur sa sphère d'attributions. Le Tiers État accaparait les offices et avec les offices, le commandement, la justice, la police. Significatif est l'avant-propos que l'officier et juriste Charles Loyseau mettait à son traité *Des ordres et simples dignités*. Il plaçait en tête de l'État le Roi et ses officiers, qui envoient les ordres et les font exécuter par le « peuple ». Le « peuple », c'est, pour Loyseau, les trois ordres du royaume, Clergé, Noblesse et Tiers État. Loyseau exprimait la prétention des officiers à être au-dessus des ordres, au-dessus en particulier de la Noblesse, que, d'autre part, ils dépouillaient des seigneuries[1].

Les gentilshommes voulaient recouvrer ce qui était dans leur esprit, de leur fonction sociale. Ils voulaient les offices. Ils réclamaient tous les offices des prévôts, des maréchaux, de leurs vice-baillis et vice-sénéchaux, c'est-à-dire le monopole de la police des grands chemins ; toutes les grand-maîtrises et maîtrises particulières des eaux et forêts, car les bois se vendaient cher, ils restaient généralement dans le domaine de la seigneurie, et il fallait régler les droits d'usage des villageois ; toutes les charges de premier magistrat municipal des villes, à peine de nullité des élections ; la moitié des offices de trésorier de France ; tous les offices de bailli ou de sénéchal ; au moins un tiers des offices des Cours souveraines, Parlements, Chambres des Comptes, Cours des Aides, et un tiers des offices de tous les corps de justice ou de finances. Mais, à leur tour, ils cherchaient à empiéter sur la sphère d'attributions du Tiers État, car ils demandaient l'autorisation de se livrer au grand trafic, au négoce, sans déroger. Naturellement, ils réclamaient la protection de leurs justices sei-

1. Voir, plus haut, liv. II, chap. vi, pp. 213-228.

gneuriales contre les officiers des bailliages et l'interdiction aux gens du Tiers État, à leurs femmes et à leurs filles, de porter les mêmes habits que les gentilshommes et les demoiselles, afin que du premier coup d'œil chacun pût distinguer la qualité des personnes[1].

Mais, comme c'était le droit annuel, ou Paulette, qui passait pour avoir fait enchérir le prix des offices et avoir assuré leur hérédité, en excluant ainsi les gentilshommes, la Noblesse mena contre lui l'offensive. Le 12 novembre 1614, dans la chambre de la Noblesse, le marquis d'Urfé proposa de demander au Roi de surseoir à l'envoi des quittances du droit annuel dans les provinces. C'était le prélude à l'abolition de la Paulette, réclamée par beaucoup de « cahiers » particuliers. La Noblesse pensait que la hausse des offices serait limitée. En effet, un office de conseiller au Parlement de Paris était vendu, entre particuliers, en 1597, 11 000 livres tournois ; 21 000 en 1606, 55 000 en 1614, 67 500 en 1617. De 1597 à 1617, le prix de tels offices avait été affecté du coefficient 6,1. C'était une hausse beaucoup plus forte que celle qui aurait pu être provoquée par la diminution de la valeur intrinsèque de la livre tournois et qui n'aurait dû affecter les prix des offices que du coefficient 1,13. C'était une hausse beaucoup plus forte aussi que la hausse des prix des grains à Paris, et les ressources que les gentilshommes pouvaient tirer des rentes seigneuriales ou des rentes foncières croissaient moins vite que les prix des offices. La proposition du marquis d'Urfé fut donc adoptée le 13 novembre par la Noblesse, le 14 par le Clergé. Elle fut communiquée au Tiers, qui l'accepta. En effet, les « cahiers » établis par les assemblées du Tiers État dans les bailliages ou les sénéchaussées réclamaient l'abolition de la vénalité des offices, la suppression du droit annuel, l'élection des officiers ou tout au moins le choix du Roi sur une liste de candidats élus. Les délégués du Tiers ne pouvaient ouvertement

1. Cahier de la Noblesse ; Augustin Thierry, *Recueil des Monuments inédits de l'histoire du Tiers État*, I, Paris, 1850, pp. CLXVII, CCLXVIII, et notes.

prendre le contre-pied du mandat que leur avaient confié leurs électeurs. Mais les officiers, qui constituaient la majorité du Tiers, trouvèrent la parade. En même temps que l'abolition de la vénalité et la surséance à l'envoi des quittances de l'annuel, ils demandèrent la suppression de la clause des quarante jours, le dernier rempart contre l'hérédité complète, belle compensation pour eux à la disparition du droit annuel, la surséance de l'envoi des mandements des tailles en vue de les diminuer de quatre millions. Ainsi, ils se donnaient l'élégance de paraître travailler pour le peuple. Mais, ainsi, les États généraux allaient créer un déficit de 5 600 000 livres dans le budget royal, 4 millions de moins pour les tailles, et 1 600 000 livres que rapportait le droit annuel. Alors, pour compenser cette perte, le Tiers État demanda le retranchement de 5 600 000 livres sur les pensions de la Noblesse. Le coup de pied était rendu. Le Tiers État joignit ensemble toutes ses demandes, déclarant qu'elles formaient un tout indissociable. Comme la Noblesse ne pouvait se passer des pensions, c'était la contraindre à renoncer à l'abolition de la vénalité des offices.

Les gentilshommes qualifièrent les propositions du Tiers de « ridicules ». Ils réclamèrent la disjonction de la surséance à l'envoi des quittances de l'annuel. Le Tiers la refusa. Le 17 novembre, Clergé et Noblesse d'une part, Tiers État de l'autre, allèrent présenter leurs propositions au Roi. Cette journée du 17 novembre était décisive. À présenter séparément des ensembles différents de demandes, les ordres avaient donné au Roi un rôle d'arbitre entre eux. Désormais le gouvernement savait comment rester le maître. Il jugea profitable d'utiliser le différend, de traîner le plus possible les choses en longueur, d'accorder à chaque ordre une partie seulement de ses demandes afin de les mieux maintenir opposés et dans sa dépendance, de gagner ainsi, en les gardant divisés et impuissants, le moment où ils remettraient leurs cahiers, et les disperser sans qu'ils aient pu amoindrir l'autorité royale. De ce jour, tout espoir, s'il y en avait eu, de tempérer la monarchie devait être abandonné. Les États généraux ne seraient pas une assemblée nationale, mais seulement les délégués des sujets du Roi auprès de leur suzerain pour lui faire avec fidélité service de conseil.

La querelle des deux ordres, Noblesse et Tiers État, s'envenima. Le président Savaron, portant la parole pour le Tiers le 17 novembre, avait défendu le droit annuel : « aussi n'a-t-il pas donné sujet à la noblesse de se priver et retrancher des honneurs de judicature, mais l'opinion en laquelle elle a esté depuis longues années que la science et l'étude affaiblissaient le courage et rendaient la générosité lâche et poltronne ». Il avait attaqué les pensions et dit « qu'il n'était ny séant ni juste que le service de la noblesse qui estoit deub naturellement au Roi et sa fidélité fut accepté par argent comme il l'estoit au moyen des pensions ». C'était piquant. Ce fut encore amplifié, en insulte. On attribua à Savaron ces paroles : « Que Sa Majesté avait été obligée d'acheter à prix d'argent leur fidélité et que ces dépenses excessives avaient réduit le peuple à paître et brouter l'herbe comme les bêtes. » Les gentilshommes bondirent. Quelques-uns insultèrent et menacèrent Savaron. L'un d'eux fut d'avis qu'il fallait abandonner M. Savaron aux pages et aux laquais. La Noblesse réclama une députation du Tiers et une déclaration que cet ordre n'avait pas voulu offenser la Noblesse. Le Clergé se porta médiateur. Le Tiers consentit à envoyer le lieutenant civil de Paris, Henri de Mesmes, le 24 novembre. Mais, dans la chambre de la Noblesse, de Mesmes ne put se retenir de prononcer les paroles fameuses : « que les trois ordres étaient trois frères, enfants de leur mère commune la France… que le Clergé estait… l'aîné, la Noblesse, le puisné, le Tiers État, le cadet. Que, pour cette considération, le Tiers avait toujours reconnu Messieurs de la Noblesse estre élevez de quelque degré par dessus luy… mais aussi que la Noblesse devait reconnaître le Tiers État comme son frère et ne le pas mépriser de tant que de ne le compter pour rien, estant composé de plusieurs personnes remarquables, qui ont des charges et dignitez… et qu'au reste il se trouvait bien souvent, dans les familles particulières, que les aisnez ravalaient les maisons et les cadets les relevaient et les portaient au point de la gloire… » Ces paroles déchaînèrent, chez les gentilshommes, le tumulte. La Noblesse se plaignit que l'envoyé du Tiers État eût apporté, au lieu de réparations, de nouvelles injures plus graves. La Noblesse en corps alla se plaindre au Roi le 26 novembre. Leur orateur, Bauffremont, baron de Sennecey, exprima la honte de son ordre, insulté par le Tiers État : « Ordre composé du peuple des villes et des champs, ces derniers quasy tous hommagers et justiciables des deux premiers ordres, ceux des villes, bourgeois, marchands, artisans, et quelques officiers. Ce sont ceux-ci qui, méconnaissant leur condition, sans l'aveu de ceux qu'ils représentent, veulent se comparer à nous. J'ai honte, Sire,… Rendez-en, Sire, le jugement et, par une déclaration pleine de justice, faites les mettre en leur devoir. » Les paroles de Bauffremont emportèrent l'approbation unanime de la Noblesse. Les gentilshommes, en se retirant, disaient : « Nous ne voulons pas que des fils de cordonniers et de savetiers nous appellent frères. Il y a de nous à eux autant de différence qu'entre le maître et le valet. »

Le Roi obligea le Tiers État à des excuses. Le 5 décembre, le lieutenant général d'Angers et Florimond Rapine durent aller exprimer à la Noblesse les regrets du Tiers que les paroles de ses députés eussent été mal interprétées.

Ainsi, pour la seconde fois, les ordres avaient eu recours à l'arbitrage du Roi. Mieux, cette fois-ci la Noblesse avait réclamé le secours de sa puissance absolue, et un acte législatif émané de sa justice distributive. Les ordres suggèrent un peu l'idée d'enfants qui se battent et qui crient vers leurs parents. Envers les États de son royaume, le Roi de treize ans avait usé d'autorité paternelle.

Jusqu'à la fin des États généraux, la question de la vénalité des offices et du droit annuel allait maintenir les ordres divisés. Louis XIII pouvait remercier son père, Henri IV. En instituant le droit annuel, celui-ci avait contribué à créer l'atmosphère morale qui causa son assassinat, bienfaisant finalement pour l'autorité royale, et le droit annuel rendait son fils maître des États généraux, obligeait ceux-ci à recourir à l'absolutisme royal[1].

Les officiers gallicans du Tiers État avaient été détournés un moment par l'offensive de la Noblesse contre le droit annuel de leur principal objectif : l'affirmation de la totale souveraineté du Roi de France contre les prétentions pontificales. Ils se hâtèrent d'y revenir. Ils établissaient leur « cahier » général, selon la procédure suivante : le cahier du gouvernement de Paris et de l'Île-de-France, pris pour base, était lu ; les présidents des onze autres gouvernements suivaient, chacun sur le cahier de son gouvernement ; par confrontation, additions et corrections, le cahier général du Tiers était établi article par article. Le 15 décembre 1614, à la majorité de dix gouvernements sur douze, un article du cahier de Paris et de l'Île-de-France était pris pour constituer le premier article du cahier général du Tiers État. Le Roi y était supplié de faire proclamer par les États, pour loi fondamentale du royaume, que le Roi de France ne tient sa couronne que de Dieu seul, qu'il est donc souverain en son État, qu'en conséquence aucune puissance, spirituelle ou temporelle, donc ni pape ni empereur, ne peut le priver de son royaume, ni dispenser et délier ses sujets de la fidélité et obéissance qu'ils lui doivent. Tous les sujets du Roi devraient reconnaître cette loi fondamentale comme conforme à la parole de Dieu. Tous les délégués aux États généraux, tous les officiers et bénéficiers du royaume devraient la jurer et la signer. Tous les précepteurs, régents, docteurs et prédicateurs seraient tenus de l'enseigner.

Le Parlement de Paris appuya le Tiers État. Par arrêt du 2 janvier 1615, il reprit tous ses arrêts antérieurs contre le tyrannicide et contre les jésuites, depuis l'arrêt de 1561, qui avait condamné le bachelier Tanquerel à faire amende honorable pour avoir soutenu le pouvoir du pape de déposer le Roi.

L'article du Tiers fut communiqué à la fin de décembre 1614 au Clergé et à la Noblesse. Il y produisit une vive émotion. Le

1. R. Mousnier, *La Vénalité des Offices*, pp. 569-587.

Clergé l'estima tout à fait inadmissible. Le cardinal du Perron, archevêque de Sens, fut envoyé à la Noblesse, qui se rallia aux vues du Clergé. Du Perron se rendit alors le 2 janvier 1615 dans la chambre du Tiers, où il exposa les vues du Clergé dans une célèbre harangue[1]. Du Perron distinguait trois points en l'article du Tiers. Le premier concernait la sûreté de la personne des Rois. Là-dessus le Clergé et la Noblesse étaient d'accord. « Pour quelque cause que ce soit, il n'est permis d'assassiner les Roys », même tyrans. Clergé et Noblesse se ralliaient au décret du concile de Constance, session 15. Anathèmes, maudits, damnés, ceux qui assassinent les Rois. C'est une certitude divine et théologique.

Sur le second point, la dignité et la souveraineté temporelle des Rois de France, Clergé et Noblesse étaient aussi d'accord. « Nos Roys sont souverains de toute sorte de souveraineté temporelle en leur royaume et ne sont feudataires ni du pape... ni d'aucun autre prince ; mais qu'en la nue administration des choses temporelles ils dépendent immédiatement de Dieu, et ne recognaissent aucune puissance par-dessus eux que la sienne. » C'est une certitude, toutefois humaine et historique. Le pape Innocent III affirma que le Roi de France ne reconnaît aucun supérieur au temporel.

Mais le troisième point était disputé. La question se posait ainsi : « Si les princes ayans fait, ou eux ou leurs prédécesseurs, serment à Dieu et à leurs peuples de vivre et mourir en la religion chrétienne et catholique, viennent à violer leur serment et à se rebeller contre Jésus-Christ et à luy déclarer guerre ouverte ; c'est-à-dire viennent non seulement à tomber en manifeste profession d'hérésie ou d'apostasie de la religion chrétienne, mais mesmes passent jusques à forcer leurs subjets en leurs consciences et entreprennent de planter l'arianisme ou le mahométisme, ou

1. « Harangue faite de la part de la chambre ecclésiastique en celle du Tiers État sur l'article du serment par Mgr le cardinal du Perron, archevêque de Sens, primat des Gaules et de Germanie et grand aumosnier de France », Paris, chez Antoine Estienne, 1615, in-4°, BNF, LE 17-20.

autre semblable infidélité en leurs Estats, et y destruire et exterminer le christianisme, leurs subjets peuvent estre réciproquement déclarez absous du serment de fidélité qu'ils leur ont fait et cela arrivant, à qui il appartient de les déclarer absous. »

Le Tiers État est pour la négative : « il n'y a nul cas auquel les subjets puissent estre absous du serment de fidélité qu'ils ont fait à leurs princes ». Or, au contraire, « toutes les autres parties de l'Église catholique, voire mesme toute l'Église gallicane… tiennent l'affirmative, à sçavoir que quand un prince vient à violer le serment qu'il a fait à Dieu et à ses subjets de vivre et mourir en la religion catholique… ce prince là peut être déclaré décheu de ses droits, comme coupable de félonie envers celuy à qui il a fait le serment de son royaume, c'est-à-dire envers Jésus-Christ; et ses subjets estre absous en conscience et au tribunal spirituel et ecclésiastique du serment de fidélité qu'ils luy ont presté et que, ce cas là arrivant, c'est à l'authorité de l'Église résidente ou en son chef, qui est le pape, ou en son corps, qui est le concile, de faire cette déclaration… ».

La négative et l'affirmative sont des opinions « problématiques ». L'opinion du Tiers État n'est donc pas contre la foi. Mais l'opinion de la majorité de l'Église catholique n'est pas non plus contre la foi. Le Tiers État ne peut donc pas légitimement déclarer son article « conforme à la parole de Dieu », ni imposer le serment de le tenir pour tel. « C'est forcer les âmes et jeter des lacs aux consciences. » C'est faire du Jacques Ier d'Angleterre.

Le Tiers État d'autre part usurpe des pouvoirs spirituels de juger de la foi et décider du dogme : « C'est renverser de fond en comble l'authorité de l'Église et ouvrir la porte à toutes sortes d'hérésies que de vouloir que les laïques, sans estre guidez et précédez d'aucun concile général n'y d'aucune sentence ecclésiastique, osent entreprendre de juger de la foy et décider des parties d'une controverse et prononcer que l'une est conforme à la parole de Dieu et l'autre impie et détestable. Cela donc nous soutenons que c'est usurper le sacerdoce… »

Le Tiers État va « nous précipiter en un schisme évident et

inévitable. Car tous les autres peuples catholiques tenans cette doctrine, nous ne pouvons la déclarer pour contraire à la parole de Dieu et pour impie et détestable que nous ne renoncions à la communion du chef et des autres parties de l'Église et ne confessions que l'Église a esté, depuis tant de siècles, non l'Église de Dieu, mais la synagogue de Satan, non l'épouse du Christ, mais l'épouse du Diable... ».

Enfin, le Tiers État va replonger la France dans la guerre civile : « Au lieu d'asseurer la vie et l'Estat de nos Roys, c'est mettre plus grand péril l'un et l'autre par la suitte des guerres et autres discordes et malheurs que les schismes ont accoutumé d'attirer après eux... »

Et du Perron disait tout net au Tiers qu'il n'avait pas à imiter les Anglais, Jacques Ier, Buchanan, ni autres protestants.

Pour calmer les appréhensions du Tiers, le Clergé décida, le 5 janvier 1615, de faire publier à nouveau le décret de la quinzième session du concile de Constance, « par lequel décret tous ceux qui, sous quelque prétexte que ce soit, voudraient maintenir qu'il soit permis d'attenter à la sacrée personne des Rois, et même de ceux qu'on prétendrait être tyrans, sont déclarés abominables, hérétiques et condamnés aux peines éternelles ».

Le même jour, le Clergé rédigea une pétition pour le Roi. Il demandait que l'arrêt du Parlement du 2 janvier fût cassé, rayé des registres de la Cour, avec le réquisitoire de l'avocat général Servin. Il priait le Roi d'interdire au Parlement de juger les choses de la foi et la doctrine de l'Église, de lui interdire les matières d'État, d'interdire à Servin de prendre aucune connaissance des causes d'Église, même sous prétexte d'appel comme d'abus.

Le 6 janvier, le Roi tint un conseil spécial pour examiner le problème posé par l'article du Tiers. Le prince de Condé y montra le passage logique de la doctrine du pouvoir indirect du pape au régicide et le solide fondement des craintes du Tiers. En effet, voyons les thèses des jésuites et du cardinal du Perron : « Votre Majesté, selon leurs dires, pèche : on l'admoneste jusqu'à la troisième fois ; elle continue, on l'excommunie ; elle ne se repent, on la dépose de son royaume, on absout vos subjets de la fidélité qui vous est due. Lors, tandis que Louis XIII était Roi, il n'était pas permis de le tuer. Mais étant devenu de Roi non Roi, un autre légitime prend sa place. Lors, continuant, contre l'autorité spirituelle du pape et temporelle du nouveau roi élu, à se dire Roi, c'est un vrai usurpateur, criminel de lèse-majesté divine et humaine et, comme tel, proscrit : permis à tous de le tuer. »

Mais le Clergé et la Noblesse insistaient. Le 14 janvier 1615, il fut décidé, dans une conférence entre les cardinaux et le conseil, que le Roi ferait retirer l'article du cahier du Tiers. Le 15 janvier, les représentants de la chambre du Tiers furent convoqués au Louvre. La Reine leur dit que son fils leur savait bon gré de leurs intentions mais qu'il avait évoqué la connaissance de l'affaire à sa personne et voulait la juger. Il leur donnait ordre d'apporter leur article, ce qui fut fait le soir même. Le 19, la Reine leur répéta en présence du Roi que son fils les remerciait de bon cœur du soin qu'ils avaient de sa personne, mais qu'il n'était plus besoin de mettre l'article au cahier, puisqu'ils l'avaient déjà présenté et qu'il fallait le tenir pour tel.

Cette décision fit scandale dans la chambre du Tiers État. Les délégués discutèrent pendant trois jours. Deux opinions se heurtèrent : maintenir l'article du Tiers en tête du cahier et protester contre les personnes qui circonvenaient le Roi, ou se soumettre en présentant des remontrances. La première solution avait la majorité, mais les délégués ne votèrent ni par tête ni par bailliage mais par gouvernement et la seconde opinion l'emporta. Savaron, de Mesmes et cent vingt députés se déclarèrent opposants contre la résolution de l'assemblée, comme prise par le moindre nombre. Ils obtinrent que, si l'article du Tiers n'était pas inséré, sa place serait formellement réservée dans le cahier général. De fait, dans les copies authentiques, à la première page et après le titre : « Des lois fondamentales de l'État », il y a un espace vide et cette note : « Le premier article, extrait du procès-verbal de la chambre du Tiers État, a été présenté au Roi par avance du premier cahier et par commandement de Sa

Majesté qui a promis de le répondre. » D'ailleurs, l'article du Tiers, imprimé par les soins de l'avocat général Servin, sous le titre de loi fondamentale du royaume, courait les rues et nichait dans les boutiques des libraires. Il devait être repris dans la déclaration gallicane du 19 mars 1682[1].

Jusqu'au bout les ordres restèrent divisés. Un grand problème, c'était d'imposer au Roi les mesures prévues par les cahiers, d'en suivre l'exécution et de participer au travail législatif et réglementaire qui allait être nécessaire. Le 30 janvier, la Noblesse et le Clergé demandèrent au Roi la permission de s'assembler en corps jusqu'à la réponse royale aux cahiers et de nommer au Roi six personnes qui deviendraient membres du conseil pour juger les réponses, pourraient y expliquer les vues des États et tenir ceux-ci informés des travaux du conseil. Une collaboration se serait instituée entre le conseil du Roi et des États généraux dont la session se serait prolongée. Le Tiers refusa de s'associer à la demande des deux autres ordres. Le gouvernement put ainsi se réduire à permettre aux délégués de rester à Paris jusqu'aux réponses gouvernementales et de nommer des représentants, avec simple voix consultative, pour expliquer les articles à des commissaires royaux.

Le 9 février, Clergé et Noblesse demandèrent l'autorisation de continuer à s'assembler en corps d'États après la remise des cahiers, d'envoyer douze représentants avec voix délibérative pour discuter avec les commissaires royaux et de pouvoir récuser les commissaires royaux dont les ordres se méfieraient. Cette fois, le Tiers se joignit à eux. Mais, au Louvre, l'évêque de Grenoble ne put se retenir de joindre à ces demandes la révocation du droit annuel, et l'accord des ordres se rompit.

Le 23 février 1615, les cahiers du Clergé, de la Noblesse et du Tiers État furent remis au Roi. Les délégués restés à Paris s'as-

1. Père Pierre Blet, S. J., *Le Clergé de France et la Monarchie, Étude sur les assemblées générales du Clergé de 1615 à 1666*, Rome, 1959, 2 vol., t. I, pp. 3-111, et l'article du Tiers aux États généraux de 1614, *Revue d'Histoire moderne et contemporaine*, II, avril-juin 1955, pp. 81-106.

semblèrent comme personnes privées dans des réunions officieuses chez le président de leur ordre. Le 24 mars, ils furent appelés au Louvre. Le chancelier de France leur annonça la fin de la vénalité des offices, la diminution des pensions, une chambre de justice pour la recherche des financiers. « Quant au surplus des demandes, il (le Roi) y pourvoirait le plus tôt possible. » Les délégués reçurent leur congé et se dispersèrent. Il ne fut plus question du second article du Tiers : la périodicité des États généraux tous les dix ans. Le Clergé et la Noblesse n'avaient rien prévu. La périodicité fut laissée à la discrétion du Roi. Les États généraux allaient bien être convoqués à nouveau pendant la Fronde, mais ils n'allaient plus se réunir avant 1789.

Ce sont finalement les ordres du royaume qui ont abandonné tout le pouvoir aux mains du Roi. Ce sont eux qui ont recouru à l'absolutisme royal et qui ont affirmé unanimement l'autorité absolue du Roi. Au nom de quoi les ordres prétendraient-ils imposer leur volonté au prince ? Le Tiers n'a-t-il pas proclamé que le Roi est souverain, qu'il ne reconnaît pas de supérieur au temporel, que ses pouvoirs lui viennent immédiatement de Dieu, que tous ceux qui soutiendraient qu'il est permis de se soulever contre le Roi sont « rebelles, infracteurs des lois fondamentales du royaume et criminels de lèse-majesté au premier chef » ? Le Clergé n'a-t-il pas encore renchéri sur le Tiers et menacé les rebelles des peines éternelles ? Hors le cas d'hérésie et d'apostasie, n'a-t-il pas prié le Roi d'user de son autorité absolue contre l'article du Tiers, contre l'arrêt du Parlement, et d'interdire à la Cour de se mêler des affaires de l'État ? La Noblesse n'a-t-elle pas supplié le Roi d'employer sa puissance absolue contre les prétentions sociales du Tiers État ? N'y a-t-il pas un concert unanime pour reconnaître la toute-puissance du Roi, invoquer son arbitrage, sa protection, et lui laisser résoudre les problèmes dont les ordres, impuissants, ne trouvaient pas la solution ? Par ses délégués aux États généraux, en 1614 et 1615, la France s'est abandonnée à l'absolutisme royal. Dans ce mouvement, le coup de couteau de Ravaillac a joué un rôle important.

CONCLUSION

Le coup de couteau de Ravaillac a aidé, probablement bien contre l'intention de son auteur, au succès de l'absolutisme en France. Ravaillac a contribué ainsi, sans l'avoir voulu de cette façon, à sauver la France. Le XVIIe siècle fut un siècle dur. Contre les Habsbourg d'abord, et contre leurs prétentions à l'asservissement de l'Europe, contre les puissances maritimes, Hollande, Angleterre, ensuite, la France dut lutter, pour son indépendance, pour sa dignité, et participer à de longues et épuisantes guerres, guerre de Trente Ans jusqu'en 1648, prolongée par la guerre contre l'Espagne jusqu'en 1659 ; guerre de Dévolution en 1667, guerre de Hollande de 1672 à 1679, qui devint vite un conflit avec une coalition ; puis, après une période de paix relative mais armée, les grandes guerres de la Ligue d'Augsbourg, de 1688 à 1697, et de la Succession d'Espagne, de 1701 à 1714, où la France, aux prises avec une coalition européenne excitée par les puissances maritimes, dans une lutte dont l'enjeu était l'hégémonie européenne, maritime, coloniale, mondiale, se trouva souvent dans la situation de « grande place forte assiégée ». Il fallait pour la France lutter ou se résigner à la dépendance, à la vassalité, au démembrement. Les Rois choisirent la lutte.

Ces guerres, que la situation de l'Europe et le salut du royaume imposaient aux Rois de France, rendirent nécessaire un immense effort fiscal. Il fallut le donner au moment où la capacité contributive des Français était limitée par la longue récession économique du XVIIe siècle. Réduction progressive du commerce avec l'Amérique espagnole, ralentissement des arrivées de métaux précieux qui tombent à peu de chose vers 1650 ; en conséquence, ralentissement de la hausse séculaire des prix, jusqu'en 1630, stagnation de l'ensemble des prix de 1630 à 1640, baisse ensuite vers l'étiage entre 1675 et 1685, difficultés pour le producteur, pour le paysan, pour l'artisan qui vendent à des prix de moins en moins rémunérateurs et ont du mal à se procurer la monnaie nécessaire pour s'acquitter des impôts. Mais aussi grandes calamités atmosphériques et leurs conséquences, mauvaises récoltes, chertés, disettes, épidémies, les « mortalités » comme on disait alors, et la désorganisation de l'économie. Les « mortalités » ont été si fréquentes en ce siècle que certains historiens ont pensé à un changement de climat, d'ailleurs improbable : il doit s'agir plutôt de phénomènes périodiques. Les grandes « mortalités » sont celles de 1630-1632, celles de 1648-1653, qui coïncida avec la Fronde, celle de 1661-1663, celle de 1693-1694, celle de 1709-1710. L'effet conjugué des famines et des épidémies est un appauvrissement durable. En deux ou trois mauvaises récoltes, la moitié des habitants des paroisses rurales, les tout petits propriétaires, sont transformés en miséreux. Ils deviennent des vagabonds, des mendiants. Les maisons sont abandonnées, les villages désertés. Des populations entières, déracinées, flottent des régions les plus pauvres vers les moins atteintes. Les terres restent incultes, leurs prix s'effondrent, les petits propriétaires vendent pour des sommes dérisoires. Dans les villes, en temps d'épidémie, les artisans, les producteurs, plus frappés que les autres groupes sociaux, meurent en grand nombre et la production s'effondre, le commerce s'interrompt. Les gens aisés fuient dans leurs maisons des champs. Les municipalités interdisent l'entrée aux étrangers, suspendent les foires et les marchés, refusent les marchandises du dehors. C'est la crise économique. Les villes et les communautés s'endettent pour soigner les malades et nourrir les affamés. Et tous ces phénomènes sont d'autant plus graves qu'ils ont des effets cumulatifs, une mortalité survenant alors que les effets de la précédente ne sont pas réparés, de sorte que, depuis 1630, la France a été sans cesse en difficulté économique, et que, depuis 1662, pendant une période dont la plus grande partie coïncide avec le ministère de Colbert, ç'a été une véritable détresse, avec un véritable manque d'hommes.

C'est dans ces conditions qu'il a fallu demander au pays l'effort de guerre. Celui-ci aggravait terriblement la situation. C'est lorsqu'une brusque prolifération d'impôts a épuisé les réserves paysannes que les crises de subsistances frappent le plus et que les « mortalités » fauchent davantage. Pour imposer les décisions nécessaires, tirer l'argent, enrôler les soldats, lever les milices, exiger les charrois, trouver les pionniers, faire taire les défaitistes, déjouer les traîtres, découvrir les espions, réchauffer les cœurs, il a fallu violer beaucoup de droits particuliers et sacrifier beaucoup d'intérêts légitimes, bouleverser les habitudes et modifier profondément la constitution coutumière de la France, au moyen d'une véritable armée de commissaires royaux, dont les plus célèbres sont les fameux intendants des provinces, qui rompirent l'alliance du Roi avec les officiers. Ce fut une horreur qu'inspira parfois le conseil du Roi en voulant imposer des édits, des arrêts, c'est-à-dire des lois, des règlements, des décisions générales, qui tendaient à réduire le royaume à l'uniformité, les sujets du Roi à l'égalité dans le service de l'État, en passant outre aux privilèges locaux, aux libertés traditionnelles, aux droits acquis dans les hiérarchies existantes ; une horreur encore plus grande, qui hérissa parfois des populations entières, devant la froideur de la loi, la glace de ces décisions impersonnelles, venues de loin, de gens inconnus, ou qui n'étaient qu'un nom, présentées au mieux par un étranger, le commissaire royal, et qui viennent s'insinuer entre le fidèle et son protecteur, le client et son patron, le vassal et son seigneur, rompre ces liens traditionnels, où entraient assez souvent de l'affection réciproque et du dévouement, et qui étaient en tout cas des liens personnels d'hommes à hommes, quelque chose de chaud, de vivant, d'humain. Sans le vouloir probablement, mais poussé par les légistes imbus des idées d'égalité, de loi universelle et de raison d'État, contraint par les nécessités de la guerre, le Roi en son Conseil poursuivait une lente révolution.

Celle-ci fit sentir à beaucoup comme le froid de la mort. De là des sursauts et des soubresauts. Les peuples, à la fois, sentaient le besoin de l'absolutisme et sursautaient devant ses conséquences. Le XVIIe siècle est un siècle de révoltes. Quelques-unes d'entre elles sont des mouvements spontanés d'artisans ou de paysans, exaspérés par des impôts nouveaux ou des taxes nouvelles, et qui cassent tout. Le plus souvent, il s'agit de mouvements provoqués, soit par les gentilshommes ruraux qui poussent les paysans, soit par les officiers des villes. En bon nombre de cas, nous nous trouvons devant un front de toute la population, gentilshommes, officiers, bourgeois, paysans, artisans, contre le fisc et contre le gouvernement royal, dans la défense des privilèges provinciaux et locaux, des « libertés du pays ».

Ces révoltes sont nombreuses, des milliers de gens y participent, parfois la population presque entière d'une ville ou d'un pays. Mais dans ces réactions violentes il n'y a pour ainsi dire jamais une idée neuve. Les rébellions ne visent qu'au maintien des situations existantes ou à un retour au passé. Le motif de la plupart des révoltes est le maintien des privilèges locaux d'ordres, de corps ou de personnes, la préservation des fonctions, donc du prestige et des profits pour les Parlements et les autres corps d'officiers, atteints dans leur dignité et dans leurs intérêts par la multiplication des commissaires. Au mieux, les révoltés voudraient-ils une représentation des ordres dans des états locaux, provinciaux, généraux, ou, mieux encore, un État d'ordres, comme il s'en était esquissé un pendant la guerre de Cent Ans. Le Parlement de Paris voudrait être, en somme, la commission intermédiaire d'États généraux réunis très rarement. Les gentilshommes rêvent de l'émiettement féodal. Il s'agit pour les uns et pour les autres de revenir à un état social et politique idéalisé, partiellement mythique, placé dans leur esprit avant Louis XI ou au temps d'Hugues Capet. Au XVIIe siècle, c'était le Roi en son conseil qui était le véritable révolutionnaire. Les choses changèrent, dans une certaine mesure, au XVIIIe siècle[1].

Sans le triomphe du principe de l'absolutisme, le Roi de France n'aurait pas pu soutenir victorieusement les guerres, sauver l'indépendance de la France et les libertés de l'Europe, accroître le territoire français, imposer aux Français les transformations nécessaires. L'idée de l'État d'ordres, du *Ständestaat,* comme disent les Allemands, était devenue utopique.

Cette forme d'État avait pris un grand développement en Allemagne. En bien des endroits, les États généraux votaient les impôts, les répartissaient et les levaient eux-mêmes au moyen d'officiers nommés par eux, nommaient les officiers de l'armée qui leur prêtaient serment, partageaient en somme le pouvoir avec le chef de l'État. Au cours des guerres du XVIIe siècle, l'État d'ordres a donné de piètres résultats, en raison de la lenteur des décisions, de la possibilité pour les intérêts particuliers de s'opposer aux mesures d'intérêt général, du refus de l'effort nécessaire. Les États qui sont devenus de grandes puissances l'ont remplacé par telle ou telle forme d'absolutisme. Qu'on n'aille pas nous objecter les exemples de la Hollande et de l'Angleterre. D'abord ces États n'ont pu limiter les succès de Louis XIV et obtenir le partage de la succession d'Espagne qu'en opposant à la France absolutiste une autre puissance de tendances absolutistes, la Maison d'Autriche. Ensuite, la Hollande, pays d'États, après avoir dû à une situation très particulière un jour de puissance, était, dès la fin du XVIIe siècle, un État de second rang, à la remorque de l'Angleterre. Quant à l'Angleterre, sa Révolution n'en avait pas fait un État d'ordres, mais un État parlementaire. Comme le disait un député au Parlement anglais sous Charles Ier, il ne s'agissait pas de savoir s'il y aurait absolutisme en Angleterre, absolutisme débarrassé de l'obligation de respecter des droits et des privilèges particuliers résultant d'une longue évolu-

1. R. Mousnier, « Les mouvements populaires en France au XVIIIe siècle », *Revue des travaux de l'Académie des Sciences morales et politiques,* 115e année, 4e série, 2e sem. 1962.

tion historique et d'un état de fait, mais la question était de savoir qui serait absolu, le Roi ou le Parlement. Dès 1640, le Parlement dépassa les Stuart, exerça un pouvoir absolu et arbitraire, vraiment souverain, celui dont les Rois avaient rêvé. Le Parlement consacra deux principes fondamentaux : la souveraineté du peuple, la raison d'État, et fit triompher en Angleterre son absolutisme. Les circonstances du XVIIe siècle imposaient l'absolutisme à l'État qui voulait assurer son indépendance, grandir, vivre. L'absolutisme a été à ce moment une condition de vie pour la France. Or, le coup de couteau de Ravaillac a bien aidé au triomphe de l'absolutisme en France. Par là, Ravaillac a bien contribué à maintenir et à développer la France, mais celle qu'il ne voulait pas, celle qu'il avait voulu frapper dans la personne d'Henri IV, la France absolutiste et gallicane, la France patriote et nationale, dressée dans sa souveraineté contre le Pape et contre l'Empereur. À ce point de vue, la journée du 14 mai 1610 est bien une de celles qui ont contribué à faire la France.

APPENDICES

PIÈCES ANNEXES

1. JUDITH POUSSÉE PAR DIEU À EXÉCUTER LE TYRAN HOLOPHERNE

Œuvres poétiques et chrestiennes de G. de Saluste, seigneur Du Bartas

Mais le cœur de Judith, qui sans cesse ba-bat,
Sent dans soy tout d'un coup naistre un cruel combat,
Qui fait qu'ore la peur son saint devoir surmonte,
Et qu'ore le devoir la peur tremblante dompte.
Judith, c'est à ce coup (dit-elle) que ton bras
Doit delivrer Jacob. Mais non : ne le fai pas.
Si, fai le : mais non fai. Voy ! laisse ceste crainte.
Tu veus donc profaner l'hospitalité saincte ?
Ce n'est la profaner : plus saincte elle sera
Quand par elle ma main les saincts garentira.
Mais sans honte jamais le traistre ne peut vivre :
Traistre est cil qui trahit, non qui ses murs delivre.
Mais contre les meurtriers le ciel est irrité.
Tout homme qui meurtrit n'est meurtrier reputé.
Hé ! n'est il pas meurtrier cil qui meurtrit son Prince ?
Holoferne est tyran, non Roy de ma province.
Mais quoy ? Dieu maintenant le nous donne pour Roy.
Celuy n'est point de Dieu qui guerroye sa loy.
Tous peuvent estre donc des Tyrans homicides ?
Jahel, Ahod, Jehu furent tyrannicides.
Voire mais il leur fut commandé du Seigneur :
D'une pareille loy je sen forcer mon cœur.
Las ! pour faire un tel coup ton bras a peu de force :
Assez fort est celuy que l'Éternel renforce.
Mais ayant fait le coup, qui te garantira ?

Dieu m'a conduite ici, Dieu me r'amenera.
Et si ton Dieu te livre és mains des infidelles ?
Mort le Duc, je ne crain les morts les plus cruelles.
Mais quoi ? tu souleras leur impudicité.
Mon corps peut estre à eux, mais non ma volonté.

2. BULLE DU PAPE SIXTE-QUINT EXCOMMUNIANT ET DÉPOSANT HENRI DE NAVARRE[1]

[*9 septembre 1585*]

Bulle de Sixte V contre le roi de Navarre et le prince de Condé

Sixte évêque, serviteur des serviteurs de Dieu. L'autorité baillée à S. Pierre et à ses successeurs par l'infinie puissance de l'éternel Roi, surpasse toutes les puissances des rois et princes terriens, et étant fondée sur la ferme pierre, et n'étant jamais ébranlée par aucuns vents ou orages contraires ou favorables, elle prononce des arrêts et jugemens irrévocables, et avec toute diligence prend garde à faire observer les loix ; et quand elle en trouve aucuns contrevenans à l'ordonnance de Dieu les punit de griève condition, les privant de leurs sièges, quelque grands soient-ils, les terrassant comme ministres de Sathan.

Par quoi, suivant la charge et soin qui nous a été commis de toutes les églises et nations, afin qu'en premier lieu on donnât ordre au salut des ames, et que non seulement le tems de notre pontificat ou ministère, mais encore celui qui est à l'avenir, repurgé de scélères et détestables monstres, apporte paix à toutes les parties de la Chretienté, et principalement au fleurissant roïaume de France, auquel la religion chrétienne a toujours persévéré ; la piété, foi et dévotion des rois d'icelui a été si grande, leurs mérites aussi si signalés envers l'Église romaine, qu'à très-bon droit ils ont obtenu d'icelle le nom de très-chrétiens ; aussi afin de n'être jamais accusés devant Dieu du mépris de notre charge, sommes contraints d'exercer les armes de notre milice, lesquelles ne sont point charnelles ni provenantes de nous, ains du Tout-Puissant Dieu pour la ruine des puissances adversaires, à l'encontre principalement de deux enfants d'ire, Henry de Bourbon, jadis roi de Navarre, et contre Henri, aussi de Bourbon, prince de Condé, car le susdit, jadis roi de son bas age, a suivi les erreurs de Calvin, et soutenu obstinement ses hérésies, jusqu'à ce que feu d'excellente mémoire Charles IX roi de France, et notre très-chère fille en Jésus-Christ, Catherine reine sa mère très débonnaire, joint aussi notre bien

1. Haag, *France protestante*, t. X, *Pièces justificatives*, 1858, n° XLIX, pp. 187-191.

aimé fils Charles du titre de Saint Chrysogon, prêtre cardinal de Bourbon, son oncle, et Louis de Montpensier duc, par leurs religieuses et fréquentes exhortations, et remontrances des théologiens de rare doctrine et vertu, il s'est réduit et ramené (comme il sembloit) à la foi de l'Église catholique, apostolique et romaine, abjurant, condamnant, et anathématisant toutes les opinions hérétiques contraires à la foi catholique, publiquement à l'église dans Paris, écrivant dès-incontinent lettres à jadis d'heureuse mémoire Grégoire XIII, pape mon prédécesseur, par lesquelles il le priait comme le reconnaissant pour souverain chef de toute l'Église catholique, qu'il eût pour agréable sa pénitence, conversion et profession d'obéissance, qu'il daignât lui objecter pardon et rémission de tout le passé, promettant assurément de garder à jamais entièrement et inviolablement la foi catholique : ausquelles lettres comme roïaux mon jadis prédécesseur croyant et ému d'une charité paternelle, comme assuré de ce, par le témoignage indubitable du roi, de la reine mère, du cardinal et du duc susdit, savoir est de son entière conversion, déclara absous icelui jadis roi de Navarre, confessant ses erreurs passées, demandant humblement pardon du crime d'hérésie et des censures ecclésiastiques, qu'à cette occasion il avait encourues, le reversant au giron de l'Église catholique, et l'admettant à la communion des fidèles, tout empêchement oté. En outre, afin que d'un plus étroit et ferme lien, il fût retenu en icelle, il le dispensa, comme aussi Marguerite, sœur dudit roi Charles, laquelle comme issue de la race très chrétienne, et en icelle nourrie, on espéroit qu'elle maintiendroit et feroit contenir en devoir son futur mari, et le retenant en l'observance de la religion chrétienne, afin que nonobstant l'empêchement du troisième degré, et autres peut-être en eux degrés de consanguinité et parenté spirituelle, ils pussent traiter mariage, comme ils firent, en face de l'Église. De là, à quelques mois, icelui de Navarre envoya son orateur Jean Durat par devers notre prédécesseur, pour en son nom protester de sa pénitence, conversion, foi et constance, en face du saint siège apostolique : de façon qu'ayant tenu consistoire public en l'assemblée de tous les cardinaux et prélats de l'Église, où infinis étoient accourus en la salle roïale, comme on a de coutume : icelui Henry en tant que roi nouvellement converti à la foi comme catholique (ja été admis) la ville en étant toute émue de joie et rendant grâces à Dieu de la réduction de la brebis égarée : mais icelui comme variable et inconstant qu'il étoit, non guères après se départant de la foi catholique et de l'obéissance due au saint siège apostolique, ensemble de toutes les autres promesses que publiquement et avec serment il avoit faites et jurées, se soustrayant et retirant couvertement, et ayant assemblé, en un lieu assez éloigné de la Cour, le plus grand nombre qu'il put des plus scélères hérétiques, et autres manières de gens de son humeur, audit lieu il révoqua publiquement tout ce qu'il avait fait auparavant, savoir est la détestation du calvinisme, et l'abjuration d'hérésies, et profession de la foi catholique, apostolique et romaine, protestant de vouloir continuer le calvinisme, comme il avoit promis, comme il a aussi fait, adhérant à icelui d'une volonté opiniâtre et endurcie, et vivant en icelui jusqu'à ce jourd'hui, et non content, le plus souvent a ému et armé les mutins et séditieux hérétiques (desquels il est chef, guide, protecteur en France, et même grand defenseur des étrangers) contre le susdit Charles et contre notre très cher fils en Jésus-Christ Henry, très chrétien roi de France, jaçoit qu'il le dût honorer et respecter comme son beau frère, et le suivre comme son roi et seigneur : mais bien plus est, comme ingrat et peu souvenant de la douceur et courtoisie reçue, a animé même les Catholiques contre leur roi, assemblant des armées très-pernicieuses et dommageables, y appellant les hérétiques d'étrange nation, lesquels presque par tout leur passage, ont ensanglanté les villes, par la boucherie qu'ils ont faite des gens de bien ; les églises ont été profanées et ruinées, les ecclésiastiques et religieux massacrés, et les villes et forteresses des Catholiques, ou de force ou trahison occupées, défendant l'exercice de la religion catholique. Il a fait à sa poste des ministres et prédicans hérétiques, contraignant les citoyens et habitans catholiques d'aller à leurs prêches, pour les faire instruire à toute impiété, et par ce moyen abolir du tout la religion catholique ; et non content de ce, il a façonné et instruit un des plus intimes qu'il eut de ses ruses et cautelles, et l'a envoyé hors la France en divers endroits, par le moyen duquel il a communiqué tous ses malheureux desseins aux principaux des hérétiques, provoquant leurs armes et forces à l'encontre de la religion catholique et la puissance papale : a aussi fait faire plusieurs assemblées d'hérétiques en diverses provinces, en aucune desquelles il a non seulement assisté, mais qui pis est, présidé, pendant qu'on y résoudoit et promettoit de se bander directement contre la foi catholique, et principalement contre les églises, contre le clergé, et contre tous les Catholiques du roïaume de France. Quant à Henry de Bourbon, prince de Condé, né de père et de mère hérétiques, et nourri au calvinisme, suivant les traces de ses père et mère, encore adolescent, a commis les mêmes forfaits, par même moyen que le roi de Navarre fut ramené à l'Église avec la plus grande humilité de cœur dont on se pourroit aviser, abjurant et détestant publiquement les erreurs et rêveries des hérétiques, fit pareille profession de foi catholique que le susdit de Navarre : ce qu'étant référé à sa Sainteté, et lui ayant usé de pareilles prières, notre jadis prédécesseur le déclara absous, ensemble Marie de Clèves sa femme, prétendue infectée de même hérésie de ce temps-là, revenant à pénitence, abjurant et détestant l'Église du même, et leur permit de pouvoir se marier nonobstant le second degré de consanguinité qui empêchoit : mais ledit de Condé peu après retombant en sa première erreur, et suivant la voie que son père, jadis Louis prince de Condé, très-scélère lui avoit tracée et frayée par ses vestiges de persécuteur de l'Église catholique, tenant donc la même route et carrière du père, se rendit aussi chef des hérétiques et effrénés de toute la France, étant auteur des séditions et guerres civiles, y amenant troupes et bandes de soldats étrangers hérétiques, et auquel voyage a essayé à prendre les villes et châteaux, a renversé les églises, violé les choses sacrées et ravagé, a fait mourir les prêtres de cruel genre de mort et indigne, et a substitué en leur lieu un tas de ministres, a aussi commandé l'hérésie être reprêchée et reprêchée et observée ; bref il a usé de toute sorte de cruauté et inhumanité, l'exerçant tant envers les prêtres, comme aussi envers tous les Catholiques. Toutes lesquelles choses étant assez manifestes, publiques et notoires, et que nous en sommes entièrement et légitimement informés, principalement par ses déportemens et façon de procéder, au temps même de notre prédécesseur de bonne mémoire Grégoire XIII, et par plusieurs avertissemens et témoignages de très grande autorité, icelui Henry jadis roi, et Henry prince de Condé susdits, être relaps, et rechus en l'inexcusable crime d'hérésie, et en outre coupables comme fauteurs d'hérétiques : nous, voulant déguainer le glaive de vengeance contre eux suivant le dû de notre charge, comme à ce faire contraints, sommes grandement marris qu'il nous faille user d'icelui glaive contre cette génération bâtarde et détestable de l'illustre et si signalée famille des Bourbons, en laquelle la pureté de la vraie religion, le loz de vertu a relui, ensemble l'observance et respect qu'en tout temps ont déféré au siège apostolique, et ce pour ses forfaits susdits ; donc en ce très haut siège et, en la pleine puissance que le Roi des rois et le Seigneur des seigneurs et monarques, nous a donnée (jaçoit qu'indigne) établi de Dieu tout-puissant, et de S. Pierre et S. Paul ses apôtres, et de la nôtre, ensemble du consentement et conseil de nos vénérables frères cardinaux de la sainte Église romaine, prononçons et déclarons Henry jadis roi, et Henry prince de Condé, être tels que dessus, et être hérétiques et relaps en hérésie, et non repentans, être chefs, fauteurs, protecteurs manifestes, publics et notoires, et par ainsi coupables de lèse-Majesté divine, et ennemis jurés de la foi catholique, si évidemment qu'ils ne sauroient faire paraître du contraire par couverte, ambage ou excuse quelconque, et partant donc avoir damnablement encouru les sentences, censures et peines contenues aux saints canons, constitutions apostoliques, et aux lois tant générales que particulières, et décrétées aux hérétiques, relaps et non repentans ; et être par le même droit privés, savoir est Henry jadis roi, de son prétendu roïaume de Navarre et de la partie qu'il occupe encore pour ce jourd'hui, ensemble aussi de Béarn, et l'autre Henry de Condé, eux deux et tous leurs successeurs de tous et quelconques autres principautés, duchés, domaines, seigneuries, cités, lieux, fiefs, et même biens amphiteuses, successions, et non seulement de ce, mais encore de toutes dignités, honneurs, dons, charges et offices mêmes roïaux, directes, et droits que de fait ils détiennent et auxquels, comme que ce soit, ont eu quelque droit, ou prétendent avoir ; les déclarant s'être rendus indignes d'iceux, et avoir été et être incapables et inhabiles pour les retenir, et d'obtenir à l'avenir quelque autre chose que ce soit; et pareillement qu'ils sont par le même droit, privés, incapables et inhabiles de succéder à quelque duché, principauté, seigneurie et roïaume, et spécialement au roïaume de France, auquel ils ont commis de si énormes forfaits et crimes, et aux domaines annexés et dépendans d'icelui roïaume, jurisdictions et autres lieux : comme aussi d'abondant, et en tant qu'il en est besoin, nous les privons et toute leur postérité à jamais, savoir est Henry jadis roi au roïaume de Navarre de sa part et de Béarn, et l'autre Henry de Condé tous ces deux, et leurs successeurs, d'autres principautés, duchés, domaines, fiefs et tous autres biens, et encore de droit de succéder et acquérir, et toutes autres choses susdites, tant en général qu'en particulier. Davantage les déclarons incapables à jamais, eux et leurs hoirs, à iceux domaines, et des successions de toutes principautés, duchés, domaines, fiefs, et roïaumes, et signalement au roïaume, de France, et à toutes annexes d'icelui, comme dessus, suppléant à tous défauts de droit ou de fait, si quelqu'un en advient en iceux : en outre tous magistrats ou gouverneurs, tenans fiefs, vassaux, sujets et peuples de ce roïaume, duchés, principautés, et autres domaines dessusdits, même ceux qui reconnoissent autres souverains, lesquels auroient prêté serment de fidélité et d'obéissance, ou d'autre quelconque, comme aussi nous les absolvons tous, tant en général qu'en particulier, et délivrons par l'autorité des présentes, commandons et interdisons à tels sujets de ne leur rendre obéissance aucune, ou à leurs avertissemens, loix et commandemens; et ceux qui à ce contreviendront, sachent être dès lors enveloppés et compris à ladite excommunication ou excommuniment. Au reste, nous exhortons notre susdit fils en Jésus-Christ, Henry, roi de France, Très-Chrétien, par l'infinie bonté et miséricorde de Dieu, le prions et admonestons, comme mémorable de la très excellente foi et religion des rois ses ancêtres, laquelle il a reçue d'iceux comme un héritage beaucoup plus excellent que n'est tout le roïaume; qu'il soit aussi mémorable du serment prêté en son couronnement publiquement, d'exterminer les hérétiques, afin que, de son autorité, puissance, vertu et grandeur de courage véritablement roïal, il travaille et soigne à l'exécution de cette notre si juste sentence, et qu'en ceci il se montre agréable à Dieu tout-puissant, payant et s'acquittant du dû service qu'il doit à sa mère l'Église. Commandons en outre à nos vénérables frères primats, archevêques et évêques, tant du roïaume de France que de Navarre et de Béarn, et résidens en autres lieux susnommés, qu'en vertu de sainte obédience, que tout aussitôt que la copie des présentes lettres leur sera communiquée, qu'il les fassent publier, en tant qu'en eux sera possible, s'efforcent de les faire effectuer : et voulons que ces notres présentes lettres soient affichées aux portes de l'église du prince des Apôtres, et en la pointe du Champ Floré de la ville, comme est la coutume, attachées et publiées : voulons aussi qu'aux copies tirées de cet original, ou par impression, ou par main de notaire public, ou prélat ecclésiastique, et scellées du sceau d'icelle cour, on y ajoute autant de foi en jugement et hors, comme si l'original leur était produit et démontré. Ne sera donc permis à homme du monde de violer ou rompre ce présent sommaire de notre prononciation ou arrêt, déclaration, privation, inhabilation, supplément, absolution, délivrance, précepte, commandément, interdict, liement, exhortation, prière monition et volonté, ou d'y contrevenir d'audace téméraire. Que si aucun présume de l'entreprendre, qu'il sache qu'il encourra l'indignation de Dieu tout-puissant et de ses apôtres Pierre et Paul.

Donné à Rome à saint Marc, l'an de l'incarnation de Notre Sauveur Rédempteur Jésus-Christ 1585, le 9 septembre. A. De Alexiis.

Suivent les signatures du pape et de vingt-cinq cardinaux.

3. DISCOURS D'HENRI IV AU PARLEMENT POUR EN OBTENIR L'ENREGISTREMENT DE L'ÉDIT DE NANTES[1]

[*7 janvier 1599*]

Le jeudi 7e de ce mois, le Roy manda ses gens du Parlement au Louvre pour la vérification de l'Édit de ceux de la Religion, auxquels il parla en Roy et en termes exquis et choisis, qui ont esté imprimés, horsmis le commencement, qui fust tel :

« Devant que vous parler de ce pourquoi je vous ai mandés, je veux vous dire une histoire que je viens de ramantevoir au mareschal de la Chastre. Incontinent après la S.-Berthelemi, quatre qui jouions aux dés sur une table vismes parroistre des gouttes de sang, et, voiant qu'estans essuiées par deux fois elles revenoient pour la troisième, je dis que je ne jouerois plus, et que c'estoit un augure contre ceux qui l'avoient respandu. M. de Guise estoit de la trouppe. » (Le reste se void imprimé.)

Ce propos fini, Sa Majesté leur dit ce qui s'ensuit[2] :

* « Vous me voiez en mon cabinet, où je viens parler à vous, non point en habit roial, comme mes prédécesseurs, ni avec l'espée et la cappe, ni comme un prince qui vient parler aux ambassadeurs estrangers, mais vestu comme un père de famille, en pourpoint, pour parler franchement à ses enfans.

« Ce que j'ay à vous dire est que je vous prie de vérifier l'Édit que j'ai accordé à ceux de la Religion. Ce que j'en ay fait est pour le bien de la paix. Je l'ay faite au dehors, je la veux au dedans. Vous me devez obéir, quand il n'y auroit autre considération que de ma qualité et de l'obligation que m'ont tous mes subjects, et particulièrement vous tous de mon

1. Pierre de Lestoile, *Mémoires-journaux*, éd. G. Brunet, etc., t. VII, pp. 164-168.
2. *Première rédaction biffée*; * il tinst les propos suivans, extraits fidèlement mot à mot, de la bouche de Sa Majesté. *

Parlement. J'ay remis les uns en leurs maisons, dont ils estoient bannis ; les autres en la foi, qu'ils n'avoient plus. Si l'obéissance estoit deue à mes prédécesseurs, il m'est deu autant ou plus de dévotion, d'autant que j'ay establi l'Estat, Dieu m'aiant choisi pour me mettre au Roiaume, qui est mien par héritage et par acquisition. Les gens de mon Parlement ne seroient en leur siège sans moi. Je ne me veux vanter, mais si veux-je bien dire que je n'ay exemple d'autre à imiter que de moi-mesme. Je sçai bien qu'on a fait des brigues au Parlement, que l'on a suscité des prédicateurs séditieux ; mais je donnerai bien ordre contre ces gens-là et ne m'en attendrai pas à vous. C'est le chemin qu'on prist pour faire les Barricades et venir par degrés à l'assassinat du feu Roy. Je me garderai bien de tout cela : je coupperai la racine à toutes factions, à toutes prédications séditieuses, et je ferai accourcir tous ceux qui les susciteront. J'ay sauté sur des murailles de villes : je sauterai bien sur des barricades, qui ne sont pas si haultes.

« Ne m'alléguez point la Religion Catholique. Je l'aime plus que vous, je suis plus Catholique que vous : je suis fils aisné de l'Église. Vous vous abusez si vous pensez estre bien avec le Pape. J'y suis mieux que vous. Vous avez beau faire, je sçai tout ce que vous faites, je sçai tout ce que vous dites. J'ay un petit dœmon qui me le révèle. Ceux qui ne voudroient que mon Édit passe veulent la guerre : je la déclarerai à ceux de la Religion, mais je ne la ferai pas : vous irez la faire, vous, avec vos robbes, et ressemblerez la procession des Capussins qui portoient le mosquet sur leurs habits. Il vous fera bon voir ! Quand vous ne voudrez passer l'Édit, vous me ferez aller au Parlement. Vous serez ingrats quand vous m'aurez créé cest ennui. J'appellerai à tesmoin ceux de mon Conseil qui ont trouvé bon l'Édit et nécessaire pour l'estat de mes affaires : M. le Connestable, M. le Chancelier, M. de Bellièvre, Sanssi et Silleri. Je l'ay fait par leur advis et des Ducs et Pairs. Il n'y a pas un d'eux qui s'osast dire protecteur de la Religion Catholique, ne qui osast nier qu'il m'ait donné cet advis. Je suis le seul conservateur de la Religion : je dissipperai bien les bruits qu'on fait semer. On s'est plaint, à Paris, que je voulois faire des levées de Suisses ou autres amas de trouppes. Si je le faisois, il en faudroit bien juger, et ce seroit pour bon effest, par la raison de tous mes déportemens passés, tesmoin ce que j'ay fait pour la reconqueste d'Amiens, où j'ay emploié l'argent des Édits que vous n'eussiez passé si je ne fusse allé en Parlement. La nécessité me fist faire cest Édit ; par la mesme nécessité, j'ay fait autres fois le soldat. On en a parlé, et n'en ay pas fait le semblant. Je suis Roy maintenant, et parle en Roy, et veux estre obéi ! À la vérité, la Justice est mon bras droit : mais, si la gangrène s'y prend, le gauche le doit coupper. Quand mes régimens ne me servent pas, je les casse. Que gangnerez-vous ? Quand vous ne voudrez vérifier l'Édit, aussi bien le ferai-je passer. Les prédicateurs ont beau crier, comme a fait le frère de M. de Silleri, à qui je veux parler en ceste Compagnie. »

Sur ce, aiant appelé ledit sieur de Silleri, lui dit : « Je vous avois bien adverti qu'on m'avoit fait plainte de vostre frère, et vous avois commandé de l'avertir qu'il se retinst et qu'il fust sage. J'avois cru, du commencement, qu'il n'estoit rien de ce qu'on disoit qu'il avoit presché contre l'Édit, pource qu'il ne s'en trouvoit point de preuves; mais il est vrai, et enfin s'est eschappé à S.-André, où mon Procureur Général l'a ouï prescher séditieusement contre l'Édit, et cela n'a esté relevé comme il le faloit. On le veult excuser, qu'il est emporté de zèle et sans dessein; mais, soit par occasion ou autrement, c'est tousjours mal, et ce zèle inconsidéré mérite un chastiment. »

Ceste plainte finie, Sa Majesté se retourna vers les gens de son Parlement. « Il n'y a pas un de vous, dit-il, qui ne me trouve bien quand il a affaire de moi, et n'y en a point qui n'en ait affaire une fois l'an ; et toutefois à moi, qui suis si bon, vous estes mauvais. Si les autres Parlemens, pour avoir résisté à ma volonté, ont esté cause que ceux de la Religion ont demandé choses nouvelles, je ne veux pas que soiez cause d'autres nouveautés par vostre refus. L'an 94 et 95, quand je vous envoiai une Déclaration sur l'Édit de l'an 77 pour la provision des offices, j'avois promis que je ne pourvoirrois aucun de la Religion des estats en la Cour du Parlement. Depuis, le temps a changé les affaires, et toutefois j'aurai bonne asseurance de ceux que je mettrai à ces charges qu'ils s'y gouverneront comme ils doivent. Il n'y a point tant de Religion Catholique à tous ces grands criards Catholiques et ecclésiastiques : que je leur donne, à l'un deux mil escus en bénéfices, à l'aultre quatre mil livres de rente, ils ne diront plus mot. Je juge de mesmes et ainsi de tous les autres qui voudroient parler contre l'Édit. Il y a des meschans qui monstrent haïr le pecché ; mais c'est par crainte de la peine, au lieu que les autres le haïssent pour l'amour de la vertu :

Oderunt peccare mali, formidine pœnæ ;
Oderunt peccare boni, virtutis amore.

« Il y a plus de vingt ans que je ne les ai redit qu'à ceste heure. Pour dire que je connoisse ceux de vous qui haïssent le pecché pour l'amour de la vertu, je ne les connois pas ; mais bien sçaurai-je chastier ceux qui le haïront pour la peur de la peine. Et après, ils me remerciront du chastiment, comme un fils fait son père. Je n'avois pensé à vous mander qu'hier bien tard. Considérez que l'Édit dont je vous prie est l'Édit du feu Roy, et le mien aussi, car il a esté fait avec moi, et aujourd'hui je le confirme : je ne trouve pas bon d'avoir une chose en l'intention et escrire l'autre, et si quelques autres l'ont fait, je ne veux pas faire comme eux.

« La dernière parole que vous aurez de moi sera que vous suiviez l'exemple de M. de Maienne. On l'a incité de faire des menées contre ma volonté ; il a respondu m'estre trop obligé, et tous mes subjects aussi, parce que j'ai restabli la France, maugré ceux qui l'ont voulu ruiner, entre lesquels il sera tousjours de ceux qui exposeront leur vie pour me complaire, au lieu que par le passé il avoit fait tous ses efforts pour ruiner l'Estat. Et si le chef de la Ligue a parlé ainsi, combien plus vous, que j'ai restablis, tant ceux qui m'ont esté fidèles que ceux que j'ai remis en foy, que doivent-ils faire au prix !

« Donnez à mes prières ce que ne voudriez donner aux menaces. Vous n'en aurez point de moi. Faites seulement ce que je vous commande, ou plus tost dont je vous prie. Vous ne ferez pas seulement pour moi, mais aussi pour vous et pour le bien de la paix. »*

4. REMONTRANCES DU PARLEMENT À HENRI IV SUR LE RÉTABLISSEMENT DES JÉSUITES ET RÉPONSE DU ROI[1]

[*24 décembre 1603*]

Discours de Monsieur le Premier President du Parlement au Roy.

Sire,

Vous avez souvenance comme a Poissy lors qu'ils ne faisoient que de naistre l'ambition de ces gens la fust reconneüe pendant le Colloque et leur superbe Domination condemnée.

La Sorbonne na jamais peu compatir avec eux et toujours a reprouvé la maniere qu'il tiennent de vivre et d'enseigner.

Ils n'ont esté en France que par tolerance et par maniere de provision.

L'Université les a tousjours contrepoinctés et jugés préjudiciables à la jeunesse.

Ceux qui reluisent le plus en vos Cours souveraines en Doctrine et scavoir ne tiennent rien de leurs Escholes.

Leur Compagnie est une assemblée de personnes factieuses et comme le séminaire du discord tesmoing.

La Ligue qu'ils ont enfantée et nourrie jusques a la mort.

Ils attirent par artifice les personnes et les biens des meilleures familles.

Ils ont voüé obeissance absolüe au Pape de sorte qu'ils font et feront tousjours ce que le Pape leur dira fust il bien ou mal pour estre de faction contraire a la France.

L'Espagnol s'en sert par tout comme de ses créatures.

Ils entre comme ils peuvent puis ils font comme ils veulent.

Ils soustiennent vis a vis leur Institut et ne faut croire qu'ils se departent jamais de leurs confrères et qu'ils veulent se ranger avec eux soubs la condition que Vostre Majesté leur propose par son Édict de restablissement.

Les Ecclesiastiques se plaignent d'eulx et sur tout de ce quils disent que

1. BNF, ms. fr. 2761, f°s 99 et suiv.

le Pape peut priver les Roys de leurs sceptres et Couronnes et qu'il a condemnation sur ames corps et biens.

Ils enseignent que les Ecclesiastiques ne sont plus subjects a Vostre Majesté ains au saint siège seulem. en tout et par tout.

Ils ont escript quil est loisible de tuer les Roys quils appellent tirans et l'enseignent a leur jeunesse, ensuite de ce Varade fust confessé. Barrière, Guignart furent envoyes, et Chastel fust poussé par eux a attenter sur la personne de Vostre Majesté et jamais vous ne portez la main a la bouche que vous nayez subject de vous souvenir des Jésuites.

Ce sont eux qui tres affectionnez a Vostre Majesté et a Madame la Duchesse de Bar sommes vos tres humbles subjects et serviteurs, et navons peu taire le grand danger ou vous exposez et vostre Estat et vostre personne en rappellant ces Esprits extravagans et dangereux, nostre conscience en eust esté chargée et la postérité qui se ressentira des effects de leurs ruses et des artifices quils vont couvant. C'est donc le bien de vostre Estat et l'affection que nous debvons tous avoir a la conservation de vostre personne nous a porté a les chasser loing de nous soubs Vostre aucthorité, et les mesmes nou forcent maintenant a vous supplier ne trouver mauvais si nous ne pouvons consentir a leur restablissement.

Tout ce que dessus et a chacun article sa Majesté respondist avec tant d'adresse et deloquence qu'il estonna toute la compagnie de laquelle responce je diray la substance comme a present suis obligé de me contenter a cela.

Response du Roy
aux objections du Premier Président du Parlement

Je vous scay bon gré du soing quavez de ma personne et de mon Estat bien que fort peu vous en ayez sceu avoir pour l'un et encores moins pour l'autre. Jay toutes vos conceptions et cervelles dans la mienne mais vous n'avez pas la mienne dans les vostres. Vous mavez proposé des difficultez qui vous semblent grandes et considérables et navez sceu considerer que tout ce que vous avez dict a esté consideré et pesé par moy, et y a huict ou neuf ans que vous fistes les entendus en matière d'Estat et vous n'y entendiez toutesfois non plus que moy a rapporter un Procez.

Je veux donc que vous sachiez touchant Poissy que si tous y eussent aussy bien faict que un ou deux Jésuistes qui sy trouverent fort a propos les choses y fussent mieux allées pour les Catholiques, on reconneust alors non leur ambition mais leur suffisance et m'estonne sur quoy vous pouvez fonder l'opinion d'ambition en personnes qui refusent les dignitez et prelatures quand elles leur sont offertes, qui font vœu a Dieu de ny aspirer jamais et qui ne demandent autre chose que de servir sans récompense tous ceux qui veulent tirer service d'eux.

Que si ce mot de jésuiste vous deplaist pourquoy ne reprouvez voux ceux qui se disent de la Trinité et si vous vous estimez estre aussi bien qu'eulx de la Compagnie de Jésus que ne dictes vous que vos filles sont aussy bien Religieuses que les fille dieu de Paris. Et que vous estes aussy bien de l'ordre du S. Esprit que mes Chevaliers, pour moy j'aymerois mieux estre appelé Jésuiste que jacobin ou augustin...

La Sorbonne dont vous parlez les a condemnez mais ça esté comme vous devant que de les connoistre. Et si l'ancienne n'en a point voulu par jalousie la nouvelle y a faict ses estudes et s'en loue.

S'il nont esté a present en France que par tollerance Dieu me reservoit cette gloire que je tiens a grace de les y establir et que s'ils n'y estoient que par maniere de provision ils y seront desormais par arrest et par Édict. La volonté de mes Predecesseurs les y retenoit, ma volonté est de les y establir.

L'Université les a contrepointetez mais ça esté pource qu'ils faisoient mieux que les autres, tesmoing l'affluence des Escholiers qu'ils avoient en leurs Colleges et pource qu'ils n'estoient pas incorporez en l'Université dont ils ne seront maintenant receuz quand je leur commanderay et quand pour la remettre vous serez contraints de me les demander.

Vous dictes que en vostre Parlement tous les plus scavans n'ont rien appris chez eux. Si les plus vieux il est vray car ils avoient estudié devant que les Jésuites fussent conneus, en France, mais jay ouy dire que les autres Parlements ne parlent pas ainsy ny mesme tout le vostre, et si on n'y apprenoit mieux qu'ailleurs d'ou vient que par leur absence vostre université sest rendue si deserte et qu'on les va chercher nonobstant vos Arrestz à Douay ou ils sont et hors le Royaume.

Et de les appeller factieux parcequils ont esté de la Ligue ça esté par injure du temps. Ils croyoient bien faire et ont esté trompez comme les autres, mais je veux croire que ça esté avec moins de malice que les autres et que je tien que la mesme conscience jointe aux graces que je leur feray me les affectionnera autant et plus que la Ligue.

Ils attirent dictes vous les Enfans qui ont l'Esprit bon et choisissent les meilleurs, c'est de quoy je les estime, n'en faisons nous pas de mesme des meilleurs soldats pour la Guerre. Et si les faveurs n'avoient lieu entre vous en recepvriez vous aucun qui fust digne de votre Compagnie et de se seoir au Parlement, si on vous fournissoit des Precepteurs et des Predicateurs ignorans vous les mespriseriez. Ils ont des beaux Esprits et vous les en reprennez.

Quant au bien que vous dictes c'est une calomnie car ils n'avoient en toute la France que douze ou quinze mil escus de revenu en tout, et scai que de leur revenu on na sceu entretenir a Bourges ou a Lyon sept ou huit Regens et si ils y estoient au nombre de quarante et quand il y auroit de l'inconvenient de ce costé la jy ay pourveu par mon Édict.

Le vœu d'obeissance qu'ils font au Pape ne les obligera pas davantage a suivre l'estranger que le serment de fidelité qu'ils me font et feront a n'entreprendre rien contre leur Prince naturel, mais ce vœu la n'est pas pour toutes choses. Ils ne le font que pour obeir au Pape quand il les voudroit envoyer a la conversion des Infideles. Et de faict c'est par eux que Dieu a converty les Indes. Et c'est ce que je dis souvent, si l'Espagnol s'en est servy pourquoy ne sen servira pas le Francois. Et sommes nous de pire condition que les autres. L'Espagne est-elle plus aymable que la France, et si elle l'est aux siens pourquoy ne le sera la France aux miens !

Ils entrent comme ils peuvent aussy font bien les autres. Je suis entré moy mesme comme jay peu en mon Royaume, mais il faut advoüer que leur patience est grande et moy je l'admire, car avec patience et bonne vie, ils viennent à bout de toutes choses.

Et si je ne les estime pas moins en ce que vous dictes qu'ils sont grands observateurs de leurs Institutz, c'est ce qui les maintiendra, aussy nayie voulu rien changer en leurs Regles ains les y veux maintenir, Que si je leur ay limité quelques conditions qui ne plairont pas a l'estranger il vaut mieux que l'estranger prenne la Loix de nous que nous de luy. Quoy quil en soit je suis d'accord avec mes subjectz.

Pour les Ecclesiasticques qui se formalisent d'eulx cest de tout temps que l'ignorance en a voulu a la science et jay remarqué estant à la saincte Chappelle pour veoir le chappeau d'espines et autres Reliques ou parlant de leur restablissement deux sortes de personnages s'y opposerent particulierement, ceux de la Religion et les Ecclesiastiques malvivans. Et, c'est ce qui me les faict estimer davantage.

Touchant l'opinion qu'ils ont du Pape je scay quils se repentent fort aussy fai je, mais vous ne me dictes plus qu'on a voulu censurer a Romes les Livres de Monsieur Bellarmin pour ce qu'il ne vouloit donner tant d'authorité au sainct Pere comme font communement les autres. En tout cas je m'asseure qu'ils ne disent rien davantage que les autres de lautorité du Pape et crojie que quand l'on voudroit faire le Procez a leurs opinions il le faudroit faire a celles de l'Église Catholique.

Quant a la Doctrine d'emanciper les Ecclesiastiques de notre obeissance, d'enseigner a tuer les Roys il faut voir d'une part ce quils en disent, s'informer s'il est vray qu'ils instruisent ainsy la jeunesse. Une chose me faict croire quil n'en est rien, c'est que depuis trente ans en ça quils enseignent la jeunesse cent mil escholiers de toutes conditions sont sortis de leurs Colleges, ont vescu avec eulx et entre eulx qu'on n'en trouve un seul de si grand nombre qui soustienne de leur avoir ouy dire et tenir tel langage ny outre approchant de ce qu'on leur reproche.

De plus il y a des ministres qui ont esté Jésuites longues années, qu'on s'informe de leur vie. Il est a presumer quils en diront du pis quils pourront ne fust ce que pour s'excuser d'estre sortis d'avec eux. Je scai qu'on la faict et n'y a eu autre raison sinon que pour les moeurs. Je n'y a rien a dire et que pour la doctrine chacun la connoist. Il faut bien que la conscience soit asseurée quand elle en demeure au dire de son adversaire.

Touchant Barriere tant s'en faut qu'un Jésuite l'aye confessé comme vous dictes que je fus advertis de son entreprise par un Jésuite et un autre luy dict quil seroit damné s'il osoit l'entreprendre.

Quant à Chastel les tourmens ne luy peurent jamais arracher aucune accusation alencontre de Varade ou autres Jésuites et si autrement estoit pour quoy l'eussiez vous espargné ? Car celuy qui fust executé ce fust sur un autre subiect que lon dict s'estre trouvé en ses Estatz, mais quand ainsy seroit qu'un Jésuite eust faict le coup, faut il que tous les Apostres patissent pour Judas ou que je responde pour tous les larcins et les fautes que feront a l'advenir ceux qui auront esté mes soldats. Dieu me vouloit alors humilier et sauver et je luy en rends graces. Il m'enseigne de pardonner les offenses et je le fay volontiers pour l'amour de luy, voire mesme je prie Dieu tous les jours pour mes ennemis, tant s'en faut que je men veuille resouvenir comme vous me conviez de faire peu chrestiennement. Et je ne vous en scay point de gré. Mais nous en avons tous besoing de la grace de Dieu. Je l'achepterois volontiers a si bon prix que de n'estre eschars de la mienne.

Pour la dispense de ma sœur Sa Saincteté la enfin accordée et scay que les Jesuites ont esté favorables.

Que si un Espagnol Jésuite et Cardinal m'a aydé a obtenir la benediction de nostre sainct Pere quand je me fis catholique pourquoy voulez-vous mettre en ombrage les francois mes naturels subjectz.

Je scauray d'eux ce que je voudray et ne leur communiqueray que ce que je voudray. Laissez moy le maniement et la conduicte de cette Compagnie. J'en ay maistrisé et gouverné de bien difficiles et malaysés a conduire partant obeissez a mes volontez.

Apres ces parolles le Roy se transporta en la chappelle de Bourbon pour y entendre vespres et ny estoit encores sa maiesté arrivée que le bruict s'espandit par toute la Cour de l'admirable Response quil avoit donnée a la Cour de Parlement en faveur des Jésuites de sorte que le Pere Cotton en recepvoit les applaudissements et gratifications de tous costez qui le porterent a se jecter aux piedz de sa Maiesté, et de le remercier au nom de toute la Compagnie de ce grand benefice. A quoi il respondist Je feray encores davantage pour vous mais aussy dautant plus coupables seriez vous si vous ne faictes bien dont toutefois je ne puis et ne veux doubter…

5. PROPOS TENUS À LA DERNIÈRE AUDIENCE DONNÉE PAR LE ROI À L'AMBASSADEUR D'ESPAGNE[1]

[*1610*]

Propos tenus en la dernière Audiance donnee par le feu Roy Henry le Grand a l'Ambassadeur d'Espagne.

L'AMBASSADEUR

Sire je suis icy de la part du Roy d'Espagne mon maistre pour scavoir de vostre Ma^te pourquoy vous armez une si puissante Armee et si cest contre luy.

LE ROY

Si je luy avois manqué comme il a faict a moy il auroit occasion de se plaindre.

L'AMBASSADEUR

Je supplie vostre Ma^te Sire de me dire en quoy le Roy mon maistre vous a manqué.

LE ROY

Il a entrepris sur mes villes, ma corrompu le Mareschal de Biron et le Comte Dauvergne et retire maintenant le prince de Condé.

L'AMBASSADEUR

Sire il ne pouvoit refuser la porte a un prince qui cest jetté entre ses bras comme vostre Ma^te feroit si un prince estranger la venoit requerir dune pareille faveur.

LE ROY

Si cela marrivoit je tascherois a faire son accommodement, et a le renvoyer en son pays. Et de plus vostre maistre na jamais voulu prester argent a l'Empereur si ce nest maintenant quil la secouru de quatre cents mil escus pour faire la guerre contre mes amis et mes Alliéz.

L'AMBASSADEUR

Sire, vous avés acepté a la veue de tout le monde les pays bas d'hommes

1. Charles Samaran, Henry-IV et Charlotte de Montmorency. Annuaire-Bulletin de la Société d'Histoire de France, 1950-1951, pp. 63-64.

et dargent, et aves retiré en France Anthoine Pérez. Je desire scavoir si cest contre le Roy mon maistre que vous assemblés une si puissante Armee.

LE ROY

Jarme mes espaules et ma teste pour empescher quon ne me blesse, et mettray lespee a la main pour frapper ceux qui me fascheront.

L'AMBASSADEUR

Que manderay je donc au Roy mon maistre.

LE ROY

Vous luy manderés ce quil vous plaira.

6. L'« ARTICLE DU TIERS » AUX ÉTATS GÉNÉRAUX DE 1614-1615[1]

Premier article du cahier de Paris et Isle de France

Que pour arrester le cours de la pernicieuse doctrine qui s'introduit depuis quelques années, contre les Rois et puissances Souveraines, establies de Dieu, par des esprits séditieux, qui ne tendent qu'à les troubler et subvertir : Le Roy sera supplié de faire arrester en l'assemblée de ses Estats, *pour Loy fondamentale du Royaume, qui soit inviolable et notoire à tous* : Que comme il est reconnu souverain en son Estat, ne tenant sa Couronne que de Dieu seul, il n'y a Puissance en terre, quelle qu'elle soit, Spirituelle ou Temporelle, qui ait aucun droict sur son Royaume, pour en priver les personnes sacrées de nos Rois, ny dispenser ou absoudre leurs subjets de la fidélité et obeïssance qu'ils luy doivent, pour quelque cause ou pretexte que ce soit. Que tous les subjets, de quelque qualité et condition qu'ils soient, tiendront cette Loy pour sainte et véritable, comme conforme à la parole de Dieu, sans distinction, equivoque, ou limitation quelconque ; laquelle sera jurée et signée par tous les Deputez des Estats, et doresnavant par tous les Beneficiers et Officiers du Royaume, avant que d'entrer en possession de leurs Benefices, et d'estre receus en leurs Offices : Tous Precepteurs, Regens, Docteurs et Predicateurs, tenus de l'enseigner et publier. Que l'opinion contraire, mesmes qu'il soit loisible de tuer ou deposer nos Rois, s'elever et rebeller contr'eux, secoüer le joug de leur obissance, pour quelque occasion que ce soit, est impie, detestable, contre vérité et contre l'establissement de l'Estat de la France, qui ne dépend immediatement que de Dieu. Que tous livres qui enseignent telle fausse

1. Florimond Rapine, Recueil... de... l'Assemblée générale des Estats tenus à Paris en l'année 1614, à Paris, au Palais, MDCLI, pp. 205-206.

et perverse opinion, seront tenus pour seditieux et damnables; Tous Estrangers qui l'escriront et publieront, pour ennemis jurez de la Couronne : Tous subjets de Sa Majesté qui y adhereront, de quelque qualité et condition qu'ils soient, pour rebelles, infracteurs des Loix fondamentales du Royaume, et criminels de leze-Majesté au premier chef. Et s'il se trouve aucun livre ou discours escrit par quelque Estranger Ecclesiastique ou d'autre qualité, qui contienne proposition contraire à ladite Loy, directement ou indirectement, seront les Ecclesiastiques de mesmes Ordres establis en France, obligez d'y respondre, les impugner et contredire incessamment, sans respect, ambiguité ny equivocation, sur peine d'estre punis de mesme peine que dessus, comme fauteurs des ennemis de cet Estat. *Et sera ce premier Article leu par chacun an, tant au Cours souveraines qu'és Bailliages et Seneschaussées dudit Royaume, à l'ouverture des Audiences, pour estre gardé et observé avec toute sévérité et rigueur.*

I. Sur l'assassinat d'Henri IV et les premières réactions

1. SOURCES MANUSCRITES

Le manuscrit le plus proche des événements et le plus complet est à la Bibliothèque nationale de France, le Dupuy 90, qui contient toute la procédure officielle, l'interrogatoire de Ravaillac, l'arrêt contre Ravaillac, le procès-verbal d'autopsie, le sermon du jésuite Gontier, les procédures contre Mariana et Bellarmin, le résultat des Conseils tenus après la mort du Roy, la constitution de la Régence, les actes de fidélité des villes, etc. Tous les autres manuscrits en dérivent. Voir Brienne 192 (N.A. 7163), Cinq-Cents de Colbert 12 (avec les propos et indices recueillis en Flandre et à Cologne, touchant François Ravaillac), ms. fr. 17501, 16513 (Harlay 73), 19750 (Harlay 123), 25565, 23374 (de Louis Phélypeaux de La Vrillière), 21806 (Coll. Delamare), 23849, 23351, 23837, 5772 (XVIIIe siècle), Fontanieu, 544-457.

Jérôme LHUILLIER, président de la Chambre des comptes, Discours de l'assassinat du feu Roy Henri IV et de partie des cérémonies qui se firent à ses obsèques, Dupuy 851, f° 33.

Factum du capitaine de La Garde, ms. fr. 4154 (25).

Divers advis de la mort du Roi Henri IV précédent l'arrivée d'icelle, ms. fr. 18430, f° 499.

Lettre sur la mort de Henri IV, ms. fr. 3824 (96).

Lettre de l'ambassadeur de France à Rome au duc de Nevers sur la nouvelle de la mort du Roi Henri IV, Rome, 30 mai 1610, ms. fr. 4720, f° 33.

Lettres de Louis XII et autres sur la mort du Roi Henri IV, 26 juillet 1610, ms. fr. 4014 (181).

Discours sur la mort de Henri le Grand par le duc de Rohan, ms. fr. 23243, f° 8.

Discours sur la mort de Henri le Grand, ms. fr. 15623, f° 1 (Saint-Germain, 1013, Séguier-Coislin).

Note sur la mort du Roi Henri IV, ms. fr. 6144, f° 54.
Discours sur la mort du Roi Henri IV, 1610, Baluze 326, f° 11.
Les furies contre le parricide, ms. fr. 20614, f° 28.

2. SOURCES IMPRIMÉES

Procès, examen de Ravaillac... Paris, 1611, in-8°, *Mercure français,* I, f°s 423 v°, 440-462, in-8° Lb 35-7.

Mémoires de Condé, Amsterdam, 1743, in-4°, VI, pp. 199-244, La 22-4.

Procès-verbal d'autopsie d'Henri IV, dans GUILLEMEAU, *Œuvres de chirurgie,* Rouen, 1647.

Arrêt de la Cour de Parlement contre le très meschant parricide François Ravaillac, avec un sommaire de tous ceux qui ont attenté à Henri IV. Rouen, 1610, in-8°, Lb 35-897.

Lettre du Roy sur la mort d'Henri IV au Parlement de Rennes et l'arrêt de la Cour, Rouen, 1610, in-8°, Lb 35-878.

Censure de la Sacrée Faculté de théologie de Paris contre les impies et exécrables parricides des rois et des princes, 4 juin 1610, in-8°, Lb 35-901.

Lettre escritte sur la mort du feu Roy par le sieur Du Perron, Paris, 1610, in-8°, Lb 35-879.

Lettre de Nicolas Pasquier, dans Étienne PASQUIER, *Œuvres,* éd. 1723, in-folio, t. II, col. 1053-1068.

L'assassinat du Roy ou Maximes du Viel de la Montagne vaticane et de ses assassins, 2e éd., s. l., 1614, in-8°, Lb 35-909.

La Demoiselle d'ESCOMAN, *Le Véritable Manifeste sur la mort d'Henry le Grand,* 1616, in-8°, Lb 35-892, p. d. Cimber et Danjou, XV, p. 165.

Pierre DU JARDIN, sieur et capitaine de La Garde, *La mort d'Henry le Grand découverte à Naples en 1608...* Paris, s. l. n. d., in-4°, Lb 35-894 ; Paris, 1619, in-8°, Lb 35-894 A ; Cimber et Danjou, XV, pp. 143-164.

3. OUVRAGES D'HISTORIENS.

A. *Manuscrits*

Réflexions historiques sur la mort de Henry le Grand, extraites d'un manuscrit écrit de la main de M. Augustin Le Petit, écuyer, sieur de Canon, avocat au Parlement de Normandie, Nouv. Acquis. fr., 4709, f°s 741-754 ; semble avoir fourni ses thèmes fondamentaux à M. Philippe Erlanger pour son ouvrage sur la mort d'Henri IV.

B. *Imprimée*

a) Sur le règne :

E. LAVISSE, *Histoire de France illustrée,* t. VI : 1° La Réforme et la Ligue, l'édit de Nantes ; 2° Henri IV et Louis XIII (par J. H. Mariéjol), 1911.

P. de VAISSIÈRE, *Henri IV*, 1928, 2e éd., 1935.
W. TRITSCH, *Heinrich IV, König von Frankreich und Navarra*, Frauenfeld, 1938.
Marcel REINHARD, *Henri IV*, Paris, 1943.
Roland MOUSNIER, « L'âge classique », dans *Histoire de France*, Larousse édit., I, 1954.
Maurice ANDRIEUX, *Henri IV*, 1955, Paris, Fayard.
Philippe ERLANGER, *La Vie quotidienne sous Henri IV*, 1958, Paris, Hachette.
b) Sur l'assassinat d'Henri IV. Nombreux ouvrages dont il n'est retenu ici que les principaux. Les auteurs ont cherché les responsables de l'assasinat. Aucun ne s'est placé au point de vue du présent livre : le problème de psychologie collective.
LOISELEUR, *Questions historiques du XVIIe siècle. Ravaillac et ses complices*, Paris, 1873. Reste la meilleure des études en recherche des responsabilités.
P. de FLEURY, « Les Ravaillac d'Angoulême », *Bull. Soc. Archéol. et Hist. de la Charente*, 1882, 5e série, V, pp. 7-8.
A. CALLANEREAU, *Ravaillac, la maison où naquit le régicide*, Paris, 1884.
LA COMBE, « L'assassinat de Henri IV, rue de la Ferronnerie », *Corresp. hist. et archéol.*, avril-mai 1904.
F. COMBES, « L'assassinat d'Henri IV et la diplomatie étrangère », *Lectures*, II, pp. 299 et suiv.
MERK, *La Duchesse de Verneuil et la mort d'Henri IV*, Paris, 1912.
Th. SCHŒLL, « La mort de Henri IV », *Bull. hist. et litt. Soc. hist. prot. français*, t. XLII, 1913, p. 474.
Jérôme et Jean THARAUD, *La Tragédie de Ravaillac*, Paris, 1913, 2e édition, 1921.
J.-E. BOURDAIS, *Pourquoi et comment fut tué Henri IV*, Dinard, 1930.
Philippe ERLANGER, *L'Étrange Mort d'Henri IV*, Paris, 1957 (Amiot-Dumont), très intelligent

II. Sur les théoriciens du tyrannicide

Sur l'ensemble :

Joseph LECLER, « Sur les doctrines du tyrannicide », *Études*, novembre 1962, pp. 226-231.

1. L'ANTIQUITÉ

Biblia Sacra, latine, vulgatae editionis. Sixti V, Pontif. Max., jussu recognita atque edita, Clementis. Vero VIII auctoritate Romae, ex typog. vaticana, 1598, in-4°.
La Sainte Bible, contenant le vieil et nouveau testament en latin selon l'édition vulgaire et en français de la traduction des docteurs catholiques de l'Université de Louvain, Paris, R. Thierry, 1608, in-folio.

La Sainte Bible, traduite en français sous la direction de l'École biblique de Jérusalem, Paris, Éd. du Cerf, 1956, 1 vol.

ARISTOTE, *Operum Aristotelis,* nova editio, graece et latine, Lugduni, apud G. Laemarium, 1590, in-folio (éd. Isaac Casaubon).

CICÉRON, *De officiis,* latin et français, Paris, G. Buon, 1583, in-12.

SÉNÈQUE, *L. Annaei Senecae philosophi scripta quae extant...* Paris, J. Rézé, 1602, in-folio.

LACTANCE, *L. Cœlii Lactantii Firmiani opera quaequidem extant omnia,* Basileae, H. Petri, 1563, in-folio.

TERTULLIEN, *Q. Septimii Florentis Tertuliani... Opera quae hactenus reperiri potuerunt omnia,* Parisiis, apud M. Somnium, 1584, in-folio.

Saint AUGUSTIN, *D. Aurelii Augustini, de Civitate Dei,* Libri XXII, Lugduni, apud Seb. Hondratum, 1570, in-8°.

LUCIFER DE CAGLIARI, *Luciferi, espiscopi Calaritani,* ad Constantium... opuscula, Parisiis, apud M. Somnium, 1568, in-8°.

2. LE MOYEN ÂGE

Jean de SALISBURY, *Policraticus,* éd. Plantin, Anvers, 1595, in-12, 560 pages.

Saint THOMAS d'AQUIN, « Commentum in secundum librum Sententiarum Magistri Patri Lombardi », éd. S. E. Fretté et P. Mari, *Œuvres complètes,* t. VIII, Paris, 1873.

« De regimine principum », éd. S. E. Fretté, *Œuvres complètes,* t. XXVII, I, 1875, opuscula varia, opusculum XVI.

Summa theologiae, Editiones Paulinae, Roma, in-4°, 1962, LXVIII, 2 849 p.

Tabula Aurea F. Petri de Bergomio, Editiones Paulinae, Rome, 1960, XI, 1 250 p.

Bartolo de SASSOFERATO, *Opéra,* Torino, 1573-1574, in-folio, Venezia, 1590-1595.

Le Concile de Constance, voir Alfred COVILLE, *Jean Petit,* « La question du tyrannicide au commencement du XVe siècle », Paris, 1932.

Le *Tractatus de tyranno,* de SALUTATI, écrit vers 1400, resté manuscrit, est demeuré sans influence au-delà du cercle des amis de Salutati.

3. LES TEMPS MODERNES. LE XVIe SIÈCLE

Sur l'ensemble :

Aristide DOUARCHE, *De tyrannicidio apud scriptores XVI. saeculi,* thèse complémentaire pour le doctorat ès lettres, Paris, 1888.

A. *Les humanistes*

NICOLÒ MACHIAVELLI, *Tutte le opere,* s. l., 1550, in-4°.

ÉRASME. *Adagiorum des. Erasmi...* Chiliades Quatuor,.,. Parisiis, apud N. Chesneau, 1579, in-folio.

La Boétie, « De la servitude volontaire ou contr'un », dans *Mémoires de l'Estat de la France sous Charles neufviesme*, 2e éd., Meidelburg, 1578, in-8°.

Jacques Grévin, *Le Théâtre*, Paris, V. Sextenas et G. Barbé, 1562, in-8°.

Montaigne (Michel, seigneur de), *Essais*, 5e éd. Paris, A. L'Angelier, 1588, in-4°.

B. *Les protestants*

luther, *D. Martin Luthers Werke...* Kritische Gesammtausgabe, Weimar, H. Böhlau, gr. in-8°, 54 vol., plus les *Tischreden* et la *Deutsche Bibel*, depuis 1883.

Calvin, *Institution de la religion chrétienne*, 1541, éd. A. Lefranc, N. Chatelain, A. Pannier, Bibliothèque de l'École des hautes études, *Sciences historiques et philologiques*, n° 177 ; 1560, éd. Jean-Daniel Benoit, 1961.

John Poynet, *Short Treatise of Political Power*, 1558 ; extraits dans Henry Hallam, *Introduction to the Literature of Europe in the Fifteenth, Sixteenth and Seventeenth Centuries*, 5e éd., 1855, pp. 136-138.

Georges Buchanan, *De jure regni apud Scotos*, 2e éd., Édimbourg, 1579, in-4°.

Du Bartas, *Judith*, dans *Œuvres*, chez Gabriel Buon, au Clos Bruneau, 1579, rééd., 1606, Lyon, in-16, 1607, *id.*, etc.

Pamphlets calvinistes dans *Mémoires de l'Estat de la France sous Charles IX*, 1er éd. 1577, 2e éd., Meidelburg, H. Wolf, 1578, Lb 33-5 et 5 A, t. II et III.

Vindiciae contra tyrannos, sive de principis in populum populique in principum legitima potestate, Stephano Junio Bruto celta auctore, 1581.

Johannes Althusius, *Politica metodice digesta*, 1603, Herreborn, in-8°.

Hans Baron, *Calvins Staatsanschauung und das konfessionnelle Zeitalter*, Munich, 1924, *Historische Zeitschrift*, Beibeft 1.

C. *Les théologiens catholiques*

Sylvester, *Annotationes*, Venise, 1517, in-folio.

Thomas de Vio, cardinal Cajetan, *In Summam sancti Thomae commentarii*, Lyon, 1541, in-folio.

Alphonsus A Castro, *Opera*, Paris, chez Sébastien Nivelle, 1571, in-folio.

Dominicus Soto, *De Justitia et Jure*, Lyon, 1582, in-folio.

Gregorius de Valentia, S. J., *Commentaires... sur la Somme de saint Thomas*, 2e éd., 1592, in-folio ; autres éd., Lyon, 1603, Paris, 1609.

Petrus de Aragona, *Commentaires... sur saint Thomas d'Aquin, in Secundam Secundae*, Lyon, 1596, in-folio.

Franciscus Toletus, S.J., *Instructio Sacerdotum*, Rome, 1601, in-8°, 2e éd., 1605.

Ludovicus Bannès, P.O., *Theologia de fide, spe, charitate et justitia*, Salamanque, 1584, in-folio. *Commentaria... in Secundam Secundae Angelici Doctoris divi Thomae*, Venise, 1602, in-folio.

Petrus RIBADENEIRA, *De principe, Obras*, Madrid, 1605, in-folio.
Michel SALON, « Controv. de justitia et jure », *Commentaires sur saint Thomas d'Aquin*, Venise, 1608, in-folio.
Emmanuel de SA, S.J., *Aphorismi confessoriorum*, éd. de Lyon, 1618, in-16.
Jean MARIANA, *De rege et regis institutione*, Mayence, 1605, in-8°.
BELLARMIN, *Opera omnia*, Cologne, 1617, in-folio.

D. *Les monarchomaques ligueurs*

Sur l'ensemble :
Charles LABITTE, « Les Prédicateurs de la Ligue », Paris, 1841, thèse de Lettres, rééditée sous le titre *De la Démocratie chez les prédicateurs de la Ligue*, Paris, 1871.
Antoine CAPPA LEGORA, *I Monarchomachi*. Saggio sulla teoria della resistenza nel secolo XVI, Turin, 1913.

Voir, en particulier :
Jean BOUCHER, *De justa Henrici Tertii abdicatione e Francorum regno*, libri quatuor, chez Nicolas Nivelle, rue Saint-Jacques, à l'enseigne des Colonnes, 1589, in-8°, et Lyon, 1591, in-8°.
François de VÉRONE-CONSTANTIN (Jean BOUCHER), *Apologie pour Jean Chastel*, 1595, in-8°.
ANONYME, *De justa reipublicae christianae in reges impios authoritate*, 1re éd., Paris, Guillaume Bichon, 1590, in-8° ; 2e éd., Anvers, Jean Keerberg, 1592, in-8°.

III. Sur ce qui pouvait faire considérer Henri IV comme un tyran

Sur l'ensemble :
Berger de XIVREY, *Recueil de lettres missives de Henri IV*, Paris, 1843, « Coll.des Doc. inéd. sur l'Histoire de France », 1re série, *Histoire politique.*
Bernard BARBICHE, *Sully*, Paris, Albin Michel, 1978.

1. SUR LE PROBLÈME DE LA LÉGITIMITÉ DU ROI

Paul VIOLLET, « La question de la légitimité à l'avènement de Hugues Capet », *Mémoires de l'Académie des Inscriptions et Belles-Lettres*, nouv. série, 34, 1, 1892, pp. 257-289.
Jean DAVID, avocat au Parlement de Paris, « Mémoires », dans *Mémoires de la Ligue*, Amsterdam, 1758, in-4°, t. 1, pp. 2-7.
Bulle de Sixte-Quint, excommuniant et déposant Henri de Navarre, 9 septembre 1585, dans HAAG, *La France protestante*, t. X, Pièces justificatives, 1858, n° XLIX, pp. 187-191.

Ludwig von PASTOR, *Geschichte der Päptie*, Freiburg in Brisgau, X, XI, 1926, 1927.
Aristide DOUARCHE, « L'Université de Paris et les jésuites », thèse de Lettres de Paris, 1888.
Jean BOUCHER, *Apologie pour Jean Chastel*, 1595, in-8°.
Advis de la Faculté de théologie et curez de la ville de Paris du 21 janvier 1595, s.l.n.d. (Paris, 1595), in-8°, Lb 35-609.
H. FOUQUERAY, S. J., *Histoire de la Compagnie de Jésus en France*, Paris, 1913, II, 1528-1604.
Yves de LA BRIÈRE, *La Conversion de Henri IV*, Saint-Denis et Rome, Paris, 1905.

2. SUR LA POLITIQUE ÉTRANGÈRE D'HENRI IV

Martin PHILIPPSON, *Heinrich IV und Philipp III*, Berlin, 1873, 3 vol.
Léonce ANQUEZ, *Henri IV et l'Allemagne*, Paris, 1887.
Édouard ROTT, *Henri IV, les Suisses et la Haute-Italie*, Paris, 1882.
Histoire de la représentation diplomatique de la France auprès des cantons suisses, t. II, Berne, 1902.
Christian PFISTER, « Les économies royales de Sully et le grand dessein de Henri IV », *Revue historique*, 1894, t. LIV, pp. 300-324, LV, pp. 67-82, 291-302, LVI, pp. 39-48 et 334-339 ; à part, 1894.
Paul HENRARD, *Henri IV et la princesse de Condé*, Bruxelles, 1870.
Duc de LA FORCE, *Le Maréchal de La Force, 1558-1650*, Paris, 1924, t. I.
E. A. RHEINHARD, *L'Amoureux Automne du Roi Henri IV*, Paris, 1938.
Charles SAMARAN, « Henri IV et Charlotte de Montmorency », *Annuaire-Bulletin de la Société de l'Histoire de France*, 1950-1951, pp. 53-119.

3. SUR HENRI IV ET LES PROTESTANTS

Georges PAGÈS, « Les paix de religion et l'édit de Nantes », *Revue d'Histoire moderne et contemporaine*, 1936, pp. 393-443.
Élie BENOIST, *Histoire de l'édit de Nantes*, Delft, 1693-1695, 5 vol. in-4°, t. I.
Texte de l'édit de Nantes dans Élie BENOIST, I, Appendice, et dans HAAG, *France protestante*, Pièces justificatives.
Charles BENOIST, *La Condition juridique des protestants sous le régime de l'édit de Nantes*, Nancy, 1900.
Y. de LA BRIÈRE, S. J., « L'édit de Nantes », *Études*, 1904, XCVIII et XCIX.
Pasteur J. PANNIER, *L'Église réformée de Paris sous Henri IV*, thèse de Lettres de Paris, 1911.
H. FOUQUERAY, *Histoire de la Compagnie de Jésus en France*, Paris, 1913, t. II, III.
Père GODEFROY DE PARIS, O.F.M.C., *Les Frères mineurs capucins en France*, t. II : De l'expulsion projetée à l'approbation enregistrée (1597-1601). Paris, 1950.

Roland Mousnier, *La Vénalité des Offices sous Henri IV et Louis XIII*, Rouen, 1945.
E. G. Léonard, *Revue historique*, octobre-décembre 1948.
Pasteur Samuel Mours, *Les Églises réformées en France*, Paris, 1958.

4. SUR HENRI IV ET LES CATHOLIQUES

Hefele, *Histoire des Conciles, Concile de Trente*, par P. Richard, IX, II.
Ludwig von Pastor, *Geschichte der Päpste*, Fribourg-en-Brisgau, X, XI, XII, 1926-1927.
H. Fouqueray, *Histoire de la Compagnie de Jésus en France*, Paris, 1910-1925, 5 vol., t. II, III.
Pierre Pithou, *Les Libertés de l'Église gallicane*, Paris, 1594, par Mamert Patisson, imprimeur du Roy, chez Robert Estienne.
Victor Martin, *Le Gallicanisme et la réforme catholique*, Paris, 1919.
Victor Martin, *Le Gallicanisme politique et le clergé de France*, Paris, 1929.
Aimé-Georges Martimort, *Le Gallicanisme de Bossuet*, Paris, 1953.
James I, *Political Works*, éd. chez H. Mac Ilwain, 1918.
Luigi Emery, « Religione e politica nella mente di Fra Paolo Sarpi », *Nuova Rivista storica*, 1924, VIII, pp. 304 et 443.
A. C. Jemolo, *Stato e Chiesa negli scrittori politici del seicento*, Turin, 1914.
Henri Brémond, *Histoire littéraire du sentiment religieux en France*, Paris, 1916-1936, 12 vol., t. II : *L'invasion mystique*.

5. SUR HENRI IV ET LES QUESTIONS SOCIALES

Isambert, *Recueil général des anciennes lois françaises*, t. XV.
Fontanon, *Édits et ordonnances des Rois de France*, 1611, t. II.
Mallet, « Comptes rendus de l'administration des finances du Royaume de France pendant les onze dernières années du règne de Henri IV... », etc., Paris, 1789, in-4°.
Sully, *Mémoires des sages et royales économies d'État, domestiques, politiques et militaires de Henry le Grand*, éd. orig. des trois V... verts, Amsterdam, 1633, et éd. Le Laboureur, Rouen, 1689, 4 vol.
P. de Lestoile, *Mémoires-journaux*, éd. des Bibliophiles, Paris, 1872-1896, t. VII, VIII, IX, X.
Roland Mousnier, *La Vénalité des Offices sous Henri IV et Louis XIII*, Rouen, 1945.
R. Charlier-Meniolle, *L'Assemblée des Notables tenue à Rouen en 1596*, Rouen, 1911.
Frank C. Spooner, *L'Économie mondiale et les frappes monétaires en France (1443-1680)*, 1946.
Germain Constans, *Traité de la Cour des Monnaies de Paris et de l'étendue de sa juridiction*, Paris, 1658, in-folio.

Loys de CHABANS, *Raisons pour montrer que l'édit nouvellement fait sur les monnaies est juste*, Paris, 1609, in-8°.
A. CHAMBERLAND, *Recherches critiques sur les réformes financières en Champagne à l'époque d'Henri IV et de Sully*, Reims, 1902.
Charles LOYSEAU, *Cinq Livres du droit des offices, suivis du Livre des seigneuries et de celui des ordres*, Paris, 1610, in-folio.
H. DROUOT, *Mayenne et la Bourgogne, 1587-1596,* thèse de Lettres de Paris, 1937, 2 vol.
G. ROUPNEL, « Les populations de la ville et de la campagne dijonnaise au XVIIe siècle », thèse de Lettres de Paris 1922.
Pierre GOUBERT, « Beauvais et le Beauvaisis de 1600 à 1730 », thèse de Lettres de Paris, 1958.

IV. Sur les responsabilités des jésuites

1. JACQUES CLÉMENT

A. *Sources manuscrites*

Documents concernant l'assassinat d'Henri III, Dupuy 88, f° 200.
Attestation sur le décez de Henri III, Dupuy 579, f° 247 v°; Dupuy 137, f° 142 r°.
Récit de la mort de Henri III (en italien), Dupuy 136, f° 274.
Sonnet au Jacobin Jacques Clément, Dupuy 843, f° 87.
Certificat de plusieurs seigneurs de la Cour qui assistèrent le Roy Henri III... 3 août 1589, original, ms. fr. 10196.
Pièces originales du procès de Jacques Clément, ms. fr. 14054.
L'histoire au vray de la victoire obtenue par frère Jacques Clément, ms. fr. 13764.
Recueil de pièces sur le décès d'Henri III, ms. fr. 3977, f°s 184-238, 245.
Déclaration de la mort du Roy Henry Troisième et du scandale que en a eu l'Église, ms. fr. 5793, f° 1.
Harangue au Roi Henri IV sur l'assassinat de Henri III, ms. fr. 10191, f° 118.
Requeste de la Royne Louise, ms. fr. 15591, f° 296; ms. fr. 17306, f° 141; Brienne 262 (N.A.R. 7231), f° 380.
Lettre du Roi Henri III écrite au comte de Montbéliard le lendemain de sa blessure et autres pièces, ms. fr. 3996, f° 111.
Discours de la mort et derniers propos du feu Henri IIIe, en l'année 1589, ms. fr. 3952, f° 218.

B. *Sources imprimées*

Commandeur de DIOU, *Récit de la mort de Henri III à la chambre de ville de Dijon*, p. p. Gouvernain, Invent. somm. des arch. commun. de Dijon, I, p. 103.

« Récit inédit de la mort de Henri III », p. p. MOREL-FATIO, *Bulletin hispanique*, t. III, avril-juin 1906.

« Lettre de La Guesle sur la mort du Roi », dans *L'Illustre Orbandale, abrégé des guerres civiles*, pp. 33-36, Cimber et Danjou, XII, p. 377.

« Procès-verbal d'autopsie de Henri III », p. p. J. GUILLEMEAU, *Œuvres de Chirurgie*, 1649, in-folio.

« Information faite par François du Plessis de Richelieu sur la mort d'Henri III », *Curiosités historiques*, Amsterdam, 1759, in-12, t. II, pp. 2-43.

Discours... sur la mort et trespas de Henri de Valois, Paris, 1589, in-8°, Lb 34-790.

Derniers propos de Henri de Valois, s.l.n.d. in-8°, Lb 34-791.

Discours véritable de l'estrange et subite mort de Henri de Valois, Paris, 1589, in-8°, Lb 34-793.

Discours véritable des derniers propos qu'a tenus Henry de Valois, Paris, 1589, in-8°, Lb 34-794.

Harangue prononcée par Notre Saint-Père en plein consistoire et assemblée des cardinaux, le 11 septembre 1589, sur la mort d'Henri III, Paris, 1589, in-8°, Lb 34-820.

Harangue prétendue par ceux de la Ligue avoir été prononcée par N. S. Père, 11 septembre 1589, Paris, 1590, in-8°, Lb 34-821.

Déploration de la mort du Roy Henri III et du scandale qu'en a l'Église, s. l., 1589, in-8°, Lb 34-813.

La vie et faits notables de Henry de Valois, Paris, s.l., 1589, in-8°, Lb 34-812.

Grâces et Louanges deues à Dieu pour la justice faite du cruel Tyran, Paris, 1589, in-8°, Lb 34-802.

Admirable et prodigieuse mort de Henry de Valois, Paris, 1589, in-8°, Lb 34-795.

Effects espouvantables de l'excommunication de Henry de Valois et de Henry de Navarre, Paris, 1689, in-8°, Lb 34-800.

Discours aux Français sur l'admirable accident de la mort de Henry de Valois, Paris, 1589, in-8°, Lb 34-798.

Le martyre de frère Jacques Clément, Paris, 1589, in-8°, Lb 34-815.

Requête... par la Royne Loyse, douairière de France..., et arrêt de la Cour de Parlement, Tours, 1589, in-8°, Lb 34-824.

LA GUESLE, procureur général, *Remontrances sur la mort de Henri III*, Mantes, 1594, Paris, 1610, in-4°, Lb 34-825.

C. *Ouvrage*

P. de VAISSIÈRES, *De quelques assassins*, Paris, 1912.

2. PIERRE BARRIÈRE

A. *Sources imprimées*

Histoire prodigieuse d'un détestable parricide entrepris en la personne du Roy par Pierre Barrière, 27 août 1593, s.l., in-8°, Lb 35-483.

Histoire prodigieuse du détestable parricide attenté contre ledit sieur Roy par Pierre Barrière, à la suscitation desdits jésuites, Paris, chez Jamet Mettayer et Pierre L'Huillier, 1595, in-8°, Lb 35-584 B.

Séraphin BANQUY, *Apologie contre les jugements téméraires de ceux qui ont pensé conserver la religion catholique faisant assassiner les très chrestiens Roys de France*, Paris, 1595, in-8°, Lb 35-484.

Mémoires de Condé, La Haye, 1743, in-4°, VI, pp. 142 et suiv.

Mémoires de la Ligue, Amsterdam, 1758, in-4°, VI, pp. 242-243.

B. *Ouvrages*

Ch. URBAIN, Nicolas COEFFETEAU, thèse de Lettres, Paris, 1893.

3. JEAN CHASTEL

A. *Sources manuscrites*

Arrêt de la Cour contre Jean Chastel et les vers et discours latins sur la pyramide, Dupuy 500, f° 177.

Arrêt de la Cour contre Jean Chastel et recueil de pièces concernant les jésuites, ms. fr. 2761.

Arrêt de la Cour du Parlement contre Jean Chastel, ms. fr. 16536, f° 297.

Abrégé du procès criminel de Jehan Chastel, ms. fr. 4043. Copie tardive, où le copiste fait charger par Chastel, dans son interrogatoire, le jésuite Mariana, dont le livre n'avait pas encore été publié au temps de Chastel, voir f° 28.

Recueil des interrogatoires et des arrêts de condamnation de Jean Guignard et de Jean Chastel, ms. fr. 15798, f° 198 (Harlay 168; postérieur à 1712).

La Pyramide de Jean Chastel et ses vers latins, N.A. fr. 8448, f° 195; ms. fr. 15781, f°s 188-189; Clairambault 555, pp. 17, 19, 23; Cinq-Cents de Colbert 32, f° 104; N.A. fr. 6282, f°s 1-25.

Pièces sur la mort de Henri IV, sur l'attentat de Jehan Chastel, contre les jésuites et le Père Coton, ms. fr. 15588, f°s 140, 163, 192, etc.

B. *Sources imprimées*

Arrest de la Cour de parlement contre Jean Chastel, 29 décembre 1594, p. p. P. de Lestoile, « Belles figures et Drolleries de la Ligue », dans *Mémoires-journaux*, éd. des Bibliophiles (G. Brunet, etc.), 1875-1896, in-8°, t. IV, avec les vers et discours latins de la Pyramide, pp. 389-391.

PONT-AIMERY, *Discours d'estat sur la blessure du Roy*, Paris, 1594, in-8°, Lb 35-582.

Lettre du Roi à M. de Souvre..., 27 décembre 1594, Tours, s.d., in-8°, Lb 35-580.
Procédures faites contre Jean Chastel, Paris, 1595, in-8°, Lb 35-584.
Discours de l'amour du Père, Paris, 1595, in-8°, Lb 35-587.
Pierre CONSTANT, *Invective contre l'abominable parricide...*, Paris, 1595, in-8°, Lb 35-583.
François de VÉRONE-CONSTANTIN (Jean BOUCHER), *Apologie pour Jehan Chastel*, 1re éd., Paris, 1595, in-8°, Lb 35-588 ; 2e éd. Paris, 1610.
François des MONTAIGNES (Louis RICHEOME), *La Vérité défendue pour la religion catholique en la cause des jésuites*, Toulouse, 1595, in-8°.
Le Père de MENA, « Relation sur les événements qui précédèrent et suivirent l'attentat de Jean Chastel (1603) », p. p. J.-M. PRAT, *Recherches historiques et critiques sur la Compagnie de Jésus*, Lyon, 1876-1878, 5 vol., t. V, 1564-1626, Pièces justificatives, pp. 51-68.
Procédures contre Chastel et divers pamphlets ou mémoires apologétiques, dans *Mémoires de Condé*, La Haye, 1743, in-4°, t. VI, LA 22- 4.
Mémoires de La Ligue, Amsterdam, 1758, in-4°, VI, LA 25-3.

C. *Ouvrages*

A. DOUARCHE, « L'Université de Paris et les Jésuites », Paris, 1888.
A. DROIN, « L'expulsion des jésuites sous Henri IV et leur rappel », *Revue d'Histoire moderne et contemporaine*, 1901, III, pp. 5 et 593.
H. FOUQUERAY, « Le dernier interrogatoire et l'exécution de Jean Chastel », *Études*, 5 janvier 1905, et *Histoire de la Compagnie de Jésus en France*, t. II, Appendices.

4. L'AFFAIRE RIDICAUWE

A. *Sources manuscrites*

Ms. fr. 2761, fos 87-92.
Ms. fr. 16536.

B. *Ouvrages*

Père GODEFROY DE PARIS, *Les Frères mineurs capucins en France*, t. II, Paris, 1950, in-8°, pp. 32-41.

5. RAVAILLAC

Voir nos 1 et VIII de la présente bibliographie.

V. *Sur la transmission des pouvoirs*

La mort du Roy et comme M. le Dauphin a esté déclaré Roy et la Royne régente par la Cour de Parlement, s.l. 1610, in- 8°, Lb 35-870.
MATTHIEU, *Panégyrique sur le couronnement de la Reine*, Paris, 1610, in-8°, Lb 35-872.
P. de LESTOILE, *Mémoires-journaux, op. cit.*
Relation Gillot, Dupuy 90, f°s 30 v°-41 r°.
Mercure français, 1605-1619, I, Paris, 1611, in-8°.
Berthold ZELLER, *Marie de Médicis, chef du conseil*, Paris, 1898.
Louis BATIFFOL, *La Vie intime d'une reine de France*, 2e éd., Paris, 1931, 2 vol.
Louis BATIFFOL, *Le Roi Louis XIII à vingt ans*, Paris, 1910.

VI. *Sur le « mystère » de la monarchie*

1. SOURCES

Claude de MORENNE, curé de Saint-Méderic, « Discours par lequel il est montré qu'il n'est loisible au sujet de médire de son Roi et encore moins d'attenter à sa personne », 27 août 1593, Paris, in-8°.
Oraison funèbre sur le trespas de Henri III, Paris, 1595, in-8°.
Guy COQUILLE, *Œuvres*, Paris, 1665, in-folio, 2 vol.
Pierre POISSON DE LA BODINIÈRE, *Traité de la Majesté royale en France*, à Paris, chez Jamet Mettayer, 1597, in-8°.
M. DU BOYS, *De l'origine et autorité des Roys*, Paris, chez Robert Fouet, 1604, in-12.
André DU CHESNE, *Les Antiquitez et recherches de la Grandeur et Majesté des Roys de France*, Paris, chez Jean Petit-Pas, 1609, in-8°.
Jérôme BIGNON, *De l'excellence des Roys et du Royaume de France*, Paris, chez Hierosme Drouart, 1610, in-8°.
Jean BÉDÉ DE LA GORMANDIÈRE, *Le Droit des Rois contre le cardinal Bellarmin et autres jésuites*, Frauckental, 1611, in-8°.
Pierre de L'HOMMEAU, sieur DU VERGER, *Maximes générales du droit français*, 1612, in-8°.
Jean SAVARON, *Traité de la souveraineté du Roi et de son royaume*, Paris, 1615, in-8°.
Jérôme BIGNON, *La Grandeur de nos rois et leur souveraine puissance*, Paris, 1615, in-8°.

2. OUVRAGES

Bibliographie dans R. Mousnier, *Comment les Français voyaient la Constitution*, « XVIIe siècle », 1955, n° 25, pp. 9-36.

VII. Sur la légende d'Henri IV

1. SOURCES TEXTUELLES

Ordre de la Pompe funèbre de... Henry le Grand, Lyon, 1610, in-8°, Lb 35-920.

Pompe Funèbre du Grand Henri, les 29 et 30 juin, Rouen, 1610, in-8°.

G. du Peyrat, *Les Oraisons et discours funèbres de divers autheurs sur le trespas de Henry le Grand*, Paris, 1611, in- 8°.

Ph. Cospeau, *Oraison funèbre prononcée dans la grande église de Paris aux obsèques de Henry le Grand*, Paris, 1610, in- 8°.

J.-N. Coeffeteau, *Harangue funèbre... en l'église de Saint-Benoît*, Paris, 1610, in-8°.

2. SOURCES ICONOGRAPHIQUES

La documentation est surtout iconographique. Voir à la Bibliothèque nationale de France, département des Estampes.

Portraits, N2 Henri IV, 1 et 2, in-folio.

Histoire de France, Q^{B1}.

Volumes in-folio : 1589-1590, 1591-1595, 1596-1598, 1599-1600, 1601-1607, 1608-1610, 1610-1611, 1612-1614, 1615-1617.

Réserve des Estampes, coll. Hennin, in-folio, t. X à XX.

Département des Manuscrits, fonds Clairambault, 1232, 1233.

3. OUVRAGES

Marcel Reinhard, *La Légende de Henri IV*, Paris, 1936.

VIII. Sur la lutte entre gallicans et pontificaux

1. SOURCES

Remontrance à la Cour de Parlement sur le parricide, s.l., 1610, in-8°, Lb 35-887.

Discours lamentable sur l'attentat commis en la personne de très heureuse mémoire, Henri IV, par Pelletier, Paris, 1610, in-8°, Lb 35-880.

Discours d'un vrai français sur le parricide commis par François Ravaillac, Poitiers, 1610, in-8°, Lb 35-889.

Discours véritable sur la mort de François Ravaillac, exécuté à Paris, le 27 mai, Lyon, 1610, in-8°, Lb 35-898.

Mlle de Gournay, *Adieu de l'âme du Roy... avec la défense des Pères jésuites*, Paris, 1610, in-8°, Lb 35-913.

Abbé Jean du Bois-Olivier, *Aux bons Français*, Paris, 1610, in-8°, Lb 35-902.

Pelletier, *De l'inviolable et sacrée personne des Rois*, Paris, 1610, in-8°.

Regicidium Detestatum, Franciscus Meinardus, Poitiers, 1610, in-8°, Lb 35-904, et Paul Thomas, *Adversus Francisci Meinardi Calumnias*, Bordeaux, 1610, in-8°.

Mystère des jésuites pour prendre résolution de tuer les Rois, s.l., 1610, in-8°, Lb 35-911.

Duae Pyramides... De attentato parricidio ignatianae sectae in Henrico IV, s.l., 1610, in-4°, Lb 35-912.

La Chemise sanglante, par le ministre Périsse, s.l., n.d., in-8°, Lb 35-914.

Lettre de Bouthillier d'Arçay à Richelieu, évêque de Luçon, sur l'assassinat de Henri IV, 16 avril 1610, *Mémoires de Richelieu*, I, pp. 431-434.

P. Coton, « Lettre déclaratoire de la doctrine des jésuites touchant la vie des Rois », *Mercure français*, I, pp. 848 et suiv.

Anti-Coton, ou réfutation de la lettre déclaratoire du P. Coton, livre où il est prouvé que les jésuites sont coupables et auteurs du parricide exécrable. Paris, 1610, in-8°.

Apologia Victoris Tuartii, contra mendacia, imposturas et calumnias Joannis Meinardi, Paris, 1611, in-8°, Lb 35-906.

Matthieu, *Histoire de la mort déplorable de Henri IV*, Paris, 1611, in-folio.

François Bonald S.J., *Response apologétique à l'Anticoton, et à ceux de sa suite*, Pont-à-Mousson, 1611, in-8°.

The french herald summoning all true Christian Princes to a general croisade,... against the great ennemy of christendome... upon the occasion of the most execrable murder of Henry the Great, Londres, 1611, in-4°.

Card. Robert Bellarmin, *Opera omnia*, Coloniae Agrippinae, B. Gualteri, 1617-1633, 5 vol., in-folio.

Edmond Richer, *De ecclesiastica et politica potestate*, liber unus, Parisiis, 1611, in-4°, 30 p.

Autre édition, suivie de « Decreta sacrae facultatis theologiae Parisiensis de potestate ecclesiastica et primatu romani pontificis contra sectarios hujus saeculi », Caen, 1612, in-8°.

Traduction française, Paris, 1612, in-8°.

François Suarez, *Defensio fidei catholicae et apostolicae adversus anglicanae sectae errores*, Coloniae Agrippinae, in officina Birckmannica, 1614, in-folio. *Opera Omnia*, Maguntiae, 20 vol. in-folio, 1619-1926.

2. OUVRAGES

Sur Bellarmin :
J. de La Servière, *La Théologie de Bellarmin*, Paris, 1909.
« Les idées politiques de Bellarmin », *Revue des questions historiques*, 1907, pp. 378 et suiv.
Franz Xaver Arnold, *Die Staatslehre des Kardinals Bellarmin*, Munich, 1934.
Sur Richer et son *Libellus* :
E. Préclin, Edmond Richer, *Revue d'Histoire moderne et contemporaine*, 1930, pp. 329 et suiv.
Sur Suarez :
Pierre Mesnard, *L'Essor de la philosophie politique au XVIe siècle*, 2e éd. Paris, 1952, in-8°, pp. 616 et suiv.
Sur les gallicans français, notamment sur Servin :
Salvo Mastellone, *La Reggenza di Maria de Medici*, Messine-Florence, 1962 (Biblioteca di cultura contemporanea, n° LXXVI).

IX. Sur les États généraux de 1614-1615

Interminable liste de sources, mais de riches bibliographies se trouvent dans les ouvrages suivants :
Roland Mousnier, *La Vénalité des Offices sous Henri IV et Louis XIII*, Rouen, 1945.
Père Pierre Blet, S.J., « L'article du Tiers aux États généraux de 1614 », *Revue d'Histoire moderne et contemporaine*, II, avril-juin 1955, pp. 81-106.
Le Clergé de France et la monarchie. *Étude sur les Assemblées générales du Clergé de 1615 à 1666*, Rome, 1959, 2 vol., t. I.

✧

COMPLÉMENT BIBLIOGRAPHIQUE

établi pour la présente édition

Babelon, Jean-Pierre, *Henri IV*, Paris, Fayard, 1982.
Bercé, Yves-Marie, *Nouvelle histoire de la France Moderne*, t. III : *La Naissance dramatique de l'absolutisme (1598-1661)*, Paris, Éd. du Seuil, 1992.
Chevalier, Pierre, *Les Régicides : Clément, Ravaillac, Damiens*, Paris, Fayard, 1989.
Cornette, Joël, *L'Affirmation de l'État absolu, 1515-1652*, Paris, Hachette, 2000.
Crouzet, Denis, *Les Guerriers de Dieu. La violence au temps des troubles de religion, vers 1525-vers 1610*, Seyssel, Champ Vallon, 1990, 2 vol.
Cuignet, Jean-Claude, *Dictionnaire Henri IV*, Paris, Grancher, 2007.

D'Addio Mario, « Il Tirannicidio », in *Storia delle idee politiche, economiche e sociali*, Turin, UTET, 1987, t. III, pp. 511-610.

Descimon, Robert, et Ruiz Ibañez, José, *Les Ligueurs de l'exil. Le refuge catholique français après 1594*, Seyssel, Champ Vallon, 2005.

Dickerman, Edmund H., et Walker, Anita M., « Mind of an Assassin : Ravaillac and the Murder of Henry VI of France », *Canadian Journal of History*, vol. XXX, août 1995, pp. 201-230.

Finley-Croswhite, Annette, *Henri IV and the Towns : The Pursuit of Legitimacy in French Urban Society, 1589-1610*, Cambridge, Cambridge University Press, 1999.

Ford, Franklin, *Le Meurtre politique. Du tyrannicide au terrorisme* [1985], trad. fr., Paris, PUF, 1990.

Giesey, Ralph E., *Le roi ne meurt jamais : les obsèques royales dans la France de la Renaissance*, trad. fr., Paris, Flammarion, 1987.

Greengrass, Mark, *France in the Age of Henri IV : the Struggle for Stability*, 2e éd., Londres, Longman, 1995.

Hennequin, Jacques, *Henri IV dans ses oraisons funèbres, ou la Naissance d'une légende*, Paris, Klincksieck, 1977.

Henri IV : le roi et la reconstruction du royaume, Actes du colloque Pau-Mézac, 14-17 septembre 1989, Pau, J&D Éd., 1990.

Holt, Mack (dir.), *Renaissance and Reformation. France 1500-1648*, Oxford, Oxford University Press, 2002.

Jouanna, Arlette, *Le Devoir de révolte. La noblesse française et la gestation de l'État moderne, 1559-1661*, Paris, Fayard, 1989.

Jouanna, Arlette, Boucher, Jacqueline, Biloghi, Dominique, et Le Thiec, Guy, *Histoire et dictionnaire des guerres de Religion*, Paris, Robert Laffont, 1998.

Mousnier, Roland, *Les Institutions de la France sous la monarchie absolue, 1598-1789*, Paris, PUF, 1974-1980, 2 vol.

—, « Le tyrannicide, de la fin de la guerre de Cent Ans au despotisme éclairé », in *Tyrannie, despotisme, dictature*. Actes du colloque de l'Institut de recherches sur les civilisations de l'Occident moderne, Paris, 1984, pp. 43-52.

Piccolomini, Manfredi, *The Brutus Revival : Parricide and Tyrannicide during the Renaissance*, Carbondalle-Edwardsville, Southern Illinois University Press, 1991.

Quatrième centenaire de la bataille de Coutras, Pau, J&D Éd., 1988.

Salmon, John H. M., « La théorie catholique de la résistance, l'ultramontanisme et la réponse royaliste, 1580-1620 », *in* James Henderson Burns (dir.), *Histoire de la pensée politique moderne, 1450-1700* [1991], trad. fr., Paris, PUF, coll. « Léviathan », 1997, pp. 199-229.

Skinner, Quentin, *Les Fondements de la pensée politique moderne*, trad. fr., Paris, Albin Michel, 2001.

THUAU, Étienne, *Raison d'État et pensée politique à l'époque de Richelieu*, 2e éd., Paris, Albin Michel, 2000.

TURCHETTI, Mario, *Tyrannie et tyrannicide de l'Antiquité à nos jours*, Paris, PUF, 2001.

WOLFE, Michael, *The Conversion of Henri IV : Politics, Power, and Religious Belief in Early Modern France*, Cambridge (Mass.), Harvard University Press, 1993.

REPÈRES CHRONOLOGIQUES

1553 Naissance à Pau d'Henri de Navarre (12 ou 13 décembre).
1555 La paix d'Augsbourg (5 octobre).
1558 Mort de Charles-Quint (21 septembre).
1559 Traité de Cateau-Cambrésis (3 avril).
Mort d'Henri II (10 juillet).
1560 Mort de François II (5 décembre).
1570 Paix de Saint-Germain (8 août).
1571 Bataille de Lépante (7 octobre).
1572 Mariage d'Henri de Navarre et de Marguerite de Valois (18 août).
Massacre de la Saint-Barthélemy (24 août).
1573 Siège de La Rochelle (février-juillet).
1574 Mort de Charles IX (30 mai).
1576 Henri de Navarre s'évade de la Cour (février).
Édit de Beaulieu (6 mai).
Création de la Sainte Ligue.
1577 Édit de Poitiers (septembre).
Traité de Bergerac (17 septembre).
1579 Acte de pacification de Nérac (28 février).
1580 Prise de Cahors par Henri de Navarre (29 mai-2 juin).
Traité de Fleix entre Henri III et Henri de Navarre (26 novembre).
1581 Proclamation de l'Indépendance des Provinces-Unies (26 juillet).
1584 Mort de François d'Alençon, duc d'Anjou (10 juin).
1585 Traité de Nemours (7 juillet).
Naissance de Richelieu (9 septembre).
Bulle du pape Sixte-Quint déclarant Henri de Navarre hérétique et relaps (21 septembre).
Bulle du pape Sixte-Quint excommuniant Henri de Navarre (21 décembre).
1587 Bataille de Coutras (20 octobre).
Bataille d'Auneau (24 novembre).
1588 Mort d'Henri, prince de Condé (5 mars).

Promulgation du saint Édit d'Union (21 juillet).
Ouverture des seconds États généraux de Blois (15 octobre).
Assassinat du duc Henri de Guise à Blois (23 décembre).
Assassinat du cardinal de Guise à Blois (24 décembre).
1589 Mort de Catherine de Médicis (5 janvier).
Clôture des États généraux (16 janvier).
Réconciliation d'Henri III et d'Henri de Navarre (30 avril).
Siège de Paris (juillet).
Assassinat d'Henri III par Jacques Clément (1er août).
Mort d'Henri III (2 août).
Bataille d'Arques (20-21 septembre).
1590 Bataille d'Ivry (14 mars)
Second siège de Paris (mai-août).
Grégoire XIV succède à Sixte-Quint sur le trône de saint Pierre.
1591 Grégoire XIV confirme la Bulle de Sixte-Quint (1er mars).
Le Parlement de Paris, replié à Châlons, déclare nul le monitoire de Grégoire XIV (10 juin).
Édit de Mantes révoquant les Édits d'Henri III publiés contre les réformés en 1585 et 1588 (juillet 1591).
1592 Mort de Grégoire XIV et élection de Clément VIII.
1593 Ouverture à Paris des États de la Ligue (26 janvier).
Conférences de Suresnes (29 avril).
Henri IV abjure le protestantisme (25 juillet).
Arrestation de Pierre Barrière, accusé d'avoir voulu assassiner Henri IV (27 août).
Condamnation et exécution de Pierre Barrière (31 août).
1594 Couronnement d'Henri IV à Chartres (27 février).
Heuri IV entre dans Paris et en chasse les troupes espagnoles (24 mars).
Jean Chastel tente d'assassiner Henri IV (27 décembre).
Condamnation et exécution de Jean Chastel (29 décembre).
1595 Les jésuites sont expulsés de Paris (8 janvier).
Henri IV déclare la guerre à Philippe II (17 janvier).
Réunion d'une Assemblée protestante à Saumur (14 février).
Victoire de Fontaine-Française (5 juin).
Bataille de Doullens (24 juillet).
Clément VIII donne l'absolution à Henri IV (17 septembre).
Henri IV accorde un armistice au duc de Mayenne (25 septembre).
1596 Édit de Pacification (24 janvier).
Réunion d'une Assemblée protestante à Loudun (1er avril).
Les Espagnols enlèvent Calais (avril).
Alliance dHenri IV avec Élisabeth Ire, puis avec les Hollandais.
1597 Prise d'Amiens par les Espagnols (11 mars).
Reprise d'Amiens aux Espagnols (25 septembre).

1598 Signature de l'Édit de Nantes (13 avril).
Paix de Vervins (2 mai).
Mort de Philippe II et accession de Philippe III au trône d'Espagne (13 septembre).
Déclaration de Monceaux (11 novembre).

1599 Enregistrement de l'Édit de Nantes par le Parlement de Paris (25 février).
Annulation du mariage d'Henri IV et de Marguerite de Valois (23 décembre).

1600 Campagne d'Henri IV contre Charles-Emmanuel, duc de Savoie.
Mariage d'Henri IV et de Marie de Médicis (5 octobre).

1601 Traité de Lyon avec la Savoie (17 janvier).
Naissance de Louis XIII (27 septembre).

1602 Alliance entre Henri IV et onze cantons suisses (29 janvier).
Exécution du maréchal de Biron (31 juillet).

1603 Mort d'Élisabeth Ire d'Angleterre, à qui succède Jacques Ier Stuart (24 mars).
Traité de Saint-Julien au bénéfice de Genève (juillet).
Henri IV autorise les jésuites à rouvrir leurs collèges de Paris (1er septembre).

1604 Paix entre Jacques Ier d'Angleterre et Philippe III d'Espagne (28 août).

1605 Paul V succède à Clément VIII.
Découverte à Londres du Complot des Poudres (5 novembre).

1606 Le pape jette l'interdit sur les territoires de Venise (16 avril).

1607 Jacques Ier d'Angleterre fait publier les lois d'exception contre les catholiques (27 mai).

1608 Ouverture de la Diète de Ratisbonne (8 janvier).
Traité d'alliance perpétuelle entre les États généraux des Provinces-Unies et Henri IV (13 janvier).
Naissance de Gaston d'Orléans (25 avril).
Formation de l'Union évangélique (4 mai).

1609 Signature d'une trêve de douze ans entre les Provinces-Unies et Philippe III (9 avril).

1610 Traités de Brusol entre Henri IV et Charles-Emmanuel, duc de Savoie (25 avril).
Marie de Médicis est sacrée Reine à Saint-Denis (13 mai).
Assassinat d'Henri IV par Ravaillac (14 mai).
Marie de Médicis est déclarée Régente par le Parlement de Paris (15 mai).
Supplice de Ravaillac (27 mai).
La Reine Marie de Médicis signe la confirmation de l'Édit de Nantes (3 juin).
Le prince de Condé rentre en France (16 juillet).

Prise de Juliers par une armée française sous le commandement du maréchal de La Châtre (1er septembre).
Louis XIII est sacré à Reims (17 octobre).

1611 Sully démissionne (26 janvier).
Réunion à Saumur de l'Assemblée générale des Églises réformées (27 mai).
Mort du duc de Mayenne (octobre).

1612 Réunion du XXe synode des Églises réformées (23 mai).
Paix entre la France et l'Espagne (22 août).
Mort du comte de Soissons (1er novembre).

1613 Concini est fait maréchal de France (19 novembre).

1614 Révolte de Condé : traité de Sainte-Menehould entre les représentants du Roi et les princes (15 mai).
Convocation des États généraux pour le 10 septembre (7 juin).
La statue équestre d'Henri IV est dressée sur le Pont-Neuf (23 août).
Louis XIII déclare sa majorité (20 octobre).
Ouverture des États généraux à l'hôtel de Bourbon à Paris (27 octobre).

1615 Dissolution des États généraux (24 mars).
Nouvelle révolte de Condé : publication du Manifeste du 9 août.
Mariage de Louis XIII et d'Anne d'Autriche à Bordeaux (28 novembre).

1616 Traité de Loudun avec les princes (3 mai).
Les ministres d'Henri IV sont disgraciés et remplacés par Barbin, Mangot et Du Vair.
Richelieu secrétaire d'État (25 novembre).

1617 Le maréchal d'Ancre est mis à mort sur l'ordre de Louis XIII (24 avril). Rappel des Barbons. Luynes favori.
Ouverture de l'Assemblée des notables de Rouen (4 décembre).

1618 Clôture de l'Assemblée des notables (29 janvier).
Défenestration de Prague (23 mai).

1619 Première « Guerre de la mère et du fils ».

1620 Révolte de la Reine-mère et des Grands.
Drôlerie des Ponts-de-Cé (7 août).
Bataille de la Montagne-Blanche (8 novembre).
Rétablissement du culte catholique en Navarre et en Béarn.
Réunion des deux provinces à la Couronne.

1621 Siège de Montauban par Luynes (août).
Reprise de la guerre entre les Provinces-Unies et l'Espagne.
Mort de Luynes (15 décembre).

1622 Gouvernement des Brûlart.
Richelieu cardinal (5 septembre).

1623 Traité de Paris entre la France, la Savoie et Venise (7 février).

1624 Disgrâce des Brûlart (janvier et février).
La Vieuville réorganise le gouvernement.
Richelieu entre au Conseil (29 avril).
Traité de Compiègne avec les Provinces-Unies (20 juillet).
Arrestation de La Vieuville (13 août).
Révolte des Croquants du Quercy.
1625 Charles Ier d'Angleterre épouse Henriette de France, sœur de Louis XIII (11 mai).
Révolte de Rohan et de Soubise.
1626 Édit interdisant les duels.
Paix de La Rochelle avec les protestants (5 février).
Complot de Chalais. Son exécution (19 août).
Assemblée des notables (décembre 1626-février 1627).
1627 Alliance avec l'Espagne (20 mars). Guerre avec l'Angleterre.
Exécution des comtes de Montmorency-Boutteville et de Rosmadec des Chapelles (22 juin).
Siège de La Rochelle (octobre).
1628 Capitulation de La Rochelle (29 octobre).
Affaire de la succession de Mantoue.
1629 *Code Michau* (janvier).
L'armée française force le Pas de Suse (6 mars).
Édit de Grâce d'Alès (28 juin), accordé aux protestants.
Richelieu nommé *principal ministre d'État* (21 novembre).

INDEX

LIVRE III

QUELQUES CONSÉQUENCES
DE L'ASSASSINAT D'HENRI IV

APPENDICES

Nous ne cessons de redécouvrir le poids du politique sur notre intelligence du passé ; de reconnaître aussi l'empire du hasard dans la fabrique des grands événements et de mesurer leur inscription dans le temps ; de mieux apprécier enfin la part des individus dans le processus historique. Ce nouveau regard invite à retrouver les ruptures, tumultueuses ou secrètes, qui scandent l'histoire de France : tel est le projet de cette collection.

Elle prend le relais des fameuses « Trente journées qui ont fait la France » créées il y a plus d'un demi-siècle et dont elle va rééditer quelques titres célèbres. Elle en garde le principe mais en élargit l'objet et renouvelle l'esprit, sans toutefois se limiter à un chiffre canonique. Elle entend illustrer le profond renouveau de l'histoire politique comme mode d'explication privilégié du destin des sociétés.

Au fil des ouvrages, et d'une date à l'autre, prend ainsi forme le dessein de reconstituer l'histoire de France autour des moments clefs qui marquent sur sa longue trame un avant et un après : des plus éclatants, dont il faudra renouveler la connaissance et reconsidérer la portée, aux plus méconnus, mais qui se révèlent eux aussi, sur la durée, avoir « fait la France ».

Volumes publiés

JOSÉ CABANIS : *Le Sacre de Napoléon (2 décembre 1804).*
GEORGES DUBY : *Le Dimanche de Bouvines (27 juillet 1214).*
ROBERT FOLZ : Le Couronnement impérial de Charlemagne (25 décembre 800).
PATRICE GUENIFFEY : *Le Dix-huit Brumaire.* L'épilogue de la Révolution française *(9-10 novembre 1799).*
ARLETTE JOUANNA : *La Saint-Barthélemy. Les mystères d'un crime d'État (24 août 1572).*
NICOLAS LE ROUX : *Un régicide au nom de Dieu (1er août 1589).*
MONA OZOUF : *Varennes. La mort de la royauté (21 juin 1791).*
RÉGINE PERNOUD : *La Libération d'Orléans (8 mai 1429).*
PIERRE RENOUVIN : *L'Armistice de Rethondes (11 novembre 1918).*
MICHEL WINOCK : *L'Agonie de la IVe République (13 mai 1958).*

Cet ouvrage a été composé par
Interligne
et achevé d'imprimer par
Normandie Roto Impression s.a.s.
61250 Lonrai, le 3 mai 2010
Dépôt légal : mai 2010
Numéro d'éditeur : 59591
Numéro d'imprimeur : 10-1638
Imprimé en France